40 PREGUNTAS SOBRE EL ministerio pastoral

Libros de la serie "40 preguntas sobre..."

40 preguntas sobre cómo interpretar la Biblia
(Robert L. Plummer)

40 preguntas sobre el ministerio pastoral
(Phil A. Newton)

40 preguntas sobre la teología bíblica
(Jason S. DeRouchie, Oren R. Martin y Andrew David Naselli)

Preguntas y respuestas sobre ancianos y diáconos
(Benjamin L. Merkle)

Dedicatoria

A Kelly, Andrew, John, Lizzy y Stephen
"Un don del Señor son los hijos".
Salmos 127:3, NBLA

"El pastorado parece hacerse cada vez más difícil y no a la inversa. Por consiguiente, los pastores necesitan hoy más que nunca a otros pastores con más experiencia en el ministerio a los que puedan dirigir sus preguntas. Phil Newton, un pastor humilde y experimentado con un extenso ministerio en una iglesia, ha escrito *40 preguntas sobre el ministerio pastoral* para ayudar a contestar algunos de esos interrogantes. Sea usted un pastor joven o mayor, reciente o experimentado, único o uno de muchos pastores, se beneficiará en escuchar a Phil responder a sus preguntas. Por tanto, tome este libro y deje que el pastor Newton le estimule".

—Juan R. Sánchez,
pastor titular, High Pointe Baptist Church, Austin, TX,
autor de *La fórmula del liderazgo: Cómo desarrollar a la nueva generación de líderes en la iglesia*

"¡Cuánto me habría gustado leer este libro cuando empezaba en el ministerio pastoral, hace cuarenta y cinco años! Phil Newton ofrece una sabiduría práctica que ayudará a pastores jóvenes y mayores. Será un estímulo especial para quienes se inicien en el ministerio. Estas cuarenta preguntas cubren la gama completa de las que enfrentan estos ministros. El Dr. Newton proporciona una sabiduría probada que es a la vez bíblica y práctica. Espero que adquiera dos ejemplares, uno para leerlo y otro para regalárselo a un joven pastor. ¡Excepcional!

—Dr. Ray Pritchard, presidente, Keep Believing Ministries

"Imagínese poder sentarse y conversar con un amigo que ha pastoreado con fidelidad durante más de cuarenta años y, en una serie de sesiones, usted tiene la oportunidad de oírle compartir, sobre la base de las Escrituras y de su experiencia personal, lo que ha aprendido a lo largo del camino. Phil Newton es un amigo y un mentor en el ministerio, de manera que puedo escuchar su voz mientras leo estas páginas. En este libro se une a pastores para hablar, sobre todo, de la navegación por el primer año, de gestionar la oposición, atender a su propia alma, de planificar una serie de sermones, y evaluar cuándo podría ser el momento de abandonar una iglesia. Confío en que este recurso será un medio de gran estímulo para otros pastores".

—Matt Mason, pastor principal, The Church at Brookhills, Birmingham, AL

"Con más de cuarenta años de experiencia, Phil Newton está muy bien preparado por Dios para formular y responder a estas cuarenta preguntas. Cada respuesta está basada en las Escrituras y teológicamente enmarcada, y es rica en ejemplos de quienes pastorearon antes que nosotros y que fluyen de sus propias experiencias extensas y hasta dolorosas. Tal vez lo más importante sea que nos recuerda que el 'amor es una marca del ministerio pastoral', algo que ninguno de nosotros puede permitirse olvidar cuando servimos a la esposa de Cristo. A lo largo de este libro, Newton revela que en todo momento es consciente de la esperanza de la iglesia, Jesucristo, y de la misión de esta, hacer discípulos. Merece mucho la pena leerlo y mantenerlo a mano como recurso".

—Dr. Richard A. Shenk, director, programas no tradicionales de titulación;
profesor adjunto de Teología Bethlehem College & Seminary

"Phil Newton combina sus ricas percepciones de años de experiencia pastoral con un enfoque al ministerio de formato teológico y documentado en la Biblia; además de esto, ha proporcionado a los lectores un añadido muy apreciado a la serie de '40 preguntas sobre...', de Portavoz. Los ministros no tienen por qué concordar con las convicciones teológicas y eclesiológicas de Newton para sacar provecho de la lectura de este concienzudo y aplicable manual sobre el ministerio pastoral. *40 preguntas sobre el ministerio pastoral* servirá de valiosa fuente y guía útil para los pastores en diversas etapas de sus ministerios. Estoy encantado de recomendar esta excelente obra".

—David S. Dockery,
presidente, International Alliance for Christian Education,
profesor distinguido de Teología, Southwestern Seminary

"Una cosa es que los líderes cristianos sean admirados en la distancia. Otra bien distinta es que los compañeros ancianos y un gran número de pastores de otras congregaciones de la misma ciudad que uno consideren a un hombre el ejemplo vivo de cómo debe ser un pastor bíblicamente fiel. Por la gracia de Dios, el Dr. Phil Newton es esa clase de persona. En *40 preguntas sobre el ministerio pastoral,* usted leerá con gran provecho lo que muchos otros pastores y yo hemos experimentado de primera mano en la vida y el ministerio de Phil. Este hermano es un 'ninja pastoral'. A lo largo de los últimos 20 años, Phil y yo nos hemos hecho grandes amigos. Cuando paso tiempo con él, me despido sabiendo que ama a Jesús, que me ama a mí y que ama a las iglesias locales. En este volumen no solo imparte el evangelio de Dios a otros pastores, sino también su propia vida (1 Ts. 2:8). Pastores, *por amor a Cristo* les presento el doble reto de digerir en oración este consejo abundantemente sabio de un veterano médico del alma, cuyos ojos han estado fijados durante décadas en el Consejero Admirable".

—Jordan Thomas,
pastor, Grace Church, Memphis

"Desde que comencé en el ministerio pastoral, Phil Newton ha compartido generosamente su extensa sabiduría conmigo y me ha alentado a lo largo del camino. Con *40 preguntas sobre el ministerio pastoral,* me regocijo de que este conocimiento y esta sabiduría bíblicos estén ahora disponibles para otros muchos. Este libro es un tesoro de sabiduría y percepción doctrinalmente sanas, formado como el resultado del cuidadoso estudio y de la fidelidad de Phil a través de los retos y los gozos del ministerio pastoral a largo plazo. Si es usted pastor, si desea serlo o sencillamente quiere entender mejor lo que las Escrituras enseñan sobre este oficio bíblico, lea este libro. Y, cuando lo acabe, manténgalo a mano ya que querrá regresar a la sabiduría de este libro en los años venideros".

—Josh Manley,
pastor titular, RAK Evangelical Church, Ras al Khaimah,
Emiratos Árabes Unidos

"Tiene en sus manos uno de los libros más importantes sobre el pragmatismo del ministerio pastoral que haya leído jamás. Además, no conozco a un pastor mejor que Phil Newton, más sabio y más experimentado para escribir un libro como este. Ha vivido su contenido durante cuatro décadas de fiel ministerio y se ha convertido en un modelo para otros pastores durante el proceso. *40 preguntas sobre el ministerio pastoral* es de fácil acceso, profundamente bíblico e inmensamente práctico. Es de lectura obligada para cada nuevo pastor, y también para los más veteranos, que precisen un recordatorio claro y convincente del llamamiento, del plan y del designio divino para sus cuidados pastorales. Recomiendo este libro con toda sinceridad y al hombre que lo ha escrito".

—Brian Croft, pastor titular, Auburndale Baptist Church;
fundador, Practical Shepherding;
colaborador principal, Church Revitalization Center, SBTS

"En el caso de un pastor experimentado o de uno que está empezando en el ministerio, tener un entrenador ministerial es algo extremadamente útil, alguien a quien podríamos formular preguntas, de quien ganar perspectiva y hallar un camino de progresión en las situaciones ministeriales complicadas. Al escoger *40 preguntas sobre el ministerio pastoral,* usted cuenta con la voz de un pastor-entrenador experimentado, alguien que ha seguido a Jesús en medio de los retos del ministerio y que ofrece sabio consejo en las preguntas más comunes que pudiéramos tener. Phil Newton ha producido una mina de oro de sabiduría pastoral que debería ser un libro de referencia para pastores en todas las etapas del ministerio. ¡Sé que lo tomaré de mi estantería una y otra vez para escuchar hablar a mi entrenador en el ministerio!".

—Dr. Sean Michael Lucas,
pastor titular, Independent Presbyterian Church (PCA), Memphis, TN,
profesor de Historia de la Iglesia, Reformed Theological Seminary

"Los pastores son llamados por Dios para servir a su pueblo. Son formados como los siervos fieles y eficaces que Él desea que sean, a través del proceso de entender las responsabilidades mismas que su llamado les asigna. Tener como mentor a un pastor veterano que acepte con gozo su tarea es crucial para su desarrollo. Phil Newton se sirve de su pluma en este volumen para proporcionar mentoría a los pastores, conforme suscita cuarenta preguntas esenciales sobre el ministerio pastoral y procura responderles de un modo bíblico, teológico y práctico. Sus contestaciones sabias y cautivadoras se han constituido a partir de más de treinta y cinco años de servicio como pastor. He admirado su ministerio durante más de veinte años. Phil no solo sabe cómo ser pastor; camina con el Pastor Supremo. No se me ocurre mejor persona como mentor de aquellos que son llamados al ministerio pastoral, ya sea que se encuentren al principio de su desarrollo o lleven años sirviendo como pastor. Todos se beneficiarán de *40 preguntas sobre el ministerio pastoral*".

—Keith Whitfield,
rector, Southeastern Baptist Theological Seminary
y profesor adjunto de Teología, Wake Forest, NC

"En este libro hay algo para los pastores en todas las etapas del ministerio. Para el futuro pastor existe una hoja de ruta que le muestra lo que le espera. Para el joven pastor, se provee sabiduría que le ayude cuando las curvas se hagan más difíciles de recorrer. El pastor veterano hallará ayuda para saber qué camino tomar a continuación. Será de lectura exigida para todos mis becarios pastorales desde ahora en adelante. Mi viejo amigo Phil Newton es una voz de confianza que conoce cada bache del ministerio pastoral porque ha tenido que pasar por cada uno de ellos en el camino a lo largo de décadas de fiel liderazgo en la iglesia local".

—Jeff Robinson,
pastor principal, Christ Fellowship Baptist Church,
Louisville, KY

"Cuando empecé a leer el libro de Phil Newton, *40 preguntas sobre el ministerio pastoral,* solté mi rotulador resaltador, contemplé las páginas del manuscrito amarillo fluorescente que tenía sobre el escritorio frente a mí y llegué a la conclusión de que resaltarlo todo equivale a no destacar nada. Sin embargo, cuando leí este libro, también tomé rápidamente consciencia de que estaba escrito con una pluma de ganso impregnada en la propia sangre del autor. Está escrito desde la sabiduría de cuatro décadas de fiel ministerio pastoral y de caminar en intimidad con Cristo. A la manera de un sermón expositivo típico de Phil Newton, cada palabra de este libro importa. No se puede componer una obra como *40 preguntas sobre el ministerio pastoral* como si fuera el subproducto de un proyecto de investigación. Escribir esta autobiografía particular y manual sobre el pastorado bíblico requiere toda una vida. En estas páginas, Phil desvela con entusiasmo lo que las Escrituras enseñan respecto al ministerio, incluidas las consideraciones fundamentales del pastorado, del desarrollo, de la salud y de las prácticas pastorales. Cada una de estas categorías se amplía en los ejemplos bíblicos, históricos y personales que demuestran los principios de la Biblia y de la teología que se perfilan. Muy pocos recursos de este tipo alcanzan el equilibrio correcto de la gracia y la verdad, así como de la amonestación y el estímulo. A la vez que mantiene el alto listón que las Escrituras establecen para el ministerio pastoral, Phil expresa del mismo modo las promesas de la gracia y la provisión divinas para aquellos a los que llama.

Al estilo de clásicos como la obra de Richard Baxter, *El pastor reformado,* o la de C. H. Spurgeon, *Discursos a mis estudiantes,* muchas generaciones tienen a alguien que asuma la responsabilidad de escribir un manifiesto pastoral atemporal y bíblico. Alabo al Señor porque Phil Newton esté entre aquellos que se han arrogado esta carga por nuestra generación y por las venideras, si el Señor se demora. Compañeros pastores no se limiten a hojear este libro, vivan con él y permítanle que les guíe a depender con mayor profundidad del Pastor Supremo perfecto, quien no necesita manual de instrucción alguno".

—Brad Walker,
pastor titular, First Baptist Church of Sparta, TN

40 PREGUNTAS SOBRE EL
ministerio pastoral

Phil A. Newton

Benjamin L. Merkle, editor de la serie

EDITORIAL
PORTAVOZ

La misión de *Editorial Portavoz* consiste en proporcionar productos de calidad —con integridad y excelencia—, desde una perspectiva bíblica y confiable, que animen a las personas a conocer y servir a Jesucristo.

Título del original: *40 Questions About Pastoral Ministry,* © 2021 por Phil A. Newton y publicado por Kregel Publications, una división de Kregel Inc., Grand Rapids, Michigan 49505. Traducido con permiso.

Título en castellano: *40 preguntas sobre el ministerio pastoral* © 2022 por Editorial Portavoz, filial de Kregel Inc., Grand Rapids, Michigan 49505. Todos los derechos reservados.

Traducción: Loida Viegas

Las cursivas en los versículos bíblicos son énfasis del autor.

EDITORIAL PORTAVOZ
2450 Oak Industrial Drive NE
Grand Rapids, Michigan 49505 USA
Visítenos en: www.portavoz.com

ISBN 978-0-8254-5982-5 (rústica)
ISBN 978-0-8254-6936-7 (Kindle)
ISBN 978-0-8254-7783-6 (epub)

1 2 3 4 5 edición / año 31 30 29 28 27 26 25 24 23 22

Impreso en los Estados Unidos de América
Printed in the United States of America

Contenido

Cuarta parte: Predicación pastoral

Quinta parte: La iglesia y el ministerio pastoral

Prólogo

Cuando era estudiante universitario, un muchacho de tan solo dieciocho años con poco conocimiento y aún menos experiencia, Phil Newton y los miembros de South Woods Baptist Church me abrieron sus vidas. No exagero al afirmar que aquellos dos veranos me cambiaron. Como alumno en prácticas, tuve acceso desde dentro al funcionamiento de una iglesia local sana; pude analizar la vida y el ministerio de un fiel pastor que ama a su gente, que ama la Palabra de Dios y cuyo gozo en la vida es servir de puente entre ambas cosas, en público y en privado.

Observé mucho durante aquellos dos veranos. También adquirí alguna práctica y conseguí elaborar unos cuantos de mis primeros sermones. Por el camino formulé numerosas preguntas. Un montón de ellas. Las respuestas proporcionadas por Phil en aquel tiempo siguen moldeando hoy mi ministerio. Lo que me encanta de este libro es que le concede a usted la misma oportunidad que yo tuve para aprender de este fiel hermano. La lectura de este libro fue un poco como remontarme en el tiempo.

Existen muchas razones por las que este libro será un añadido útil a su biblioteca pastoral. Como los demás títulos de la serie "40 preguntas sobre…", este libro es una herramienta de uso obligado. La estructura y el formato hacen que el contenido sea rápida y fácilmente accesible. Las preguntas en sí están bien escogidas y mejor estructuradas. Son interrogantes reales que, en otras palabras, tarde o temprano tendrán eco en lo que usted está experimentando. Y las respuestas son siempre útiles y concisas.

Sin embargo, la razón principal por la que estoy convencido de que este libro le será útil es que con el mismo llegará a aprender el ministerio de la mano de Phil Newton. Aquí encontrará las tres mismas cosas que yo valoré tanto en mi época de alumno suyo en prácticas, y que he apreciado en su amistad desde entonces.

Primero, descubrirá una bibliografía pastoral tremenda. Phil ha dedicado su carrera a escudriñar las riquezas de la tradición pastoral reformada. En estas respuestas verá lo que él halló y creo que llegará a amar tanto como él a esos maestros.

En segundo lugar, usted se encontrará con el cuidadoso estudio de lo que la Biblia afirma sobre el ministerio pastoral. Phil sabe algo mejor que afirmarse en su propia sabiduría. Nuestra única esperanza de productividad en la obra que Dios nos ha encomendado depende de seguir las directrices que Él nos ha dado en su Palabra. En cada respuesta a cada pregunta verá que Phil le lleva de regreso a las Escrituras. Y, a lo largo del camino, este libro le ayudará a construir una sólida teología bíblica del ministerio.

Finalmente, hallará el beneficio de la experiencia pastoral de toda una vida. He señalado que Phil se basa en la Palabra de Dios, no en la suya propia, pero también hay una gran cantidad de sabiduría lograda con esfuerzo. Durante cuatro décadas ha puesto a prueba el consejo de todos esos libros pastorales. Durante cuarenta años ha confiado en la dirección de la Palabra de Dios. Lo ha hecho todo dentro de los ritmos diarios y semanales —¿me permite decir en la rutina?— de un ministerio pastoral exactamente como el de usted y como el mío. Phil es un guía que ya estuvo allí.

Por tanto, sea usted un joven pastor que necesita un aliado o un pastor que busca recursos para ayudar en la formación de otros, este es un libro que puede usar. Desde luego, ese es mi caso.

Dr. Matt McCullough,
pastor de Trinity Church en Nashville, Tennessee

Introducción

He dedicado la mayor parte de mi vida a pastorear cuatro iglesias desde 1978 hasta el presente. Todas eran muy distintas. Cada una necesitaba un fiel ministerio pastoral. En ocasiones no tenía ni idea de cómo manejar la oposición, reformar la adoración, predicar de manera pastoral, desarrollar líderes, afrontar el desaliento o cambiar la forma de gobierno, entre docenas de otros asuntos. Pastores veteranos vinieron a menudo en mi ayuda en la respuesta a preguntas (¡yo tenía más de cuarenta!). Unas veces, una buena biografía pastoral arrojó luz, por ejemplo, Edwards, Spurgeon, Lloyd-Jones. En otras ocasiones, la Palabra de Dios y la oración me llevaron del dilema al gozo duradero. Todo el tiempo he sentido la fidelidad de Dios y mi debilidad mientras aprendía lo que significa ser el pastor del rebaño.

Durante años he estado contestando preguntas de pastores sobre una diversidad de cuestiones a las que se enfrentan en la vida y en el ministerio. Como ocurre con este libro, la combinación de la exégesis bíblica, la teología pastoral y la experiencia formaron mis respuestas. El ministerio pastoral tiene su fundamento en la Palabra de Dios, se ejercita en la reflexión teológica y se aplica en la experiencia contextual del pastor y de la congregación. Por consiguiente, para explorar el ministerio pastoral, este libro se basa en las Escrituras, considera las implicaciones teológicas y las ilustra a partir de la experiencia personal. Cuarenta preguntas no pueden abarcar toda la obra pastoral, es evidente, pero proveen un marco orientativo para los problemas a los que se enfrentan los pastores.

Las cinco secciones del libro proporcionan a los lectores un medio para ir restringiendo las respuestas sobre el ministerio pastoral. La primera parte, "Consideraciones fundamentales", examina lo que significa ser pastor, prestando atención al carácter y a los requisitos necesarios para la obra espiritual. La segunda parte, "Desarrollo y salud pastorales", mantiene en mente la visión a largo plazo y dirige a los pastores a aquello que se centra en el caminar personal, el matrimonio, la familia, las relaciones y las prácticas para la resistencia. La tercera parte, "Prácticas pastorales", identifica la manera en que un pastor debe pastorear al rebaño, gestionar la oposición y formar a los líderes. La cuarta parte, como corazón del ministerio pastoral, "Predicación pastoral", centra las reuniones corporativas en el evangelio. La quinta parte, "La iglesia y el ministerio pastoral", empieza con la naturaleza de la iglesia y, a continuación, pasa a desarrollar unas prácticas eclesiales saludables. Cada pregunta ayuda a los pastores a navegar por los retos del ministerio.

En mi estudio de pasajes que se refieren y aluden al ministerio pastoral, estoy convencido de que el Señor de la iglesia es quien da este cargo a los hombres. Aunque desde luego no excluye ámbitos de ministerio para las muchas mujeres fieles y piadosas que sirven de numerosas formas en la iglesia, mi convicción en este volumen se enfoca en hombres que desempeñan la responsabilidad pastoral. Me siento agradecido por las muchas señoras que han servido a Cristo en múltiples formas en las iglesias de las que he formado parte. Su influencia y percepciones en mi labor pastoral son un don especial de Dios tanto para mí como para los demás pastores que sirven conmigo.

Escribí la mayor parte de este libro durante una baja médica, ya que necesité estar aislado para recibir quimioterapia. De muchas formas esto me sirvió de bálsamo para mi vida mental y espiritual, mientras mi cuerpo era agredido por el tratamiento. Agradezco a la congregación y a los ancianos de South Woods Baptist Church en Memphis su amor y su apoyo a lo largo de mi ministerio, pero sobre todo durante estos días de mayor reto. Han sido un modelo de cuidado y atención hacia su pastor.

Al terminar cada pregunta, se la pasaba a Matt Sliger, Chris Spano, Raymond Johnson y Tom Tollett, quienes tuvieron a bien leer el primer borrador, ofrecieron correcciones y sugerencias y me fueron incentivando. Aunque las deficiencias remanentes son mías, la inversión que ellos hicieron y su percepción pastoral mejoraron lo que usted está a punto de leer. ¡Gracias, hermanos! Varios pastores locales iniciaron oportunidades para hacer pruebas de campo de la mayoría del material del libro, incluidos Jordan Thomas, Jeremy Wright, Ben Williams y Nathan Sawyer. Mi profunda gratitud a Matt Gentry y Joey Newton por ayudar con la edición. Debbie Jones ayudó de numerosas maneras. Mediante mucho debate, otros ancianos y los estudiantes pastorales en prácticas afinaron muchas de las ideas presentadas.

Hace mucho que valoro la erudición de Ben Merkle y sus contribuciones escritas para la iglesia. Estoy agradecido por trabajar con él como editor de la serie "40 preguntas sobre...". La edición en inglés de este libro representa mi cuarta obra con Kregel Publications. Dennis Hillman puso las cosas en marcha con respecto a este libro, a continuación se jubiló y lo dejó en las muy capaces manos de Laura Bartlett. Robert Hand y Bethany Murphy añadieron su visión para introducir mejoras editoriales. Me siento agradecido por su profesionalidad, su fiable comunicación y su amistad.

Karen, mi esposa, ha escuchado mis reflexiones sobre diversas preguntas, y me alentó cuando me sentí demasiado cansado para escribir, me apoyó hasta acabar este libro. Yo no habría llegado lejos en el ministerio pastoral sin su constante amor y su fiel resistencia.

Como Karen, mis hijos han vivido el contenido de este libro conmigo. Han viajado por los altibajos del ministerio pastoral, los gozos y las tristezas, los triunfos y las pérdidas desde la perspectiva privilegiada de ser hijos de pastor. Han seguido amándome y animándome siempre. Durante esta dura etapa de vida han sido el contrapeso que ha impedido que me hundiera. ¡Gracias, Kelly, Andrew, John, Lizzy y Stephen! Espero que el viaje les haya dejado recuerdos maravillosos y un fiel ejemplo para seguir a Cristo en todas las cosas. Este libro va dedicado a ustedes.

Abreviaturas

ANF	Alexander Roberts, James Donaldson, eds. *Ante-Nicene Fathers: The Apostolic Fathers with Justin Martyr and Irenaeus.* American Edition. A. Cleveland Coxe, editor. Peabody, MA: Hendrickson Publishers, 2004 del original de 1885.
AT	Antiguo Testamento
BECNT	Baker Exegetical Commentary on the New Testament
BDAG	Frederick W. Danker. *A Greek-English Lexicon of the New Testament and Other Early Christian Literature.* 3.ª ed. Chicago: University of Chicago Press, 2000.
BDB	F. Brown, S. Driver y C. Briggs. *The Brown-Driver-Briggs Hebrew and English Lexicon.* 1906. Peabody, MA: Hendrickson, 2018.
BTCP	Biblical Theology for Christian Proclamation
Calvino	Juan Calvino, *Institución de la religión cristiana.* Rijswijk, Países Bajos: FELIRE, 1999.
CSB	*Christian Standard Bible*
EDT	Walter A. Elwell, ed. *Evangelical Dictionary of Theology.* 2.ª ed. Grand Rapids: Baker Academic, 2001.
JETS	*Journal of the Evangelical Theological Society.*
LEKGNT	Cleon L. Rogers Jr. y Cleon L. Rogers III. *The New Linguistic and Exegetical Key to the Greek New Testament.* Grand Rapids: Zondervan, 1998.
LNTS	Library of New Testament Studies
NICNT	New International Commentary on the New Testament
NIDNTTE	Moisés Silva. *New International Dictionary of New Testament Theology and Exegesis.* 5 vols. Ed. rev. Grand Rapids: Zondervan, 2014.
NIDOTTE	Willem A. VanGemeren, ed. *New International Dictionary of Old Testament Theology and Exegesis.* 5 vols. Grand Rapids: Zondervan, 2012.
NIGTC	New International Greek Testament Commentary
NSBT	New Studies in Biblical Theology
NT	Nuevo Testamento
NTC	New Testament Commentary
PNTC	Pillar New Testament Commentary

PTW	Preach the Word
REC	Reformed Expository Commentary
SBL	Studies in Biblical Literature
SSBT	Short Studies in Biblical Theology
TDNT	G. Kittel y G. Friedrich, eds. *Theological Dictionary of the New Testament.* Traducido por Geoffrey W. Bromiley. 10 vols. Grand Rapids: Eerdmans, 1964.
TWOT	R. Harris, G. Archer Jr., y B. Waltke, eds. *Theological Wordbook of the Old Testament.* 2 vols. Chicago: Moody, 1980.
WBC	Word Biblical Commentary.

PRIMERA PARTE

Consideraciones fundamentales

PREGUNTA 1

¿Qué es un pastor?

Como estudiante de tercer año, mi corazón ardía por apacentar el rebaño de Dios. Había sentido el llamamiento al ministerio cinco años antes y este llamado empezaba a confirmarse. En aquella época yo servía como parte del personal de la iglesia que discipulaba a jóvenes adultos y adolescentes. Al estar involucrado en la obra pastoral, mi llamamiento se hizo más claro. Aunque solo veía los bordes del ministerio pastoral, mi espíritu aprovechó la ocasión para pastorear a los miembros de nuestra iglesia y conducirlos a la salud espiritual.

Si se me obligara a responder a la pregunta "¿Qué es un pastor?", haría referencia al típico cuidador de un rebaño de ovejas. Por supuesto, ambas profesiones derivan su título del latín *pastor, pastoris,* que significa pastor en todas sus modalidades.[1] Cuando se alude al oficio de liderazgo en la iglesia, usamos esta palabra de forma metafórica (no nos referimos al verdadero pastorado de ovejas). A lo largo de los siglos, los gobiernos y los grupos religiosos han usado *pastor* en relación con alguien que gobierna, dirige o se preocupa de ellos. La Biblia también usa el término de manera alegórica. ¿Cómo responde a la pregunta "¿Qué es un *pastor*?"?

Pastor como metáfora

La cultura del antiguo Oriente Próximo y las Sagradas Escrituras usan con regularidad el término *pastor* de manera metafórica.[2] Al considerarlo así, Timothy Laniak explica que arrastramos "una colección de asociaciones interrelacionadas desde el dominio fuente al dominio de destino como *posibilidades* para la comparación".[3] En otras palabras, adoptamos el concepto original del pastoreo de las ovejas, reflexionamos sobre las diversas implicaciones involucradas en esa tarea y, *a continuación,* consideramos cómo se usa en modo metafórico en los diversos contextos bíblicos. A partir de este proceso

1. "Pastor", según definiciona.com (definición y etimología). Sustantivo masculino y femenino. Este vocabulario se refiere a una persona que se encarga de resguardar, proteger, cuidar, guiar y dar el alimento al ganado, de manera especial al lanar, la oveja o el cordero. Eclesiástico y laico designado por la comunidad para su guía de tipo espiritual, aplicado en las religiones protestantes o a los evangélicos.
2. Ver Timothy Laniak, *Shepherds after My Own Heart: Pastoral Traditions and Leadership in the Bible,* NSBT 20, ed. D. A. Carson (Downers Grove, IL: IVP Academic, 2006), 31-74.
3. Laniak, *Shepherds,* 33 (cursivas originales).

empezamos a derivar y entender el concepto de lo que es *un pastor*. Responder a la pregunta: "¿Qué es un pastor?" mediante la mera afirmación: "un cuidador de las ovejas", demuestra ser inadecuado hasta alcanzar su significado en la metáfora original tal cual se desarrolló en las Escrituras.

El término griego *poimén*, que significa "pastor", se usa dieciocho veces en el NT, pero solo se traduce una vez en el sentido eclesial (Ef. 4:11).[4] Los usos restantes de *poimén* arrojan luz sobre los significados nominales y verbales, al referirse al oficio de pastor/anciano.[5] Moisés Silva explica que la literatura griega usó *poimén* de forma literal y figurada, incluso para el "pastor divino". Metafóricamente, expresaba dirección y aprecio. Aunque con frecuencia describe la práctica real de ocuparse de las ovejas, el término bíblico también representa una destacada ilustración de Yahvé pastoreando a su pueblo Israel.[6] Del mismo modo, vemos que el NT retoma el simbolismo del pastoreo de Yahvé y lo aplica al Buen Pastor en Juan 10. Jesús contempló a las multitudes angustiadas y abatidas "como ovejas sin pastor" (Mt. 9:36). De forma similar a la imagen veterotestamentaria de Yahvé, los Evangelios dan cobertura a la obra de *pastoreo* de Jesús, quien buscó acercarse, proteger, proveer y guiar a las multitudes sin pastor.[7] Sin embargo, el Buen Pastor va más allá: da su vida por las ovejas (Jn. 10:11-18), como profetizó Zacarías (Zac. 13:7).[8] Desde el uso que el AT hace del *Pastor* en referencia a Yahvé, hasta el que el NT hace respecto a Jesús el Buen *Pastor*, empezamos a ver el trasfondo de la metáfora para el cargo neotestamentario de pastor.

Los pastores como reflejos de un modelo

Descuidar el uso veterotestamentario de Yahvé como Pastor cuando pensamos en el cargo neotestamentario correspondiente de pastor/anciano/obispo resulta en un empobrecimiento del término. Cuando el patriarca Israel bendijo

4. *NIDNTTE*, 4:84. Las siguientes versiones traducen ποιμήν (*poimén*) como pastor: RVR-60, NVI, NTV, NBLA y prácticamente todas las demás.
5. Cuando uso *pastor* como cargo en la iglesia, lo hago comprendiendo su uso sinónimo de *anciano* y *obispo*, que se encuentran con mayor frecuencia en el NT y representan un oficio eclesial, siendo diácono el otro cargo. Siempre se alude a ambos en plural. Para el uso sinónimo de los términos respecto a un solo cargo en la iglesia, ver Benjamín L. Merkle, *The Elder and Overseer: One Office in the Early Church*, SBL 57, ed. Hemchand Gossai (Nueva York: Peter Lang, 2003); Benjamin L. Merkle, *Preguntas y respuestas sobre los ancianos y diáconos* (Grand Rapids: Portavoz, 2012); Phil A. Newton y Matt Schmucker, *Ancianos en la vida de la iglesia* (Grand Rapids: Portavoz, 2021). El uso de un artículo en Efesios 4:11 para pastores y maestros indica una traducción mejor como "pastor-maestro". Ver Merkle, *Preguntas y respuestas sobre los ancianos y diáconos*, 54.
6. *NIDNTTE*, 81-83; sobre todo "en Jeremías (19x), Ezequiel (17x), Génesis (13x) y Zacarías (9x)". En el uso común del AT, los miembros de la familia eran principalmente cuidadores de ovejas. La Septuaginta usó el término ochenta veces.
7. Laniak, *Shepherds*, 78-84 (ver Éx. 15:13; 33:15-16; Dt. 23:14; Sal. 78:19; 105:40-41).
8. *NIDNTTE*, 4:85.

a los hijos de José, definió a Yahvé como "el Dios que ha sido mi pastor toda mi vida, hasta el día de hoy" (Gn. 48:15, NTV). Expresó el cuidado de Yahvé, su guía y su protección. De manera similar, el salmista describe el poder del Señor al liberar a Israel de Egipto: "Pero guio a su propio pueblo como a un rebaño de ovejas; los condujo a salvo a través del desierto" (Sal. 78:52, NTV). En Salmos 80:1 resuena la misma nota sobre el liderazgo: "Oh Pastor de Israel, escucha; tú que pastoreas como a ovejas a José". No es de sorprender el gran consuelo de Salmos 100:3: "Pueblo suyo somos y ovejas de su prado". El Señor guía, protege, consuela y provee para su rebaño (Sal. 23). Este liderazgo divino se producía de vez en cuando por medio de instrumentos humanos: "Condujiste a tu pueblo como ovejas por mano de Moisés y de Aarón" (Sal. 77:20), da pistas sobre el uso neotestamentario de *pastor.*

Las narrativas bíblicas utilizan el lenguaje del pastor para describir la forma en que David fue rey. En el antiguo Oriente Próximo, el lenguaje del pastoreo "suele relacionarse más a menudo con la institución de la monarquía (tanto divina como humana)".[9] En primer lugar, se presenta a David como un pastor literal (1 S. 16:11; 17:28, 34). De manera relevante, cuando este hombre se unió a las tribus de Israel en Hebrón con ocasión de su ungimiento como rey, los líderes lo identificaron como pastor/rey: "Y el SEÑOR te dijo: 'Tú pastorearás a Mi pueblo Israel, y serás príncipe sobre Israel'" (2 S. 5:1-2, NBLA). Aquí, *pastoreará* "se originó con respecto a quienes contratan a pastores de rango intermedio", escribe Laniak, y muestra la conexión del rey recién nombrado bajo la autoridad de Dios el Señor. "Israel recibió a su rey deseado, pero solo bajo la condición de que entendían cuál era su función [la de rey] como derivada y dependiente del gobierno de YHWH, el verdadero Dueño del rebaño".[10] Como verdadero Pastor, el Señor le encomendó al rey de Israel las responsabilidades de un subpastor, a saber, el cuidado, la guía y la protección.

Cuatro de los profetas —Isaías, Jeremías, Ezequiel y Zacarías— hicieron extensivo el uso del lenguaje pastoral para (a) describir a Dios el Señor (Is. 40:11; Jer. 31:10; Ez. 34:11-15; Zac. 9:16); (b) reprender a los líderes civiles y religiosos infieles (Jer. 10:21; 23:1-2; Ez. 34:1-10; Zac. 10:2-3); (c) anticipar al Buen Pastor (Ez. 34:23-24; Zac. 13:7-9); y (d) asegurar que nombraría a fieles pastores para su pueblo (Jer. 3:15; 23:3-4). El futuro oficio pastoral permaneció claramente a la vista a lo largo del AT.

El énfasis sobre Dios el Señor, como Pastor, comunica su presencia, su cuidado, su provisión de alimento, su consuelo, su protección, su guía, su

9. Laniak, *Shepherds,* 94.
10. Ibíd., 102.

liderazgo y su provisión. *Cualquier uso futuro de la metáfora del pastoreo para quienes sirven a su rebaño deben relacionar estas características con el ministerio pastoral.* Teniendo a la vista el cargo pastoral neotestamentario, Yahvé nombró "pastores de los que no solo se esperaba que atendieran al rebaño; estaban sirviendo a su Dueño".[11] Por tanto, los pastores deben reflejar el modelo de Dios el Señor como Pastor sobre su rebaño.

Los pastores como siervos prometidos

Israel se fue acostumbrando a reyes que *descuidaron* la defensa de los débiles, no juzgaron con imparcialidad, no dirigieron según los caminos del Señor ni controlaron sus deseos personales. Los líderes religiosos sacerdotales tampoco respetaron a quienes debían haber pastoreado hacia una dependencia fiel del Señor. Por consiguiente, Él actuó.

En primer lugar, proclamó que Él rescataría a su rebaño. Tomó la iniciativa para liberar a su pueblo de la esclavitud, lo que implicaba una paz salvífica futura en la presencia del Señor (Ez. 34:11-16). Esta promesa establece las bases para el uso que el NT hace de la Iglesia como rebaño de Dios (Jn. 10:1-30; He. 13:20-21).

En segundo lugar, Él prometió enviar a pastores fieles que cuidaran, protegieran, guiaran y proveyeran para su rebaño (Jer. 3:15). "Y pondré sobre ellas pastores que las apacienten" (Jer. 23:4). En este pasaje escatológico, Jeremías señala a Jesús, el Rey Mesiánico venidero, y tranquiliza respecto a que Dios "levantar[ía] a David renuevo justo, y [que reinaría] como Rey, el cual ser[ía] dichoso, y har[ía] juicio y justicia en la tierra" (Jer. 23:5). El rebaño que atenderían los futuros pastores pertenece al Mesías prometido. Los pastores que Él se compromete a enviar hallan su cumplimiento en el cargo pastoral de la iglesia (anciano/obispo). Los reyes y los sacerdotes no fueron capaces de pastorear al rebaño de Dios. Sin embargo, el nuevo pacto preveía una dimensión diferente de pastores que se preocuparían por la manada. Laniak observa: "Ilustra lo que llamaremos la 'preferencia divina por la intermediación humana'. El nombramiento por parte de Dios implica un llamamiento, una mayordomía y una rendición de cuentas".[12] Convoca a los pastores prometidos para que se ocupen de su rebaño con fidelidad.

La promesa divina de fieles cuidadores para el redil divino añade peso a los pastores que sirven en las congregaciones locales. Esta promesa divina llegó en relación con el Mesías davídico anunciado (Jer. 23:5-6). No es de sorprender que Pablo usara un lenguaje tan impresionante para recordarles

---

11. Ibíd., 152.
12. Ibíd., 21-22.

a los ancianos efesios que no desempeñaban una mera tarea, sino que estaban pastoreando al pueblo comprado al precio de la sangrienta muerte de Jesús: "Por tanto, mirad por vosotros, y por todo el rebaño en que el Espíritu Santo os ha puesto por obispos, para apacentar la iglesia del Señor, la cual él ganó por su propia sangre" (Hch. 20:28). Estos hombres, junto con innumerables pastores a lo largo de los siglos, respondieron a la promesa profética de pastorear a la iglesia de Dios comprada con sangre.

Los pastores como instrumentos designados

"¿Qué le proporciona el Cristo exaltado a la Iglesia?", pregunta Andrew Lincoln, en alusión a Efesios 4:11: "Provee personas, aquellos individuos que proclaman la palabra y dirigen".[13] Los dones apostólicos y proféticos sirvieron en los primeros días de la Iglesia, pero no siguieron del mismo modo después de aquel período. Los apóstoles y los profetas establecieron el fundamento eclesial en cada era, sobre todo mediante la inspiración especial por medio de la cual nos transmitieron la Palabra de Dios.[14] Esta parece haber sido, sin lugar a duda, la postura de Pablo (Ef. 2:19-22; 3:1-10). Una vez realizaron su tarea de poner el fundamento del evangelio en la Iglesia, como indica Thomas Schreiner, "estos apóstoles autoritativos y profetas son superfluos".[15] De igual manera, los evangelistas sirvieron para extender el evangelio allí donde no se había plantado iglesia. El don (o dones) restantes "pastores maestros (obispos)" continúa en el cargo pastoral de anciano/supervisor.[16] Pablo y Pedro van al meollo de la cuestión respecto a lo que significa pastorear el rebaño de Dios. Los ancianos deben demostrar una aptitud para enseñar con el fin de exhortar en la sana doctrina. Esto explica lo que significa ser "obispos (pastores maestros)" (Hch. 20:28; 1 P. 5:1-2; 1 Ti. 3:2; Tit. 1:9). "La charla funcional sobre la condición de anciano —declara Derek Tidball con acierto— se expresa en la metáfora del pastoreo".[17] Los pastores enseñan al rebaño.

La frase "y dio dones a los hombres", seguida de "él mismo constituyó a unos... pastores y maestros" señala el cargo pastoral como instrumento elegido por Dios para servir a la Iglesia a lo largo de los siglos (Ef. 4:8, 11). Pablo pone a los pastores en el contexto de los dones de Dios para hacerla madurar y cuidarla. Consideró la necesidad de líderes pastorales cuando lo vemos

---

13. Andrew T. Lincoln, *Ephesians*, WBC 42 (Dallas: Word, 1990), 249.
14. Louis Berkhof, *Systematic Theology* (Grand Rapids: Eerdmans, 1993) 585. Publicado en español por Libros Desafío con el título *Teología sistemática*, 1995.
15. Thomas R. Schreiner, *New Testament Theology: Magnifying God in Christ* (Grand Rapids: Baker, 2008), 723-24.
16. Merkle, *Preguntas y respuestas sobre los ancianos y diáconos*, 43-50.
17. Derek Tidball, *Ministry by the Book: New Testament Patterns for Pastoral Leadership* (Downers Grove, IL: IVP Academic, 2008), 189.

nombrando a los ancianos en las nuevas iglesias en su primer viaje misionero (Hch. 14:23). Volvió a confirmar la responsabilidad de los ancianos de pastorear a la iglesia efesia (Hch. 20:28). A continuación, dejó a Tito en Creta para que nombrara ancianos en las comunidades donde se había establecido iglesia (Tit. 1:5). Dado que el Señor de la Iglesia escogió a pastores que cuidaran del rebaño, Pablo insistió en la labor pastoral de las iglesias que plantó.

Los pastores como subpastores del Pastor supremo

Antes de su ascensión, Jesús le pidió a Simón Pedro que cuidara a su rebaño (Jn. 21:15-17). Le preguntó tres veces si le amaba. Tras cada inquisitivo interrogante, el discípulo confirmó su amor por el Señor Jesucristo. Con cada afirmación, Jesús le instó a que apacentara la Iglesia: "Apacienta mis corderos... Pastorea mis ovejas... Apacienta mis ovejas". El primer término, *apacentar* (*bósko*), era la actividad del cuidador de rebaños que alimentaba y se ocupaba de sus ovejas. De manera similar, *pastorear* (*poimaíno*), significa atender o proporcionar cuidados al redil.[18] "Apacienta *mis ovejas*" (*bósko*) recalca la alimentación, el pastorado y la nutrición a los que Jesús pidió a Pedro que se comprometiera con regularidad en el seno de la Iglesia.

Unos treinta años más tarde, o más, como líder eclesial y apóstol veterano, Pedro escribió con humildad a los ancianos de las iglesias dispersadas (1 P. 5:1-5). Se autodefinió como "anciano también con ellos", identificándose así con las responsabilidades del pastorado y del liderazgo de quienes se preocupaban por las iglesias en todo el Asia Menor antiguo (1 P. 1:1). Con esta identidad, también mira en *retrospectiva* como "testigo de los padecimientos de Cristo" y *hacia adelante* como "participante de la gloria que será revelada". Al actuar así, ancló sus exhortaciones para el pastorado en la cruz, la resurrección, el reinado, el regreso y la esperanza de Cristo, siendo ejemplo de ello para estos obreros, mientras ellos sirven a la Iglesia. Les habló cara a cara como a otros pastores del rebaño comprado.

¿Cómo debían considerar estos ancianos sus responsabilidades? Tenían que pastorear al rebaño de manera activa. Pedro no tenía necesidad de enumerar cada detalle de esta tarea. Aquellos primeros ancianos entendieron que Jesús era su modelo a seguir: buscar a las ovejas descarriadas, mostrar compasión, enseñar las Escrituras, alimentar y proveer para los necesitados, sanar a las perniquebradas, alimentar con ternura a los corderos, llamar a las ovejas por su propio nombre y dar su vida por ellas. Yahvé le proporcionó a Israel el mismo tipo de protección, provisión, compasión, dirección y alimentación.

Al contrario que los pastores perversos de Israel, los ancianos debían

18. BDAG, βόσκω, 181; *NIDNTTE*, ποιμαίνω, 4:81-87. Cada verbo es un imperativo activo presente.

ejercer su supervisión "no por obligación ni por ambición de dinero, sino con afán de servir, como Dios quiere. No sean tiranos con los que están a su cuidado, sino sean ejemplos para el rebaño" (1 P. 5:2-3, NVI). Pedro describe a hombres ávidos para servir con humildad al rebaño de Dios, no tomándolo por *su propio rebaño* para hacer con ellos como les plazca, sino ejerciendo su vigilancia "como Dios quiere" (NVI). Tal como lo expresa Laniak, "la humildad es la marca distintiva de su servicio (1 P. 5:5-6)".[19] Solo podían ser ejemplos (*tupoi*) si eran, a su vez, miembros del rebaño, y participaban por completo de la vida de la iglesia local. Laniak nos recuerda, con sabiduría, que "es un seguidor *antes* que líder. Es un líder *porque* es un seguidor".[20] Estos ancianos solo se enfrentaron a la realidad de ser pastores después de haber procurado cuidar del rebaño según el ejemplo de Jesús. Ellos, y todos los fieles pastores con ellos, reconocen que los subpastores se unen al Pastor Supremo en el cuidado de su redil (1 Co. 3:5-9).

En resumen

¿Qué es un *pastor*? Aquel que cuida del rebaño de Dios, ciertamente, pero la Biblia añade significado adicional a la metáfora por la forma de usar el término:

(1) Los pastores son aquellos que *reflejan* el modelo que el Señor Dios dio en su modo de pastorear a Israel, es decir, priorizando el vivir entre el rebaño, protegiéndolo espiritualmente, proveyendo un alimento rico de la Palabra de Dios y conduciéndolo hacia la santidad.

(2) Los pastores son aquellos que el Señor *prometió* a través de los profetas, que se levantarían para cuidar de su pueblo —la Iglesia— en contraste con los muchos falsos pastores de Israel.

(3) Los pastores son los *nombrados* por el Señor Jesús como instrumentos para servir a su iglesia, preparándola, edificándola, enseñando la sana doctrina, diciendo la verdad en amor y dirigiendo hacia la unidad y la madurez.

(4) Los pastores son los reconocidos como *subpastores* con la responsabilidad de desempeñar fielmente las labores del pastor, siendo conscientes de que rendirán cuenta al Pastor Supremo.

---

19. Laniak, *Shepherds,* 234.
20. Ibíd., 22 (cursivas originales). Añade: "Los reyes de Israel tenían que entender que ser miembro del rebaño de Dios era más fundamental que ser un pastor nombrado sobre este" (114).

Preguntas para la reflexión

1. De qué manera el ejemplo veterotestamentario del Señor como Pastor documenta y moldea nuestra forma de comprender la pregunta "¿Qué es un pastor?"?
2. ¿Cómo cree que la reprensión y el juicio dirigidos contra los pastores falsos e infieles de Israel (civiles y religiosos) afecta la forma de usted de pensar sobre el llamamiento de Dios a apacentar su rebaño?
3. ¿En qué sentido es el cargo de pastor (anciano) un instrumento escogido por Cristo para la Iglesia?
4. ¿Cómo transformó la experiencia de Pedro, en Juan 21:15-17, su visión futura del pastorado?
5. ¿De qué manera el verse *primero* como miembro de una iglesia afecta la forma en que un hombre debe ver su cargo de pastor?

PREGUNTA **2**

¿Qué significa el ministerio pastoral?

Mi primera incursión en el ministerio pastoral me suscitó más preguntas que respuestas. Como estudiante pastoral de diecinueve años, una pequeña iglesia me pidió que fuera su líder musical. Yo accedí, siempre que me permitieran trabajar con sus estudiantes. El pastor no me explicó nada sobre el ministerio en general, ni tampoco en particular, en aquella iglesia poco saludable. Lo único que él quería era que yo apareciera, escogiera unos pocos himnos y me marchara. Jamás me preguntó cómo estaban respondiendo los estudiantes a mis estudios bíblicos o a mi discipulado. Sencillamente, no parecía preocuparle lo más mínimo nada de lo relacionado con el ministerio pastoral. Allí determiné lo que *no* haría en el ministerio pastoral, aunque todavía no hubiera aprendido qué hacer.

¿Qué es el ministerio pastoral? Simplemente, es la obra de los pastores/ancianos. Sin embargo, esto nos deja interrogantes respecto a los detalles. Si pensamos en el pastor como aquel que apacienta a la grey, apreciaremos que la imagen es un tanto variopinta: el ministerio pastoral involucra cuidado, protección, provisión y cercanía con el rebaño.

Martín Bucero, pastor en Estrasburgo en el siglo XVI y mentor de Juan Calvino, consideró el ministerio pastoral en su amplia extensión antes de estrechar la definición: "Los ministros de la iglesia deben proveer para los corderos de Cristo todo lo que el Señor les ha prometido en su cargo como pastor".[1] Bucero se rige por la forma en que Jesús pastoreaba a su rebaño, junto con lo que Él prometió en el evangelio como fundamental para la ampliación del ministerio pastoral. Y añade que los ministros deben ocuparse "de que [el rebaño] no sea privado de nada de lo que contribuya a su crecimiento continuo y al aumento de la piedad".[2] El ministerio pastoral se enfoca, por tanto, en el crecimiento en la piedad.

Timothy Laniak agrega otra capa al pensamiento de Bucero: "Un buen pastor es aquel que actúa como es debido en cada circunstancia, en cada contexto".[3] En otras palabras, aunque el ministerio pastoral contiene similitudes bíblicas

---

1. Martin Bucer, *Concerning the True Care of Souls,* trad. Peter Beale (1538; Edimburgo: Banner of Truth Trust, 2009), 69.
2. Bucer, *Care of Souls,* 69.
3. Timothy Laniak, *Shepherds after My Own Heart: Pastoral Traditions and Leadership in the Bible,* NSBT 20, ed. D. A. Carson (Downers Grove, IL; IVP Academic, 2006), 40.

entre un grupo de personas y otro, no se puede considerar que la forma en que funcionan las prácticas pastorales en los entornos de la vida real sea monolítica. Mi modo de ejercer el ministerio pastoral en Memphis podría diferir ligeramente de cómo pastorea mi amigo en Nairobi. Algunas de las circunstancias a las que él se enfrenta —el sincretismo, la pobreza extrema, los espacios de reunión recusados, la carencia de un liderazgo masculino— significan que enfatizará algunas cosas de una manera diferente a como yo lo hago en mi trabajo. Ambos construimos en torno a los principios básicos, pero nuestros contextos exigirán que hagamos hincapié en diversos aspectos del ministerio.

¿Por qué elige el Señor pastores para que lleven a cabo el ministerio? El reformador de Ginebra, Juan Calvino, explicó que al no morar el Señor de la iglesia de forma visible entre nosotros, escogió que la obra pastoral fuera desempeñada por ministros "como una especie de tarea delegada, sin transferirles su derecho y honor, sino que solo a través de sus bocas Él pueda realizar su propia obra, de igual manera que un obrero se sirve de una herramienta para acometer su labor".[4] El trabajo delegado por medio de *herramientas escogidas* capta la idea del ministerio pastoral. Pero ¿qué implica esto? Consideraremos el ministerio pastoral mediante el análisis de un término que lo resume, las cinco tareas espirituales que entraña y los cuatro aspectos concretos del mismo.

El ministerio pastoral en una palabra

Cuando Laniak describe la infatigable labor de los cuidadores de rebaños del mundo antiguo, con sus implicaciones para los pastores modernos, escribe: "La vigilancia [o vela]… es el resumen exhaustivo de las tareas del pastoreo".[5] Andrew Davis coincide: "El laborioso desvelo en la función del subpastor respecto al estado espiritual del rebaño es primordial en la obra de un pastor".[6] Al tratarse de algo "laborioso", *la vigilancia* nunca es fácil. Requiere tiempo, energía, lágrimas y disciplina por parte del pastor que quiere ser fiel al Príncipe de los pastores en el desempeño de sus responsabilidades para la vitalidad de la grey (1 P. 5:1-4).

El escritor de Hebreos identifica la vela como un resumen apto para la obra pastoral. "Obedeced a vuestros pastores, y sujetaos a ellos; *porque ellos*

4. *Calvino*, 4.3.1.
5. Laniak, *Shepherds*, 233.
6. Andrew Davis, "Those Who Must Give an Account: A Pastoral Reflection", en *Those Who Must Give an Account: A Study of Church Membership and Church Discipline*, eds. John S. Hammett y Benjamin L. Merkle (Nashville: B&H Academic, 2012), 208-9. El equilibrio del ensayo de Davis provee una mirada aleccionadora a la responsabilidad del pastor ante el Pastor Supremo por sus responsabilidades.

velan por vuestras almas, como quienes han de dar cuenta; para que lo hagan con alegría, y no quejándose, porque esto no os es provechoso" (He. 13:17). Encargarle a la iglesia que obedezca (*peítho*) o que siga y se someta (*jupeíko*), o que se someta a la autoridad delegada[7] de quienes los lideran sería lo más natural *si* estos líderes espirituales velan por sus almas. Mantener vigilancia (*agrupnéo*) significa permanecer despierto y alerta, sacrificar el sueño y la comodidad con el propósito de vigilar.[8] Los pastores fieles se mantienen alerta respecto a la vida espiritual de sus rebaños.

Los pastores solo pueden velar por aquellos a los que *observan*. Solo pueden observar los cambios, los altibajos, las luchas y el progreso de aquellos a los que *conocen*. Solo pueden conocer a aquellos en quienes *invierten* su vida, sus esfuerzos y sus oraciones.[9]

Davis desglosa la vigilancia en tres ámbitos. Primero, los pastores velan sobre "la identidad del rebaño". Escribe: "De manera específica, debemos conocer a las personas que el Señor ha puesto bajo nuestro cuidado". Esta clase de vigilancia significa relaciones construidas mediante el contacto personal. Resulta difícil pastorear a extraños. En segundo lugar, los pastores cuidan de "la condición física del rebaño". Davis escribe que necesitamos saber lo que está sucediendo en sus vidas, a qué retos o pruebas se enfrentan, qué está ocurriendo en sus relaciones familiares, cómo se llevan con los demás, etc. Estas cuestiones afectarán a su vida espiritual. En tercer lugar, los pastores cuidan de "la condición espiritual del rebaño". Lo divide en un lado negativo y otro positivo. "De manera negativa, el pastor debe ser consciente de la tendencia abrumadora que cada miembro de su rebaño tiene para desviarse de Cristo a través del engaño del pecado" (He. 3:12-13). No debemos dejar aparte nuestra antropología al entrar a la obra pastoral. "De manera positiva, el pastor debe pastorear a cada miembro del redil para que esté lleno de amor y de buenas obras, y desarrolle por completo los dones espirituales que Cristo les ha confiado" (He. 10:24-25). Nuestros objetivos deben ser la predicación, el discipulado, el trabajo personal, la comunicación y los detalles pastorales cuyo resultado es ayudar al crecimiento espiritual del rebaño.[10] Esto es velar por el rebaño.

Cinco tareas espirituales del ministerio pastoral

Los pastores pueden perder el ritmo en el ministerio pastoral mientras se

7. BDAG, πείθω, 791-92, ὑπείκω, 1030.
8. *NIDNTTE*, ἀγρυπνέω, 1:141-42.
9. Para un ejemplo clásico, ver Richard Baxter, *El pastor reformado* (Edimburgo: Banner of Truth Trust, 2009).
10. Davis, "Pastoral Reflection", 211-12.

ocupan de las tareas administrativas y organizativas. Pueden incluso olvidar *por qué* están organizando un evento o un ministerio. El corazón del *ministerio pastoral son las personas.* Irónicamente, a veces las personas quedan relegadas a un segundo plano entre el papeleo, las llamadas telefónicas, los correos electrónicos, los detalles de la web, los podcasts y exigencias varias. Las cinco tareas principales de Bucero, que asocia a cinco categorías de personas, son útiles para la vida espiritual de los miembros de la iglesia:

1. Realizar la obra de evangelización: conducir a la fe en Cristo a las ovejas perdidas que no han reconocido a Cristo como Señor

Bucero funcionaba desde el contexto de una parroquia que consolidaba el bautismo infantil con la ciudadanía. A pesar de esa práctica, reconocía que muchos, incluidos los que habían sido bautizados en la iglesia de niños, no habían venido a la fe en Cristo. Insta a los pastores a ir tras los elegidos de Dios saliendo en busca de los que están apartados de Cristo (Mt. 22:1-14; Lc. 14:16-24).[11] Aquí, el pastor desempeña el trabajo de un evangelista, como le exhortó Pablo a Timoteo (2 Ti. 4:5), construyendo relaciones con los incrédulos a la vez que busca la oportunidad de comunicarles las buenas nuevas.

2. Realizar la obra de la disciplina formativa: restaurar a aquellos que han caído fuera de la comunión con la iglesia por culpa de las seducciones de la carne o de la falsa doctrina[12]

El ministerio pastoral implica *vigilancia.* De manera particular, los pastores necesitan velar por aquellos que han cedido a unas prácticas pecaminosas o a la falsa enseñanza, y esto ha provocado que abandonen la congregación y el pacto de la iglesia. Esto significa confrontar su pecado con firmeza, pero amorosamente, hablando la verdad en amor (Ef. 4:15, NBLA). El pastor dirige en disciplina, ya sea *formativa* (discipulado), ayudando a la restauración de aquel que ha caído en pecado; o *formal* (correctiva), siguiendo el modelo de Mateo 18:15-20, cuyo objetivo es restablecer a las ovejas descarriadas y mantener el testimonio de la iglesia.[13] Algunos caen presa de la falsa enseñanza y, por tanto, deben ser confrontados en humildad y valentía con la verdad de la Palabra de Dios (1 Ti. 4:1-6; 2 Ti. 2:14-19).

---

11. Bucer, *Care of Souls,* 70-71.
12. Ibíd., 71.
13. Ver Andrew Davis, "The Practical Issues of Church Discipline", en Hammett y Merkle, *Those Who Must Give an Account,* 157-85. Ver la pregunta 33 para más detalles sobre la disciplina de la iglesia.

3. Realizar la obra de exhortar y amonestar: "ayudar en la verdadera reforma" de aquellos que, en la iglesia, han caído en un pecado grave y, sin embargo, permanecen en la iglesia[14]

Esta categoría podría incluir a los que se distancian de escuchar la verdad o de la comunión en el cuerpo. Incorpora a quienes tienen relaciones dañadas con otros en la iglesia debido al mal genio, a actitudes incorrectas, a la amargura o a un espíritu contrario. Los que están involucrados en una conducta inmoral, que no llevan una vida santa y están atrapados en el mundo, necesitan que su conducta sea reformada (arrepentimiento). Si son realmente creyentes verdaderos, Cristo tiene que formarse en ellos (Gá. 4:19). Bucero distingue esta categoría de la primera ya que se han quedado en alguna parte de la iglesia sin ser abandonados o apartados por completo. Sin embargo, su continuidad en la iglesia interrumpe la unidad y la pureza que debe caracterizar el cuerpo de Cristo (Ef. 4:13–5:14). El ministerio pastoral los dirige al arrepentimiento y a la disciplina personal como seguidores de Cristo (2 Ti. 4:2).

4. Realizar la obra de sanidad progresiva: restablecer la fortaleza y la sanidad cristianas a los que perseveran pero que todavía están un tanto enfermos espiritualmente

Bucero incluye en esta categoría a los apocados cuando afronten dificultades, a los lentos en servir a los demás, a los que se han ido haciendo más descuidados en las disciplinas espirituales, y "los que se equivocan y no tienen un entendimiento correcto".[15] Se han quedado en la iglesia, han participado en las reuniones, han hecho cierto esfuerzo respecto a la perseverancia, pero siguen siendo espiritualmente insanos. Juntarse con ellos, hacerles colaborar con creyentes más maduros, pedirles responsabilidades, proveerles buenos recursos y alentarlos con regularidad ayuda a restablecer a estos creyentes a la salud espiritual. Nuestras iglesias constan de muchos que encajan en esta categoría. Son creyentes que aman a la iglesia, pero necesitan ser pastoreados hasta alcanzar la salud y la vitalidad. Podemos frustrarnos como pastores mientras esperamos que mejoren. Algunos carecen de la formación para responder tan bien como otros. De modo que debemos trabajar con ellos pacientemente hasta que los veamos servir, a su vez, ayudando a otros a caminar con Cristo.

---

14. Bucer, *Care of Souls*, 70-72.
15. Ibíd., 72-73.

5. *Realizar la obra de vigilar al rebaño: "proteger de toda ofensa y de caer, y alentar de forma continua en toda cosa buena a los que permanecen con el rebaño en el redil de Cristo sin pecar de forma penosa ni debilitarse y enfermar en este caminar cristiano"*[16]

Estos fieles miembros del cuerpo se esfuerzan en su caminar espiritual, se sirven los unos a los otros, participan en la obra del evangelio en la comunidad y más allá, se presentan voluntarios para ayudar con la obra del ministerio y estimulan a sus pastores en su labor. Bucero nos recuerda que los pastores no necesitan dar por sentado que estos miembros del rebaño se ocuparán de su caminar espiritual sin necesidad de supervisión pastoral. Deben ser vigilados, protegidos y alentados en la misma medida que los demás. Ellos también necesitan cuidado pastoral.

El objetivo del ministerio pastoral consiste en dirigir a la congregación en el temor de Dios, a creer el evangelio, a permanecer fiel al cuerpo, a mostrar diligencia y entusiasmo por vivir una vida santa que brinde gloria a Jesucristo en todas las cosas.[17]

Cuatro aspectos específicos del ministerio pastoral

"Los pastores son generalistas", señala Laniak.[18] Cubren un amplio abanico de responsabilidades cuando ejercen el ministerio pastoral. Esta cantidad de responsabilidades puede frustrar a los pastores cuando intentan pastorear al rebaño. A veces, los pastores se sienten estresados por su debilidad en un ámbito del ministerio, o el ministerio en el que se muestran menos competentes parece exigir más energía y tiempo. Así es el ministerio pastoral. Laniak escribe: "La tarea de los pastores queda determinada a diario por las necesidades cambiantes del rebaño a su cargo".[19] De manera inevitable, los pastores tienen puntos fuertes en algunos ámbitos y puntos débiles en otros. Por ello debemos seguir el patrón de la pluralidad que encontramos en la iglesia del Nuevo Testamento. Con la pluralidad, la debilidad de uno será compensada por el punto fuerte de otro anciano/pastor.

Podríamos ofrecer numerosas listas de responsabilidades específicas en el ministerio pastoral. Sin embargo, en la obra de todo pastor es imprescindible que cuatro categorías concretas estén operativas: alimentar con la Palabra, conducir al rebaño, proteger al cuerpo y ser el ejemplo que los demás deben seguir.

---

16. Ibíd., 70.
17. Ibíd., 176-81.
18. Laniak, *Shepherds*, 247.
19. Ibíd., 247.

1. Alimentar con la Palabra

Enseñar y predicar la Palabra de Dios sigue siendo lo más principal y fundamental en la obra del ministerio pastoral. Las generaciones van y vienen, pero la necesidad de escuchar la exposición de las Escrituras no cambia nunca. A lo largo de la historia, los grandes períodos de avivamiento espiritual siempre han llegado tras un fervor renovado en la proclamación de la Palabra de Dios.[20] Martyn Lloyd-Jones, cuyo ministerio pastoral en el siglo XX sigue teniendo impacto en el mundo evangélico, escribió: "Yo diría sin vacilación alguna que la necesidad más urgente en la Iglesia cristiana de hoy es una predicación fiel; y así como es la mayor y más urgente necesidad en la Iglesia, también es obviamente la mayor necesidad del mundo".[21] La razón de la urgencia de la predicación no tiene, por supuesto, nada que ver con la precisión de oradores más talentosos. Son muchos los que tenemos. Más bien, siempre vivimos con la necesidad de escuchar la Palabra de Dios.

Mark Dever y Paul Alexander coinciden: "La primera responsabilidad del pastor consiste en alimentar a las ovejas con la Palabra de Dios (Jn. 21:15-17; 2 Ti. 4:2). Un cuidador de ovejas no puede ser en modo alguno fiel a su tarea si no alimenta bien a su rebaño (Ez. 34:2-3, 13-14; 1 Ti. 3:2; Tit. 1:9)".[22] Encontramos el patrón de proclamación bíblica a lo largo del libro de Hechos, dondequiera que iban los apóstoles y los primeros miembros de la iglesia. Pedro y Juan predicaban alrededor de la zona del templo y fueron arrestados por su proclamación (Hch. 3–4). Esteban se convirtió en el primer mártir de la iglesia tras predicar a sus oponentes religiosos, incluido Saulo de Tarso (Hch. 7:1–8:3). Felipe se fue de Jerusalén por culpa de la persecución y acabó predicando el evangelio desde Samaria a Cesarea (Hch. 8:4-40). Pedro predicó el evangelio a Cornelio (Hch. 10). Pablo y Bernabé predicaron el evangelio por todo Asia Menor, y siguieron con nuevos colaboradores predicadores en la siguiente ronda de expansión misionera (Hch. 13–14; 16–21). Pablo enfatizó con regularidad la centralidad de la Palabra a las iglesias primitivas (Ro. 1:1-17; 1 Co. 1:18–2:5; Ef. 4:11-16; Col. 4:17; 2 Ts. 2:13).

Algunos parecen pensar que la iglesia necesita más sabiduría popular, una motivación personal e inspiración en vez del esfuerzo duro de trabajar en la Palabra una semana tras otra. Dever y Alexander responden: "Un hombre puede tener una personalidad carismática; puede ser un administrador

---

20. Esto queda ilustrado, por ejemplo, en la predicación de los primeros padres, San Agustín y Crisóstomo; Lutero, Calvino, Bucero, Knox y Tyndale en la Gran Reforma; y los hermanos Wesley, Whitefield y Edwards en el Primer Gran Avivamiento.
21. D. Martyn Lloyd-Jones, *La predicación y los predicadores* (Moral de Calatrava: Editorial Peregrino, 2010), 10.
22. Mark Dever y Paul Alexander, *The Deliberate Church: Building Your Ministry on the Gospel* (Wheaton, IL: Crossway, 2005), 94.

de talento y un orador elocuente; puede tener un programa impresionante; incluso puede poseer las habilidades sociales de un político y la aptitud de saber escuchar de un consejero; pero las ovejas se le morirán de hambre si no puede alimentar al pueblo de Dios con la Palabra divina".[23]

¿Qué tipo de predicación es necesaria? John Stott insistía en que si la predicación "debe ser auténticamente cristiana ha de ser expositiva".[24] En el Cambridge del siglo XIX, las exposiciones de Charles Simeon afectaron a una generación entera. Su convicción sobre la predicación expositiva expresaba su objetivo pastoral: "Mi esfuerzo consiste en extraer de las Escrituras lo que está ahí, y no introducir lo que pienso que podría estar ahí. Siento gran celo a este respecto; no pronuncio ni una palabra de más ni de menos de lo que creo que es la mente del Espíritu en el pasaje que estoy exponiendo".[25] Con la convicción de Simeon, el ministerio pastoral eficaz pone el enfoque principal en alimentar al rebaño con la Palabra de Dios.

2. Conducir al rebaño

En el libro de Hebreos no encontramos la palabra "ancianos" utilizada como un oficio,[26] aunque descubrimos que el autor bíblico da a entender la tarea de pastorado de los ancianos con la expresión "los que les dirigen" (*jeguéomai,* He. 13:7, 17, traducción mía). Los líderes han de rendir cuenta al Pastor Supremo y deben guiar al rebaño de un modo que sea de provecho para su vida espiritual, a la vez que los protegen de los peligros espirituales. Los pastores dirigen al rebaño a la madurez espiritual, la unidad en la fe, la estabilidad doctrinal y la vida fiel en el cuerpo (Ef. 4:11-16). Igual que el Buen Pastor, conducen al rebaño a verdes pastos y aguas tranquilas para su alimentación, para que mediten y se refresquen en la experiencia de la Palabra de Dios (Sal. 23). Lideran a la iglesia en la adoración en el servicio y en la organización de la misión (1 Ti. 4:13; Ro. 12:9-13; Mt. 28:18-20).

Las iglesias se reúnen para adorar y, a continuación, se dispersan para servir y llevar a cabo la misión. Pero ¿quién los dirigirá en semejante esfuerzo? Los que mantienen un pacto entre sí en la iglesia local multiplican sus ministerios conforme sirven juntos bajo el liderazgo de pastores atentos. Este liderazgo incluye la participación, dando un ejemplo para que otros lo sigan.

---

23. Ibíd., 94.
24. John Stott, *La predicación, puente entre dos mundos* (Grand Rapids: Libros Desafío, 2000), 129.
25. H. C. G. Moule, *Charles Simeon* (Londres: Methuen, 1892), 97, citado por David Helm, *Expositional Preaching: How We Speak God's Word Today,* 9Marks Building Healthy Churches (Wheaton, IL: Crossway, 2014), 12.
26. El mismo término traducido como ancianos en 1 Timoteo 5:17 y Tito 1:5, πρεσβύτερος se usa en Hebreos 11:2, no para un cargo en la iglesia, sino para "los antiguos" (NBLA, NVI, RVR).

3. Proteger al cuerpo

Los pastores guardan a sus rebaños de la falsa enseñanza; de las personas que causan divisiones; las sutilezas de las ideas novedosas, pero no bíblicas; los patrones de pecado, pereza y negligencia; y de los líderes subversivos e impíos (Hch. 20:28; 1 Ti. 4:1-8, 16; 2 Ti. 2:14-19, 23-26; 4:14-15; Tit. 3:9-11; 1 P. 2:11-12; 2 Jn. 7-11; 3 Jn. 9-10).

Dever y Alexander explican que la mayoría de los que buscan socavar lo hacen distorsionando la verdad de las Escrituras (Hch. 20:28-31): "En ocasiones debemos ser aquellos que saben cómo apaciguar una situación potencialmente divisiva. Otras veces se nos llama a involucrarnos en la batalla doctrinal respecto a cuestiones relevantes, las que afectan al evangelio y a la seguridad de la iglesia en él".[27] En esas ocasiones, se debe emprender acción para proteger al rebaño.

Hace muchos años, un hombre visitó nuestra iglesia y daba la impresión de ser buen conocedor de la Palabra de Dios. Sin embargo, cuanto más le escuchábamos, algunos de nuestros ancianos y yo, más cuenta nos dábamos de las opiniones aberrantes y poco ortodoxas que tenía sobre la persona de Cristo. Juntos tomamos medidas inmediatas para confrontarlo y le negamos cualquier acceso público a propagar sus criterios en la iglesia. No tardó en marcharse en busca de una presa más fácil, con la esperanza de encontrarse con ancianos que no estuvieran velando por el rebaño.

4. Dar ejemplo

Los pastores deben cuidar su caminar espiritual, su matrimonio, sus finanzas y todos los ámbitos que pudieran amenazar su integridad para dirigir al pueblo de Dios. Pablo le dijo a Timoteo: "Ninguno tenga en poco tu juventud, sino sé ejemplo de los creyentes en palabra, conducta, amor, espíritu, fe y pureza… Ten cuidado de ti mismo y de la doctrina" (1 Ti. 4:12, 16). Tenga cuidado con los detalles de su vida y de la doctrina. Vigile su forma de hablar, vivir, cuidar de los demás y sea ejemplo de una vida santa. El término traducido "ten cuidado de" (*epéjo*) es el mismo que Lucas usó respecto al hombre en la puerta de la Hermosa del templo quien "fijó la mirada" (NVI) en Pedro y Juan.[28] Esto expresa bien la idea. Una vida no examinada, en la que no se tiene cuidado, no se mantendrá firme mucho tiempo frente a la tentación interna y los ataques externos.

Reconociendo las debilidades inherentes que nos incitan a pecar, la falta de disciplina, las distracciones y el egocentrismo, los pastores deben confesar

---

27. Dever y Alexander, *Deliberate Church*, 94-95.
28. BDAG, ἐπέχω, 362.

la transgresión a diario, vivir en la plenitud y el poder del Espíritu, vivir en la cruz muriendo al pecado y crecer en confianza en el Señor y en la dependencia de Él (Lc. 9:23; Ro. 6:1-19; 2 Co. 5:6-10; Ef. 4:17–5:14; 5:15-18; 1 Jn. 1:9). Los pastores deben discernir si están sirviendo a otros en el cuerpo o solo se esconden detrás de la vida ministerial (Gá. 6:1-2).

Los pastores deben procurar "comprob[ar] lo que es agradable al Señor", caminando en fidelidad y siendo ejemplares en conducta, amor, servicio, generosidad y abnegación hacia Cristo y su cuerpo (Ef. 5:10).

En resumen

En nuestro intento de proveerlo todo para los corderos de Cristo, como exhortaba Bucero en su descripción del ministerio pastoral, nos damos cuenta de la importancia de la pluralidad en la obra pastoral para enseñar, guiar, velar por y dar ejemplo con fidelidad al rebaño. Nuestras responsabilidades entrañan la evangelización de los incrédulos, procurar restaurar a los que se han apartado y han caído, y pastorear fielmente a los que participan regularmente en el cuerpo. Así como dos iglesias no son iguales, también los ámbitos de enfoque y énfasis en el ministerio pastoral diferirán de una congregación a otra. Sin embargo, estos cuatro ámbitos de servicio —la Palabra, el liderazgo, la protección y el ejemplo— deben ser evidentes en todo ministerio pastoral de la iglesia.

Preguntas para la reflexión

1. ¿Qué quiere decir Laniak mediante la declaración de que "los pastores son generalistas"?
2. ¿Cómo resume el término "vigilancia" la totalidad del ministerio pastoral?
3. ¿Qué cinco tareas principales identificó Bucero en el ministerio pastoral?
4. ¿Por qué debe ser *la alimentación del rebaño* la parte primordial del ministerio pastoral?
5. ¿Contra qué deben estar en guardia los pastores en beneficio del cuerpo?

PREGUNTA 3

¿Qué cualidades esenciales deben estar presentes en un pastor cristiano?

Sin exagerar, el carácter lo es todo cuando se trata del pastor/anciano. No quiero decir que los dones, las capacidades, la formación y la experiencia no jueguen papel alguno en la obra del pastor cristiano. Más bien, sin un carácter piadoso, los dones y las aptitudes no significan nada. Sin las manifestaciones del carácter descritas en 1 Timoteo 3:1-7 y Tito 1:5-9, un pastor ejerce su ministerio como un hipócrita y perjudica más de lo que beneficia al cuerpo de Cristo.

Sorprendentemente, al margen del requisito de enseñar y de la restricción de que no sea un recién convertido (1 Ti. 3:2, 6; Tit. 1:9), Pablo no exige nada que no debiera estar presente en cualquier cristiano. Que sea irreprensible, moderado, prudente, hospitalario, amable y pacífico son, todos, rasgos que describen a la persona regenerada que camina con el Señor, sirve a los demás y demuestra los efectos del evangelio. La fidelidad a los votos matrimoniales, una buena administración del hogar, el autocontrol, evitar las adicciones y no acosar a los demás debe ser la norma para los seguidores de Cristo. Como declara D. A. Carson: "Lo más extraordinario sobre estas características es que no hay nada extraordinario en ellas".[1]

Entonces, ¿por qué detalla Pablo la clase de carácter necesario en los ancianos/pastores? En primer lugar, los pastores tienen que vivir como personas redimidas por Cristo. Son cristianos antes que pastores. No hay cantidad de oratoria, liderazgo o aptitudes administrativas que puedan compensar la falta de un carácter piadoso. En segundo lugar, deben ser el modelo para seguir por los demás creyentes. Pedro escribió que los ancianos tienen que ser "ejemplos de la grey" (1 P. 5:3). Cabe imaginar que, al vivir sin un ejemplo previo de vida cristiana piadosa, los nuevos conversos necesitaban de forma particular el modelo de fieles ancianos que vivieran delante de ellos como "ejemplo de los creyentes" (1 Ti. 4:12). Hoy, los creyentes confundidos por los mensajes de un mundo poscristiano siguen precisando ejemplos pastorales que seguir.

1. Según me contaron Mark Dever y Matt Schmucker, en una reunión conjunta de la Capitol Hill Baptist Church, en Washington DC, en la que ellos estaban presentes.

Por tanto, enfocarse en un carácter piadoso precede a las responsabilidades del pastorado.

Al considerar las cualidades fundamentales de los pastores, examinaremos el perfil prescriptivo que Pablo le presenta a Tito respecto al carácter piadoso de los ancianos (Tit. 1:5-9), en el que intercala algunas de las cualidades similares enumeradas en 1 Timoteo 3:1-7.

Las cualidades del carácter que Pablo les señala a Timoteo y Tito coinciden, con pocas excepciones,[2] la más notable siendo que en la lista de Tito no indica que el anciano no sea un nuevo converso (1 Ti. 3:6). Es de suponer que, siendo la mayoría de los cretenses recién convertidos, Pablo no incluyó el mismo requisito que le hizo a Timoteo en cuanto a la iglesia efesia establecida desde mucho antes.[3] Seguiremos la lista de Pablo a Tito y la dividiremos en cuatro categorías para pensar en las cualidades necesarias de carácter para los pastores: ser ejemplo en el hogar, en la conducta personal, en las relaciones y en la vida corporativa.

La primera generación de cristianos cretenses tenía poca idea de lo que significaba vivir como cristianos. Sus ejemplos eran "mentirosos, malas bestias, glotones, ociosos" (Tit. 1:12). ¿De qué manera podían entender estos creyentes cómo tratar a sus familias, a sus empleados, a sus jefes, a sus esclavos, a sus amos y a los demás creyentes? Pablo ofreció la clave para que los ancianos vivieran como ejemplos de los discípulos de Cristo: los pastores deben tener una vida familiar piadosa.

Ejemplo en el hogar

La declaración "marido de una sola mujer" o, mejor, "hombre de una sola mujer" (*mias gunaikos anér,* Tit. 1:6) muestra la devoción singular del pastor a su esposa. Los debates sobre si Pablo quería decir que el anciano (a) debe estar casado, (b) no puede divorciarse y volverse a casar, o (c) no puede ser polígamo, yerran la idea principal de que el pastor/anciano debe ser "hombre de una sola mujer".[4] Su fidelidad al amar a su esposa como Cristo ama a la

---

2. Para un gráfico útil comparativo entre Timoteo y Tito, ver Benjamin L. Merkle, *Preguntas y respuestas sobre ancianos y diáconos* (Grand Rapids: Portavoz, 2012), 112.
3. Para mayor consideración sobre por qué Pablo dejó fuera el requisito de no ser "un recién convertido" (NVI) en Tito, con implicaciones en el desarrollo de líderes pastorales en lugares difíciles, ver Phil A. Newton y Matt Schmucker, *Los ancianos en la vida de la iglesia: Redescubriendo el modelo bíblico de liderazgo para la iglesia* (Grand Rapids: Portavoz, 2021), 229-37; ver también Benjamin L. Merkle, "Ecclesiology in the Pastoral Epistles", en *Entrusted with the Gospel: Paul's Theology in the Pastoral Epistles,* eds. Andreas Köstenberger y Terry Wilder (Nashville: B&H Academic, 2010), 185.
4. Ver Merkle, *Preguntas y respuestas sobre ancianos y diáconos,* 126-31. Si un pastor/anciano le es infiel a su esposa, se enfrenta de inmediato a la descalificación en su cargo ya que la relación matrimonial debe ser ejemplo de Cristo y de la iglesia, como se describe en Efesios 5:22-33. Ver una

iglesia, tratarla con amabilidad, bondad y amor abnegado, proclama el poder del evangelio en la relación matrimonial (Ef. 5:22-33).

También está dedicado a sus hijos. Estos reconocen su fe en Cristo ya que en el hogar vive según el evangelio (Tit. 1:6). Existe un debate sobre el significado del adjetivo que modifica "hijos", es decir, "hijos creyentes" (*tekna ejon pistá*). Las Epístolas Pastorales lo usan, de forma más natural y destacada, como "fieles" ("que tiene hijos fieles", lit.). Andreas Köstenberger explica que *fieles* "significa probablemente 'obedientes y sumisos a las órdenes de su padre' (cp. 1 Ti. 3:11; 2 Ti. 2:2, 13)".[5] John Piper coincide: "Por tanto, parece tratarse de hijos bien educados, disciplinados, por lo general obedientes, responsables y en quienes se puede confiar".[6]

Brian Chapell observa: "No estamos considerando necesariamente las creencias y las acciones de un hijo, sino el carácter de la totalidad de la familia". La traducción de *fieles* en lugar de *creyentes* "comunica mejor el sentido intencionado de que nuestra valoración debe basarse en las observaciones de la conducta y las convicciones de los hijos a lo largo del tiempo y no en frases o actos aislados".[7]

Esta interpretación se confirma, además, en la nota explicativa de Pablo "que no estén acusados de disolución ni de rebeldía" (Tit. 1:6). Köstenberger señala: "Pablo no se está refiriendo a una desobediencia ocasional sino a la rebeldía profundamente arraigada contra la autoridad parental".[8] En otras palabras, no están fuera de control. Su padre ejerce una supervisión juiciosa, llevando a cabo la enseñanza, la formación, la instrucción y, cuando sea necesaria, una disciplina correctiva. Su fidelidad se manifiesta en su forma de responder al liderazgo paterno.

Ejemplo en la conducta personal

"Irreprensible" es la característica paraguas de un anciano (Tit. 1:6; 1 Ti. 3:2). Controla la totalidad de su vida. Pablo no insta a la perfección, si así lo hiciera, nadie podría servir como anciano. Pero sí da a entender que los pastores sean escrupulosos en su forma de vivir. Que procuren asegurarse

---

postura similar en John S. Hammett, *Biblical Foundations for Baptist Churches: A Contemporary Ecclesiology*, 2ª ed. (Grand Rapids: Kregel Academic, 2019), 195-97.

5. Andreas J. Köstenberger, *Commentary on 1–2 Timothy and Titus*, BTCP (Nashville: Holman Reference, 2017), 314.
6. John Piper, "Biblical Eldership: Shepherd the Flock of God among You", *Desiring God* (sitio web), Sermones, 1 de mayo de 1999, sec. 8, https://www.desiringgod.org/messages/biblical.eldership.session.1#Qualifications.
7. R. Kent Hughes y Brian Chapell, *1 and 2 Timothy and Titus: To Guard the Deposit*, PTW (Wheaton, IL: Crossway, 2000), 296-97.
8. Köstenberger, *1–2 Timothy and Titus*, 314.

de no tener cabos sueltos que deshonren a Cristo o empañen el evangelio. No tienen por qué tapar o mentir constantemente respecto a su conducta. Lo que ves en ellos en la iglesia será lo mismo que en el hogar, en el trabajo, en la comunidad e incluso cuando nadie los observa. Los ancianos dirigen manifestando el carácter cristiano, convirtiéndose en un ejemplo para toda la iglesia (He. 13:7).

¿Qué es ser "irreprensible"? Pablo completa la definición proporcionando algunos ejemplos:

(a) "No soberbio" (Tit. 1:7): el pastor no es obstinado ni arrogante en su forma de actuar, negándose a vivir como si el mundo girara a su alrededor. Evita el espíritu no enseñable de quien usa a los demás en lugar de servirles y se niega a pisar a otros para lograr sus propios deseos.
(b) "No pendenciero" (Tit. 1:7): el pastor no es impulsivo ni irascible. Las relaciones le importan, por lo que demuestra paciencia con los demás.
(c) "No dado al vino" (Tit. 1:7; 1 Ti. 3:3): en la isla de Creta, el destacado culto a Dionisio incluía la ebriedad como parte de su adoración. Estos líderes cristianos no debían ser tomados por líderes del culto a Dionisio. El dominio propio y la contención de sus apetitos los distinguen.
(d) "No pendenciero" (Tit. 1:7; 1 Ti. 3:3): los pastores no deben ser matones ni dados a pelear o tener mano dura. Su autocontrol no busca defenderse enseguida ni luchar por tener la última palabra en una conversación tensa. Aquí vemos el ejemplo de Cristo: "quien cuando le maldecían, no respondía con maldición" (1 P. 2:23).
(e) "No codicioso de ganancias deshonestas" (Tit. 1:7; cp. "ni amigo del dinero", 1 Ti. 3:3, NVI; 1 P. 5:2): los pastores deben cuidarse en los ámbitos de la codicia y la avaricia. Demuestran una gran labor ética, y se niegan a ganar cosas de manera indiscreta o deshonesta, o a través de una manipulación extrema.

Ejemplo en las relaciones

En un sentido, todo en Tito 1:7-8 tiene que ver con la conducta personal y con las relaciones. Sin embargo, las características de Tito 1:8 ejemplifican de manera particular las relaciones fieles:

(a) "Hospedador" (Tit. 1:8; 1 Ti. 3:2): en lugar de ser un matón o usar a las personas para ganancias egoístas, el pastor practica la hospitalidad. El término significa literalmente "amor por los extraños" o "amor por los extranjeros". Abre de buen grado su hogar a los demás. Dos de los ancianos de mi iglesia tienen la reputación de abrir sus hogares con tanta frecuencia que hemos pensado poner carteles de "Bed & Breakfast" [Alojamiento y desayuno] en su puerta. La hospitalidad es acorde al carácter cristiano (Ro. 12:13).

(b) "Amante de lo bueno" (Tit. 1:8): algunos traducen esta frase como amar a los que son buenos o aman lo bueno. De manera más directa, los ancianos deben tener afinidad por lo bueno y no por las cosas oscuras, malas o cuestionables. Esto debería ser evidente en lo que leen, ven o discuten. "Denota devoción por todo lo mejor".[9] Esto también implica cómo pasan su tiempo y cómo gastan sus recursos, así como lo que buscan en sus relaciones con los demás.

(c) "Sobrio" (Tit. 1:8): el pastor es prudente; es decir, disciplina su vida con la vista puesta en la sabiduría. La NVI traduce esta misma palabra en 1 Timoteo 3:2 "sensato" (*sofrona*), que interpretamos como "actuar con sabiduría". Pablo usa el término en Tito 2:2, 5 y 6 para indicar a alguien que ocupa su mente, que piensa con sobriedad, con un corazón sabio y que procura hablar o actuar con sabiduría.

(d) "Justo" (Tit. 1:8): el pastor posee gran sensibilidad para defender los estándares correctos de conducta y honrar las leyes de Dios. Valora la integridad. Trata a todos del mismo modo concienzudo, independientemente del estatus de la persona en la vida, de su nivel de involucramiento en la iglesia o de su contribución al ministerio global.

(e) "Santo" (Tit. 1:8): los pastores se toman en serio la piedad personal. Aunque a veces se interpreta de manera negativa, sencillamente designa a alguien preocupado por vivir una vida santa, dedicada a Cristo como su Señor en todas las cosas. La santidad significa algo para él (1 P. 1:13-16).

(f) "Dueño de sí mismo" (Tit. 1:8): como término que significa vivir bajo "el freno divino" o llevar una vida disciplinada, nos proporciona una clara imagen de una vida que muere a sí misma o *mortifica* la carne (Lc. 9:23; Ro. 6:6). Ninguna palabra u acto descuidado confunde su testimonio como seguidor de Cristo. Significa "tener las emociones, los impulsos o los deseos propios bajo control".[10] En lugar de dejarse llevar por la necedad, la vida insensata, los deseos sensuales o el lenguaje desconsiderado, los pastores deben refrenar los impulsos naturales de la carne.

---

9. *LEKGNT,* 508.
10. BDAG, ἐγκρατής, 274.

Ejemplo en la vida corporativa

La principal marca distintiva entre ancianos y diáconos es que los primeros deben ser "apto[s] para enseñar" (1 Ti. 3:2).[11] Aunque dos de los prototipos de diácono,[12] Esteban y Felipe, manifiestan con claridad los dones de la enseñanza y la predicación (Hch. 6–8), Pablo no encomienda a los diáconos que enseñen (1 Ti. 3:8-13). Deben guardar "el misterio de la fe con limpia conciencia". Mounce explica: "Y conforme ese evangelio se abre camino en sus vidas, su conciencia no debería condenarlos por pecar".[13]

Sin embargo, los pastores mantienen la clara prioridad de proclamar la Palabra de Dios. La congregación da por sentado que el lugar principal del pastor es el ministerio de la enseñanza y la predicación. En el entorno corporativo, los miembros tienen un triple ejemplo fundamental en los pastores fieles:

(1) Los pastores demuestran a la congregación lo que significa ser estudiantes diligentes de la Palabra de Dios, que prestan cuidadosa atención a interpretarla y aplicarla del modo adecuado. Su ejemplo se extiende a la forma en que sus miembros aprenden a leer, estudiar, interpretar y aplicar las Escrituras. La capacidad de enseñar (1 Ti. 3:2) y exhortar en la sana doctrina (Tit. 1:9) son el modelo apropiado de cómo leer y aplicar la Palabra en la vida diaria. En lugar de que los miembros entiendan que les está permitido hacer sus propias interpretaciones y aplicaciones de ella, los pastores fieles expondrán, semana tras semana, las interpretaciones saludables que conducen a las aplicaciones sólidas de la doctrina bíblica.

(2) Los pastores comprometidos a enseñar la sana doctrina infunden en los miembros de su congregación un amor por la buena doctrina (Tit. 1:9). No crecer escuchando la enseñanza de la sana doctrina desde el púlpito me dejó sin interés en la doctrina. Afortunadamente esto cambió cuando empecé a estudiar la Palabra de Dios, entendiendo que es un libro doctrinal vivo (2 Ti. 4:1-4). Cuando los pastores exponen con regularidad la Palabra de Dios y explican las doctrinas en el texto bíblico, la iglesia empieza a captar la importancia de la doctrina como fundamento para toda la vida cristiana. Empieza a ver que cualquier conversación sobre la obra y la persona de Cristo, sobre el pecado, la salvación, el juicio, el cielo, el Espíritu Santo y la iglesia exige la consideración de doctrina bíblica. Cuando la congregación es testigo del entusiasmo de sus pastores en la predicación de la sana doctrina, se contagian

---

11. La distinción "apto para enseñar" no exige que los ancianos prediquen, aunque algunos lo hagan (p. ej., 1 Ti. 5:17).
12. Merkle, *Preguntas y respuestas sobre los ancianos y los diáconos*, 234-238.
13. William D. Mounce, *Pastoral Epistles*, WBC 46 (Waco, TX: Nelson, 2000), 199.

de un modo maravilloso, al ver la imagen panorámica de la Palabra de Dios y cómo la doctrina relaciona cada detalle.

(3) La capacidad de los pastores en la defensa de la fe y en convencer "a los que contradicen" la Palabra de Dios (Tit. 1:9) constituirá un reto e inspirará a los miembros de la congregación a entender mejor sus Biblias. Suele ocurrir con regularidad que conforme los miembros se enfrentan a una enseñanza falsa y reciben ayuda de sus pastores para poder dar una respuesta fiel, están cada vez más hambrientos por conocer y aplicar la Palabra. Los pastores modelos de claridad en la interpretación bíblica, que responden del modo adecuado a los que intentan contradecir la fe, conseguirán que los miembros les pidan que les enseñen cómo hacer lo mismo. Esto provee una maravillosa oportunidad para disciplinar el cuerpo en el manejo apropiado de la Palabra de Dios, no como herramienta para ganar guerras, sino como mensaje de verdad que transforma vidas.

En resumen

El apóstol deja claro que, al ser Timoteo y Tito delegados apostólicos que dirigen congregaciones hacia la pluralidad de ancianos, debían prestar atención al carácter por encima de cualquier otra cosa en los candidatos a este cargo. Con la tendencia moderna de que algunas iglesias tienen que buscar a un hombre bien parecido, de buenas maneras o de buen currículo ministerial, Pablo no quiere nada de eso. El carácter es lo que destaca cuando considera a quienes han de pastorear al rebaño de Cristo.

Sin embargo, en las cualidades del carácter, aparte de la enseñanza y de no ser un recién convertido, Pablo instó sencillamente a los pastores a vivir como verdaderos discípulos de Jesucristo. Si los pastores recuerdan que en primer lugar son cristianos y miembros de la iglesia, se mantendrán centrados en llevar una vida santa, en construir relaciones y en ser ejemplos para la iglesia como creyentes. Sin este tipo de fidelidad intencionada como discípulos, no se garantiza a hombre alguno su servicio como pastor de iglesias cristianas.

Preguntas para la reflexión

1. ¿Por qué deben prestar atención los pastores al carácter en sus vidas?
2. ¿Qué tipo de cuestiones de carácter suscita Pablo sobre el matrimonio y la familia en Tito 1?
3. ¿De qué forma sirve "irreprensible" como término *paraguas* en la conducta personal de los pastores?

4. ¿Qué quiere decir Pablo cuando insta a los ancianos a ser "dueños de sí mismos"?
5. ¿De qué manera afecta a los miembros de la congregación la predicación y la enseñanza de los pastores?

PREGUNTA **4**

¿De qué forma marcan al pastor la vida y el ministerio de Jesús?

Podríamos responder a esta pregunta de forma bastante simple: *con todo*. No nos equivocaríamos con esta respuesta. Pablo les instó a los corintios: "Sed imitadores de mí, así como yo de Cristo" (1 Co. 11:1). Del mismo modo, a los efesios: "Sed, pues, imitadores de Dios como hijos amados. Y andad en amor, como también Cristo nos amó, y se entregó a sí mismo por nosotros, ofrenda y sacrificio a Dios en olor fragante" (Ef. 5:1-2). Sea de palabra o de hecho, debemos hallar en Jesús nuestro modelo para vivir, amar y servir.

Por lo tanto, cualquier consideración de unas pocas características de la vida y del ministerio de Jesús no debe interpretarse como que se eligen algunas como necesarias y se desestiman otras. Debemos mirar a Jesucristo cada día. Debemos orar, mantener una autodisciplina, estudiar y aprender, morir a uno mismo, meditar en las Escrituras y depender del Señor hasta que Cristo sea formado en nosotros (Gá. 4:19). El Padre predestinó a aquellos a los que antes conoció "para que fuesen hechos conformes a la imagen de su Hijo, para que él sea el primogénito entre muchos hermanos" (Ro. 8:29). Por la gracia de Dios debemos procurar ser como Cristo en la vida y en el ministerio. Pero ¿cómo comprendemos la extraordinaria vida de Cristo?

Aunque las cualidades que figuran en 1 Timoteo 3 y Tito 1 ayudan a describir la vida cristiana vivida en fidelidad, tres características fundamentales presentes en la vida y el ministerio de Jesús deben también marcar al pastor: la humildad, el servicio y el amor. Las vemos juntas en la singular narrativa de Juan 13, cuando Jesús se reunió con sus discípulos para la Última Cena.

La humildad debe marcar el ministerio pastoral

La introducción juanina al acto de Jesús al lavar los pies de los discípulos como un siervo establece el escenario para entender cómo se acercaba el Señor Jesús a las relaciones dentro de su círculo de compañerismo. El apóstol enfatiza su autoconsciencia al aproximarse a la Última Cena (Jn. 13:1-3). En dos ocasiones usó "saber" (*oida*), que expresa *comprensión* o *percepción*, a partir de un término raíz que significa *ver*.[1] Sabía que pronto regresaría a la

1. *NIDNTTE*, οἶδα, 3:460-62.

gloria eterna que le pertenecía desde antes de la encarnación (Jn. 17:5). Era consciente de que, en unas horas, Judas Iscariote lo traicionaría frente a los líderes religiosos y lo entregaría a los romanos para ser crucificado (Jn. 13:2). Juan escribe: "Sabiendo Jesús que el Padre le había dado todas las cosas en las manos, y que había salido de Dios, y a Dios iba, se levantó de la cena, y se quitó su manto, y tomando una toalla, se la ciñó. Luego puso agua en un lebrillo, y comenzó a lavar los pies de los discípulos, y a enjugarlos con la toalla con que estaba ceñido" (Jn. 13:3-5).

Jesús adoptó la posición de siervo, y aceptó de buen grado la tarea que se le atribuía al miembro más inferior de la casa. La humildad marcó todo su ministerio. En la encarnación misma encontramos, por supuesto, la humildad que rodea la entrada del Hijo de Dios al mundo (Lc. 2:1-7). Cuando los discípulos discutían sobre quién era el mayor de ellos, Jesús declaró: "Porque el que es más pequeño entre todos vosotros, ese es el más grande" (Lc. 9:46-48). Cuando lavó los pies de los discípulos, Él adoptó el lugar del menor. No tenía deseo alguno de impresionar a sus seguidores, ni siquiera a los líderes religiosos, con el fin de obtener su favor. No tenía inconveniente de "posar con un hombre pecador" cuando entró en casa de Zaqueo para cenar con él y declarar que el recaudador de impuestos era un hombre nuevo en la fe (Lc. 19:1-10). Cuando Jesús instó a todos los cansados y cargados a venir a Él para hallar descanso, señaló: "Llevad mi yugo sobre vosotros, y aprended de mí, que soy manso y humilde de corazón; y hallaréis descanso para vuestras almas" (Mt. 11:28-29). El pastor puritano Richard Sibbes aplicó esto de forma gráfica a los ministros: "Los embajadores de un Salvador tan amable no deben ser prepotentes, erigiéndose en los corazones de las personas donde solo Cristo debe sentarse como en su propio templo".[2] A lo largo de su ministerio encontramos esta bondad y humildad; ¿no deberían ser estas características también tan claramente evidentes en aquellos que le representan ante su pueblo?

El momento de humildad más relevante de Jesús fue la cruz. Pablo lo capta en un lenguaje memorable y utiliza un prólogo para poner en práctica la misma clase de pensamiento y actitud que la de Jesús.

> Haya, pues, en vosotros este sentir que hubo también en Cristo Jesús, el cual, siendo en forma de Dios, no estimó el ser igual a Dios como cosa a que aferrarse, sino que se despojó a sí mismo, tomando forma de siervo, hecho semejante a los hombres; y estando en la condición de

2. Richard Sibbes, *The Bruised Reed*, Puritan Paperbacks (1630; Edimburgo: Banner of Truth Trust, 1998), 26.

hombre, se humilló a sí mismo, haciéndose obediente hasta la muerte, y muerte de cruz (Fil. 2:5-8).

La misma forma de pensamiento (*froneite*) o disposición[3] tan evidente es que Jesús, al dirigirse a la cruz, podría moldear a aquellos a quienes se les ha dado el cargo de pastorear a su rebaño. Esta clase de humildad no puede conseguirse mediante actos de autoflagelación o una introspección taciturna. Se produce cuando contemplamos a nuestro Señor Jesucristo con regularidad, en su muerte sustitutoria. Cuanto más comprendamos nuestros pecados y con mayor claridad veamos el precio pagado por ellos, más nos humillaremos a la vista del Hijo de Dios crucificado.

C. John Miller comentó sobre la humildad del evangelista anglicano del siglo XIX, Brownlow North: "De un modo muy consciente, se esforzó en declarar desde el conocimiento de su corazón que era el mayor de los pecadores".[4] Los pastores necesitan tener esta misma postura cuando suben al púlpito, al iniciar una sesión de consejería, al dirigir una reunión de ancianos o al disciplinar en privado. A menos que nos veamos como grandes pecadores con la desesperada necesidad de un Salvador Supremo, caeremos presa de la seducción del orgullo. Miller advierte: "Estoy convencido de que la carne sigue siendo tan fuerte en el líder cristiano, que cada uno de nosotros precisa un temor saludable de nuestra propia capacidad de estropear la obra de Dios con nuestro orgullo *inconsciente*".[5]

De manera oportuna, justo después de la instrucción de Pedro a los ancianos, escribió: "Igualmente, jóvenes, estad sujetos a los ancianos; *y todos* [jóvenes y mayores], sumisos unos a otros, revestíos de humildad; porque: Dios resiste a los soberbios, y da gracia a los humildes" (1 P. 5:5). La humildad debe marcar nuestras vidas y ministerios como lo hizo en el caso de nuestro Señor.

El servicio debe marcar el ministerio pastoral

Cuando los discípulos se indignaron con Jacobo y Juan, quienes maniobraban para conseguir lugares señoriales en el reino celestial, Jesús los corrigió a todos (Mr. 10:35-45). A continuación retiró el velo para que ellos pudieran ver cómo consideraba Él su misión para que, arrepintiéndose de su orgullo, pudieran adoptar la misma actitud: "Porque el Hijo del Hombre no vino para ser servido, sino para servir, y para dar su vida en rescate por muchos" (Mr. 10:45). Contemple eso por un momento. El Hijo eterno, enviado por el Padre

3. BDAG, φρονέω, 1065-66.
4. C. John Miller, *The Heart of a Servant Leader*, ed. Barbara Miller Juliani (Phillipsburg, NJ: P&R, 2004), 69 (cursivas originales).
5. Miller, *Servant Leader*, 86 (cursivas originales).

para redimir a un pueblo por medio de su muerte sangrienta en la cruz, que sería resucitado de los muertos por la gloria del Padre y ascendería de vuelta a la gloria eterna que había conocido siempre, entendió conscientemente que su misión era *servir a los demás*. Jesús aclaró las cosas, de un modo conmovedor, para los discípulos. Si alguien quería seguirle, tenía que aprender a servir a los demás.

En el mismo contexto de Juan 13, surge otra discusión cuando los discípulos debaten quién de ellos será el más grande. Jesús les señala que su conversación suena como la de los incrédulos. Entonces, aquel que acababa de lavarles los pies corrigió la predisposición de ellos: "Porque, ¿cuál es mayor, el que se sienta a la mesa, o el que sirve? ¿No es el que se sienta a la mesa? Mas yo estoy entre vosotros como el que sirve" (Lc. 22:24-27). Incluso después de la resurrección vemos el servicio de Jesús, cuando prepara el desayuno para los discípulos que habían estado pescando toda la noche (Jn. 21:9-13). A lo largo de su ministerio, Él sirvió a sus seguidores, a las multitudes y a los individuos aislados.

Jesús abandonó la mesa para remangarse, tomar una toalla, una vasija de agua y una palangana; a continuación lavó los pies sucios de los discípulos (Jn. 13:1-5). Sin embargo, en ese acto humilde de servicio, Jesús sencillamente visualizó lo que había estado haciendo en medio de ellos y lo que haría en la cruz. Él vino a servir a los demás.

Si el Señor de la iglesia sirvió con tanta fidelidad, su servicio abnegado, sacrificial y amoroso debe marcar el ministerio pastoral. Si los pastores no sirven a su gente durante la semana amándolos, mostrándoles deferencia, buscando formas de suplir sus necesidades, procurando conocerlos mejor, pronunciando palabras de consuelo y aliento, uniéndose a ellos en proyectos de misión y servicio, pierden poder cuando los sirven desde el púlpito. Jesús no limitó su servicio a enseñar. Sanó, exorcizó, resucitó a los muertos, alimentó a los hambrientos, se involucró en relaciones, calmó temores, perdonó, declaró esperanza y dio su vida por los demás. Este es el modelo recibido por los pastores a quienes se les encomiende el pastoreo del rebaño.

Charles Haddon Spurgeon practicó este mismo tipo de corazón de siervo que había encontrado en el Señor Jesús. Spurgeon conocía personalmente a los miembros de su gran congregación del siglo XIX. Vio a los necesitados en Londres y actuó iniciando ministerios para servir a los analfabetos, los pobres, los huérfanos, las viudas, los desempleados y muchos otros. Respondió personalmente a centenares de cartas que recibía cada mes, ofreciendo consejo, verdad del evangelio y aliento. Con frecuencia sirvió a los demás cuando estaba experimentando un gran dolor físico. De manera extraordinaria, este hombre, que se convirtió en el predicador más famoso de aquella época, se entregaba con regularidad en el servicio a su congregación y a los habitantes de su ciudad. Pero no hacía más que seguir lo que veía en Jesús.[6]

El profeta Isaías llamó al Mesías venidero "el Siervo". Predice esta misión con corazón de siervo, en la hermosa traducción que Alec Motyer hace de Isaías 42:1-4.

> ¡Miren!
> Mi Siervo a quien yo sostengo,
> mi Escogido, a quien mi alma acepta con favor.
> He depositado mi Espíritu sobre Él;
> traerá juicio a las naciones.
> No gritará ni levantará su voz
> para que le escuchen en la calle.
> No quebrará la caña cascada
> ni apagará el pábilo que humea;
> traerá juicio según la verdad.
> No arderá ni herirá
> hasta que establezca juicio en la tierra.
> El mundo entero aguarda su enseñanza con esperanza.[7]

La bondad de Jesús, su preocupación por las naciones, su ternura para con los quebrantados y los desanimados, y su paciencia con los que le necesitan expresan su corazón de siervo; este es el modelo para los pastores. Ser siervos en sus congregaciones del mismo modo amable, sacrificial y fiel en que Jesús nos sirve.

El amor debe marcar el ministerio pastoral

Juan habla del profundo amor de Jesús por sus seguidores, incluso cuando se acercaba a la cruz: "Como había amado a los suyos que estaban en el mundo, los amó hasta el fin" (Jn. 13:1). Eche un buen vistazo al grupo de aquellos cuyos pies Jesús lavó. Queja, negación, cobardía, duda y jactancia parecían caracterizarlos mejor que la humildad, el amor y el servicio. Sin embargo, Jesús los amó hasta el final. No permitió que los defectos de ellos desinflaran su amor. Este tipo de amor es afable, consciente de la necesidad y decidido a procurar su bien.

Pablo proporciona una buena imagen de cómo es este amor en la práctica: "Porque el siervo del Señor no debe ser contencioso, sino amable para con

---

6. Arnold A. Dallimore, *Spurgeon: A New Biography* (Edimburgo: Banner of Truth Trust, 1985).
7. Alec Motyer, *Isaiah by the Day: A New Devotional Translation* (Fearn, Tain, Ross-shire, Escocia: Christian Focus, 2011), 201.

todos, apto para enseñar, sufrido; que con mansedumbre corrija a los que se oponen, por si quizá Dios les conceda que se arrepientan para conocer la verdad, y escapen del lazo del diablo, en que están cautivos a voluntad de él" (2 Ti. 2:24-26). Observe el objetivo de un amor como el de Cristo: ver cómo se despierta la misericordia de Dios y libera a los que están atrapados por los lazos del diablo. ¿Qué postura deben adoptar los que sirven a Cristo al intentar alcanzar a personas tan cegadas? Podríamos pensar que, si les hablamos fuerte, se apartarán de su pecado. Pero Pablo aconseja amar por medio de la amabilidad en lugar de atropellarlos; la bondad en lugar de pronunciar palabras pendencieras; enseñarles con paciencia, perdonando incluso sus palabras duras y su terquedad.

El amor se manifestará más en nuestra bondad, nuestro servicio y nuestra preocupación sacrificial por los demás que en nuestras floridas afirmaciones de amor. El tipo de amor que Jesús demuestra actúa en favor de otros, no se atribuye mérito, se sacrifica de buen grado por el bien de los demás y se interesa más por la condición de esa persona delante de Dios, el Señor, que por la conveniencia, el horario o el coste personales. Jesús estableció la conexión entre esta muestra de amor y cómo esta misma clase de amor debe vivir a través de sus seguidores, cuando declaró: "En esto conocerán todos que sois mis discípulos, si tuviereis amor los unos con los otros" (Jn. 13:35). Si esto es verdad respecto a todos los seguidores de Jesús, ¡cuánto más lo será para aquellos a quienes Él les confía cuidar de los corderos que ha reunido por su amor sacrificial en la cruz!

En resumen

¿Podemos leer y meditar lo suficiente en Juan 13 como pastores? Ahí encontramos la humildad, el servicio y el amor de Jesús comprimido en una sola narrativa que nos grita la forma de vivir como subpastores del rebaño de Cristo. No debemos conformarnos con desempolvar este relato ocasionalmente para recordar las horas anteriores a la crucifixión. En su lugar, el modelo de Jesús sirviendo con humildad y amor a sus discípulos proporciona a los pastores el patrón para hacer lo mismo con la iglesia de Cristo.[8] Sin embargo, no lo haremos sin la ayuda del Espíritu, tal como Jesús enseñó a sus discípulos (Jn. 14–16). Miller reúne esto de un modo conmovedor: "Ahora tengo claro que mi celo por dar a conocer a Cristo debe atemperarse mediante la humilde disposición a reconocer mis límites como persona débil que cae constante-

8. Aunque las Epístolas Pastorales guían nuestra práctica en el ministerio pastoral, los Evangelios *deben* moldear nuestra forma de vivir y servir en el ministerio pastoral, conforme seguimos el modelo del Buen Pastor.

mente en la tentación de pensar que puede realizar la obra del Espíritu Santo".[9] El servicio humilde y amoroso es obra del Espíritu Santo. No es algo natural para la carne. La llamada a seguir el modelo de Cristo para el ministerio también nos insta a depender de Jesús, la Vid (Jn. 15:1-11), al margen de quien no podemos hacer nada, y del Espíritu que nos guía a la verdad de glorificar a Cristo en nuestros ministerios (Jn. 16:12-15).

Preguntas para la reflexión

1. Detalle las implicaciones de la descripción que Juan hace de la autoconsciencia de Jesús cuando se preparó para lavar los pies de los discípulos.
2. ¿Cómo podríamos crecer en humildad mientras servimos al pueblo de Dios?
3. ¿De qué formas tangibles pueden servir los pastores con regularidad a sus congregaciones?
4. ¿Cómo podría desarrollarse la idea paulina del amor en acción (2 Ti. 2:24-26) en el entorno de su ministerio?
5. ¿Qué nos ha dado Dios para capacitarnos a amar con humildad y amor a quienes nos rodean?

---

9. Miller, *Servant Leader*, 69.

PREGUNTA 5

¿Por qué es mejor la pluralidad pastoral que un único pastor para la salud de la iglesia?

En mis primeros días en el ministerio serví como pastor único. Las iglesias no tenían ancianos, solo diáconos, de modo que todas las responsabilidades del ministerio pastoral caían sobre mis hombros. Tratar con el conflicto en la iglesia, aconsejar a matrimonios rotos, organizar los ministerios eclesiales, administrar los planes de la iglesia, supervisar la oficina, visitar hospitales, consolar a los que estaban de luto, dirigir los cultos de adoración, predicar y liderar los cultos a mitad de semana eran mi responsabilidad; solo mía. De vez en cuando, un diácono podía acompañarme a una visita en el hospital o de pésame, pero de otro modo yo tenía que hacer malabares con estos deberes pastorales mientras me preparaba para predicar y enseñar múltiples veces.

¿Tuve éxito en todos estos ámbitos? Desde luego que no; la enorme cantidad de tiempo planificando, organizando y administrando interrumpía la preparación del sermón. Luchar con el conflicto en la iglesia —a veces sucedían varios problemas al mismo tiempo— me dejaba poca energía mental para pensar de manera creativa en cómo explicar un texto bíblico. Tenía que haber dedicado la mayor parte de mi tiempo al ámbito que más sufría: la preparación para alimentar al rebaño.[1] El modelo de un solo pastor deja mucho que desear si queremos que la iglesia sea pastoreada de un modo saludable.

El Nuevo Testamento muestra sistemáticamente un patrón de pluralidad para los que sirven como pastores/ancianos/obispos.[2] Como teólogo, John Hammett explica: "Cuando se consideran los versículos que

---

1. "La primera responsabilidad del pastor consiste en alimentar a las ovejas con la Palabra de Dios (Jn. 21:15-17; 2 Ti. 4:2)" (Mark Dever y Paul Alexander, *The Deliberate Church: Building Your Ministry on the Gospel* [Wheaton, IL: Crossway, 2005], 94).
2. Como se observa en la Pregunta 1, estos términos se usan de manera indistinta para el mismo cargo bíblico. Ver Phil A. Newton y Matt Schmucker, *Los ancianos en la vida de la iglesia: Redescubriendo el modelo bíblico de liderazgo para la iglesia* (Grand Rapids: Portavoz, 2021), 44-57. Para un concienzudo estudio académico de este tema, ver Benjamin L. Merkle, *The Elder and Overseer: One Office in the Early Church*, SBL 57, ed. Hemchand Gossai (Nueva York: Peter Lang, 2003).

contienen las palabras *anciano, obispo* y *pastor*, surge un patrón sistemático de pluralidad".[3] Podría ser que una iglesia solo tenga a un hombre calificado, según 1 Timoteo 3 y Tito 1, que sirva de pastor/anciano. Sin embargo, ese pastor, junto con la congregación, debe procurar añadir a otro pastor que le acompañe tan pronto como sea posible, preferentemente escogiendo a un hombre fiel de entre sus miembros que sirva como anciano adjunto.[4] Ese es el patrón del Nuevo Testamento.

¿Por qué dirige mejor una pluralidad de pastores/ancianos a una congregación local? Investigaremos esta pregunta analizando primero el modelo bíblico de pastores/ancianos, y luego consideraremos diez facetas de la sabiduría en la pluralidad de pastores.

El patrón bíblico

Jesús estableció su grupo de discípulos, a quienes acabaría entregándoles su ministerio, como pluralidad (Lc. 6:12-16; Hch. 1:1-8). El debate del aposento alto después de la ascensión añadió a Matías a su número para completar a los doce apóstoles, una pluralidad que dio testimonio de la resurrección de Jesucristo (Hch. 1:12-26; 1 Co. 15:5). Cuando la iglesia empezó con sus dolores de crecimiento, las quejas de las viudas helenistas llevaron al nombramiento de siete hombres —una pluralidad— para servir junto con los apóstoles en el cuidado de estas mujeres (Hch. 6:1-7). La primera mención de una pluralidad de ancianos en la iglesia surge de manera bastante incidental, cuando Lucas habla de la nueva iglesia de Antioquía que envía una ofrenda con Bernabé y Saulo "a los ancianos" de Jerusalén, para aliviar el hambre (Hch. 11:30). Los ancianos parecen algo tan normal entre ellos, según la estructura del liderazgo de la comunidad judía ajustada a la iglesia local, que Lucas no vio razón alguna para hacer una llamada de atención especial anunciando la emergencia de este cargo.

Cuando Pablo y Bernabé establecieron iglesias en Listra, Iconio y Derbe, retrocedieron en su viaje para nombrar "ancianos en cada iglesia" (Hch. 14:23). Observe que se escogieron "ancianos" —plural— "en cada iglesia", singular. El patrón de múltiples ancianos en cada congregación identificaba cómo creían

---

3. John S. Hammett, *Biblical Foundations for Baptist Churches: A Contemporary Ecclesiology,* 2ª ed. (Grand Rapids: Kregel Academic, 2019), 208.
4. "En una iglesia donde no puede haber más de uno [anciano], debe ser nombrado bajo el principio de que tan pronto como pueda haber otro habrá una pluralidad", escribió el líder bautista del siglo XIX, W. B. Johnson, *The Gospel Developed Through the Government and Order of the Churches of Jesus Christ* (Richmond, VA: H. K. Ellyson, 1846), en *Polity: Biblical Arguments on How to Conduct Church Life—A Collection of Historic Baptist Documents,* ed. Mark Dever (Washington, DC: Center for Church Reform, 2001), 194. Otro anciano podría no ser compensado económicamente, pero servir sin formar parte de la plantilla.

Pablo y Bernabé que las iglesias debían ser pastoreadas y dirigidas. Lucas identificó a los ancianos de la iglesia de Jerusalén con los apóstoles como líderes de dicha congregación (Hch. 15:2). Los ancianos y los apóstoles escucharon cómo discutían los oponentes de Pablo y Bernabé la validez de la conversión de los gentiles al margen de la circuncisión y de los rituales judíos. El compromiso de los ancianos en el debate teológico condujo a una postura doctrinal aclarada y a una decisión crítica que afectó al testimonio del evangelio para la iglesia (Hch. 15:1-29).

Sin reclamar una atención especial a la pluralidad de ancianos, Lucas sí recoge el mensaje de Pablo a Éfeso, donde "hizo llamar a los ancianos de la iglesia" (ancianos en plural, iglesia en singular) para que se encontrasen con él en Mileto (Hch. 20:17). En su exposición, también los denomina "obispos" (*episkopoi,* plural) que debían "apacentar" [*poimainein,* forma verbal de pastorear] a "la iglesia del Señor, la cual él ganó por su propia sangre" (Hch. 20:28). La visita de Pablo a Jerusalén para entregar su informe misionero a Jacobo también incluía a "todos los ancianos" de la iglesia de Jerusalén (Hch. 21:18).

Pablo alude a que Timoteo ha sido apartado por los ancianos ("presbiterio" en la RVR-60; "ancianos" en la NVI; "líderes de la iglesia" en la TLA) en su congregación local (1 Ti. 4:14; Hch. 16:1-3). Identifica a los ancianos en el cargo de "obispo" (NBLA) en 1 Timoteo 3:2,[5] mientras que en 1 Timoteo 5:17 los denomina "ancianos". El último pasaje señala que los ancianos tienen la responsabilidad de gobernar bien, de "predicar y de enseñar", con el uso obvio del lenguaje plural, por ejemplo "mayormente los que trabajan en predicar y enseñar".[6] Esto insinúa una distribución de deberes dentro de la pluralidad de los ancianos. En Tito 1:5 se alude a nombrar "ancianos en cada ciudad", de nuevo ancianos *en plural,* en ciudad *en singular.* En Filipenses 1:1, cuando Pablo identifica a los receptores de su epístola, menciona a "los obispos y diáconos", ambos cargos en pluralidad.

Pedro exhortó a "los ancianos que están entre" las iglesias dispersadas a apacentar la grey de Dios (1 P. 5:1). Benjamin Merkle alude a 1 Corintios 16:15-16 ("Os ruego que os sujetéis a personas como ellos, y a todos los que ayudan y trabajan") y a 1 Tesalonicenses 5:12 ("Que sean considerados con los

---

5. Este es uno de los pocos ejemplos del uso singular de obispo o anciano y, en cada ocasión, el escritor bíblico destaca a un anciano de entre los demás (p. ej., 1 P. 5:1; 2 Jn. 1; 3 Jn. 1).
6. He sostenido que separar a los ancianos en "ancianos gobernantes" y "ancianos maestros" como interpretación de este pasaje crea una distinción artificial que el texto no pretende. Todos los ancianos gobiernan y enseñan, mientras que algunos, por su talento o temperamento sobresalen en un ámbito u otro. Ver Newton y Schmucker, *Los ancianos en la vida de la iglesia: Redescubriendo el modelo bíblico de liderazgo para la iglesia* (Grand Rapids: Portavoz, 2021), 69, 202-3. Para una opinión diferente, ver David Dickson, *The Elder and His Work,* eds. George McFarland y Philip G. Ryken (Phillipsburg, NJ: P&R, 2004).

que trabajan arduamente entre ustedes, y los guían y amonestan en el Señor", NVI) como líderes adicionales en la iglesia "que desempeñan funciones como las del anciano" con el uso plural.[7] En Hebreos 13:17, "pastores", de forma literal "aquellos que os dirigen", corresponde a los ancianos/obispos/pastores de la congregación. Incluso la exhortación reflexiva "ellos velan por vuestras almas", con una referencia plural probablemente a pastores anteriores, dejaba una huella en la iglesia para seguir "imita[ndo] su fe" (He. 13:7).

Después de que Hammett estudie el uso que el NT hace de la pluralidad de ancianos, concluye: "No hay versículo alguno que describa a alguien como *el* anciano de una iglesia.[8] Merkle declara: "Las pruebas neotestamentarias indican que cada iglesia tenía una pluralidad de ancianos. No hay ejemplo en el Nuevo Testamento de un anciano o pastor dirigiendo una congregación como líder único o principal".[9] En esta parte de la Biblia, el claro modelo es la pluralidad de los que pastorean al rebaño. Pero ¿por qué es tan importante la pluralidad de los pastores? Consideraremos la sabiduría de la pluralidad a la luz de diez facetas que demuestran por qué la iglesia local debe esforzarse por tener varios ancianos/pastores que la guíen.

La sabiduría en la pluralidad

Habiendo servido como pastor durante más de cuarenta años, he descubierto que veinticinco años de pluralidad de ancianos ha hecho mucho más para fortalecer mi ministerio pastoral, para que utilizara mejor mis dones y para que sirviera con mayor eficacia a mi congregación, que el tiempo que estuve solo como pastor. Si bien no es exhaustiva, esta relación de diez facetas de la sabiduría en la pluralidad, que incluimos a continuación, demuestra un razonamiento sólido de por qué las congregaciones nunca deben conformarse con tener un solo pastor que intenta apacentar al rebaño, y por qué el pastor debe persistir hasta que un liderazgo plural se una a él en el ministerio pastoral.

1. La pluralidad comparte la carga pastoral

Las necesidades de una congregación, pequeña o grande, exigen más de un par de ojos para ver y un par de pies para pasar a la acción y servir. La energía y el tiempo precisos para alimentar al rebaño, aconsejarle y alentarle, ofrecer dirección al que lucha, discipular a los nuevos creyentes, visitar a los enfermos

---

7. Benjamin L. Merkle, "The Biblical Role of Elders", en *Baptist Foundations: Church Government for an Anti-Institutional Age,* eds. Mark Dever y Jonathan Leeman (Nashville: B&H Academic, 2015), 285.
8. Hammett, *Biblical Foundations,* 208 (cursivas originales).
9. Merkle, "Biblical Role", 285.

y los afligidos, y ayudar a los que tienen problemas pueden agotar la vida de la persona encargada de manejarlo todo. Pero cuando múltiples ancianos se unen para servir a un rebaño, estas responsabilidades pueden repartirse de tal manera que la congregación no estará descuidada y el pastor/anciano podrá llevar a cabo la obra donde sus dones sirvan mejor a la iglesia.

2. La pluralidad utiliza múltiples dones para servir al cuerpo

W. B. Johnson denominaba esto "una división de la labor entre ellos [los ancianos]". Señala, además, respecto a 1 Timoteo 5:17, que, aunque los mismos requisitos se identificaban en cada uno, "algunos trabajaban en la palabra y la doctrina, y otros no; la distinción entre ellos no era de rango, sino del carácter de su servicio".[10] Al mantener la pluralidad por "carácter de su servicio", él indica que los ancianos aplicaban sus dones y sus puntos fuertes a la iglesia con eficacia y de manera distinta. No todos los ancianos tienen los mismos dones. Aunque todos están comprometidos, hasta cierto punto, en gobernar, dirigir y enseñar, algunos tienen mayores dones de enseñanza y, por tanto, deben tener la libertad de ejercerlos para provecho del cuerpo. Otros están más dotados para el liderazgo, la organización y la administración. Necesitan centrar sus dones en estos ámbitos y ceder el paso a los que tengan más talento para predicar y enseñar, para instruir y formar a la congregación. En la pluralidad, los ancianos trabajan juntos sin considerarse los unos más importantes que los otros; la iglesia necesita todos los dones utilizados con fidelidad en el cuerpo de ancianos

3. La pluralidad compensa los puntos débiles de un pastor único con múltiples puntos *fuertes*

Cualquier pastor que evalúe con sinceridad sus capacidades reconoce que tiene puntos débiles. Es normal y no debe avergonzarse al reconocerlo. Pablo deja claro que el Espíritu Santo distribuye los dones de manera soberana. NO tiene nada que ver con el individuo; en su lugar, el placer divino determina cómo esta persona servirá al resto de la iglesia (1 Co. 12:4-7). No solo tiene flaquezas en los ámbitos del ministerio, sino también en el campo personal, en cuestiones con las que tiene que luchar para crecer y consolidarse. Si se enfrenta al reto de pastorear una iglesia a solas, sus puntos débiles se volverán evidentes. Sin embargo, en la pluralidad, múltiples pastores/ancianos combinan sus puntos fuertes para compensar las debilidades los unos de los otros, de manera que ninguno caiga por las grietas del ministerio y el cuidado pastoral.

---

10. Johnson, *Gospel Developed,* en Dever, *Polity,* 191.

4. La pluralidad facilita la rendición de cuentas

Todo creyente necesita rendir cuentas, de manera que, frente a la tentación, las luchas con la disciplina, los momentos de desánimo y la lucha con la resistencia, pueda ser alentado y amonestado por otros en el cuerpo. Los ancianos hacen esto los unos por los otros. Se unen para perseguir la santidad, la disciplina, la integridad y la pureza doctrinal; cada hombre dentro del equipo pastoral estimula a los demás hacia la fidelidad. Oramos los unos por los otros, compartimos con franqueza nuestras luchas, debatimos la Palabra unos con otros, alentamos y edificamos, y llenamos el hueco de lo que cada uno necesita para caminar como hombres de Dios.

5. La pluralidad restringe el autoritarismo

El anciano apóstol Juan llamó la atención de la iglesia al autoritario Diótrefes, quien se puso por encima de los demás, rechazó el consejo apostólico, difundió falsedades sobre el apóstol e intentó apartar a los demás del liderazgo de la iglesia (3 Jn. 9-10). Debido a que algunos tienen una personalidad prepotente, junto con intentos arrogantes de ser un verdadero dictador sobre una iglesia, un equipo firme de ancianos/pastoral restringirá a cualquiera que intente dominar a una congregación. Andrew Clarke está en lo cierto respecto a cómo evitar esta clase de espíritu: "La autoridad de los ancianos se ejerce de forma colectiva", no individual.[11] Años antes, Johnson coincidió: "Todos [son] iguales en rango y autoridad, nadie tiene preeminencia sobre el resto".[12] Mantener la igualdad entre los ancianos reduce a los autoritarios.

6. La pluralidad es fundamental al abordar cuestiones disciplinarias

Si un pastor ha intentado dirigir él solo su iglesia a ejercer disciplina sobre un miembro, es probable que deseara haber tenido a otros líderes que compartieran con él el esfuerzo. He sabido de algunos que lo han intentado solos y se les complicó la situación. Necesitamos la sabiduría, la unidad y la claridad de la pluralidad para ayudar con estos graves asuntos de seguir los pasos de la disciplina de Mateo 18:15-20. Me he sentido agradecido de no haber estado solo al enfrentarme a estas situaciones, y haber contado con la voz unida y los hombros fuertes de otros ancianos/pastores.

---

11. Andrew D. Clarke, *A Pauline Theology of Church Leadership,* LNTS 362, ed. Mark Goodacre (Londres: T&T Clark, 2008), 56. Aunque Clarke entiende que los obispos y los ancianos ostentan cargos distintos —concepto que sigue más la influencia de Ignacio en el siglo II, en lugar de las pruebas bíblicas— está acertado en el asunto de la autoridad entre los ancianos.
12. Johnson, *Gospel Developed,* en Dever, *Polity,* 190.

7. La pluralidad es el modelo de madurez y unidad para la iglesia

La congregación observa a los ancianos. Es su deber, porque ellos deben ser su modelo de cómo vivir una vida cristiana (1 P. 5:3; He. 13:7). El mismo desafío que confronta a la congregación —aprender a vivir unos con otros en amor y unidad—, enfrenta a las distintas personalidades, intereses, dones y capacidades en un equipo de pastores/ancianos. Cuando los ancianos demuestran juntos un fiel cumplimiento en madurez y unidad, sirven de modelo para el resto del cuerpo a hacer lo mismo.

8. La pluralidad proporciona coherencia en las decisiones de liderazgo

Clarke alude a los ancianos "que actúan en coro, tomando decisiones como un grupo combinado", en lugar de un individuo que intenta liderar sin consultar a los demás.[13] La sabiduría combinada, la percepción congregacional, la experiencia y el discernimiento unidos en un equipo de pastores le aportarán a la congregación mayor coherencia en el liderazgo que un solo hombre a merced de su estrecha percepción.

9. La pluralidad multiplica la capacidad de formar y proporcionar mentoría a futuros líderes de la iglesia

Los pastores/ancianos no se limitan a tener reuniones. Están comprometidos en el cuidado del rebaño. Parte de la labor del pastorado involucra el entrenamiento proactivo de futuros líderes que servirán a su congregación y, de manera potencial, a otros. En lugar de dejar la labor de mentor a un solo hombre en la iglesia, la riqueza de la madurez espiritual y del profundo conocimiento pastoral en un equipo de pastores multiplica el impacto de formar a futuros líderes.[14]

10. La pluralidad cultiva un liderazgo estable para la iglesia

Cuando escribo este capítulo, me encuentro en una baja pastoral de cuatro meses por mi tratamiento de quimioterapia. Aunque mi aislamiento de mis compromisos públicos me produce angustia, no ha amenazado la buena salud de nuestra congregación porque hemos cultivado un equipo constante, coherente de pastores/ancianos para apacentar a la iglesia. Si un pastor único se marcha o tiene una enfermedad prolongada, o muere durante su servicio, la iglesia puede quedar sin pastor durante un tiempo y esto les puede provocar una pérdida espiritual. Pero los ancianos/pastores

---

13. Clarke, *Pauline Theology,* 58.
14. Ver Phil A. Newton, *La Iglesia mentora: Cómo los pastores y las congregaciones cultivan líderes* (Grand Rapids: Portavoz, 2021).

que sirven en pluralidad, reconocen y utilizan los unos los dones de los otros para el cuerpo y llenan las brechas que deja un pastor ausente. Esto ayuda a la congregación a aprender a vivir con mayor dependencia del Señor y no de un hombre sirviendo como *el* pastor.

No cabe duda de que otros pueden añadir a las diversas facetas de la pluralidad en el ministerio pastoral, pero esta lista debe bastar para mostrar lo crucial que es para las congregaciones mantener una pluralidad saludable de pastores/ancianos que los dirijan semana a semana.

En resumen

Las pruebas del NT respecto a la práctica regular del ministerio pastoral plural no pueden eludirse. Incluso un escritor que se aferra a la autoridad de un pastor único para las iglesias locales admite: "Es verdad que cuando se usa el término *anciano* u *obispo* en el Nuevo Testamento se hace en plural, lo que significaría que la práctica general de las iglesias de esa época era que hubiese al menos dos ancianos".[15] La pluralidad en el ministerio pastoral demuestra ser fundamental para la buena marcha de la iglesia local.

Puedo testificar de los beneficios de estas diez facetas de la sabiduría en un modelo plural por encima de un pastor exclusivo. Cada faceta me ha beneficiado en lo personal, así como a nuestra congregación. Compartir la carga con un equipo de pastores/ancianos fieles también ha aumentado mi longevidad pastoral.

Preguntas para la reflexión

1. ¿Cuál es la evidencia de la pluralidad pastoral en el Nuevo Testamento?
2. ¿De qué manera ofrece un modelo a las congregaciones actuales la práctica paulina de la pluralidad de ancianos en las iglesias que plantó?
3. ¿Falta alguna de las diez facetas de la sabiduría en la pluralidad en el ministerio pastoral de usted?
4. ¿Qué faceta de la pluralidad parece más importante en su contexto pastoral?
5. ¿De qué manera insta el conflicto del apóstol Juan con Diótrefes, en 3 Juan, a la pluralidad pastoral para mantener a una iglesia saludable?

---

15. Gerald Cowen, *Who Rules the Church? Examining Congregational Leadership and Church Government* (Nashville: B&H, 2003), 14 (cursivas originales).

SEGUNDA PARTE

Desarrollo y salud pastorales

PREGUNTA **6**

¿Pueden los pastores permanecer espiritualmente saludables a lo largo de su ministerio?

Aparte de unos cuantos años durante parte de la universidad y del seminario, he servido en algún cargo del ministerio pastoral desde 1973. Mi caminar con Cristo se fortaleció con los años, pero esto no significaba que no surgieran luchas. Aparecieron. A lo largo de ese tiempo tuve que aprender a lidiar con mi pecado, con los ámbitos en los que carecía de disciplina, con las incoherencias, con la frialdad de corazón, con la amargura hacia los miembros de la iglesia, con la insatisfacción respecto a la vida y al ministerio, y otras cuestiones del corazón. Dios había mostrado su gracia sustentándome a lo largo de estos años. Con todas las deficiencias restantes, coincido con el apóstol Pablo: "Pero por la gracia de Dios soy lo que soy" (1 Co. 15:10). Aunque el Señor me ha sostenido en muchas dificultades, no me llamó a estar ocioso en mi salud espiritual. En su lugar, el bienestar espiritual es una búsqueda diaria, por la gracia de Dios.

Con esta búsqueda en mente, consideremos diez ámbitos que precisan atención para permanecer espiritualmente sanos a lo largo del ministerio:

1. Cultive una vida devocional fuerte y constante

Nada sustituye el tiempo a solas cada día con Dios en la Palabra y la oración. El ajetreo del ministerio y el cuidado de las almas de los demás nunca deben entorpecer la senda del cuidado personal del alma. Un pastor puede fácilmente dedicar cada minuto del día a preparar, visitar, aconsejar, administrar y a un millar de tareas diversas relacionadas con el ministerio. Pero debe apartar tiempo al principio de cada día para acercarse a Dios y meditar, reflexionar, confesar sus pecados, dar gracias, adorar, orar y expresarle amor a Cristo.[1] Como afirmó el santo pastor escocés Robert Murray M'Cheyne: "Siento que es mucho mejor empezar con Dios, ver su rostro primero, acercar mi alma a Él antes de que me aproxime a nadie más".[2]

---

1. Ver Pregunta 7 para más detalles sobre cómo desarrollar una vida devocional constante.
2. S. F. Smith, *The Christian Review*, vol. 13 (reedición clásica) (Boston: Gould, Kendall & Lincoln, 1948), 601.

Además del tiempo devocional, la preparación del sermón debe ser un tiempo de gran devoción, oración, meditación, gozo, confesión y agradecimiento y un tiempo de glorificar al Señor. Estudie mucho, realice la difícil tarea de la exégesis, de la teología bíblica, de la teología sistemática y de la homilética, a la vez que siéntase entusiasmado de estudiar la *Palabra de Dios*. Sea sensible al Espíritu Santo que manifiesta los pecados que se deben confesar, los ámbitos para la obediencia renovada y las nuevas perspectivas para la adoración y la alabanza.

2. Realice un inventario espiritual diario

Por medio de la Palabra y de la obra del Espíritu Santo, ábrase a la mirada de Dios que expone lo escondido y los pecados impenitentes. Ore con el salmista: "Examíname, oh Dios, y conoce mi corazón; pruébame y conoce mis pensamientos; y ve si hay en mí camino de perversidad, y guíame en el camino eterno (Sal. 139:23-24). Confiese sus pecados y crea la promesa del evangelio respecto a la purificación del pecado y de renovación de la comunión con Cristo (1 Jn. 1:5–2:2). Muera al pecado (Ro. 6:1-14; Gá. 5:24; Ef. 4:17–5:21). El gran teólogo puritano John Owen advirtió: "Los pensamientos son grandes abastecedores del alma para traer provisión que satisfaga sus afectos; y si el pecado se queda sin mortificar [sin matar] en el corazón, deben adoptar de vez en cuando disposiciones para la carne, para cumplir sus deseos".[3]

3. No permita nunca que las heridas se infecten

Cualquiera que haya servido en el ministerio, incluso por un breve período de tiempo, entiende lo que quiero decir con "heridas". Alguien pronuncia una palabra dura, de crítica contra usted o a sus espaldas. Alguien inicia un rumor sobre usted en el intento de arruinar su ministerio. Otro altera una reunión de la congregación por dejarle mal a usted. Aquellos que le prometieron un aumento tres años antes no se han manifestado aún ni muestran preocupación alguna por su bienestar. Un miembro del personal intenta socavar su liderazgo. Un grupo de poder trabaja a sus espaldas para conseguir que le despidan. Y podríamos seguir añadiendo cosas. El ministerio tendrá grandes momentos de gozo, pero también períodos cuando su corazón se sature de amargura, enojo, pensamientos de represalia y resentimiento.

Sin embargo, si no está viviendo en las buenas nuevas, no tendrá ninguna buena noticia que predicar. Pablo les advirtió a los efesios: "No contristéis al Espíritu Santo de Dios, con el cual fuisteis sellados para el día de la reden-

---

3. John Owen, *Overcoming Sin and Temptation*, eds. Kelly M. Kapic y Justin Taylor (1656; Wheaton, IL: Crossway, 2006), 65.

ción. Quítense de vosotros toda amargura, enojo, ira, gritería y maledicencia, y toda malicia" (Ef. 4:30-31). Aunque predicamos esto con gusto a nuestra congregación, ¿nos predicamos esto a nosotros mismos? ¿Cómo podemos dejar a un lado estos pecados que nos amargan? "Antes sed benignos unos con otros, misericordiosos, perdonándoos unos a otros, como Dios también os perdonó a vosotros en Cristo" (Ef. 4:32). Probablemente ningún pasaje me ha redireccionado con mayor frecuencia que esta exhortación cuando las heridas se infectan. Pastores: como personas perdonadas, debemos perdonar y mostrar bondad del mismo modo que Cristo lo ha hecho con nosotros. Esto nos insta a vivir junto a la cruz, con la consciencia de que Jesús nos perdona. Si no lo hacemos, las heridas se infectarán y nos destruirán.

4. Tome un respiro con regularidad

A principios de mi ministerio no me tomaba ni un día libre. *Tenía demasiado por hacer.* O eso pensaba. Pero esto nunca cambia. Los pastores siempre tienen mucho que hacer. Sin embargo, descuidarnos y no descansar, y como dice el refrán "hacer de la noche, día" acortará el ministerio. Según Jesús, el ritmo del Sabbat semanal donde nos detenemos en nuestra tarea para descansar fue instituido para las personas y no a la inversa (Mr. 2:27). Ese cambio de ritmo, en el que nos retiramos de las exigencias normales del trabajo para encontrar un lugar de reposo y refresco, es esencial para la vida espiritual del pastor. Dejando a un lado el peso del ministerio para tomarse un día libre cada semana puede recargar las pilas espirituales y revigorizar al pastor para regresar a las demandas del ministerio. Tomar *todo* el tiempo de vacaciones permitido es fundamental para el pastor y su familia. Aunque usted no haga más que dar un paseo alrededor de la casa o lleve a los niños al zoo, o haga un pícnic familiar, esa clase de atención a la familia sin las exigencias del ministerio reforzará la vida en el hogar, a la vez que irá invirtiendo en el ministerio futuro. Las iglesias deben incluir un tiempo sabático en el paquete de beneficios que ofrecen al pastor. Si su iglesia no lo hace, trate de conseguirlo.[4]

5. Construya relaciones pastorales fuertes en el cuerpo

El peor consejo que recibí durante mi consejo de ordenación fue "no intimes con tu congregación". Mi alarma interior se disparó, sabiendo que aquel pastor tenía mala relación con los miembros de su iglesia y que no haría nada por mejorarla. Por el contrario, en el largo viaje del ministerio pastoral hallará fuerza conociendo a su congregación, observando y tomando consciencia

4. Para una ayuda en el establecimiento de un tiempo sabático pastoral, ver Matt Schmucker, "Caring for the Pastor: The Sabbatical", *9Marks,* 16 de febrero de 2010, https://www.9marks.org/article/caring-pastor-sabbatical.

de sus inclinaciones y sus patrones de vida, orando por ellos mencionando sus nombres cada semana, acompañándolos en sus momentos de necesidad, alentándolos en sus luchas, amándolos en sus debilidades, mirándolos a los ojos para hablarles la verdad en las reuniones semanales, enviándoles notas de estímulo y sintiendo el peso de sus almas. Cuando ama profundamente a su gente, quiere seguir esforzándose aun cuando las cosas se pongan difíciles. Desea prestar atención a su alma para poder servirlos de un modo más eficaz.

6. Déjese pastorear

Los pastores tienden a ser los últimos en ser pastoreados. Esta fue la razón por la que el Señor estableció una pluralidad de ancianos para la iglesia local. Los ancianos deben pastorearse unos a otros para sentirse alentados a seguir adelante en la fidelidad a Cristo. Esto le exige algunas cosas al pastor: (1) Someterse con humildad a los que son nombrados en la iglesia para velar por su alma; (2) Tener la actitud de no haber llegado (Fil. 3:12-16), y valorar el medio de gracia divino para el viaje, incluyendo que otros pastores lo pastoreen a usted; (3) Mantenga que Dios no le salvó para que anduviera solo. El viaje es con todos los ancianos y el cuerpo, recibiendo su apoyo, aliento, ejemplo, exhortaciones, perdón, amonestaciones y múltiples contribuciones a su caminar espiritual; (4) Compruebe con regularidad su capacidad de ser enseñado, para que aprenda de otros a los que Dios ha puesto en su vida (He. 13:17);[5] (5) Considere a aquellos con los que pasará la eternidad, prestando atención al crecimiento, a las relaciones, a la obediencia, a la unidad y al gozo (Ef. 4:11-16).

7. Trabaje en su matrimonio

No dé nada por sentado en su matrimonio. Aprenda a amar a su esposa como Cristo ama a la iglesia (Ef. 5:22-33). Esto significa aprender a profundizar en su amor y servicio hacia su esposa. Cuide su forma de hablar con ella, de manera que la edifique y no la destroce con palabras duras (1 P. 3:7). Ábrale su vida. Mantenga vivo el fuego del romanticismo. Asegúrese de que su tiempo, su energía y su enfoque le indiquen que ella tiene prioridad sobre sus hijos. No hable nunca mal de ella en público ni en privado. Demasiados pastores no prestan atención a sus esposas, de manera que ellas creen que sus maridos están casados con la iglesia. Cuídese de la arrogancia al disfrutar del regalo de Dios: su esposa.[6]

---

5. Por ejemplo, ¿habla antes de tomarse el tiempo de escuchar? ¿Intenta defenderse antes de escuchar y aplicar lo que otros indican en su vida? ¿Reconoce que Dios usa a otros en su constante santificación?
6. Se puede encontrar un buen estímulo en este ámbito en Paul David Tripp, *¿Qué estabas esperando? Redimiendo las realidades del matrimonio* (Graham, NC: Publicaciones Faro de Gracia, 2013); y

8. Invierta en construir un buen liderazgo a su alrededor

Construir un liderazgo significa aprender a vivir la vida *juntos* en Cristo. Esto llama a ser un ejemplo de un cristiano para aquellos a los que dirige (1 Ti. 4:12). Cuando lidera, usted marca el ritmo en el ministerio pastoral demostrando paciencia con aquellos que parecen lentos para entender, corrigiendo con amabilidad a los que necesitan su amonestación, elogiando y alentando a las personas tan a menudo como pueda, y delegando responsabilidades en otros mientras usted los dirige, los perfecciona y los pule. Aquellos que son guiados por usted necesitan el ejemplo de un pastor humilde, santo y con corazón de siervo. No puede vivir una vida con la sensación de verse amenazado por una creciente popularidad y aptitud de líder. Confíe en el Señor respecto a lo que Él hará levantando un equipo en torno a usted que hablará a su vida y servirá con usted, y al que usted dirigirá con fidelidad. De esta forma usted entenderá que *todo el ministerio pastoral* no descansa sobre sus hombros, sino también sobre aquellos que están reunidos a su alrededor y siguen su liderazgo.[7]

9. Lea buenos libros

Esfuércese por recopilar una extensa biblioteca bíblica y teológica que sirva como herramienta para la vida y el ministerio.[8] Incluya comentarios,[9] varias ramas de teología —bíblica, sistemática, histórica, práctica, pastoral—, biografías, hermenéutica, lenguas originales, historia de la iglesia, eclesiología, misiones, devocionales, teología aplicada y la amplia esfera de ministerio práctico. Lea, asimismo, más allá de la preparación de los sermones de domingo. Lea para que su alma sea estimulada. Lea por placer. Lea para aprender. No limite su lectura tan solo a los libros cristianos. Lea buenas novelas, historia mundial, autobiografías y otros campos de interés. Como mi padre sirvió en la Segunda Guerra Mundial, disfruto leer sobre esa guerra, incluyendo las batallas particulares y los líderes durante aquella generación. Este tipo de lectura me relaja, a la vez que me proporciona percepciones sobre el liderazgo y la conducta humana. Suelo tener libros de distintos géneros para poder

---

Timothy Keller, *El significado del matrimonio: Cómo enfrentar las dificultades del compromiso con la sabiduría de Dios* (Nashville, TN: B&H Español, 2017).

7. Vea mi libro para detalles sobre la formación y la mentoría de los líderes: *La iglesia mentora* (Grand Rapids: Portavoz, 2021).
8. Ver Danny Akin, "Building a Theological Library", *Danny Akin* (blog), 3 de diciembre de 2014, https://www.danielakin.com/building-a-theological-library-2013-update.
9. Ver Tremper Longman III, *Old Testament Commentary Survey*, 5ª ed. (Grand Rapids: Baker Academic, 2013), y D. A. Carson, *New Testament Commentary Survey*, 7ª ed. (Grand Rapids: Baker Academic, 2013).

escoger lo que necesito en el momento de la preparación del sermón, aliento, devoción o placer.

10. Asista anualmente a una buena conferencia o a un retiro

El tiempo de un pastor es muy valioso. También lo es su necesidad de ser reavivado por la predicación bíblica, un debate teológico, la interacción en el ministerio y la comunión cristiana. Las conferencias abundan en nuestra época, pero el tiempo y el dinero limitan a cuál asistir. Intente incluir en su presupuesto anual una conferencia o retiro pastoral que le ayudará en lo espiritual y lo estimulará a una mayor fidelidad en la obra pastoral. Varios seminarios ofrecen breves conferencias sobre temas particulares de interés para pastores. Las iglesias locales también proveen conferencias bíblicas y temáticas que podrían encajar con facilidad en el presupuesto y ser, no obstante, de gran estímulo. Si usted es la única persona a la que escucha predicar, lo más probable es que acabe desfasado. Actualícese al ver cómo otros enseñan y predican la Palabra de Dios en una conferencia o en un lugar de retiro. Sea alentado a perseverar en el ministerio al reunirse con otros pastores que experimentan exigencias similares en el ministerio.

En resumen

Mantenerse espiritualmente saludable a lo largo del ministerio no es complicado. Sin embargo, sí requiere disciplina y coherencia en los ámbitos que estimulan la fidelidad a Cristo y al ministerio. Evalúe los diez ámbitos identificados en este capítulo y vea en cuál necesita fortalecerse o realizar cambios. La fidelidad a Cristo durante un largo ministerio dejará una marca en la congregación que observa su vida y su labor. Los miembros se sentirán estimulados a perseverar en la fe al seguir el modelo que usted supone para ellos y tendrá el gozo de un ministerio pastoral duradero.

Preguntas para la reflexión

1. ¿En qué ámbitos necesita fortalecer su vida devocional?
2. ¿Cómo podría ocuparse un pastor de las heridas que se han acumulado por el estrés del ministerio?
3. ¿Qué significa para un pastor el ser pastoreado?
4. ¿De qué formas puede trabajar un pastor en su matrimonio?
5. ¿Cómo ayuda la construcción de un equipo de liderazgo al fortalecimiento de la salud espiritual del pastor?

PREGUNTA 7

¿Cómo puede cuidar un pastor su vida espiritual?

Los peligros acechan en el ministerio pastoral. Hemos oído las advertencias, y con razón, contra la avaricia, la lujuria, el poder y el orgullo. Tal vez haya otro que suponga un peligro mayor por su apariencia inocua: *la presunción*. Dado que estudiamos la Palabra, predicamos sermones, dirigimos la alabanza, elevamos oraciones en público, oramos con los enfermos y con los moribundos, proporcionamos consejo bíblico, hablamos de asuntos espirituales y explicamos el evangelio a los demás, podemos pensar que nuestra vida espiritual está bien. Contra la fachada de un ministerio pastoral eficaz, nuestras almas se secan y decaen. Nos preguntamos por qué nos sentimos quemados y por qué la siguiente visita nos irrita, por qué la preparación del sermón se ha convertido en algo académico y por qué estamos impacientes por acabar los domingos y escapar de la comunión con los santos. Aunque dirigimos a otros en lo espiritual, no prestamos atención a nuestras almas.

Hace mucho tiempo que el pastor Lewis Allen escribe que el ministerio se puede convertir en uno de los mayores oponentes en nuestra vida de verdadero gozo en Cristo. Confiesa: "En ocasiones, en mi propio ministerio, mi corazón ha sido como un túnel de viento en el que las oraciones y la preparación de los sermones se centraban en las necesidades de los demás, volando por mi corazón a toda prisa, mientras yo luchaba por dedicar el tiempo suficiente a ministrar mis propias necesidades espirituales". En esos momentos, "Jesús deja de ser la luz que conocemos y recomendamos a los demás, y se convierte en alguien cuya dulzura se ha desvanecido".[1]

Con frecuencia nos preocupamos por las almas de otros, pero ¿y la nuestra? Sin una atención sistemática a nuestra vida espiritual, en última instancia tenemos poco que ofrecer a aquellos que se nos ha encomendado pastorear. El enfoque más importante de ministerio pastoral debe ser el cuidado del pastor respecto a su propia alma. Con ello multiplica su eficacia pastoral. Consideraremos los patrones y las prácticas que han de entretejerse en la urdimbre y la trama de la vida espiritual del pastor.

---

1. Lewis Allen, *The Preacher's Catechism* (Wheaton, IL: Crossway, 2018), 33.

Profundice más en su vida devocional

Una vida devocional no significa un libro devocional, aunque podría incluir uno. En su lugar, tiene que ver con la profundización constante de la comunión con Dios. Apartar tiempo para nada más que conocer, disfrutar y tener comunión con Él. A través de su Palabra, contemplamos a Dios. El puritano George Swinnock explicó: "Los que nunca han visto el sol se asombran ante una vela. Del mismo modo, los que nunca han conocido al bendito Dios se aficionan a cosas lamentables de esta tierra. Pero todo el mundo se convierte en un estercolero cuando vemos al incomparable Dios".[2]

En ese tiempo de comunión con Él, todo lo demás palidece. Nos retiramos, siguiendo el consejo del pastor escocés del siglo XVI, Samuel Rutherford, "para que salgamos y abandonemos a la multitud, y dejemos que Cristo tenga nuestra compañía".[3] En pocas palabras, nos encontramos a solas con Dios con la Biblia abierta para buscar su presencia, conocer sus caminos y disfrutar de estar con Él. No nos hemos detenido para seguir trabajando en el sermón o crear un nuevo estudio bíblico. Hemos venido a "gustar y querer paladear más".[4] Paul Tripp estrecha el círculo: "No buscamos satisfacción con la esperanza de que Dios nos la proporcionará. No, buscamos a Dios y el resultado es la satisfacción del corazón".[5] Consideremos tres claves:

1. Costumbres diarias

Tengo la costumbre de hablar con mi esposa por las mañanas, le doy un beso cuando salgo para la oficina, la llamo a una hora fija bien entrada la mañana y regreso para conversar con ella acerca de nuestros días. Meras costumbres. Pero estos hábitos y otros más han cultivado un profundo amor y la pasión del uno por el otro.

Una vida devocional saludable no puede desarrollarse sin costumbres diarias. Como nos recuerda Rutherford: "Cada día podemos ver algo nuevo en Cristo. Su amor no tiene límite ni fondo".[6] Cada día le buscamos para hallar nuestro gozo y nuestra confianza solo en Cristo. No debemos tratar esto como una tarea que realizamos por obligación cinco días y después nos apresuramos al fin de semana. Es más como un matrimonio que crece en amor, devoción y deleite mediante el compromiso diario.

---

2. George Swinnock, *The Blessed and Boundless God,* ed. J. Stephen Yuille (1672; Grand Rapids: Reformation Heritage Books, 2014), 143.
3. Samuel Rutherford, *The Loveliness of Christ: Extracts from the Letters of Samuel Rutherford,* ed. Ellen S. Lister (1909; Edimburgo: Banner of Truth Trust, 2007), 56.
4. Allen, *Preacher's Catechism,* 32.
5. Paul David Tripp, *New Morning Mercies: A Daily Gospel Devotional* (Wheaton, IL: Crossway, 2014), selección del 24 de mayo.
6. Rutherford, *Loveliness of Christ,* 13.

2. El enfoque en la comunión con Dios

No estamos practicando sencillamente buenas costumbres devocionales como otros deberes excelentes en los que estamos involucrados. Estamos buscando la comunión con Dios centrada en Jesucristo, lo que Rutherford denomina "una comunión más cercana con Cristo y una creciente comunión".[7] Dos cosas suceden en la comunión. El pastor puritano John Flavel explica: "La comunión con Dios, tomada de la forma adecuada y estricta, consiste en dos cosas, a saber, la manifestación que Dios hace de sí mismo al alma y la respuesta del alma".[8] El Señor se manifiesta a nosotros en la Palabra. Le respondemos en meditación, adoración, deleite, gozo, oración, agradecimiento, confesión y alabanza.

La comunión nos compromete, no de algún modo místico, sino en un conocimiento real y experiencial de Dios, arraigado de manera particular en el evangelio (Ef. 1:15-23; Col. 2:1-3). En la parte escondida del corazón (Sal. 51:6; 1 R. 8:39), el Señor se encuentra con nosotros. "Es un conocimiento tal —escribió Swinnock— que afecta al corazón con amor y temor hacia Él, temor y odio por todo lo que sea contrario a Él".[9] En otras palabras, conforme vemos más y más al Señor como Él se ha revelado en las Escrituras, respondemos con amor y temor, afecto y santa reverencia. Esto nos lleva a despegarnos del mundo y a detestar los viejos patrones de pecado que siguen quedando.

3. Proponerse no andar con prisas

Tenemos programas diarios que absorben nuestra atención, de manera que debemos planificar para darnos un tiempo pausado con el Señor cada mañana. Persistir marca el amor profundo y el afecto, y permite que nos deleitemos juntos en cada momento y que esperemos con impaciencia el próximo tiempo de soledad para expresar nuestro gozo. Allen añade: "Necesitamos darle tiempo y espacio a nuestros corazones, y llevarlos, libres de distracciones, de regreso al evangelio. Necesitamos un nuevo descubrimiento de lo amados que somos en Cristo. En el ajetreo de la vida precisamos luchar por sacar tiempo para escuchar la Palabra de Dios. Si no lo hacemos, los cardos y los espinos de la obra, del ministerio y las preocupaciones ahogarán nuestras almas".[10]

---

7. Ibíd., 16. D. A. Carson escribe: "Se debe pensar en la espiritualidad en relación con el evangelio" ("When Is Spirituality Spiritual? Reflections on Some Problems of Definition", *JETS* 37 [1994]: 387, citado por A. J. Köstenberger, *Excellence: The Character of God and the Pursuit of Scholarly Virtue* [Wheaton, IL: Crossway, 2011], 68).
8. John Flavel, *The Mystery of Providence*, Puritan Paperbacks (1678; Edimburgo: Banner of Truth Trust, 1963), 144.
9. Swinnock, *Blessed and Boundless God*, 140.
10. Allen, *Preacher's Catechism*, 33. "Estar libre de distracciones" funciona mejor sin teléfonos y sin redes sociales.

Desarrollar patrones saludables en la vida devocional

Así como la comunión diaria y sin prisas marca nuestro tiempo devocional, el crecimiento solo se produce cuando establecemos patrones saludables en la Palabra y la oración, junto con otros aspectos de la vida devocional.

1. Elementos principales de la vida devocional

Establecemos patrones saludables usando medios que Dios ha provisto para el crecimiento en nuestra devoción a Él. La Palabra, la oración, la adoración, la meditación, la memorización y llevar un diario, todo demuestra ser útil y, algunas de estas cosas son absolutamente fundamentales, si quisiéramos tener comunión con Dios.[11] La *Palabra de Dios* en una buena traducción legible es el cimiento de una vida devocional.[12] Los devocionales deben ser guiados por la Palabra o nos desviaremos a un misticismo poco saludable.[13] La *oración* compromete nuestra respuesta a la Palabra en confesión, alabanza, acción de gracias, asombro, intercesión y petición. La *meditación* nos lleva más allá de una lectura rápida de las Escrituras a una concienzuda reflexión y un análisis de su significado dentro del contexto, con múltiples aplicaciones para el alma (Jos. 1:8; Sal. 119:97, 103, 148). La *memorización* esconde la Palabra en el corazón para tenerla lista a lo largo del día (Sal. 119:11; Ef. 6:17). Un elemento añadido que muchos, incluido yo, hemos hallado útil es *llevar un diario*. Si estamos manteniendo una meditación reflexionada en la Palabra, el diario nos proporciona una herramienta para anotar nuestros pensamientos, incluyendo las oraciones, las expresiones de alabanza y las consideraciones de las muchas formas en que el Señor obra en nuestra vida.

La pintoresca redacción escocesa de Rutherford nos ayuda a entender lo que sucede en la devoción privada: "Hay abundancia en la despensa del Señor que satisfará a todos sus niños, y tanto vino en su bodega que apagará toda su sed. Siga hambriento; porque hay carne en el hambre por Cristo; no se aparte nunca de Él, sino moléstele, importúnele (porque a Él le complace la importunidad de las almas hambrientas) con un plato lleno de deseos hambrientos hasta que Él le llene; y si se retrasa, no se aparte, sino caiga fulminado [desmáyese] a sus pies".[14]

---

11. No estoy incluyendo la adoración corporativa, ya que el enfoque está en los devocionales personales; ambos son necesarios para el cuidado de nuestras almas.
12. He descubierto que es una buena práctica alternar las versiones de la Biblia de un año a otro.
13. "Esta 'espiritualidad de la Palabra' debe ser el estándar por el cual se mida cualquier disciplina espiritual, porque el estudio de las Escrituras y la obediencia a ellas es la disciplina espiritual preeminente enseñada en la Biblia" (Köstenberger, *Excellence,* 77).
14. Rutherford, *Loveliness of Christ,* 4.

2. Utilice un plan de lectura

Cuando era un joven creyente, yo no disponía lamentablemente de un plan de lectura bíblica. Me limitaba a abrir una página al azar y empezaba a leer. Eso no funcionaba. Solo cuando empecé a trabajar por todos los libros de la Biblia, a considerar la lectura diaria dentro del contexto y seguía ampliando al día siguiente el pasaje anterior, mi crecimiento en Cristo despegó.

¿Cómo debe realizar el pastor una lectura constante de la Biblia? Recomiendo que lea toda la Biblia cada año. Necesitamos echar una nueva mirada a las porciones oscuras en lugar de limitarnos a disfrutar de nuestras secciones favoritas de las Escrituras. Algunos pueden hacer esto fuera de su tiempo devocional. Otros enmarcan su lectura devocional en el enfoque anual. Prefiero este último método. Hallar un plan que quiera usar al principio del Año Nuevo y ajustarse a este alentará las disciplinas espirituales a lo largo del año.[15] Solo recuerde que la obra del propio corazón del pastor "es la primera responsabilidad del predicador y no un extra opcional".[16]

3. La oración

Leer y meditar en la Palabra afectará a la oración. Impulsa el ímpetu hacia la confesión del pecado, el arrepentimiento, el agradecimiento por los actos de Dios, la alabanza por su revelación de sí mismo, la adoración que podría incluir la lectura o cantar un himno, el gozo y el regocijo, el lamento, las peticiones para que Dios actúe en sus promesas, la intercesión por aquellos que están en su corazón cuando medita en la Palabra, etc.[17] Me gusta la forma en que John Piper se pliega ante las innumerables expresiones sobre la oración: "La oración es la traducción en mil palabras diferentes de una sola frase: 'Separados de mí [Cristo] nada podéis hacer'" (Jn. 15:5).[18]

Así como un plan de lectura de la Palabra, también se puede usar un método con fidelidad para la obra intercesora que fluye del tiempo devocional.

---

15. A continuación, unos cuantos de muchos planes. El Plan de Robert Murray M'Cheyne, desarrollado por el pastor escocés en el siglo XIX, pasa una vez por el AT, y dos veces por el NT y los Salmos: https://bibleplan.org/plans/mcheyne. El "Fifty-Two-Week Bible Reading Plan" consta de una lectura de distinto género bíblico para cada día; http://www.bible-reading.com/bible-planhasb.html. George Guthrie, *CSB Day-By-Day Chronological Bible* (Nashville: Homan, 2018) lo guía de forma cronológica. Hemos usado durante muchos años *Thru the Bible Reading Guide* de la Asociación Nacional de Evangélicos como una opción para nuestra congregación, https://www.nae.net/reading-the-bible-in-one-year. También completa la lectura de toda la Biblia en cincuenta y dos semanas.
16. Allen, *Preacher's Catechism*, 34.
17. Ver Donald S. Whitney, *Praying the Bible* (Wheaton, IL: Crossway, 2015).
18. John Piper, *Brothers, We Are Not Professionals: A Plea to Pastors for Radical Ministry* (Nashville: B&H, 2002), 55. Publicado en español por Editorial Clie con el título *Hermanos, no somos profesionales*.

La oración por la familia y por los líderes de la iglesia compone la lista cotidiana. Orar por los miembros de la congregación a diario, de manera que se ore por toda la membresía al menos una vez al mes (preferiblemente de forma semanal, dependiendo del tamaño de la congregación) se convierte en parte de dicha lista diaria. Dividir la semana en focos de oración cada día podría incluir a otros pastores, congregaciones locales, funcionarios del gobierno, amigos en el ministerio, la familia extendida, la obra misionera, los obreros enviados desde su iglesia y los amigos y familiares inconversos.

4. La meditación y la memorización

Cuando Josué sucedió a Moisés, el Señor le ordenó que meditara a diario en su ley (Jos. 1:8). El Salmo 119 está lleno de exhortaciones y descripciones de la meditación en la Palabra. El sermón de Pedro en Pentecostés da pruebas de una rica meditación y memorización de la Palabra de Dios y de su enfoque cristocéntrico (Hch. 2). El sermón de Pablo en la colina de Marte refleja su profunda meditación sobre el tesoro de la Palabra (Hch. 17:22-31). Si alguien quiere empuñar "la espada del Espíritu" en la batalla diaria contra la tentación y el pecado, debe meditar en la Palabra de Dios y memorizarla, con el fin de estar preparado para cualquier situación (Ef. 6:10-20). La propia batalla de Jesús con Satanás demostró su práctica de memorizar las Escrituras y aplicarlas de un modo contextual (Mt. 4:1-11). Necesitamos el recuerdo disponible de la Palabra de Dios para los retos diarios de la vida.[19]

Don Whitney, en su obra clásica *Spiritual Disciplines for the Christian Life,* define la "*meditación* como el pensamiento profundo en las verdades y las realidades espirituales reveladas en las Escrituras, o en la vida, desde la perspectiva bíblica, con el propósito de entender, aplicar y orar". La compara a la diferencia entre sumergir una bolsita de té en agua caliente en lugar de permitir que infusione. "La meditación en las Escrituras es permitir que se asiente en el cerebro".[20]

Dentro del alcance de la lectura de toda la Biblia, incluya tiempo a diario para meditar en porciones particulares que "se asienten en el cerebro" y obren con profundidad en el corazón. De esta meditación, la memorización de pasajes de la Palabra será natural, y conducirá a una meditación y una aplicación adicionales en la vida propia.

---

19. Ver Andrew Davis, *An Approach to Extended Memorization of Scripture* (Ambassador International, 2014), disponible gratuitamente en Kindle. Para una ayuda adicional en la meditación y la memorización, ver Donald S. Whitney, *Spiritual Disciplines for the Christian Life,* ed. rev. (Colorado Springs: NavPress, 2014).
20. Whitney, *Spiritual Disciplines,* 46-47 (cursivas originales).

5. Llevar un diario

Llevar un diario no tiene por qué ser complicado. Un cuaderno de espiral servirá para anotar las meditaciones en la Palabra, las oraciones impulsadas por la lectura y la reflexión en ella, las alabanzas y las acciones de gracias recordadas mientras oramos o meditamos, y las promesas del evangelio reiteradas por medio de la lectura de la Palabra. Podría producirse a diario o varias veces a la semana. No está escribiendo para su lectura en público, sino para la edificación personal. El tiempo que dedique a su diario ayuda a la mente a absorber mejor lo que se ha considerado en la Palabra.[21]

Una práctica personal como ejemplo

A lo largo de los años he variado mis prácticas devocionales. Durante un tiempo leí lentamente un libro, apunté las meditaciones en un diario y oré siguiendo una larga lista de peticiones de oración. En otra época amplié mi lectura para incluir varios capítulos cada día, aunque no necesariamente a lo largo de toda la Biblia, y mi oración más allá de la familia se dividió en distintas categorías cada día. Durante las dos últimas décadas me he comprometido a leer la Biblia una vez al año durante mis momentos devocionales. Es lo que me ha resultado más satisfactorio en mis cincuenta años como cristiano. Esta es mi rutina diaria.

Utilizo la misma Biblia, de modo que calculé cuánto necesitaba leer cada día para recorrer todo el AT un par de veces aproximadamente, tres veces el NT y los Salmos–Cantares unas cuatro o cinco veces. Empecé con la lectura de tres o más páginas del AT, seguida de dos o más páginas de Salmos–Cantares y un poco más de dos páginas del NT. Por lo general también suelo leer un capítulo de la serie expositiva que estoy impartiendo los domingos. Durante la lectura, reflexiono. Hago una pausa para meditar en algo que me llame la atención, pienso en una promesa que me renueva o adoro ante una percepción del carácter de Dios. En ocasiones me detengo para escribir en mi diario. Otras veces espero hasta haber acabado la lectura y entonces vuelvo al diario. O igual ese día no anoto nada en el diario y presto más atención a la memorización o la meditación. Algo que estoy leyendo puede impulsarme a orar por la necesidad de un amigo o por una situación a la que nos estamos enfrentando en nuestra iglesia. O un pasaje fuera de mi campo normal de memorización me atrapa, de manera que permanezco allí para esconderlo

21. Ver Whitney sobre el "valor de llevar un diario", en *Spiritual Disciplines*, 252-66: llevar un diario ayuda en la comprensión y la evaluación de uno mismo, en la meditación, en la expresión de los pensamientos y los sentimientos hacia el Señor, para recordar sus obras, para crear una herencia espiritual y preservarla, para aclarar y articular las ideas, para monitorizar objetivos y prioridades, y para mantener otras disciplinas espirituales.

en mi corazón. O alguna porción me convence profundamente de pecado, de manera que no puedo seguir adelante hasta ocuparme de esa transgresión en confesión y arrepentimiento. Algunas veces puedo leer más de lo que me he asignado para ese día, por el fluir del texto o por la forma en que le está sirviendo a mi corazón. Otras, no dudo en variar mi práctica de un día para otro, aunque siga trabajando dentro de la estructura de mi plan de lectura. *El objetivo de tener comunión con Dios sigue siendo lo principal,* de modo que, si mi patrón de lectura se interpone en el camino, no vacilo en cambiar lo que estoy haciendo. Quiero que mi corazón confortado delante del Señor, sintiendo su presencia, dirija mis pasos para ese día.

Mi tiempo de oración se centra a diario en mi esposa, mis hijos, sus cónyuges, mis nietos, mi madre, mi hermano y mi cuñada, los hermanos de mi esposa y sus parejas, los ancianos y diáconos de nuestra iglesia y nuestros alumnos pastorales en prácticas. Utilizamos una tarjeta de oración en la iglesia con los nombres de las familias repartidos entre los seis días de la semana, así que oro por las que aparecen mencionadas ese día. El sábado y el domingo oro por la predicación de otros hermanos. Los lunes me pongo al día en los motivos de oración. Los martes oro por la familia extendida, los miércoles por el gobierno, los jueves por los amigos cercanos, los viernes por los misioneros y los sábados por aquellos que hemos enviado en la obra pastoral o misionera. Las necesidades presentes entran en la rutina cotidiana de oración. Mi propósito es alternar entre escribir en mi diario y la memorización cada dos días.

Si algún suceso interrumpe el plan de un día en concreto (p. ej., cuando paso por la quimioterapia y mi grado de cansancio solo me permite leer un capítulo o dos y murmurar una breve oración, no me fuerzo. El Señor conoce el deseo de mi corazón de buscarle y estar con Él en ese prolongado tiempo de devocional. Tan pronto como acaba la interrupción, retomo la rutina. Permanecer en esta, aunque varíe de vez en cuando, es fundamental para mantener el ritmo y sacar el mayor provecho del plan devocional que usted escoja.

En resumen

El tiempo diario de buscar al Señor no debe ser jamás el añadido a una vida ajetreada de obra pastoral. En su lugar, es fundamental para todo lo que hacemos en el ministerio pastoral. Como nos recuerda Allen: "Es la primera responsabilidad del predicador, no un extra opcional".[22] Los pastores necesitan desarrollar un plan devocional que encaje en sus vidas y programas, y practicarlo a diario de forma sistemática. Se puede variar y mejorar conforme

22. Allen, *Preacher's Catechism,* 34.

se va llevando a cabo, pero la práctica constante con el propósito de tener comunión con Dios debe ser su búsqueda cotidiana.

Preguntas para la reflexión

1. ¿Por qué una vida devocional sistemática es fundamental para el pastor?
2. ¿Qué elementos componen la vida devocional?
3. ¿Por qué un enfoque centrado en la Palabra es esencial para la vida devocional?
4. ¿Qué ocurre cuando se medita en la Palabra?
5. ¿Qué objetivo debe mantener el pastor en mente en cada tiempo devocional diario?

PREGUNTA 8

¿Cómo pueden los pastores fortalecer su matrimonio?

La vida ajetreada puede crear tensiones en los matrimonios. Aunque no todos los pastores están casados, muchos sí. Estos últimos podrían reconocer con rapidez esa presión. La naturaleza de la obra pastoral tiende hacia el ajetreo. En medio de todo esto, si un pastor no refuerza de manera intencionada su matrimonio, es probable que vaya cayendo en un patrón de apatía marital. Esto no significa que se piense que ha dejado a un lado sus votos matrimoniales. Ama a su esposa y permanece comprometido por completo con ella. Sin embargo, las presiones del ministerio por todos los flancos podrían llevarle a suponer que su matrimonio florecerá sin una atención abnegada.

Cuando esto sucede, el ministerio de la iglesia se convierte en una amante no deseada que reclama un tiempo y una atención que necesita dedicarle a su esposa. Dado que la relación marital es la que mejor refleja la relación entre Jesucristo y su esposa, la Iglesia, el pastor no debe permitir que el ministerio ocupe el lugar destinado a su esposa (Ef. 5:22-33). El pastor debe aprender de Cristo y de la forma en que Él ama a su esposa y cuida de ella.

¿Qué pueden hacer los pastores para fortalecer sus matrimonios? Tres puntos focales ayudarán a reforzar el matrimonio.

Construya su relación sobre el evangelio

Debemos empezar con el evangelio. Las buenas nuevas de Jesús, quien se entregó en una muerte sustitutoria en la cruz, y su resurrección de los muertos nos instan a seguir creyendo y viviendo en las realidades del evangelio. Pablo explica que la paz justificadora que conseguimos por medio del Señor Jesucristo —el evangelio—, recibido por fe, sigue siendo "esta gracia en la cual estamos firmes" (Ro. 5:1-2). Se nos indica que sigamos caminando en la relación con Jesús de la manera que lo recibimos, algo que hicimos en el evangelio (Col. 2:6-7; tiempo presente, "andad"). El evangelio mantiene, informa y dirige nuestro caminar con Jesús. Andamos a diario en la revelación del evangelio y sus efectos siguen obrando en cada ámbito de nuestras vidas hasta el día de Cristo (Fil. 1:6; 2:12-13; Tit. 2:11-14).[1]

¡Es una buena noticia para el matrimonio! Dave Harvey observa, con razón, que "el evangelio es una fuente sin fin de la gracia de Dios en su matrimonio".[2] Cuando el pastor y su esposa conocen bien el evangelio, y a partir de ese conocimiento experiencial debaten y lo aplican a la rutina normal de la vida, aprenden a vivir en el evangelio. Al tratar con los tipos de problemas a los que el pastor y su esposa se enfrentan (p. ej., temores, angustias, interrupciones, desaliento y oposición), el evangelio produce consuelo, paz, poder, fuerza y una nueva perspectiva sobre cómo manejar estas cosas. El evangelio asegura gozo en medio de los bombardeos que desestabilizan el matrimonio.

Sin embargo, si el esposo y la esposa descuidan esta comunión constante en el evangelio y en cómo este sigue obrando en sus vidas, no se estimularán el uno al otro para descansar en la suficiencia de Cristo. Se apoyarán inevitablemente en cosas que no serán suficientes. Su fundamento marital estará en el esfuerzo propio, en las reacciones emocionales y en el consejo de amigos en lugar de apoyarse en la obra redentora de Cristo. No debemos defraudar nuestros matrimonios de esta forma. De manera práctica, ¿cómo funciona el fundamento del evangelio?

1. El fundamento del evangelio demuestra el deseo de vivir para la gloria de Dios[3]

Con este fundamento del evangelio, el pastor y su esposa ordenan sus prioridades en torno a la vida en Cristo. Esto afecta su manera de relacionarse el uno con el otro, las decisiones que toman, sus conversaciones, la formación de sus hijos y sus conexiones con la congregación.[4] Si aspiran a la gloria de

---

1. Nótese el patrón de Pablo en sus epístolas: trata las verdades del evangelio y, *a continuación*, pasa a aplicar ese evangelio a la totalidad de la vida (p. ej., Romanos, Efesios y Colosenses). La forma en que los cristianos llevan la vida cristiana está arraigada en el constante entendimiento, en la experiencia y en deleitarse en el evangelio. De otro modo caemos en un modo legalista de vivir, afianzados en la capacidad personal y en la espiritualidad percibida y no en lo que Jesús ha realizado.
2. Dave Harvey, *When Sinners Say "I Do": Discover the Power of the Gospel for Marriage* (Wapwallopen, PA: Shepherd, 2008).
3. Ibíd., 25-28.
4. Por ejemplo, en las relaciones corporativas, maritales y familiares de Efesios 5:15–6:9, descubrimos que fluyen de la manera como Pablo edifica todo sobre el evangelio (nótese la saturación de evangelio de los capítulos 1–3 que sienta las bases). Ustedes se aman, se cuidan y se perdonan los unos a los otros de manera corporativa a la luz del amor y del sacrificio sustitutorio de Cristo (4:32–5:2, que ya explicó en 1:3-8; 2:1-10). La obra santificadora y purificadora de Cristo en el evangelio entreteje su camino en las instrucciones para los maridos y las mujeres en el matrimonio (5:32-33). Los padres que se cuidan de no provocar a sus hijos a enojo se arraigarán en el perdón de Cristo (6:5 sigue aplicándose a cómo nos comportamos unos con otros —incluidos nuestros hijos— debido a la obra del evangelio de Cristo [p. ej., 4:32; 5:2]).

Dios en todas las cosas como quienes son transformados por el evangelio y vivir cada día en su luz, la insignificancia de reñir por pequeñas cosas queda a un lado. Tienen miras más altas que dedicar su tiempo a discutir, manipular o reclamar de forma egoísta los derechos personales. La gloria de Dios en Cristo, centrada en el evangelio, redirige los detalles de la vida.

2. El fundamento del evangelio centra la relación del matrimonio en la ilustración de Cristo y la Iglesia

Efesios 5:22-33 provee el modelo de cómo deben relacionarse los esposos y las esposas entre sí. Con demasiada frecuencia, esta centralidad del evangelio se ve esquivada en la precipitación por enfatizar la sumisión y el dominio. Pero la sumisión y el dominio no deben separarse del marco relacional desinteresado, amoroso, de entrega y de honra entre Cristo y la iglesia que se presenta en este pasaje. Cuando no se ve bajo esta luz, estas funciones ordenadas por Cristo se tergiversan y se distorsionan. Sin embargo, esta imagen del evangelio lleva al marido y a la mujer a la responsabilidad de resistirse al egoísmo, al orgullo o a los derechos percibidos. Aclara el papel que el Señor le ha encomendado a cada uno, incluyendo la forma en que estos roles funcionan en dependencia de Cristo. El marido ve, pues, su obligación de dirigir a su esposa a la luz de la obra redentora de Cristo en su vida. Como nueva criatura en Él, perdonado y amado por El, guía a su esposa con el tipo de amor desinteresado y sacrificial que Cristo le ha mostrado en el evangelio.

3. El fundamento del evangelio cambia la forma en que dos pecadores que viven juntos en matrimonio responden el uno al otro

Los efectos de la caída siguen exponiendo la pecaminosidad del marido y de la esposa (Gn. 3). Luchar a diario contra la tentación y el pecado no significa que las ofensas no surgen jamás. Lo hacen. Pero la centralidad del evangelio en la relación sigue adelante, practicando el perdón, como Cristo nos ha perdonado (Ef. 4:31-32). Permitir que el resentimiento gane terreno o que la amargura se infiltre en el corazón *no puede* durar mucho cuando el marido y la esposa siguen regresando al fundamento del evangelio cada día.

4. El fundamento del evangelio insta a servir y amar en el matrimonio

Jesús no vino al mundo a ser servido, sino a servir, y entregó su vida en rescate por muchos (Mt. 20:28). A lo largo de su ministerio, Jesús sirvió a sus discípulos (Jn. 13), a los pobres y los necesitados (Jn. 6:1-14), a los enfermos y los discapacitados (Jn. 9), a los que estaban de luto (Lc. 8:49-56) y los endemoniados (Lc. 8:26-39). Sigue sirviendo a la iglesia alimentándola y estimándola hasta presentarla en gloria inmaculada en su presencia (Ef. 5:25-29). Ese ejemplo, especialmente en el modelo del matrimonio de Efesios 5, convierte el servicio amoroso del uno hacia el otro en la norma para un matrimonio saludable. Cuando aconsejo a parejas, les indico que lo más importante que pueden hacer el uno por el otro es servirse como Cristo nos sirve: de un modo sacrificial, amoroso y generoso. Esta clase de servicio funciona en la vida cotidiana a la luz de que Jesús nos sirve. Su acto de servicio en el evangelio hace que servirnos el uno al otro sea natural cuando seguimos a Cristo. Los maridos deben guiar la manera de servir a sus esposas como Jesús lo hace con la iglesia (Ef. 5:25-29).

Maridos, sean intencionales en alimentar espiritual y emocionalmente a sus esposas

Los términos usados en Efesios 5:29 para cómo Cristo sustenta y cuida[5] a la iglesia proporcionan un enfoque intencional de un marido que alimenta a su esposa. Como expresiones de ternura y cariño, transmiten la idea de dar de comer, vestir y cuidarse el uno al otro. Aunque podríamos tomarlos de manera literal, parecen expresar mejor, de un modo figurado, el cuidado íntimo que el marido tiene por su esposa, como Jesús hace con la iglesia. En lugar de esperar a que la iglesia alcance un estado adecuado particular para nutrirla y cuidarla, Jesús ama tanto a la iglesia que nada lo detendrá de proveer aquello que la iglesia necesita para crecer en un mayor disfrute de relación con Él y para el potencial de ella como esposa suya. Jesús como *cabeza* "no aplasta a la iglesia", escribió John Stott. "En su lugar, se sacrificó para servirla con el fin de que ella pueda convertirse en todo aquello que Él desea que ella sea, a saber, ella misma en la plenitud de su gloria". Del mismo modo, el marido "se entregará a ella [su esposa], para que ella pueda desarrollar su potencial pleno bajo Dios y llegar a ser ella misma de un modo más completo".[6] El marido no usa, pues, aquí la excusa de que su esposa tenga defectos o que le impide alimentarla (esa actitud significa que él está pasando por alto sus propios fallos). Más bien, como Cristo persigue a su esposa en amor, el marido lo hace con su mujer. ¿Cómo funciona esto en la relación de cada día?

(1) *Preste atención a su esposa.* No vuelva a casa por la noche y tome el teléfono móvil o empiece a navegar por Internet ni comience un proyecto.

---

5. "Alimentar" (ἐκτέφω) conlleva la idea de proporcionar alimento para nutrir, actuando así para proveer las necesidades más básicas para sustentar la vida (BDAG, 311); "valorar" (θάλπω) significaba originalmente "calentar", que expresa de forma figurada mimar, consolar o cuidar de (BDAG, 442).
6. John R. W. Stott, *The Message of Ephesians,* BST (Downers Grove, IL: InterVarsity, 1979), 229. Publicado en español por Ediciones Certeza Unida con el título *El mensaje de Efesios.*

Deténgase y enfóquese en su esposa aun cuando los niños reclamen atención. Ellos necesitan ver que ella tiene la prioridad en las relaciones familiares.[7] Busque las oportunidades durante el día para hacerle una llamada, reunirse con ella para comer, o envíele un mensaje de texto. Déjela entrar en su día mientras escucha con interés la narración de cómo ha sido el de ella. Mantenga un buen contacto visual. Muestre calidez (el uso original de "cuidar" era "calentar"). Vea cómo puede servirla y cuidarla.

(2) *Observe a su esposa con detalle para servirla con amor.* Esto es lo que Pedro tenía en mente: "Vosotros, maridos, igualmente, vivid con ellas sabiamente, dando honor a la mujer como a vaso más frágil, y como a coherederas de la gracia de la vida, para que vuestras oraciones no tengan estorbo" (1 P. 3:7). Pedro no tenía el más mínimo pensamiento de superioridad masculina en su comentario, ya que aclaró que la esposa debe ser honrada como "coherede[ra] de la gracia de la vida". Su uso del comparativo "más frágil" significa "una debilidad física relativa a la fuerza de los hombres" como Karen Jobes indica, a la vez que infiere el cuidarse contra el mal uso de la autoridad en la estructura social de su época que negaba la igualdad de las mujeres.[8] En su lugar insiste en que los maridos entiendan que sus esposas son mujeres, con diferencias de ellos en la mayoría de los ámbitos de la vida.[9] Observe las diferencias y deléitese en estas, como hizo Adán cuando Dios le presentó a Eva (Gn. 2:23). El marido necesita ver las diferencias de la esposa como algo que lo complementa de todas las maneras. Vivir *de un modo comprensivo* implica tomarse el tiempo de entender las diferencias en la esposa en comparación con el marido, no con el propósito de cambiarla, sino para tratarla como su igual, disfrutar de la fe con ella y descubrir maneras de servirla mejor. Mantiene un ojo atento para ver cómo podría alentarla espiritual y emocionalmente.

Con frecuencia, los hombres tienden a ser torpes a la hora de prestar atención a los detalles respecto a sus esposas. La exhortación de Pedro corrige este defecto y apunta a la necesidad de buscar con regularidad la forma en que su mujer necesita cuidado, consuelo y aprecio. Podría ser tan sencillo como comentar lo hermosa que se ve o ver que su auto necesita combustible

---

7. Los niños son residentes temporales de nuestra casa. Debemos nutrir la relación marido-mujer, dando prioridad incluso cuando seguimos teniendo a los niños en casa, siendo modelos para ellos de lo que significa amarse y servirse el uno al otro como marido y mujer. Si, en su lugar, el hogar está centrado en los hijos, los niños se pierden este ejemplo para seguir en sus matrimonios.
8. Karen H. Jobes, *1 Peter*, BECNT (Grand Rapids: Baker Academic, 2005), 209.
9. Aunque esto debería ser obvio para el hombre, parece que Pedro insinúa la tendencia del varón a no percibir los pequeños detalles sobre su esposa. Incluso podría haber una pizca de humor o reprensión intencionada: "Marido, observa que tu esposa es una mujer, así que deja de tratarla como a un hombre".

y llenarle el tanque. No llama a los maridos a mover montañas, sino a conocer tan bien a sus esposas que entiendan exactamente lo que necesitan en cualquier momento del día. Y cuando, por alguna razón, no puedan dilucidarlo, pregunten para no perderse nada.

(3) *Establezca una rutina devocional con su esposa.* Aunque el pastor siga ocupado en alimentar al rebaño, tomarse el tiempo para leer la Palabra de Dios juntos o seguir un libro devocional y orar con su esposa reforzará la intención de ponerla a ella antes que su trabajo.[10] Sea creativo. Busque un modelo que funcione bien. Así, como "coherede[ra] de la gracia de la vida", se reúnen juntos con el Señor durante unos minutos, presentan sus cargas y sus preocupaciones mutuas en oración, confiando ambos en el Señor. Ese tiempo implica la comunicación del evangelio el uno con el otro.

Sigan esforzándose por comunicarse el uno con el otro

R. C. Sproul explica: "La comunicación es, por encima de todo, un medio de saber... El objetivo de la comunicación es el conocimiento, no el abstracto, lo teórico, el conocimiento impersonal, sino el conocimiento personal, el conocimiento de la intimidad".[11] Queremos información cuando nos comunicamos. Pero, en el matrimonio, la comunicación adopta un enfoque distinto. Construye una relación que crece en intimidad. Según la explicación de Sproul, la comunicación abarca la totalidad del proceso del romance en el matrimonio.

Dado que el orgullo, la arrogancia y la impaciencia se entrometen con regularidad en una comunicación sana, los maridos y las esposas deben aprender a hablar el uno con el otro con amabilidad y humildad. Cuando los cónyuges aprenden a hablar entre sí, prestando una atención sin reservas a lo que el otro está diciendo, y a escuchar con el propósito de entender lo que se está comunicando en lugar de decir una o dos palabras mientras se concentra en el teléfono móvil, llegan a conocerse de verdad el uno al otro. Viven juntos de una manera comprensiva. El cuidado, el respeto, la ternura y la atención mutua crean un marco para matrimonios saludables. Esta clase de intimidad

---

10. Este tiempo de devocional podría ser con toda la familia, utilizando las Escrituras, entonando himnos, leyendo un libro devocional, usando un catecismo o leyendo *El progreso del peregrino,* de Bunyan, etc. En tales casos sugeriría no solo aplicaciones dirigidas a los niños, sino también a los demás como una pareja casada. Si encuentra que el enfoque devocional en los hijos no está satisfaciendo su necesidad como matrimonio, resérvense un breve período devocional como pareja. Si le parece que el tiempo es demasiado ajustado, considere alternar los días de devocionales con toda la familia y sus devocionales como pareja.
11. R. C. Sproul, *The Intimate Marriage: A Practical Guide to Building a Great Marriage* (1975; Phillipsburg, NJ: P&R, 2003), 10.

en la comunicación es el preludio a una intimidad gozosa diseñada por Dios en el dormitorio (Gn. 2:24-25; He. 13:4). Una vida sexual sana no solo protege al matrimonio de la infidelidad (Pr. 5:15-23; 1 Co. 7:1-5;[12] 1 Ts. 4:3-8), sino que construye la relación tal como Dios pretendió que fuera por medio del regalo de la intimidad sexual. El disfrute regular de la misma refuerza y fortalece el pacto del matrimonio "caracterizado por la permanencia, la santidad, la intimidad, la mutualidad y la exclusividad".[13]

¿Cómo pueden mejorar la comunicación los maridos y las esposas? En primer lugar, hagan tiempo para estar a solas. Esto no significa que hablen cuando estén demasiado cansados y después se derrumben solos en la cama. Más bien salgan a cenar, a dar un paseo, hagan un pequeño viaje (hemos descubierto que es renovador pasar aunque sea una noche fuera), dar una vuelta en auto. Simplemente estén juntos. Hablen de lo que el Señor les ha estado enseñando a ambos. No es necesario que hablen sin parar para comunicarse. Mucho de esto no se consigue verbalmente sino por contacto visual, el tacto, tomarse de la mano y por las expresiones faciales.

En segundo lugar, hablen sobre la vida: sus sueños, luchas, conflictos, futuro, desafíos presentes y formas en las que podrían conocerse mejor y servirse el uno al otro. Hablen sobre lo que el Señor les ha enseñado estando juntos. Escuchen bien sin discutir, o lo más probable es que se corte la comunicación. Aun cuando estén en desacuerdo, háganlo como dos personas comprometidas la una con la otra en amor, afirmándose sobre el fundamento del evangelio. Expresen perdón ante una ofensa. Refuercen verbalmente su amor y su afecto el uno por el otro.

En tercer lugar, valoren su relación. Considérenla un regalo de Dios. Trátenla como un tesoro que se admira, del que se disfruta y en el que uno se deleita. Su forma de hablar, mirar, tocar y demostrar intimidad comunicará el modo en que atesora su matrimonio. Al mimar sistemáticamente su matrimonio a medida que transcurren los años, la relación se hace cada vez más fuerte y más agradable.

---

12. Sproul explica que 1 Corintios 7:1-5 ordena de forma expresa a los maridos y las mujeres que no practiquen la abstinencia del sexo dentro del matrimonio, excepto durante un breve tiempo de oración (*Intimate Marriage*, 120-23). Añade: "Así, en este texto tenemos la clara enseñanza de que el sexo es una obligación fundamental del matrimonio. No debe ser violada ni se debe hacer un mal uso de la misma si queremos que el matrimonio sea sano" (123). El uso que Sproul hace de *obligación* no da a entender exigencia ni coacción, sino más bien que el círculo de los matrimonios saludables conduce a la intimidad sexual; esta alimenta a un matrimonio saludable.
13. Andreas Köstenberger y David Jones, *God, Marriage, and Family: Rebuilding the Biblical Foundation*, 2ª ed. (Wheaton, IL: Crossway, 2010), 80.

En resumen

El matrimonio no tiene que ser complicado. Sin embargo, la disposición hacia el pecado que aportamos al matrimonio aumenta considerablemente las dificultades. Por tanto, debemos construir el matrimonio sobre el sólido fundamento del evangelio, honrando a Cristo en la forma en que se relacionan el marido y la esposa. Los maridos refuerzan su matrimonio mediante la alimentación intencional espiritual y emocional de su esposa prestándoles atención y viviendo con ellas siendo comprensivos. Las personas que tienen un matrimonio fuerte prestan atención al crecimiento en la comunicación, hablando, escuchando, conociendo y aumentando la intimidad. El tipo de matrimonio que refleja a Cristo y a la iglesia no se fortalece con la pasividad (Ef. 5:22-33), requiere una acción diaria.

Preguntas para la reflexión

1. ¿Cuáles son los mayores obstáculos a los que se enfrentan los pastores y sus esposas para un matrimonio saludable y satisfactorio?
2. ¿Por qué es fundamental el evangelio para el matrimonio?
3. ¿De qué formas documenta el evangelio las realidades del matrimonio y las hace funcionar?
4. ¿Qué es necesario para que el marido alimente a su esposa?
5. ¿Qué implica la comunicación marital?

PREGUNTA 9

¿Cómo pueden ocuparse los pastores de su familia?[1]

Somos afortunados de tener tantos libros buenos disponibles sobre el matrimonio y sobre la crianza de los hijos.[2] Sin embargo, con todo el sabio consejo debemos ser precavidos y no obstaculizarnos con un enfoque estereotipado de la vida familiar. Actuar así fuerza las personalidades únicas y las vidas diseñadas por Dios a seguir las ideas de otra persona respecto a cómo debería ser su hogar. No cabe duda de que encontramos muchas buenas ideas, conceptos, estrategias e ilustraciones que nos ayudan a moldear nuestra casa. Pero esos escritores no viven con su esposa ni con sus hijos. Desconocen la forma única en que Dios diseñó a su familia para *ilustrar* su creatividad y su gloria en el hogar. Aquí es donde Proverbios 24:3-4 (TLA) ofrece dirección, cuando consideramos los materiales que el Señor nos provee para fortalecer y edificar nuestros hogares para su gloria y para nuestro gozo:

> Construye tu casa
> con sabiduría y entendimiento,
> y llena sus cuartos de conocimiento
> que es el más bello tesoro.

Si está construyendo una casa, debe tener la clase de materiales adecuados para empezar. No encontraría un par de palés de arcilla de modelar y cajas de juguetes de construcción en el lugar de las obras. Se requiere materiales conducentes a edificar una casa para que se pueda vivir allí.

1. Algunos pastores no tienen familia, pero sus ministerios se cruzan e influyen en familias. Mi esperanza en este capítulo es que los principios considerados servirán a los pastores mientras sirven a sus congregaciones.
2. Véase la pregunta anterior para libros relacionados con el matrimonio. Para la crianza de los hijos, considere Tedd Tripp, *Cómo pastorear el corazón de tu hijo,* (Medellín: Poiema Publicaciones, 2016); Robbie Castleman, *Parenting in the Pew: Guiding Your Children into the Joy of Worship* (Downers Grove, IL: InterVarsity, 2013); Josh Mulvihill, *Preparing Your Children for Marriage: How to Teach God's Good Design for Marriage, Sex, Purity and Dating* (Phillipsburg, NJ: P&R, 2017); Paul David Tripp, *La crianza de los hijos: 14 principios del evangelio que pueden cambiar tu familia* (Graham, NC: Publicaciones Faro de Gracia, 2016); Julie Lowe, *Child Proof: Parenting by Faith, Not Formula* (Greensboro, NC: New Growth Press, 2018); Rachel Jankovic, *Loving the Little Years: Motherhood in the Trenches* (Moscow, ID: Canon, 2010).

Del mismo modo, Salomón señala los materiales que Dios provee para construir nuestros hogares. La sabiduría, el entendimiento y el conocimiento, como escribe el autor, son materiales fundamentales para la construcción que saborean y experimentan la gloria y el gozo de Dios. No los utiliza como conceptos abstractos. En su lugar, el Señor usó el mismo trío cuando creó el mundo: "Con *sabiduría* y *gran cuidado* [entendimiento] Dios afirmó cielo y tierra. Con su *conocimiento* hizo brotar lagos y ríos y dejó caer la lluvia (Pr. 3:19-20, TLA). El Creador hizo la creación con sabiduría, entendimiento y conocimiento. Así es como Dios construyó el universo. Modeló estos materiales para nosotros como portadores de la imagen al edificar nuestros hogares. Con el desafío único de dar forma a una familia en medio del ministerio pastoral, usar los materiales designados por Dios para construir nuestras casas nos proporciona estímulo aun cuando la presión del ministerio y la familia nos provocan luchas.

Busque la sabiduría

"Construye tu casa con sabiduría" (Pr. 24:3, TLA). En este uso, la sabiduría no tiene nada que ver con lo inteligente que uno pudiera ser, sino que señala cómo Dios se revela a sí mismo y sus caminos a través de la revelación de las Sagradas Escrituras. La sabiduría considera los caminos de Dios para los detalles de la vida. Ve la verdad para la existencia centrada de un modo especial en la autorrevelación de Dios en Cristo tal como se declara en el evangelio. Dios se revela en su Palabra para que los creyentes la estudien, la interpreten y la apliquen (2 Ti. 2:15; 3:16-17). Esto es especialmente útil para los padres que procuran fortalecer a sus familias. En lugar de que la frustración de intentar decidir qué principios e ideas de los libros más recientes establecerán a su familia en una buena trayectoria, empieza con la revelación de Dios en Cristo como algo fundamental.[3]

Pablo veía la sabiduría con claridad. Habló de la lucha que tenía por los creyentes en Colosas y Laodicea, "para que sean consolados sus corazones, unidos en amor, hasta alcanzar todas las riquezas de pleno *entendimiento* [esta es la aplicación para toda la vida], a fin de *conocer* el misterio de Dios el Padre [de manera que está mostrando continuación o progreso], y de Cristo, *en quien están escondidos todos los tesoros de la sabiduría y del conocimiento*"

3. ¡No estoy sugiriendo que no se utilicen libros sobre la familia! Hay disponibles muchos buenos recursos que nos ayudarán en el viaje de fortalecimiento de nuestras familias. Sin embargo, como muestra este pasaje, cada familia tiene sus personalidades y sus retos únicos y, por tanto, no deben limitarse a seguir un enfoque "estereotipado" para la vida familiar. Aprenda de las ideas, de los conceptos, de las ilustraciones y de las recomendaciones ofrecidas, pero fíltrelas a través de la sabiduría, el entendimiento y el conocimiento que Dios da para edificar cada hogar.

(Col. 2:1-3). Explica que la sabiduría adecuada para toda necesidad, incluida la familia, se encontrará en Jesucristo. En este sentido, el apóstol nos enseña que la *sabiduría es principalmente relacional y no informativa.*

Sin embargo, la entrada a la relación con Cristo inicia meramente una vida de descubrimiento de todos los tesoros de sabiduría y conocimiento escondidos en Él. Dick Lucas explica que confiar en Cristo como se revela en el evangelio "no es el final de la vida, sino su comienzo". Seguimos edificando sobre el fundamento de Cristo como Señor y Vida, y todo el "crecimiento y el progreso en la vida cristiana debe ser enteramente coherente con su principio".[4] *La sabiduría implica, pues, que la revelación de Dios en la Palabra apunta de forma suprema a Cristo y al evangelio como el fundamento de todo lo que se necesita para vivir con fidelidad delante del Señor.*

Aunque muchas cosas componen un hogar, y muchos de los detalles que ponemos en acción los aprendemos de las Escrituras, la revelación de Dios en Cristo sigue siendo lo más crucial. Si no partimos de la revelación de Cristo como fundamento de toda la sabiduría, recopilaremos al azar versículos y principios que pueden convertirse en un marco legalista para la vida familiar. La relación con Cristo a través del evangelio debe moldear y perfeccionar el carácter, la conversación, las actitudes, las acciones, el amor, el servicio, el perdón y la bondad conforme el padre y la madre dirigen a sus hijos. Conforme aplicamos el evangelio a la totalidad de la vida, somos el modelo para nuestros hijos del impacto y del poder del evangelio para toda la existencia. El evangelio afecta a todo lo que hay en nuestras casas. Por ello, la sabiduría edifica nuestro hogar. Estamos aprendiendo a construirla sobre Cristo y su evangelio.

Ejerza el entendimiento

"Construye tu casa con... entendimiento" (Pr. 24:3, TLA). *El entendimiento* tiene más que ver con la sabiduría que un simple momento de toma de consciencia. Podemos relegarlo simplemente a saber algunas cosas de mejor manera, pero la idea expresa saber algo mediante su aplicación. Cuando Salomón escribe: "Afirmó [el Señor] los cielos con inteligencia" (Pr. 3:19), no solo quiere decir que sabía cómo establecer los cielos, sino que los hizo. En este uso, "inteligencia" [entendimiento] alude a la acción y no a un sencillo concepto cognitivo.

Aquí es donde el "entendimiento" se vuelve particularmente útil. La sabiduría implica revelación, hacerle frente a la verdad en Cristo hasta que se

4. Dick Lucas, *The Message of Colossians and Philemon*, BST (Downers Grove, IL: IVP Academic, 2014), 87.

convierta en una realidad para usted. El entendimiento toma la verdad y empieza a ejercerla en los detalles de la vida. Por ejemplo, cuando usted acepta la forma en que Jesús vino a servir (Jn. 13), esa verdad funciona en nuestra forma de ser modelo de servicio para nuestra familia. Por tanto, al dar ejemplo, tenemos un marco para enseñar a nuestros hijos a servir, amoldándolo a sus circunstancias en particular. La sabiduría revela el servicio; el entendimiento lo aplica. Además del "servicio" de Cristo, se podría añadir la forma en que Jesús fue modelo de perdón, de interés en los demás, de valorar las relaciones, de generosidad, sacrificio, abnegación, humildad, etc. Los ámbitos de sabiduría en Cristo en los que podemos luchar, practicar, modelar e instruir a nuestros hijos son infinitos.

La aplicación de la revelación de Dios en las Escrituras varía de una familia a otra. La revelación es la misma. La verdad no difiere. La verdad es verdad (2 Ti. 3:16). Pero el modo de aplicar esa verdad en las decisiones, las conversaciones, el ser padres, las relaciones, la disciplina y un millar de cosas más diferirá de una familia a otra. ¿Habrá similitudes? Desde luego, pero el punto importante es ver que un enfoque estereotipado para edificar a una familia ignora las aplicaciones saludables de la verdad. Una lista inflexible de permisos y prohibiciones junto con unos versículos aleatorios tiene el efecto de quitar de en medio el *entendimiento*. No es necesario usar la mente si una lista de lo que se debe y lo que no se debe hacer controla las acciones de la familia. Sin embargo, es necesario reflexionar en la revelación de Dios en la Palabra y en cómo esta funciona en los detalles particulares de la propia familia.

1. Las personalidades

Cada persona de su hogar tiene una personalidad distinta. Puede haber similitudes, pero cada una difiere de la otra. Cada personalidad procesa las conversaciones, el lenguaje corporal y la corrección en diversas formas. Cada una considera la responsabilidad con actitudes y con una ética de trabajo diferente. Cada una reacciona a las exigencias, la presión y los desafíos con un abanico de emociones, con diversos niveles de angustia y con acción o inercia. Cada una tiene intereses, metas y niveles de disciplina personal que difieren. No se puede tratar de encajar la madurez en un modelo único para la vida en el hogar.

Una amalgama de personalidades, intereses, puntos de vista, niveles de madurez, comprensión de las Escrituras, etapas del desarrollo espiritual y de temperamentos distintos habita dentro de los muros de su casa. De modo que, ¿saca usted un mero plan en diez pasos para la familia de algún libro y obliga a cada miembro de la familia con rigidez a adaptarse a la idea del autor respecto a cómo debe ser *su familia*? Puede hacerlo, pero en el proceso pasará por alto asegurar su hogar con la clase de amor, gozo y actitudes saturadas de Cristo convenientes para los hogares dirigidos por cristianos. Sofocará parte de la creatividad y de las delicias que crecen cuando usted se toma el tiempo de aplicar cuidadosamente la verdad de las Sagradas Escrituras a cada personalidad. Una aplicación a medida no apabulla a las personas, sino que las conduce a la libertad en Cristo.

Esto es lo que sin duda Pablo tenía en mente cuando escribió: "padres, no provoquéis a ira a vuestros hijos" (Ef. 6:4). Un enfoque para la formación de los niños que ignora la personalidad de cada pequeño podría hacer más mal que bien. En lugar de provocar a enojo a los hijos ignorando su personalidad, sus heridas o sus temores, o por no escuchar del modo adecuado para comprender mejor lo que hace que el niño actúe como lo hace, debemos "cri[arlos] según la disciplina e instrucción del Señor" (Ef. 6:4, NVI). "Criar" es la misma palabra traducida "cuidar" en Efesios 5:29, un término de calidez que significa "alimentar" o con los niños "criar".[5] "Disciplina" conlleva, a la vez, las ideas de educación y corrección. En un verdadero sentido, expresa *discipulado*. Es lo que sucede a través de la aplicación de la sabiduría a los detalles de un niño: los padres hacen discípulos de sus hijos. "Instrucción" traduce un término que significa "poner en la mente".[6] De modo que los padres prestan atención a que el individuo reciba la "instrucción" y hace una aplicación a medida para que encaje en ese entendimiento, esa situación y esa necesidad en concreto. Ambas cosas deben hacerse con el propósito de cultivar un corazón hacia el Señor.[7]

2. La providencia

Al observar lo que sucede en los detalles de la providencia de Dios, que se desarrollan en las familias donde he pastoreado, pasma mi imaginación. Cada uno experimenta de forma exclusiva un amplio surtido de lo que Dios trae a sus vidas: circunstancias extrañas, dificultades, retos, penalidades, alegrías y oportunidades. No hay un hogar igual al otro. Así, la comprensión viva y constante de la revelación de Dios en las Escrituras aplicadas de manera específica a las circunstancias de los miembros de nuestra familia, con sus diversas personalidades y las experiencias de la vida descarta el enfoque estereotipado de la vida familiar.[8] En su lugar, la providencia da paso a rostros inclinados

---

5. BDAG, ἐκτρέφω, 311.
6. "Instrucción", νουθεσία, procede de νοῦρ (mente) y τίθημι (colocar o poner) (*NIDNTTE*, 3:423). Prefiero la idea de "poner en la mente", ya que esto es lo que estamos haciendo cuando instruimos a nuestros hijos. Debemos tener en cuenta cómo aprende cada uno y procurar poner en sus mentes las verdades que necesitan para vivir con un corazón inclinado al Señor.
7. John R. W. Stott, *The Message of Ephesians*, BST (Downers Grove, IL: InterVarsity, 1979), 249-50.
8. Esto podría implicar el que un niño haga equipo o no; la aceptación o la no aceptación en un club; la muerte repentina del padre de un amigo; un amigo que tiene un accidente y queda paralizado;

en oración sobre la Palabra. Esto viene después de la fidelidad a Cristo. En providencia, empezamos a ver cómo el Señor ha ordenado los detalles de la vida, para que crezcamos en gracia, aprendamos más de la dependencia de Dios, nos desarrollemos en las disciplinas espirituales y ejerzamos el fruto del Espíritu en las relaciones familiares.[9]

3. La aplicación

Por ejemplo, "entender" o aplicar la Palabra podría hacer que trataras o disciplinaras a un niño de una forma distinta a otro. La aplicación hace que seas consciente del punto en el que se encuentra cada niño respecto al Señor. A aquel que no cree lo nutres para que vea su pecado y la hermosura de Cristo revelada en el evangelio. Al que es creyente lo ayudas a apartarse del legalismo y a caminar en el Espíritu.

Con el uso del "entendimiento" o la aplicación en el hogar, debemos considerar la distinta personalidad, el temperamento, los intereses, la etapa de vida, las susceptibilidades y los retos de cada niño. ¿Cómo aplica usted la Palabra a cada uno? ¿Requerirá esto mayor esfuerzo que seguir un método "empaquetado" para la vida en el hogar? Sí, desde luego que sí, pero el efecto será mucho más rico y pleno a largo plazo.

Viva en el conocimiento

"Y llena sus cuartos de conocimiento que es el más bello tesoro" (Pr. 24:4, TLA). La sabiduría implica la revelación de la Palabra de Dios. El entendimiento entraña la aplicación adecuada de la revelación divina. El *conocimiento* significa que usted sigue creciendo en sabiduría y entendimiento del Señor y de sus caminos. Podríamos incluso definir el conocimiento como una *amplificación* de la verdad para toda la vida. En un sentido, es una combinación constante de sabiduría y entendimiento. Vemos esto en la declaración de Salomón sobre la creatividad del Señor: "Con su conocimiento hizo brotar lagos y ríos y dejó caer la lluvia (Pr. 3:20, TLA). Aquí, Salomón no usa el conocimiento como la comprensión estática de la información, sino como la verdad que sigue actuando para cumplir los propósitos hallados en la sabiduría. En otras palabras, está enfatizando que, al usar *conocimiento,* debemos aplicar de forma activa la verdad particular necesaria con el niño en particular y sus

---

un malentendido con los compañeros de clase; crítica o ataques verbales; luchas con un nuevo maestro; el reto de mudarse a una nueva ciudad, etc. En cada caso, ¿cómo habla la Palabra de Dios en estas providencias? ¿Cómo enseña, forma, ora y camina usted con su hijo a través de ellas? Aquí es donde la sabiduría y el entendimiento actúan en la vida familiar.

9. Cuando los instruimos mediante la sabiduría en Cristo, también tenemos el gozo de mostrarles a nuestros hijos cómo es la teología práctica para toda la vida.

necesidades particulares. Debemos pensar en el resultado de la formación, la instrucción y la disciplina en lugar de limitarse a operar en piloto automático como padre.

El modo en que Pablo usa el conocimiento en su oración por los cristianos colosenses nos proporciona mayor instrucción: "Por esto nosotros, desde el día que lo supimos, no hemos dejado de orar por ustedes y de pedir a Dios *que los haga conocer plenamente su voluntad y les dé toda clase de sabiduría y entendimiento espiritual*" (Col. 1:9, DHH). Pablo relaciona el conocimiento con la sabiduría y el entendimiento como hizo Salomón: es el crecimiento en la voluntad de Dios y la comprensión de esta hallados en la sabiduría (o la revelación de la Palabra de Dios) con una visión hacia su aplicación. "Su voluntad" apunta a conocer la verdad revelada por Dios en la Palabra y no a si es la voluntad divina asistir a una escuela en particular, comprar una nueva casa o aceptar una oferta de empleo. Conforme caminamos en "su voluntad" revelada en las Sagradas Escrituras, encontramos otras decisiones que van encajando. Andar con el Señor nos proporciona dirección y claridad respecto a cómo instruir y dirigir mejor a nuestros hijos.

Pablo explica que *conocer* plenamente la voluntad de Dios en toda *sabiduría* y *entendimiento* espiritual afecta (1) el caminar de un modo que agrada al Señor, (2) llevar fruto de buenas obras, (3) crecer en el conocimiento de Dios, (4) hallar fuerza por medio del poder de Dios, (5) crecer en paciencia y longanimidad, y (6) vivir en gozoso agradecimiento a Dios (Col. 1:9-12). Conforme edificamos a nuestras familias con sabiduría, entendimiento y conocimiento en los caminos de Dios, se produce un cambio en nuestra forma de pensar, actuar, hablar, relacionarnos con los demás, ver el mundo y hallar gozo.

Ahora, pensemos en nuestros hogares. Si nuestra meta consiste en tallar cierto tipo de familia para seguir con rigidez la idea de otra persona del perfecto hogar, entonces Proverbios 24:3-4 y las percepciones de Colosenses tienen poco que ofrecer. Pero si nuestro objetivo, *por la gracia de Dios,* es ver el tipo de fruto que solo Dios puede producir, entonces necesitamos seguir el patrón que Él nos ha puesto delante. ¿Significa esto que, si usted tiene hijos, todos se convertirán en cristianos? No lo sabemos. Es una obra soberana de Dios. Pero sí quiere decir que, por la sabiduría divina en el evangelio, por el entendimiento de su resultado y la amplificación por medio del conocimiento de la verdad del evangelio, usted ha establecido un fundamento sólido para sus vidas. Ha anclado su vida, su hogar y su matrimonio en la revelación de Dios en Cristo. Y, además, en el proceso habrá gozos sorprendentes al ver a Dios obrar a través de la aplicación de su Palabra.

En resumen

Ser padres no es una ciencia exacta. Los padres cristianos aprenden a caminar en sabiduría, entendimiento y conocimiento mientras enseñan, instruyen, corrigen y dirigen a sus hijos. Este enfoque tiene en cuenta las personalidades y las distinciones emocionales de cada niño en lugar de intentar ser padres con un modelo único. Los padres empiezan viviendo en la sabiduría hallada en Jesucristo, ejerciendo entendimiento en la aplicación de la sabiduría y, a continuación, aumentando la sabiduría y el entendimiento al continuar en el conocimiento centrado en Cristo. Este patrón establece un fundamento en el evangelio sobre el cual edificamos nuestros hogares.

Preguntas para la reflexión

1. ¿Cómo usa Salomón la sabiduría, el entendimiento y el conocimiento en referencia al Señor Dios en la creación para instruirnos en la aplicación de este trío en el hogar (Pr. 3:19-20; 24:3-4, TLA)?
2. En última instancia, ¿cuál es la sabiduría sobre la cual edificamos nuestro hogar?
3. ¿Qué es lo que se debe considerar con cada niño al aplicar la sabiduría?
4. ¿Cómo aleja Proverbios 24:3-4 a los padres de usar un modelo único para todos en la crianza de los hijos?
5. ¿Cómo se relaciona el conocimiento con la sabiduría y el entendimiento en la forma de aplicarlos en el hogar?

PREGUNTA **10**

¿Necesitan los pastores ser pastoreados?

Las Epístolas Pastorales son el modelo de cómo *pastorear* a los pastores. Pablo hizo esta labor con Timoteo y Tito. Los envió como representantes de su ministerio pastoral a las iglesias de Éfeso y otros lugares de la isla de Creta, respectivamente.[1] Se enfrentaron a los mismos tipos de cuestiones que afronta cada pastor: las luchas personales, la oposición, la enseñanza distorsionada, los grupos de poder, las incoherencias entre los miembros, un liderazgo inadecuado, preguntas sobre el ministerio, la inmadurez cuando debería haber madurez, y la tentación de retirarse o abandonar. Mientras trataba los problemas con las iglesias de Éfeso y Creta, Pablo pastoreó a Timoteo y Tito para que continuaran fieles en el ministerio. ¿Cómo lo hizo?

En las Epístolas Pastorales se ocupó de los asuntos particulares que surgieron a la vez que procuró llevar a sus congregaciones a una mayor fidelidad como iglesias cristianas. En 1 Timoteo, el apóstol usa un "tono argumentativo" para dirigirse a los maestros heterodoxos que amenazan la estabilidad de la iglesia. En 2 Timoteo, la última carta de Pablo, insta a Timoteo a la fidelidad frente a la oposición, dependiendo de las promesas inherentes en el evangelio. A Tito, Pablo "lo llama a alimentar un claro sentido de identidad y comunidad cristianas", por medio de la transformación ética que marca a los verdaderos seguidores de Cristo.[2] Sin embargo, entretejido entre las cartas se encuentra el recordatorio paulino a estos hombres respecto a las cuestiones esenciales y fundamentales en su caminar cristiano y su ministerio público.

---

1. John Stott sugiere que la función de Timoteo era la de "un amable 'obispo' en estado embrionario" (*The Message of 2 Timothy,* BST [Downers Grove, IL: InterVarsity, 1973], 19). Pero "delegado apostólico" es un título mejor, ya que Pablo no conocía nada en la iglesia de la especie de jerarquía transmitida por el uso presente de *obispo.* Derek Tidball usa el término "delegados" para Timoteo y Tito (*Ministry by the Book: New Testament Patterns for Pastoral Leadership* [Downers Grove, IL: IVP Academic, 2008], 149-51); Andreas Köstenberger los llama "delegados apostólicos temporalmente asignados a la ubicación presente con el fin de que se ocupen de problemas particulares surgidos en sus respectivas iglesias y que requieren una atención especial" (*Commentary on 1-2 Timothy and Titus,* BTCP [Nashville: Holman Reference, 2017], 9).
2. George M. Wieland, "The Function of Salvation in the Letters to Timothy and Titus", en *Entrusted with the Gospel: Paul's Theology in the Pastoral Epistles,* eds. Andreas Köstenberger y Terry Wilder (Nashville: B&H Academic, 2010), 171-72.

Los recordatorios pastorales

Al reflexionar en las Epístolas Pastorales destacan al menos cinco recordatorios en la forma en que Pablo alentó a Timoteo y Tito en su caminar y sus ministerios. Estos recordatorios sirven de contenido correcto de cómo pueden los pastores pastorear a los ancianos. Pablo trae a la memoria aquello que más importa cuando nos servimos unos a otros en el ministerio pastoral.

1. Recordarse, los unos a los otros, el evangelio: su poder, su eficacia y sus promesas

George Wieland apunta que las Epístolas Pastorales contienen al menos trece pasajes salvíficos distintos.[3] De manera relevante para nuestros propósitos, Pablo entreteje muchas de sus exhortaciones a los jóvenes con raíces en el evangelio. Para alentar a Timoteo a la constancia, el apóstol habla de la fidelidad del Señor para con él a pesar de su vida anterior como perseguidor de la iglesia (1 Ti. 1:12-17). Después de pormenorizar las responsabilidades del liderazgo de la iglesia, inicia una confesión cristológica y le recuerda a Timoteo sobre la base de la obra fiel de Cristo cómo debe conducirse en la familia de Dios (1 Ti. 3:14-16). Para estimularlo a actuar con valentía, el apóstol afirma su consejo en la certeza de la seguridad del evangelio (2 Ti. 1:8-12). Antes de recordarle a Tito la razón por la que le ha dejado en Creta, evoca la esperanza de la vida eterna hallada en el evangelio que proclama (Tit. 1:1-3). Para ayudar a Tito a hablar y corregir a los cristianos cretenses con autoridad, el apóstol basa la exhortación en una de las declaraciones más magníficas del evangelio de todas las Escrituras (Tit. 2:11-14). Los pastores necesitan recordatorios del evangelio tanto como Timoteo y Tito. Porque solo cuando seguimos creyendo y viviendo en el evangelio, caminaremos en fidelidad.

2. Recordarse, los unos a los otros, llevar vidas santas y luchar con regularidad contra el pecado

Pablo no daba nada por sentado con estos dos jóvenes de los que había sido fiel mentor.[4] Derek Tidball explica que, incluso con las detalladas instrucciones para sus responsabilidades en la iglesia, "parece existir una preocupación igual, por no decir mayor, respecto a sus caracteres y cómo deben actuar… Le preocupaba cómo llevarían a cabo la tarea, pero le inquietaba más aún la clase de persona que eran".[5] El apóstol no permitió excusas

3. Ibíd., 155-62. Los pasajes son los siguientes: 1 Timoteo 1:1; 1:15-16; 2:1-7; 2:15; 4:10; 4:16; 2 Timoteo 1:8-10; 2:8-10; 3:14-15; 4:16-18; Tito 1:1-14; 2:11-14; 3:4-7.
4. Ver Phil A. Newton, *La iglesia mentora: Cómo los pastores y las congregaciones cultivan líderes* (Grand Rapids: Portavoz, 2021), 57-61, 68-70.
5. Tidball, *Ministry by the Book*, 149.

de juventud a Timoteo, sino que insistió: "sé ejemplo de los creyentes en palabra, conducta, amor, espíritu, fe y pureza" (1 Ti. 4:12). Timoteo debía mantener "la fe y buena conciencia" (1 Ti. 1:19), prestar especial atención a sí mismo y a su enseñanza, perseverar en la fidelidad a Cristo (1 Ti. 4:16), no enredarse en los asuntos mundanos (2 Ti. 2:2), y "hu[ir] también de las pasiones juveniles, y [seguir] la justicia, la fe, el amor y la paz, con los que de corazón limpio invocan al Señor" (2 Ti. 2:22). Rendir cuentas los unos a los otros como pastores/ancianos para vivir una vida santa agudiza nuestra lucha contra el pecado.

3. Recordarse, los unos a los otros, la necesidad constante de perseverar en la fe

Aunque le indica a Timoteo que huya de los lazos de la tentación por la riqueza, le exhorta: "Pelea la buena batalla de la fe, echa mano de la vida eterna, a la cual asimismo fuiste llamado, habiendo hecho la buena profesión delante de muchos testigos" (1 Ti. 6:11-12). La perseverancia asegura la genuinidad de nuestra fe en el Señor Jesucristo. La certeza de la salvación no engendra nunca la pasividad, sino que impulsa al cristiano —incluidos los pastores— a resistir. John Stott explica que aferrarse a la vida eterna significaba que "aunque Timoteo ya había recibido la vida eterna, Pablo le instaba a asirla, agarrarla, aferrarse a ella, hacerla suya por completo, disfrutar de ella y vivirla de un modo pleno".[6] Los pastores deben alentarse unos a otros a la perseverancia en la fe, porque en la constancia experimentamos mayor deleite en lo que Cristo ha realizado a nuestro favor en su muerte y su resurrección.

4. Recordarse, los unos a los otros, ser hombres de la Palabra, estudiantes de las Sagradas Escrituras

Aunque cabría pensar que los pastores no necesitan recordatorios, si Pablo tuvo que mencionarle de nuevo a Timoteo que fuera diligente en perfeccionar su estudio y entendimiento de la Palabra de Dios, entonces nosotros también necesitamos el mismo recordatorio: "Procura con diligencia presentarte a Dios aprobado, como obrero que no tiene de qué avergonzarse, que usa bien la palabra de verdad" (2 Ti. 2:15). Presidente de seminario y anterior pastor, Ligon Duncan comenta: "Aquí tenemos la directriz apostólica para un joven ministro de estudiar con el esfuerzo de un jornalero incansable. El verdadero ministro es un obrero (¡a Pablo le encanta esta metáfora!). Trabaja duro en su tarea. El verdadero ministro debe esforzarse en el estudio para conocer y

6. John Stott, *Guard the Truth: The Message of 1 Timothy and Titus* (Downers Grove, IL: InterVarsity, 1996), 157.

predicar la verdad del modo correcto".[7] Exponer con regularidad las verdades que aprendemos del estudio de la Palabra de Dios impulsa a otros pastores a escarbar más profundamente y estudiar con más fervor.

5. Recordarse, los unos a los otros, apartarse de las discusiones especulativas y engañosas que no aprovechan para nada

¡Con cuánta facilidad quedan atrapados los pastores en argumentos inútiles (a veces) suscitados por personas con buena intención! Debemos ayudar a protegernos los unos a los otros de caer presa de malgastar tiempo y esfuerzo pastorales en mera especulación. Pablo reiteró esto en varios pasajes (1 Ti. 4:6-7; 6:20-21; 2 Ti. 2:14-19, 22-26; Tit. 2:1-15; 3:9). Tratar el error es una cosa: debemos actuar así (Tit. 1:10-11). Pero la conversación improductiva, especulativa, sobre cuestiones periféricas de la escatología, los dones espirituales, la numerología, etc. ha de quedar a un lado.

Los pastores necesitan ser pastoreados

Los recordatorios de Pablo a Timoteo y Tito ayudan a enmarcar el tipo de contenido que necesita formar parte del "pastorado" de los pastores a los ancianos. El evangelio, una vida santa, la perseverancia en la fe, estudiar las Escrituras y evitar los argumentos especulativos componen una amplitud de material para el debate y el pulido, los unos de los otros. Aunque los ancianos están muy ocupados en el compromiso de apacentar el rebaño que se ha encomendado a su cuidado, deben vigilarse unos a otros.

Sin duda, Pablo tenía esto en mente cuando advirtió a los ancianos efesios: "Mirad *por vosotros*, y por todo el rebaño" (Hch. 20:28). "Vosotros" insinúa a los ancianos. Cuiden de ellos como también lo hacen de los miembros del rebaño. O, desde un ángulo distinto, tal como jamás pensarían dejar de hacerlo por el cuerpo, tampoco respecto a sus colegas ancianos.

Sin embargo, podemos fácilmente dar por sentadas cosas los unos de los otros. Tenemos las expectativas respecto a nuestros colegas ancianos de que todos nos comportaremos como es debido. Tal vez sea así en ocasiones. Pero ¿qué hay de las veces en que no se produce esto? Si los pastores del rebaño no cuidan los unos de los otros, ¿quién lo hará? A continuación, algunas sugerencias que impulsan el que los pastores se pastoreen entre sí:

1. Oren a diario los unos por los otros

Así como oran cada día por sus propias necesidades espirituales y por

7. Ligon Duncan, "Keep Studying", en *Dear Timothy: Letters on Pastoral Ministry*, ed. Thomas Ascol (Cape Coral, FL: Founders, 2004), 197-98.

las de su familia, rueguen por sus colegas ancianos. Aquellos que presentan con regularidad delante del trono, están cerca de su corazón. Este acto de oración diaria trae a la mente las necesidades de sus compañeros ancianos. Ustedes están orando por lo que han observado respecto a ellos y las cosas que han sabido por sus conversaciones con ellos. Han estado compartiendo juntos la vida, de manera que, de una forma más que natural, comparten sus necesidades con el Padre.

Presten atención a sus colegas ancianos. Comuníquense con ellos respecto a sus familias, su trabajo y el pastorado en el cuerpo. Disciernan cuándo los asalta el adversario. Observen sus puntos fuertes y sus debilidades. Sirven codo con codo con ustedes, así que preséntenlos delante del Señor. Supliquen por sus disciplinas personales, sus matrimonios, sus hijos y su ministerio.

2. Sean amigos, no socios comerciales

Podemos caer en la trampa de tratar a los colegas ancianos o a los miembros del personal de la iglesia como meros compañeros integrantes del consejo. Por esta razón prefiero no utilizar el término "consejo de ancianos". No componemos una junta. Somos un cuerpo que sirve junto a la congregación en el nombre de Cristo. Los miembros de la junta pueden ser un tanto distintos entre sí, siempre que el consejo funcione. Pueden discutir, deliberar, tomar decisiones y creer que sus responsabilidades acaban cuando se cierra la sesión. Pero ¿no es hipócrita limitarnos a seguir las formalidades de actuar como una junta cuando no cuidamos de verdad los unos por los otros y nos servimos unos a otros? Sin embargo, como miembros de un cuerpo aprendemos a amarnos y cuidarnos unos a otros, llorar y reír juntos, saber los unos de las luchas de los otros, y llevar los unos las cargas de los otros.

Como colegas ancianos hemos compartido con gozo los nacimientos de hijos y nietos. Hemos llorado por las muertes de padres y hermanos. Nos hemos esforzado en oración por las luchas con nuestros hijos y nietos. Hemos experimentado dolores, emergencias y celebraciones. Los amigos se preocupan lo suficiente por conocerse y servirse unos a otros.

3. Hablen los unos a la vida de los otros

Cuando como colegas ancianos somos amigos y no solo miembros del personal o del consejo, tenemos derecho de hablar los unos a la vida de los otros. El estímulo de Pablo en el crecimiento, el desarrollo del cuerpo y la claridad doctrinal hacía necesario pronunciar la verdad en amor (Ef. 4:14-16); los ancianos no quedaban excluidos. Sus recordatorios a Timoteo y Tito proporcionan gran contenido en el que pensar cuando hablamos los unos a la vida de los otros. Si los ancianos no se hablan la verdad en amor unos a otros, es probable que actúen rara vez así con el rebaño.

Sin embargo, hablar unos a la vida de otros apela a una postura dual. El que habla debe acercarse a su hermano con humildad, amor y buena disposición a escuchar y caminar junto al otro. Aquel al que se acerca debe compartir esa misma humildad al escuchar, amor al aceptar la corrección, y buen grado al someterse a la palabra de amonestación del hermano. Tanto el que habla como el que escucha deben estar dispuestos a mantener un corazón enseñable. Los ancianos que creen no necesitar nunca la corrección y la amonestación no deberían ser ancianos. Hasta que comparezcamos ante Cristo sin mancha ni arruga, es necesario que otros hablen a nuestra vida, en especial a aquellos colegas ancianos que oran por nosotros, nos aman y nos tienen en el corazón.

4. Presten atención a las oportunidades pastorales con los ancianos

Uno de nuestros ancianos y su esposa se enfrentaron al tremendo dolor de ver morir a su hijo con ni siquiera una hora de vida. Jamás olvidaré la escena de mis colegas ancianos y sus esposas reunidos llorando, orando y amando a este hermano y su mujer junto a la cabecera de la cama. No debemos suponer que nunca necesitaremos atención pastoral.

El cuidado pastoral puede presentarse de muchas formas. Puede ser durante una enfermedad familiar o la muerte; la partida de un hijo que va a la universidad o al servicio militar; el nacimiento de un hijo o nieto; cambios adversos en la vida, el trabajo o la familia. En ocasiones, la sensibilidad a los conflictos espirituales que rugen es lo que llama a los colegas pastores a unirse a sus hermanos.

No den por sentado que otro anciano servirá al hermano en su momento de necesidad. Aprovechen la oportunidad de pastorear a sus colegas pastores. Llegará la hora en que ustedes serán quienes se encuentren en el lado receptor de semejante ministerio, de modo que ministren con fidelidad a sus hermanos en momentos de necesidad. Estoy escribiendo este capítulo durante un tiempo cuando he estado físicamente apartado y aislado debido a cuatro meses de tratamiento de quimioterapia. El cuidado de mis colegas ancianos ha levantado una y otra vez mi ánimo.

5. Vivan juntos en el cuerpo

Al aludir a una vida juntos en el cuerpo, estoy pensando en la clase de cosas que hacemos como miembros de las congregaciones, pero en este caso se intensifica aún más con los colegas pastores. Leemos libros y hablamos de ellos. Compartimos historias de cómo Dios ha obrado en alguna oportunidad o necesidad. Debatimos sobre los sermones y los estudios bíblicos que estamos preparando para enseñar. Nos sinceramos respecto a nuestras debilidades. Hablamos de las luchas con el pecado. Visitamos a los miembros necesitados de la iglesia. Participamos en viajes misioneros. Trabajamos codo con codo en diversos proyectos de la iglesia o días laborables. Compartimos comidas. Asistimos a eventos. Oramos. Reímos. Hacemos vida juntos.

Sí, los pastores necesitan ser pastoreados por sus colegas ancianos. Sin duda podemos desarrollar estructuras formales para ello (p. ej. momentos de rendir cuentas, estudios bíblicos, revisiones de colegas, etc.). Pero estoy defendiendo algo más holístico: vida sobre vida en el crisol del ministerio. Conocerse bien el uno al otro. Servirse en lo pastoral unos a otros con fidelidad.

En resumen

Aprender de las exhortaciones de Pablo a Timoteo y Tito ofrece algunos ámbitos tangibles donde los pastores necesitan seguir pastoreándose unos a otros: evangelio, santidad, perseverancia, estudio y enfoque. En la práctica, cuando oramos unos por otros, construimos amistad, hablamos los unos a la vida de los otros, prestamos atención a las oportunidades pastorales y vivimos la vida juntos, proporcionamos y recibimos a la vez cuidado pastoral los unos de los otros como colegas pastores.

Preguntas para la reflexión

1. ¿A qué problemas se enfrentaron Timoteo y Tito que sean similares a los de usted como pastor?
2. ¿Por qué dedicó Pablo tanto tiempo a recordarles el evangelio a Timoteo y Tito?
3. ¿Cuáles son las categorías que Pablo tenía en mente cuando procuró pastorear a Timoteo y Tito?
4. ¿Se le ocurren otras categorías que podrían estar presentes en las Epístolas Pastorales que servirían para ayudar a los pastores a pastorearse unos a otros?
5. ¿De qué formas prácticas podrían servir y pastorear los pastores con regularidad a sus colegas ancianos?

PREGUNTA **11**

¿Cómo pueden los pastores lidiar con el desaliento en el ministerio pastoral?

Como estudiante universitario, serví en el equipo de la iglesia con un pastor que parecía desalentado cada lunes. No veía la respuesta esperada a su predicación; lo que a él le parecía un gran sermón caía en oídos sordos; algún miembro veterano se quejaba de algo sucedido en el culto; algún diácono hablaba mal de él; las finanzas no cubrían el presupuesto. Por consiguiente, nada más empezar la semana su motivación se hundía. Se quejaba, se sentía desanimado y parecía aletargado en lugar de perseguir de forma activa el gozo que lo liberaría del desaliento.

Desde ese momento han transcurrido más de cuarenta años durante los cuales he servido como pastor. Puedo testificar que los desánimos apuntan al blanco pastoral con regularidad. Si el pastor no tiene un escudo para desviarlos, sucumbirá a la ingratitud, al orgullo, a la queja y al letargo que estos suelen provocar con frecuencia. Esta es mi observación: tratamos mejor los desalientos concentrándonos más en el verdadero gozo.

¿Qué mérito tiene un pastor abatido?

En una de sus exposiciones sobre la epístola a los Filipenses, el pastor londinense del siglo XX, Martyn Lloyd-Jones formuló la pregunta: "¿Qué mérito tiene para Dios un cristiano abatido?".[1] O, tomando prestadas las palabras de Lloyd-Jones: "¿Qué mérito tiene para Dios un pastor abatido?". Un poco de experiencia en el ministerio pastoral expone niveles de tristeza *y* gozo. Los pastores, por medio de cuyo pastorado y proclamación representan a Aquel que nos proporciona "plenitud de gozo" cuando lo conocemos, en ocasiones proyectan lo contrario (Sal. 16:11; Jn. 15:11). Sus luchas con la congregación podrían filtrarse a través de los sermones, de las conversaciones de pasillos y de las visitas pastorales. Sus sentimientos de inquietud por si sus ministerios han alcanzado el "éxito" tienden a hacer que vayan dando bandazos en distintas direcciones para hallar el esquivo "punto dulce" del ministerio. Pueden

1. Martyn Lloyd-Jones, *The Life of Peace: An Exposition of Philippians*, 2 vols. (Grand Rapids: Baker, 1999), 14.

volverse calculadores en las actividades de su ministerio en un intento por hallar gozo, aunque rara vez lo experimentan porque procuran hallarlo en los lugares equivocados. El desaliento se instala.

El gozo debe ser prioritario en el ministerio pastoral. Esto no significa que las cuestiones desafiantes en el ministerio no combatirán contra el gozo. Esas batallas se producen en la práctica normal de servir a una congregación. Sin embargo, es justo en este punto donde los pastores deben aprender dónde hallar el gozo profundo, satisfactorio y contagioso. Si los pastores no caminan en gozo, no serán capaces de orientar a su rebaño a vivir con gozo.

La senda de Jesús al verdadero gozo

Resulta útil rastrear a lo largo del Evangelio de Lucas para ver cómo la vida intensa del seguimiento a Jesús y morir a uno mismo no contradice el vivir en un gozo indescriptible. Jesús nos dijo que, si le deseábamos seguir, debíamos negarnos a nosotros mismos, tomar nuestra cruz cada día y seguirle (Lc. 9:23). Al actuar así, seremos llevados a niveles de gozo que el mundo no puede entender.

Mientras pronunciaba esta declaración decisiva sobre el discipulado, Jesús inició su camino a Jerusalén. Les habló a los discípulos sobre su inminente sufrimiento, su muerte y su resurrección (Lc. 9:22, 44). Sabiendo lo que le esperaba, Jesús puso rumbo a Jerusalén, una ciudad que había matado a los profetas de la antigüedad y se había rebelado contra Dios bajo una fina apariencia de práctica fiel de la religión (Lc. 9:51). A lo largo del camino contrarrestó suaves declaraciones asociadas a limitaciones, excusas y prioridades egoístas con la enérgica frase: "Ninguno que poniendo su mano en el arado mira hacia atrás, es apto para el reino de Dios" (Lc. 9:62). Jesús solo quería discípulos que recorrieran el camino de la cruz. Y, sin embargo, esta senda es la que conduce al verdadero gozo.

Sorprendentemente, obtenemos un indicio del espíritu entre sus seguidores cuando Jesús envió a los setenta (Lc. 10:1-20). Los mandó "como corderos en medio de lobos", sin provisiones y con la certeza de que unos los escucharían y otros los rechazarían (Lc. 10:3-12). ¿Regresaron con el ánimo apagado, desalentados y abatidos? En su lugar, "volvieron los setenta con gozo" (Lc. 10:17).

Lucas continúa con el tema del gozo cuando narra la historia de cómo recibe Jesús a los setenta discípulos tras su misión a las ciudades galileas. Al hacerlo, nos ayuda a *escuchar* su tono y el de sus seguidores, y descubre el gozo inconmensurable de pertenecerle. *Jesús quiere que sus seguidores vivan en el gozo de pertenecer a algo.* Esto es particularmente cierto respecto a sus subpastores, a quienes llama para que conduzcan a su pueblo a mayor gozo. Pero ¿cómo vivimos en esa clase de gozo?

Gozo en lugares insólitos

En Lucas 10:17-24, la escena que describe el regreso de los setenta, se usan seis veces cuatro términos que expresan *gozo, regocijo* o *felicidad* (v. 17, *jará*; v. 20, *jaíros*; v. 21, *agaliáo*; v. 23, *makários*). Con toda claridad, él insiste en esa idea en este contexto. Jesús se dirige a Jerusalén, la cruz, la resurrección y la ascensión, y "por el gozo puesto delante de él sufrió la cruz" (He. 12:2). Llamó a sus seguidores a gozarse y lo ejemplificó incluso teniendo cerca los días de su pasión. Pero para Él, el gozo no equivalía a un aturdimiento ni a la ausencia de problemas, sino más bien al entusiasmo y a la exuberancia que brota de nuestros corazones cuando sabemos que le pertenecemos a Dios por medio de Cristo. Es la consciencia de la relación y esperanza para la eternidad. Las circunstancias externas no pueden disuadirlo ni controlarlo, ni siquiera el liderazgo molesto, los planes fallidos o las ovejas gruñonas. Como lo expresa Lloyd-Jones, este gozo "es el producto, casi el subproducto, de mi concentración en mi relación con Dios en Jesucristo".[2] Jesús dirige a los discípulos a este tipo de gozo cuando regresan de su misión.

Necesitamos visualizar la imagen. Les dijo a los setenta, cuando se dirigían a sus ministerios, que esperaran "desalientos (10:2), peligros (10:3) y déficits (10:4)", como observa James Edwards (citando a Lucas). "El escenario parece haberse establecido, en otras palabras, para que los discípulos mal preparados y equipados regresaran cojeando y derrotados".[3] ¡Era la fórmula perfecta para el desaliento! Pero sucedió justo lo contrario: "Volvieron los setenta con gozo, diciendo: Señor, aun los demonios se nos sujetan en tu nombre" (Lc. 10:17). Aquí conocieron el gozo del éxito en su trabajo. Esto es sin duda elogiable y normal. Es donde encontramos habitualmente nuestro gozo: los logros, las aptitudes, las tareas exitosas y las experiencias satisfactorias. El gozo, según lo veían los setenta, depende de lo que hagamos o experimentemos. Si predicamos un gran sermón o aconsejamos a un matrimonio con problemas para que recupere la armonía, o conducimos a la iglesia a adoptar la pluralidad en el cuerpo de ancianos o recibimos a numerosos miembros nuevos, sentimos gozo. Pero aquí acecha el peligro: este tipo de gozo es temporal y podría depender sin que lo sepamos del éxito personal. J. C. Ryle advierte: "El período de éxito es un tiempo de peligro para el alma del cristiano".[4] ¿Por qué? Esta clase de gozo podría cegarnos al gozo verdadero, duradero, más rico y más pleno en Cristo.

Jesús respondió al entusiasmo de los setenta con una suave reorientación: "Yo veía a Satanás caer del cielo como un rayo" (Lc. 10:18). Esto podría haber

---

2. Ibíd., 15.
3. James Edwards, *The Gospel according to Luke*, PNTC (Grand Rapids: Eerdmans, 2015), 311.
4. J. C. Ryle, *Expository Thoughts on the Gospels*, 4 vols. (Grand Rapids: Baker, 2007), 2:359.

sido una palabra profética que anticipaba la cruz,[5] en la que Jesús reconocía la caída original de Satanás,[6] o veía el impacto de la cercanía del reino de Dios en la derrota de Satanás aplicada a esa misión.[7] Tal vez sea una combinación de las tres cosas, aunque tiendo a pensar que el tema del acercamiento del reino de Dios, tal como se expresa en Lucas 10:9 y 11 es la idea. ¡Los discípulos estaban viendo evidencias de la irrupción del reino de Dios! Edwards está en lo cierto: "Cada vez que se proclama de verdad el reino de Dios, su obra se realiza de maneras que hasta sorprende a sus proclamadores".[8] Ocurrió más que lo que estos discípulos previeron.

Sin embargo, los pensamientos de éxito personal deben corregirse con rapidez. Es exactamente lo que hace Jesús, ya que el verdadero gozo no depende de las cosas que llevamos a cabo: "He aquí os doy potestad de hollar serpientes y escorpiones, y sobre toda fuerza del enemigo, y nada os dañará" (Lc. 10:19). En otras palabras, Jesús les recordó que no *habían tenido éxito expulsando demonios por su propia autoridad.* Ese poder sobre el mal vino por medio de Cristo. Satanás y sus secuaces no pueden vencer en última instancia a los seguidores de Cristo. ¡Romanos 8:31-39 es verdad![9]

El gozo a través de la garantía firme

De modo que el verdadero gozo no se encuentra en el éxito mismo, sino *solo cuando el logro nos dirige a glorificar al Señor.* Entendido del modo correcto, cualquier éxito debe atribuirse a la gracia que Dios nos muestra para ese acto en particular. De esta forma, orientamos nuestro logro de nuevo al Señor con agradecimiento y glorificándole. De otro modo entramos en la zona de peligro del orgullo. Nos acecha para destruirnos, ¡sobre todo en el ministerio pastoral! "Antes del quebrantamiento es la soberbia, y antes de la caída la altivez de espíritu" (Pr. 16:18). Como advierte Thomas Watson: "el orgullo es capaz de engendrar en nuestras cosas santas como el gusano procrea en el fruto más dulce".[10] No encontramos el verdadero gozo en la senda del orgullo. Solo se halla en el humilde camino de llevar la cruz y de ver nuestro gozo en pertenecerle a Jesús.

"No obstante", Jesús detiene el curso del pensamiento y el entusiasmo en el ministerio aparentemente exitoso de los setenta. Jesús nos llama a vivir en un gozo mucho más rico: "Pero no os regocijéis de que los espíritus se

5. David Gooding, *According to Luke: The Third Gospel's Ordered Historical Narrative* (Belfast: Myrtlefield House, 2013), 207.
6. Ryle, *Expository Thoughts,* 362.
7. Philip G. Ryken, *Luke,* REC, 2 vols. (Phillipsburg, NJ: P&R, 2009), 1:525.
8. Edwards, *Luke,* 312.
9. Ibíd., 313.
10. Thomas Watson, *The Godly Man's Picture* (1666; Edimburgo: Banner of Truth Trust, 1997), 79.

os sujetan, sino regocijaos de que vuestros nombres están escritos en los cielos" (Lc. 10:20). *Este es el verdadero gozo, regocijarse más en lo que Dios ha hecho para la eternidad por medio de Cristo a nuestro favor.* El antiguo mundo solía usar el verbo "inscribir" para apuntar el nombre de alguien en un registro oficial o en el censo.[11] El verbo "pasivo divino" señala a Dios como aquel que ha registrado nuestros nombres en el cielo. Lo que Él registra no puede eliminarse (como expresa el pasivo perfecto). Por tanto, el llamado a "regocijarse" como observa Moisés Silva está en encontrar "el gozo en el amor elector de Dios".[12]

En nuestra forma de pensar respecto al ministerio debe producirse un cambio. Ahí es donde necesitamos encontrar nuestro principal gozo. Descubrimos el amor elector de Dios que nos escogió antes de la fundación del mundo (Ef. 1:3-6), nos llamó por medio del evangelio de Cristo por el Espíritu Santo (Ef. 1:7-14), nos regeneró y nos dio gracia para que nos arrepintiéramos y creyéramos las buenas nuevas de Cristo (Ef. 2:1-10), nos selló con el Espíritu hasta que nos lleve a su presencia (Ef. 1:13-14), nos adoptó en su familia para siempre (Gá. 4:1-7), y nos dio una esperanza eterna en Cristo; estas cosas son más que suficientes para producir gozo cada día (Ef. 1:18-23). El peso de la seguridad que nos llena de gozo no está, pues, basado en nuestro éxito en el liderazgo de la iglesia ni el nivel de efectividad percibido en el ministerio, ni cuánta aprobación recibimos de nuestra congregación. En su lugar, descansa sobre la fidelidad del Dios que nos escogió, nos buscó y nos amó lo bastante como para enviar a su Hijo a la cruz por nosotros. Jesús les dijo a sus discípulos: "Lo que hicieron en su misión fue maravilloso, pero no es en esto donde deben encontrar su gozo. Este se halla en lo que Dios ha hecho por llamarnos suyos y asegurarnos para siempre". En esto deben hallar los pastores el verdadero gozo que vence el desaliento.

En resumen

De modo que ¿cómo lidiamos con el desánimo en el ministerio pastoral? A continuación, siete acciones que se pueden adoptar con regularidad para contrarrestar el desaliento al perseguir el gozo verdadero.

1. Contemplar la fidelidad de Jesucristo en su muerte y su resurrección.
2. Pensar en la fidelidad de Dios a sus promesas para salvar a todos los que se arrepienten y creen en el evangelio.

---

11. *NIDNTTE*, ἐγγράφω, 1:593-94.
12. *NIDNTTE*, 4:647.

3. Arrepentirse de forma intencionada de la autoconfianza, de la dependencia de nuestros hechos o de cualquier cosa que nos lleve a pensar que nuestros éxitos aumentan nuestro estatus con Dios.
4. Meditar y dar gracias porque Jesús haya pagado de verdad nuestra deuda de pecado y nos haya reconciliado con Dios por medio de su muerte y de su resurrección.
5. Enfocarse en la grandeza del amor elector de Dios, de la muerte expiatoria de Cristo y de la resurrección triunfante, así como de la regeneración y el testimonio experiencial del Espíritu Santo respecto a la obra de Dios en nosotros.
6. Encontrar nuestro gozo en Jesús, perteneciéndole, estando unidos a su familia y seguros en su fiel amor. Él es suficiente en todo lo que el Padre le encomendó para redimir a un pueblo. Podemos descansar en Él.
7. Centrarse en la verdad de que, al final, el Señor recompensa el perseverar en la fe en lugar de una gran actuación (2 Ti. 4:6-8).

Preguntas para la reflexión

1. ¿A qué puntos de desaliento se enfrenta usted en el ministerio pastoral?
2. ¿Por qué es tan fundamental el gozo de un pastor para el resto de la congregación?
3. ¿Cómo dirige el Evangelio de Lucas al lector a la senda del verdadero gozo?
4. ¿Hacia dónde reorientó Jesús el gozo de los setenta?
5. ¿Qué acciones habituales podemos adoptar para perseguir el verdadero gozo frente a los desalientos?

PREGUNTA **12**

¿Cómo resisten los pastores en su ministerio?

Durante una conferencia de pastores de un día de duración, me uní a otros dos colegas en una mesa redonda sobre la resistencia en el ministerio pastoral. Llevábamos un promedio de veintiocho años en la misma iglesia. Dado que esto podría amedrentar a un joven pastor, el moderador preguntó si desde el principio habíamos planeado estar tanto tiempo en el ministerio.

Su pregunta hizo que me remontara en el pensamiento a más de tres décadas, al comienzo de mi pastorado actual. No recuerdo haber pensado de forma consciente en aquellos momentos "Estoy plantando mi vida en Memphis". En mi generación, muchos no daban mucha importancia a la eclesiología y, por tanto, pensaban ascender por la escala ministerial en lugar de permanecer en una congregación. Los debates sobre cómo pasar a cosas mayores y mejores marcaban con frecuencia las reuniones pastorales. Quedarse en un mismo lugar, plantar la vida, soportar los muchos cambios que acompañan a cualquier congregación, sencillamente no parecían ser el enfoque.

Sin embargo, tras años de involucración en el ministerio pastoral, pienso que *permanecer largo tiempo debería ser la norma y no la excepción.*[1] Ciertamente se podría considerar el ministerio misionero de plantación de iglesias de Pablo, permaneciendo unos cuantos meses hasta un máximo de tres años, como posible modelo pastoral. Sin embargo, el llamamiento paulino "a predicar el evangelio, no donde Cristo ya hubiese sido nombrado", difiere del llamamiento del pastor a "apacenta[r] la grey de Dios que está entre vosotros" (Ro. 15:20; 1 P. 5:2). Como práctica normal, Pablo entregó la función del pastoreo a los ancianos/pastores de la iglesia local (Hch. 14:23), a la vez que él seguía adelante con el evangelio a nuevas regiones. Mientras tanto, los

1. Mi tesis no pretende atar la conciencia de nadie ni tampoco deja de tomar en consideración que la primera o la segunda iglesia que un hombre pastorea podría no ser el lugar donde pueda pasar su vida. Yo había pastoreado tres iglesias en un período de casi diez años antes de plantar la South Woods Baptist Church en Memphis, donde he seguido en el ministerio pastoral desde 1987. Mirando en retrospectiva, no puedo considerar haber plantado mi vida en otros lugares donde serví. Pero me siento agradecido por las experiencias en aquellas iglesias que me ayudaron a prepararme para arraigar mi vida y mi ministerio en un lugar. Un *buen* pastorado breve debería preparar para uno largo.

pastores permanecían más tiempo para enseñar, instruir, pastorear, corregir, amonestar, aconsejar y alentar a las congregaciones locales.

¿Por qué permanecer largo tiempo?

Hay que reconocer que algunas iglesias dificultan el permanecer largo tiempo por la falta de apoyo, por los grupos de poder, por una compensación económica escasa, por descuidar el preocuparse por los pastores y por la insatisfacción constante con los pastores (sí, he pasado por ello). Sin embargo, por la bondad del Señor, muchas congregaciones proveen un buen fundamento para una permanencia extensa. El hambre de Cristo, el deseo por alcanzar la comunidad y más allá de esta con el evangelio, apreciar un fiel cuidado pastoral y respetar el cargo tienden a alentar pastorados largos. Estas clases de iglesia solo necesitan pastores fieles que se queden y soporten las dificultades hasta que puedan trabajar hacia una buena salud en la congregación.

Sin embargo, en ocasiones los pastores se mudan con demasiada rapidez como para disfrutar de lo que el Señor ha arraigado en esas iglesias. Surgen unos cuantos problemas, y los pastores actualizan sus currículos. Estos pastores no llegan a darse cuenta de que probablemente se enfrentarán al mismo tipo de cuestiones en el pastorado siguiente. Según mi observación, pocos hombres heredan iglesias sanas. No son iglesias carentes de problemas. Las congregaciones deben ser pastoreadas hacia una buena salud a la larga, y esto exige resistencia en el equipo pastoral que desea ver a Cristo formado en la iglesia (Gá. 4:19).

Admito que tienen que suceder muchas cosas para que una iglesia se desarrolle hasta convertirse en una comunidad saludable de creyentes. Los bordes ásperos de la claridad doctrinal tienen que suavizarse (1 Ti. 4:16). La práctica de la exposición bíblica debe cultivarse (1 Co. 2:1-5; 2 Ti. 4:1-5). Debe establecerse un gobierno bíblico de la iglesia (1 Ti. 3:1-13; Tit. 1:5-9). Las relaciones han de fortalecerse en la aplicación del evangelio (Ef. 4:4–6:9). Los vínculos confesionales deben enseñarse (1 Ti. 3:14-16). Es necesario poner en marcha una trayectoria misionera (Mt. 28:18-20; 2 Co. 5:16-21). Pero ¿cómo se producirán estos tipos de prácticas de iglesias saludables si los pastores siguen trasladándose?[2] Es probable que no sucedan sin una estabilidad pastoral.[3]

---

2. Un buen lugar para empezar cuando se piensa en los ámbitos en los que una iglesia necesita avanzar hacia la salud bíblica es Mark Dever, *Las nueve marcas de la iglesia sana* (Graham, NC: Publicaciones Faro de Gracia, 2021). Para un volumen complementario que ayude a dar forma a *cómo* moverse en la dirección saludable, ver Mark Dever y Paul Alexander, *La iglesia deliberante: Edificando su ministerio en el evangelio* (Graham, NC: Publicaciones Faro de Gracia, 2019).
3. Para una perspectiva sobre la longevidad, ver la Pregunta 40.

Algunas iglesias que podrían tener un fuerte impacto en la comunidad al crecer en salud y en conformidad a Cristo se limitan, en su lugar, a "hacer iglesia" con poco objetivo bíblico. Están satisfechas con *lo de siempre* y tienen poco que ver con el cristianismo bíblico. Pasan por una iglesia cristiana por los cultos regulares y los programas identificados como *cristianos*. Los cambios de pastor minan su vida. Hasta que un pastor se compromete a quedarse y pasar por los días difíciles para conducirlos hacia la salud —y esos días llegan con cualquier pastorado— es probable que esas iglesias avancen a trompicones.

La longevidad pastoral pone a prueba y moldea el carácter y los dones del pastor. Lo reta a tratar más de la Palabra de Dios con la congregación en lugar de repetir el mismo centenar de sermones que ha metido en sus carpetas de archivo para llevarlos de una iglesia a la siguiente. Esto le proporciona a la congregación una dieta más equilibrada de las Escrituras, a medida que el pastor va trabajando libro tras libro —el Antiguo Testamento y el Nuevo Testamento— para exponer la riqueza de la Palabra. La longevidad lo obliga a crecer en sus capacidades de hermenéutica y homilética. Amplía su vida devocional, ya que debe profundizar en la búsqueda del Señor si quiere servir durante largo tiempo a su iglesia. La longevidad pastoral da tiempo para desarrollar sólidos discípulos que conocen la Palabra, entienden cómo interpretar las Escrituras y las aplican a la totalidad de la vida. Ofrece la oportunidad de edificar una congregación entusiasmada con la obra local del evangelio y entre las personas no alcanzadas del mundo.

Quedarse largo tiempo significa que la vida de oración del pastor cambiará, tanto en las plegarias privadas como en las pastorales durante los cultos de adoración. Dedicará más tiempo a conocer el rebaño que apacienta, y esto traerá más y más necesidades a sus oraciones. Cuanto más tiempo se quede, más cuenta se dará de que no son su poder ni su capacidad los que producen cambio en la iglesia, sino el poder de Dios (Hch. 6:2, 4). Cuando ora en público, también descubre que sus deseos van creciendo para ver el desarrollo del cuerpo en la oración privada y colectiva de los unos por los otros. Su carga por su gente a la que ha amado y servido durante años, a través de las pruebas, la angustia, los gozos y los retos se hará palpable en la forma en que su vida de oración cambia y afecta a la congregación que lo rodea.[4]

A medida que resiste en su cargo pastoral, el pastor descubrirá cada vez más lo que significa vivir en la gracia de Dios, "aventurarlo todo en Dios" como

---

4. Basta con analizar las oraciones de Pablo para que las iglesias sean movidas por su pasión pastoral por esas congregaciones (p. ej., Ef. 1:15-23; Fil. 1:9-11; Col. 1:9-14). Nótese cómo la oración pastoral se profundiza a lo largo del tiempo.

Juan Bunyan lo expresó.[5] Inevitablemente se enfrentará a batallas. Si quiere disolver a los grupos de poder que han mantenido a la iglesia en la esclavitud, deberán enfrentarse de frente a un hombre fiel de Dios que se afirme en la Palabra y proteja al cuerpo de los granujas espirituales, y que proclame con valentía la verdad, sin abandonar su posición por una situación más fácil. Con el tiempo, su valor y su humildad, su poder y la gracia sacarán a la luz la falsa enseñanza y la eclesiología defectuosa, a la vez que corregirá la vida poco rigurosa y las relaciones congregacionales anémicas. Los sacará de la adoración centrada en los seres humanos para llevarlos a una adoración del Dios vivo, gozosa y robusta, centrada en el evangelio. Establecerá el ejemplo en el testimonio y la misión, y cambiará la cultura de la iglesia hacia el mundo incrédulo.

Nada de esto sucede en un pastorado breve. El pastor podría intentar hacer algunas cosas buenas para una iglesia, pero si no resiste, se producirán pocos cambios duraderos. Coincido con Mark Deber: "Permanecer con una congregación en las duras y en las maduras ayuda a la iglesia a ver que usted no está con ellos porque es fácil o porque todo sale como usted quiere. Está con ellos porque los ama y confía en Dios. Resiste por amor a ellos, por el amor que Él le ha dado por su pueblo".[6] Quedarse largo tiempo y permanecer fiel a largo plazo, por la gracia de Dios, puede producir cambios saludables en la iglesia.

¿Qué se necesita para permanecer largo tiempo?

Aunque cualquier pastor que haya permanecido largo tiempo podría sugerir necesidades adicionales, las cinco siguientes son las primeras de mi lista:

1. La paciencia

Esta es una palabra que podría molestarle; a mí también. ¡Queremos lo que queremos *ahora*! Así como no se puede recuperar la salud del cuerpo con prácticas precipitadas e impacientes, tampoco se puede conducir a la iglesia a lo saludable sin paciencia. Esta es necesaria para cultivar unos oídos que escuchen para hacer cambios de gobierno significativos, instilar un corazón de misión, ver la transformación en las relaciones y hallar renovación en la adoración corporativa. Por ello, Pablo combinaba "toda paciencia" con la predicación de la Palabra de Dios al rebaño (2 Ti. 4:2). John Stott escribe con sabiduría: "Por solemne que sea nuestra comisión y urgente nuestro mensaje,

5. Para una mirada alentadora a la resistencia de Bunyan, ver Roger Duke y Phil A. Newton, *Venture All for God: The Piety of John Bunyan* (Grand Rapids: Reformation Heritage Books, 2015).
6. Mark Dever, "Staying for the Glory of God: Sibbes, Simeon and Stott Model", *9Marks,* 20 de diciembre de 2010, https://www.9marks.org/article/staying-glory-god-sibbes-simeon-and-stott-model.

no puede haber justificación posible para unas formas bruscas o impacientes".[7] Los pastorados cortos intentan exprimir unos resultados rápidos en lugar de confiar con paciencia —por medio de la fiel instrucción en la Palabra de Dios y en la dependencia del Espíritu Santo— en las promesas divinas de transformar la congregación. Con frecuencia, esos cambios llevan muchos años y van seguidos por el perfeccionamiento paciente y continuado de cada faceta de la vida saludable de una iglesia.

2. El contentamiento

Las congregaciones pueden ser duras con los pastores. Pueden quejarse, no mostrar la gratitud adecuada, ignorar las peticiones pastorales, rechazar la instrucción bíblica, negarse a amar el liderazgo, etc. Nuestras expectativas pastorales son elevadas. Queremos respuestas rápidas para poder pasar al siguiente gran plan de nuestra agenda.

Sin embargo, permanecer mucho tiempo requiere contentamiento con los pequeños cambios incrementales: la persona que parece "entender" cuando usted ha enseñado; el voluntario sorprendente para un equipo de misión; el testimonio de un estudiante que ha llevado a un amigo a Cristo; las lágrimas inesperadas en medio de la adoración; el bondadoso acto hacia un asistente que puede pasar inadvertido; el servicio generoso mostrado hacia un miembro necesitado. Cuando estas pequeñas cosas empiezan a surgir en la congregación tras años de fiel ministerio, el pastor contento halla la satisfacción de seguir resistiendo en el servicio con el rebaño. Exactamente como Jesús, quien no quebraría la caña cascada ni apagaría el pábilo que humeaba "hasta que sa[cara] a victoria el juicio" (Mt. 12:20), de manera que los pastores deben mostrar contentamiento en las pequeñas cosas *hasta* que la transformación del evangelio se produzca en sus congregaciones.

Cuando Pablo escribió a la iglesia de Filipos sobre el contentamiento, trató el tema en el contexto de su vida *y* su ministerio. Habían suplido algunas de sus necesidades mientras estaba encarcelado en Roma, pero les hace saber que, aunque agradecido, su suficiencia se basa en otra cosa. Podía hacerlo todo a través de Cristo, quien lo fortalecía (Fil. 4:10-14). El contentamiento no trata, pues, tanto sobre la cantidad de cosas que el pastor ve suceder y que gratificarían los anhelos de su ministerio, sino más bien sobre lo suficiente que es Jesucristo para él en las exigencias diarias de la vida y del ministerio, le vaya bien o tenga que conformarse con poco.

---

7. John R. W. Stott, *The Message of 2 Timothy: Guard the Gospel,* BST (Downers Grove, IL: InterVarsity, 1973), 108. Stott escribe: "No debemos recurrir nunca al uso de las técnicas de presión humana ni intentar inventar una 'decisión'" (108).

3. La vulnerabilidad

Las relaciones saludables, a largo plazo, requieren una medida de vulnerabilidad. Otros nos verán por lo que somos. Conocerán nuestros puntos fuertes, desde luego, pero verán nuestras debilidades porque estamos viviendo en medio de ellos. Conforme me voy acercando más a otros, por medio de un ministerio duradero, ellos verán que no siempre estoy organizado, que en ocasiones necesito un buen empujón para empezar a moverme, que de vez en cuando me enfrento al desaliento, que lucho igual que ellos para encontrar mi gozo en Jesús cada día. Sabrán que no soy el Sr. Supercristiano, sino un compañero de lucha que aprende a negarse a sí mismo, a tomar su cruz cada día y seguir a Jesús (Lc. 9:23).

La vulnerabilidad significa la disposición a arriesgarse a fallar por el bien de la fidelidad. El orgullo es machacado, cierta imagen proyectada se hace pedazos y, en el proceso, hemos permanecido el tiempo suficiente como para que la congregación sepa que de verdad somos discípulos (*mathetés*), *aprendices de Jesucristo.* Como Pablo admitió ante los filipenses, no lo había conseguido aún, pero seguía esforzándose —según afirmó— "por ver si logro asir aquello para lo cual fui también asido por Cristo Jesús" (Fil. 3:12-16). La vulnerabilidad hace que nos sintamos personalmente incómodos, pero nos hace *reales* respecto a nuestra congregación.

4. El valor

Solo hay que contemplar los ejemplos de valor en el libro de los Hechos y más allá. La plantación de iglesias por parte de Felipe en Samaria y subiendo por toda la costa de Cesarea durante un período de persecución exigió valor (Hch. 8:4-40). Pablo, Bernabé, Silas y Timoteo establecieron nuevas iglesias en Asia Menor y, a continuación, llegaron a Europa. Esto exigió valor (Hch. 13–16). Los pastores en Listra, Iconio y Derbe, donde Pablo había sido apedreado, se enfrentaban a la tarea abrumadora de proseguir con la obra pastoral donde existía oposición; esto exigía valor (Hch. 14:22). Los pastores en Éfeso, Galacia, Corinto, Roma, Filipo y Colosas vivían en lugares hostiles al evangelio con notable oposición. Tuvieron que ser valientes para seguir sirviendo con fidelidad a sus congregaciones.

La iglesia creció por la labor de valientes pastores que soportaron el sufrimiento para establecer el evangelio con firmeza en sus congregaciones. El resto de la historia de la iglesia concuerda. Atanasio se enfrentó al exilio por su postura respecto a la deidad de Cristo. Un Patricio convertido regresó como misionero del evangelio a la tierra de sus captores. John Wycliffe predicó, tradujo, escribió y aconsejó mientras servía al pueblo inglés en medio de amenazas habituales y oposición. Lutero pasó años pastoreando en Wittenberg bajo amenaza de muerte. Calvino fue expulsado de Ginebra, pero regresó y pasó el resto de su vida sirviendo en la iglesia de Saint Pierre que tuvo gran impacto en Europa mediante el evangelio. Charles Simeon soportó una oposición increíble y dificultades en la iglesia Holy Trinity de Cambridge, y prosiguió con un ministerio que duró cincuenta y cuatro años. Martyn Lloyd-Jones resistió los años de la Segunda Guerra Mundial en Londres y la oposición de los que se resistían a sus exposiciones doctrinales, permaneciendo allí casi treinta años. El valor permanece, porque el fruto abundante solo se puede ver a lo largo del tiempo.

5. La confianza

Más que nada, el no cultivar la confianza en el Señor acelera las despedidas pastorales. Esto no significa que todo pastorado breve manifieste incredulidad. Pero, a veces, esto es cierto. Aprender a confiar en el Señor, sobre todo cuando la adversidad sigue los pasos del pastor, es la única forma de quedarse largo tiempo.

La confianza en Cristo va en aumento cuando vivimos en el evangelio, seguimos constantes en nuestra vida devocional, oramos más en lugar de preocuparnos, nos deleitamos en el Señor en lugar de en el éxito percibido, y confiamos en las promesas de Dios a su pueblo. Como las pesas para el levantador de pesas, las dificultades a las que nos enfrentamos en el ministerio pastoral sirven para construir nuestra confianza en el Señor, mientras resistimos en lugar de tirar la toalla en aras de una senda más fácil.

En resumen

Tal vez se haya estrellado contra un muro en su obra pastoral. En lugar de actualizar su currículum, considere lo que podría suceder *si* por medio de la paciencia, el contentamiento, la vulnerabilidad, el valor y la confianza en el Señor consigue permanecer más tiempo. Dentro de veinticinco años, una iglesia saludable y un pastor maduro podrían dar testimonio de la gracia de Dios en perseverancia. Los años de pruebas que provocaron dolor y desaliento darán lugar al gozo de ver cómo la congregación crece más a imagen de Cristo. Los pastorados breves no le permitirán aprender mucho sobre usted mismo ni le harán ver dónde necesita perfeccionarse, ni aprenderá mucho sobre el rebaño ni dónde necesitan más cuidado. Sin embargo, la perseverancia lleva al pastor y a la iglesia a una relación cada vez más profunda el uno con la otra y con el Señor. Merece la pena pagar el precio que exige resistir hasta el final.

Preguntas para la reflexión

1. ¿Está de acuerdo con la tesis de este capítulo respecto a que "permanecer largo tiempo debería ser la norma y no la excepción"? ¿Por qué sí o por qué no?
2. ¿Qué circunstancias dificultan un largo ministerio?
3. ¿Por qué descubrimos que somos impacientes en nuestros ministerios pastorales?
4. ¿Qué se interpone en el camino de los pastores para impedirles estar contentos en sus pastorados?
5. ¿Cómo puede cultivar y fortalecer el pastor su confianza en Dios?

PREGUNTA **13**

¿Cómo fortalecen las relaciones intrapastorales la resistencia paciente?

El pastor revisa su calendario y se pregunta cómo puede acabar su lista de quehaceres para el día. Sabe que lo que no haga hoy se lo encontrará mañana, pero algunas cosas no pueden esperar. Sentir la presión de la preparación de los sermones dominicales, hacer otra llamada, contactar al último visitante de la iglesia, conducir hasta el hospital para visitar a un miembro recién operado y volver rápidamente a tiempo para el asesoramiento prematrimonial concertado dos meses antes cuando su calendario estaba aún en blanco le dejará poco tiempo para completar las tareas de hoy. Y mañana se repite el programa a toda prisa, y pasado mañana, y al día siguiente. Llegado el viernes, cuando los sermones parecen accidentados, la reunión del domingo por la tarde sigue sin planificar y surge la necesidad de regresar al hospital para ver a otro miembro enfermo, se inclina hacia atrás en su silla y se pregunta cuánto tiempo más podrá seguir con este ritmo. Ama a su rebaño y le gusta lo que hace, pero le desagrada el sentimiento frenético que lo embarga cada viernes por la tarde. ¿Podrá resistir el tiempo suficiente para desarrollar un equipo que esté a su lado para servir en el cuerpo? ¿Podrá perseverar hasta que su disciplina y su experiencia le permitan abrirse camino entre los obstáculos de su semana?

Este pastor necesita interconectar, una comunión de colegas pastores, una hermandad fraternal en las trincheras que le ayudarán a navegar por el ritmo del ministerio, pero se siente tan ocupado que teme conceder tiempo a tales reuniones. Sin embargo, la clase de conexión intrapastoral podría ser exactamente lo que necesita para resistir con paciencia en el ministerio pastoral.

Los pastores no deben funcionar a solas en las labores pastorales. Aparte del compañerismo de una sana pluralidad de ancianos, establecer contacto con otros pastores —locales o fuera del lugar— que comparten una doctrina similar, el entusiasmo por la obra pastoral y el deseo de ver proclamado el evangelio ayudará a estimular a los pastores para que sigan en su obra. Para demostrar esta tesis consideraremos las conexiones intrapastorales bíblicas, históricas y contemporáneas.

Las relaciones intrapastorales bíblicas

Por *relaciones intrapastorales* estamos considerando cómo los pastores que sostienen convicciones similares en teología, eclesiología y ministerio pastoral se afilien juntos en lo que se podría denominar red, grupo, confraternidad o asociación con el propósito del aliento mutuo, de la comunión en el evangelio, del asesoramiento para el ministerio y de aprender unos de otros. La índole de estas reuniones podría variar de un grupo a otro, pero compartirán los mismos rasgos de construir relaciones centradas en el ministerio del evangelio con el propósito de la resistencia fiel. Las relaciones establecen lazos con el tiempo mediante las reuniones en común y/o el contacto de unos con otros a través de diversos medios antes o después de las reuniones. *Las amistades pastorales* podrían ser la mejor forma de expresarlo, pero son amigos que se ayudan unos a otros para seguir esforzándose en la fidelidad en los ministerios que le han sido encomendados a cada uno.

Respecto al precedente bíblico para las relaciones intrapastorales, no hallamos mandamientos o instrucciones que detallen qué hacer, al margen de las que tienen que ver con las relaciones entre los creyentes (p. ej., Ro. 12:9-13; Ef. 4:1-6; Fil. 2:1-4; Col. 4:7-17). Sin embargo, vemos patrones que sugieren que algunas de las relaciones entre pastores/ancianos con los de fuera de su reunión local podrían haber reforzado la comunión y profundizado los vínculos del ministerio.

Sin duda, debemos considerar como conexión intrapastoral el viaje de Pablo y Bernabé, con otros de Antioquía,[1] a Jerusalén para reunirse con los apóstoles y los ancianos con el fin de zanjar la confusión agitada por los judaizantes (Hch. 15). Aunque se debe tratar el programa teológico, no debemos pensar que son disputas teológicas estériles y forzadas. Pastores, misioneros, ancianos, apóstoles y líderes de diversas iglesias se reunían en torno al evangelio. Esto es fundamental para las conexiones intrapastorales. La comunión tiene lugar. La unidad formada por medio de la obra de Cristo se manifiesta. El reto de expandir la obra del evangelio se difunde a través de las conversaciones. El estímulo a perseverar en el ministerio se produce. Hay que admitir que catalogarlo de conexión intrapastoral "oficial" podría estirar demasiado el término. Sin embargo, lo que sucedió entre ellos describe lo que tiene lugar en algunas redes pastorales, donde se debate la

1. ¿Es posible que Tito y Lucas viajaran con ellos, ya que es probable que fueran parte de esta iglesia?

teología, se resuelven los problemas, se hacen declaraciones doctrinales y se estimula la continuación en el ministerio.

Pablo tenía una red de relaciones con personas con las que se cruzaban sus caminos con regularidad, o que viajaban con él en sus tareas misioneras.[2] Una de estas "redes" tomó forma después de abandonar Éfeso y viajar por Grecia. Lucas identifica a los compañeros de Pablo como "Sópater de Berea, Aristarco y Segundo de Tesalónica, Gayo de Derbe, y Timoteo; y de Asia, Tíquico y Trófimo" (Hch. 20:4). Este grupo ecléctico de compañeros se conocía por medio de Pablo, quien los reunía para algo más que acompañarlo en un largo viaje. Los enseñó, capacitó y moldeó para el ministerio.[3] Durante ese tiempo, estos hombres se vincularon en relaciones del evangelio, tuvieron comunión mutua, mejorando y debatiendo aquello que estaban aprendiendo de Pablo. Formaron una conexión intrapastoral para estimularse unos a otros en la fidelidad a Cristo y en el ministerio. No se nos indica que se volvieran a reunir como grupo. Sin embargo, el tiempo que pasaron juntos afectó sin duda a su resistencia en los años que tenían por delante.[4]

Las conexiones intrapastorales históricas

En el siglo II, Ignacio de Antioquía envió epístolas a las comunidades de Éfeso, Magnesia, Tralles, Roma, Filadelfia, Esmirna y a Policarpo, obispo de Esmirna. En cada una de ellas, demostró preocupación por la salud espiritual, por el gobierno, por la unidad y la madurez de otras congregaciones, e hizo hincapié en las iglesias para que siguieran a sus líderes pastorales.[5] Su carta a Policarpo transpira ternura y amor por un colaborador en el evangelio, ofrece aliento, exhortación y consejo, todo con la consciencia de la iglesia local.[6] Siglos después, podemos saber de la calidez de la conexión intrapastoral recogida en estas misivas antiguas.

En la Ginebra del siglo XVI, Juan Calvino se involucró en las conexiones intrapastorales en su ministerio. La *Vénérable Compagnie* o Compañía de Pastores, organizada por Calvino, se reunía los viernes por la mañana para

2. Robert J. Banks, *Paul's Idea of Community: The Early House Churches in Their Cultural Setting*, rev. ed. (Grand Rapids: Baker, 1994), 149-51.
3. Ver Phil A. Newton, *La iglesia mentora* (Grand Rapids: Editorial Portavoz, 2021), 67-87.
4. La larga lista de salutaciones en las epístolas paulinas indica que, probablemente, algunos ancianos/pastores/misioneros que vivían y/o servían por todo el Imperio romano formaban parte de la red de ministerio de Pablo. Tuvieron comunión alrededor del evangelio en algún momento y, probablemente, ofrecieron estímulo mutuo en la obra pastoral y misionera los unos con los otros (Ro. 16:1-14; 1 Co. 1:15; Ef. 6:21; Fil. 4:18; Col. 4:10, 12, 17; 2 Ti. 4:10, 12; Tit. 3:13). Aunque las salutaciones no las convertía en "redes pastorales", indican afecto, unidad y afinidad del evangelio en el envío de saludos. Ese es el fruto de las conexiones intrapastorales.
5. ANF 1:45-104.
6. ANF 1:93-96.

hablar de teología, eclesiología, cuestiones de membresía y para conversar con candidatos al ministerio. La compañía constaba de entre ocho y diez iglesias de la ciudad, con otras diez u once de las pequeñas iglesias parroquiales de los alrededores de Ginebra. Como beneficio añadido, Calvino permitió que los aprendices del ministerio formaran parte de esta reunión para que aprendieran de los pastores veteranos.[7]

Los bautistas reformados de Inglaterra, en el siglo XVII, convirtieron en una práctica la "comunión entre iglesias", y esto se demuestra mejor en la formación de *asociaciones.* Incluso durante los períodos de persecución bajo Carlos II y Jacobo II, siguieron intentando reunirse con su asociación cuando les era posible. No consideraron que las reuniones ostentaran autoridad formal alguna sobre ninguna de las iglesias. Sin embargo, se veían como un organismo útil para asesoría y para mantener "la paz, la unión y la edificación" entre las iglesias. Su fraternidad pastoral incluía a pastores perseguidos y encarcelados que soportaban el sufrimiento en largos ministerios. Se fortalecían de los lazos de comunión formados en sus asociaciones.[8]

El Presbiterio de Nueva Brunswick del siglo XVIII, formado por el Sínodo de Filadelfia (presbiteriano) reunió a pastores de ideas afines con una formación similar, entusiasmo por el despertar espiritual y diligencia para ver conversiones genuinas. Entre ellos estaban Gilbert Tennent, William Tennent Jr., John Cross, Samuel Blair y Eleazar Wales, nombres asociados al Primer Gran Despertar. Compartían esfuerzos por capacitar y apartar a ministros del evangelio, para después enviarlos fuera. Esta conexión intrapastoral vio mucho fruto del evangelio en ministerios prolongados.[9]

Una de las comuniones pastorales más relevantes empezó en 1792, con la formación de la Particular Baptist Society for the Propagation of the Gospel Amongst the Heathen o la Baptist Missionary Society. Once pastores, un diácono y un estudiante de ministerio se reunieron en una pequeña sala comprometidos con la obra de las misiones globales. S. Pearce Carey, bisnieto de William Carey, uno de sus miembros, observó que eran "pastores de causas de pequeños pueblos oscuros… sin fama alguna y con salarios

7. Scott Manetsch, *Calvin's Company of Pastors: Pastoral Care and the Emerging Reformed Church, 1536–1609,* Oxford Studies in Historical Theology, ed. David Steinmetz (Nueva York: Oxford University Press, 2013), 2. Ver también Newton, *La iglesia mentora,* 95-97.

8. James M. Renihan, *Edification and Beauty: The Practical Ecclesiology of the English Particular Baptists, 1675–1705,* Studies in Baptist History and Thought 17 (Eugene, OR: Wipf&Stock, 2009), 154-66. Sus filas incluían a sus primeros líderes bautistas como Nehemiah Coxe, Benjamin Keach, Hanserd Knollys, William Kiffin, Hercules Collins y John Spilsbury.

9. Thomas S. Kidd, *The Great Awakening: The Roots of Evangelical Christianity in Colonial America* (New Haven, CT: Yale University Press, 2007), 36-37.

más que escasos".[10] Sin embargo, los nombres de Carey, Andrew Fuller, John Sutcliff, John Ryland Jr., y Samuel Pearse siguen resonando en los debates de la involucración de la iglesia local en las misiones globales. Su enfoque centrado en el evangelio, sus charlas teológicas, su estrategia de misión, su profunda amistad, su aliento mutuo y su precisión eclesiológica ayudaron a mantenerlos en el ministerio, mientras apoyaban financieramente a Carey en la India. Michael Haykin comenta que los pastores eran "fieles a su llamado y trabajaban buscando la aprobación de Dios y no la de los hombres". Solo uno entre ellos no permaneció en la fe y mantuvo la estrecha amistad con la comunión y el respaldo misionero hasta el día en que murió".[11]

Bajo el liderazgo del pastor londinense Martyn Lloyd-Jones, la Westminster Fellowship, o "Fraternal" empezó a reunirse una vez por trimestre en 1941. Se centraron en las "cuestiones experimentales y prácticas" por medio del discurso teológico, el debate y modelos de cómo aplicar la teología bíblica básica a la gama de problemas a los que se enfrentaba la iglesia. Entre sus números estaban Alan Stibbes, Philip Edgcumbe Hugues, Earnest F. Kevin, J. I. Packer, Iain Murray, Geoffrey Thomas y otros. Sin duda, su fiel resistencia en el ministerio del evangelio sigue afectando al mundo evangélico, y muchas de sus percepciones para la iglesia se forjaron a través de la Westminster Fellowship.[12]

Las conexiones intrapastorales contemporáneas

A lo largo de los años, siempre he tenido conexiones con otros pastores. En ocasiones eran amigos de los días de la universidad o del seminario. Demostraron levantar mi ánimo durante los frecuentes retos del principio de mi ministerio. Sin embargo, estas relaciones no profundizaban en lo teológico ni en lo eclesiológico. Durante un tiempo particularmente difícil para mí cuando me enfrenté a la posibilidad genuina de ser despedido de mi iglesia por una claridad teológica renovada, el Señor puso en mi vida una comunión de pastores a la que le encantaba hablar de teología, iglesia, misiones y obra del evangelio. Aunque solo nos veíamos un par de veces al año, esos días de comunión me sustentaron en algunas de las temporadas más oscuras del ministerio. Resistí, en parte, por su estímulo, su profundo conocimiento de

10. Michael A. G. Haykin, *One Heart and One Soul: John Sutcliff of Olney, His Friends and His Times* (Durham, UK: Evangelical Press, 1994), 220. Pearce Carey usó el término "causas" para aludir a las pequeñas iglesias.
11. Ibíd., 219-223. Ver también Timothy George, *Faithful Witness: The Life and Mission of William Carey* (Birmingham: New Hope, 1991), 67-69. Estas biografías, junto con otras sobre estos hombres, revelan la productividad de las conexiones intrapastorales.
12. Iain H. Murray, *The Life of Martyn Lloyd-Jones 1899–1981* (Edimburgo: Banner of Truth Trust, 2013), 240-41, 375.

las Escrituras, sus experiencias compartidas, la intensa oración y el contacto regular unos con los otros.

En los últimos años, una comunión local de pastores de ideas afines había proporcionado gran aliento y oportunidades de profundizar los lazos de comunión. Nos ayudamos los unos a los otros durante los momentos de dificultad. Como uno de los miembros veteranos, mi función había cambiado un poco y ahora tenía que dedicar más tiempo al asesoramiento a los muchos pastores más jóvenes para que resistieran en el ministerio. Junto con la comunión local, me involucré en una red más amplia de pastores dispersada en muchos lugares. Gran parte de nuestro contacto se producía a través del correo electrónico, mensajes de texto o llamadas, aunque intentábamos reuniones de manera intencional para profundizar la comunión, debatir la teología, mejorar la eclesiología, espolear la proclamación del evangelio y fortalecer la predicación expositiva. Descubrimos que lanzar el dilema al que se enfrenta un pastor proporciona la oportunidad de hablar a su vida y ofrecerle consejo para la acción. Compartimos cargas, oramos unos por otros y nos instamos a seguir adelante con la resistencia en la obra pastoral.

Sugerencias para las conexiones intrapastorales

Si ve la necesidad de la clase de comunión o fraternidad pastoral que se trata en esta pregunta, considere qué opciones podrían estar disponibles en su zona. ¿Funcionan las redes pastorales de pastores afines en su comunidad, pero no ha intentado involucrarse en estas? O, ¿necesita considerar iniciar una en su comunidad? No tiene por qué ser grande. Nuestra red pastoral local es de entre diez a veinte por reunión, pero sé de algunas mucho más pequeñas que sirven bien a los pastores. A continuación, unas cuantas ideas sobre las que pensar:

(1) *No se complique.* Piense en qué deben perseverar los pastores de su zona en la obra pastoral. Lo más beneficioso que hará no tendrá coste económico. Sea práctico y no teórico. Céntrese en la iglesia local.

(2) *Manténgase centrado.* Desarrolle un programa de reunión. Si decide juntarse una mañana al mes (este es el plan de nuestro grupo local, excepto en verano), divida el tiempo para las presentaciones, para la oportunidad de orar unos por otros, escuchar una exposición o un tema teológico, debatir el discurso, ofrecer consejo a cualquier hermano en necesidad y, a continuación, comer juntos en un restaurante local que no sea caro.

(3) *Mantenga su carácter relacional.* Los pastores necesitan buenas relaciones con otros pastores. Asegúrese de que su programa no pierda esto de vista. Invite a formar parte de esta comunión a los pastores locales que usted cree

que ayudarán a otros pastores o que puedan estar experimentando luchas y necesiten ayuda de otros colegas.

(4) *Mantenga su utilidad.* Hable de los verdaderos problemas del ministerio, recomiende buenos libros, identifique comentarios útiles para la predicación expositiva, escuche y ofrezca consejo a los pastores que se estén enfrentando a crisis, construya amistades duraderas e incluso dé unos cuantos libros de vez en cuando.

En resumen

Desde los compañeros de viaje de Pablo hasta la Lloyd-Jones' Westminster Fellowship, a mi comunión pastoral local, las conexiones intrapastorales siguen fortaleciendo a los pastores para que permanezcan constantes en el ministerio. Aunque el tamaño, la forma, la formalidad, la regularidad y el programa difieran de una red pastoral a otra, la idea principal es que los pastores necesitan estas conexiones para aclarar el pensamiento, ofrecer respaldo, impulsar la santidad y proveer buenos modelos de ministerio. Si un pastor no puede ubicar una red adecuada, podría considerar iniciar una para su comunidad.

Preguntas para la reflexión

1. ¿Qué tipo de conversaciones cree usted que habría tenido lugar entre Pablo y el pequeño grupo que viajaba con él en Hechos 20:4?
2. ¿Cómo utilizó Juan Calvino sus conexiones intrapastorales?
3. ¿De qué forma moldeó la Baptist Missionary Society, fundada en 1792, a los pastores que formaban parte de ella y, en última instancia, al mundo evangélico?
4. ¿Cómo podría ser una comunión/red/fraternidad pastoral?
5. ¿Qué prioridades debe mantener un pastor interesado en iniciar una fraternidad pastoral?

TERCERA PARTE

Prácticas pastorales

PREGUNTA 14

¿Cuál es el objetivo bíblico del ministerio pastoral?

¿Por dónde empieza un pastor cuando llega por primera vez a servir a una congregación? De hecho, ¿y si ya lleva allí un tiempo? Podría ver tantas necesidades delante de él: división, confusión, una membresía excesiva, una adoración sin vida, un discipulado descuidado, líderes apáticos, maestros no calificados, actividades sin sentido, etc. Sencillamente no puede anularlas sin más. Tampoco puede cambiar la lista de puntos débiles de la noche a la mañana.

El pastor no necesita hurgar para encontrar una nueva lista de programas que instaurar o actividades que presentarle a la iglesia; todo ello podría involucrar a más personas haciendo "cosas", pero no pueden mejorar la salud de la iglesia. En lugar de soltar una retahíla de nuevas ideas que no transformarán vidas, el pastor debe dirigir a la congregación hacia una meta bíblica que siga siendo la misma para cada iglesia. Pablo dejó totalmente claro el propósito en el único pasaje donde se usa el título "pastor" (cuidador del rebaño, *poimén*) en el Nuevo Testamento (Ef. 4:11).[1] Consideraremos el objetivo para el ministerio pastoral investigando sus medios y su meta detallados en Efesios 4:11-16.[2]

Los medios del ministerio pastoral

Por *medios* aludimos a lo que el Señor de la iglesia ha encomendado a los pastores para que lleven a cabo el ministerio pastoral con fidelidad. Jesús dio "a algunos como pastores y maestros" para servir a la iglesia local hacia un propósito en particular.[3] Esto significa que los pastores-maestros[4] no nece-

---

1. Como hemos observado en varias de las preguntas, se utilizan los términos pastor, anciano y obispo como sinónimos a lo largo del NT. Sin embargo, solo en Efesios 4:11 encontramos el uso nominal de *pastor* como descripción de un oficio en el servicio de la iglesia local. Nótese el uso verbal en Hechos 20:28 y 1 Pedro 5:2 en conexión con la *obra* de los ancianos/obispos.
2. La Pregunta 2 inquiere: "¿Qué significa el ministerio pastoral?". Considera la definición de la *naturaleza* del ministerio pastoral. Aunque algunos solapamientos aparecerán en la pregunta presente, el objetivo es pensar de un modo más conciso en el *cómo* y el *por qué* del ministerio pastoral.
3. Para la explicación respecto a si apóstoles, profetas y evangelistas de Efesios 4:11 siguen siendo cargos actuales para la iglesia, ver Benjamin L. Merkle, *Preguntas y respuestas sobre ancianos y diáconos* (Grand Rapids: Portavoz, 2012), 43-51.
4. El griego τούς δέ ποιμένας καί διδασκάλους utiliza un artículo (τοὺς) con los dos sustantivos plurales (ποιμένας καί διδασκάλους), que indica que Pablo no identifica dos funciones diferentes,

sitan recurrir a la novedad en lo referente a *cuál* es su función para la iglesia. Jesucristo lo dejó perfectamente claro. Deben procurar cumplir esa función por el poder del Espíritu en dependencia del Señor de la iglesia (1 Co. 2:4-5). Preparar a los santos para edificar el cuerpo de Cristo tiene lugar a través de los medios comunes a los pastores, por ejemplo, predicar, enseñar, orar, aconsejar, exhortar y dejar ejemplo para la iglesia en la vida como discípulos.

1. Proclamar la Palabra de Dios

Pablo explica los medios empleados para el ministerio en las iglesias cuando declara: "A quien anunciamos, amonestando a todo hombre, y enseñando a todo hombre en toda sabiduría, a fin de presentar perfecto en Cristo Jesús a todo hombre" (Col. 1:28). "Quien" ocupa la posición enfática en el griego y hace hincapié en que el enfoque de la proclamación de la Palabra de Dios se centra en Jesucristo y en el evangelio. "Este Cristo, cuya vida fluye a todo su pueblo —escribe F. F. Bruce— es aquel al que el apóstol y sus colaboradores proclaman. Es la suma y la sustancia de su mensaje… De hecho, es la encarnación de la sabiduría divina, pero la exploración de la sabiduría que reside en Él es la tarea de toda una vida".[5] Dado que "el perfecciona[miento] a los santos" busca llevar a la iglesia a "la unidad de la fe y del conocimiento del Hijo de Dios", esto no se puede hacer más que por la proclamación de la Palabra de Dios (Ef. 4:12-13). Por ello, Pablo le ordena enfáticamente a Timoteo: "¡Predi[ca] la palabra!" (2 Ti. 4:2).

Cuando Mark Dever fue entrevistado para ser pastor titular de la Capitol Hill Baptist Church de Washington, DC, explicó que su enfoque estaría en predicar, orar, discipular y esperar pacientemente que Dios obrara en vez de añadir nuevos programas a la iglesia. Escribió: "Lo que quería dar a entender era que solo hay una cosa bíblicamente necesaria para edificar a la iglesia, y es la Palabra de Dios predicada".[6] La obra de preparación para la edificación de la iglesia no se basa en técnicas inteligentes ni en programas caros. Depende de la fiel proclamación de la Palabra (ver 1 Ti. 4:11; 2 Ti. 2:15; Tit. 2:1, 15, que nos recuerda que la fiel proclamación incluye el estudio diligente y la claridad doctrinal).

---

sino que más bien describe cómo este papel/cargo funciona en la iglesia. Son pastores que enseñan o maestros que pastorean. El uso de καί podría ser explicativo y no une dos sustantivos separados, de modo que sería "pastores *que son* maestros". F. F. Bruce señala: "La enseñanza es una parte fundamental del ministerio pastoral; es apropiado, por tanto, que ambos términos, 'pastores y maestros' vayan juntos para denotar un orden del ministerio" (*The Epistles to the Colossians and Philemon and to the Ephesians,* NICNT [Grand Rapids: Eerdmans, 1984], 348).

5. Bruce, *Epistles,* 86.
6. Mark Dever y Paul Alexander, *The Deliberate Church: Building Your Ministry on the Gospel* (Wheaton, IL: Crossway, 2005), 33.

Dever explica por qué esto siempre sigue siendo verdad: "La Palabra de Dios es su poder sobrenatural para llevar a cabo su obra sobrenatural. Por ello, nuestra elocuencia, nuestras innovaciones y nuestros programas son mucho menos importantes de lo que pensamos; por eso nosotros, como pastores, debemos entregarnos a la predicación, no a los programas; y esto se debe a que necesitamos enseñar a nuestras congregaciones a valorar la Palabra de Dios por encima de los programas". Prosigue con la primacía de enseñarle el evangelio a nuestra gente: "Predicar el contenido y la intención de la Palabra de Dios es lo que libera el poder de Dios sobre su pueblo, porque su poder para edificar a su pueblo está en su Palabra, en particular tal como la encontramos en el evangelio (Ro. 1:16). La Palabra de Dios edifica a su iglesia".[7]

2. Pastorear al pueblo de Dios

Conforme los pastores apacientan al rebaño, se involucran con la congregación para cultivarlos en el entendimiento fiel y la aplicación de la Palabra de Dios. Pablo y Pedro exhortan a los ancianos a "apacentar la iglesia del Señor, la cual él ganó por su propia sangre" (Hch. 20:28; 1 P. 5:2). Esta hermosa metáfora les recuerda a los pastores su compromiso personal con el cuerpo de Cristo para amonestar, explicar, instruir, exhortar y dirigir con paciencia a la iglesia para que siga a Cristo. Gran parte de la obra del pastorado tiene lugar por medio de la proclamación, pero no la totalidad. Las tareas personales de conocer al rebaño, orar por este, ayudar a aplicar el evangelio en sus vidas y alentar su obediencia a Cristo en todas las cosas tienen lugar en las conversaciones, las notas, la consejería, las reuniones de grupos y las visitas personales.[8] Como el Buen Pastor conoce a sus ovejas (Jn. 10:11-15), los que apacientan a las iglesias locales necesitan saber cuál es la condición espiritual de los miembros de su rebaño para poder pastorearlos hacia la clase de madurez corporativa descrita en Efesios 4:13.

3. Ser modelo de madurez espiritual

Pedro instó a los pastores a ser "ejemplos de la grey" (1 P. 5:3). De manera similar, Pablo le dijo a Timoteo: "Sé ejemplo de los creyentes" (1 Ti. 4:12). El escritor pastoral de Hebreos explicó que aquellos que les habían proclamado la Palabra de Dios —presumiblemente pastores/ancianos— debían ser imitados en su forma de practicar la fe cristiana (He. 13:7). Pablo no vaciló en alentar a las jóvenes iglesias a imitarle a él y a los demás que los habían dirigido en la fe (1 Co. 4:16; Fil. 3:17; 1 Ts. 1:6; nótese el uso de "nosotros" en alusión a

---

7. Ibíd., 35.
8. Ver Charles Bridges, *The Christian Ministry: With an Inquiry into the Causes of Its Inefficiency* (1830; Edimburgo: Banner of Truth Trust, 1967).

Pablo, Silas y Timoteo). Ser modelo de lo que predicamos ofrece ilustraciones visuales de cómo aplicar la Palabra de Dios a la vida diaria. La obediencia, el amor, la santidad y el servicio deben marcar a los pastores mientras ellos son modelo del evangelio para sus congregaciones, preparándolas para el servicio.

Jesucristo les ha dado a los pastores los medios para alcanzar su objetivo para el ministerio pastoral: la proclamación, el pastorado y el ser modelo de madurez espiritual.

El objeto del ministerio pastoral

Aunque la obra pastoral siempre procura hacer nuevos discípulos (Mt. 28:18-20; 2 Ti. 4:5), se enfoca principalmente en el cuerpo de Cristo. "[A] fin de perfeccionar a los santos para la obra del ministerio" proporciona un enfoque definido para la predicación pastoral y la obra de pastorado.[9] Los pastores deben *preparar* a la iglesia para que el cuerpo corporativo se involucre en ministrarse los unos a los otros[10] y en la obra del evangelio en la comunidad. Pablo no sabía nada del ministerio de la iglesia que perteneciera solo a los pastores. Entendía la congregación trabajando conjuntamente en la obra del ministerio, aprendiendo cómo servirse unos a otros en el cuerpo (1 Co. 12:7-26; Gá. 6:1-2; Ef. 4:15-16; 5:19-21; Fil. 2:1-4; Col. 3:12-17) y los de fuera de la fe como embajadores para Cristo (Mt. 28:18-20; Ro. 12:14-21; 2 Co. 5:16-20; Col. 1:27-28).

Para que la iglesia ministre, debe estar equipada. *Equipar* significa "poner en orden, restaurar, preparar".[11] Originalmente significaba restaurar un hueso roto, remendar las redes desgarradas para que volvieran a ser útiles y proveer el equipo adecuado para una expedición. Transmite la idea de instruir, corregir las deficiencias, hacer las provisiones adecuadas (la Palabra) y disciplinar para un servicio eficaz.[12] ¡Los pastores seguirán estando ocupados con la preparación! Significa entregarnos infatigables para asegurarnos de que el cuerpo recibe la enseñanza de la Palabra, que es instruido como seguidores de Cristo y que recibe buenos ejemplos y aplicaciones. Implica ser modelo de la disciplina personal y ejemplo de cómo Cristo va dando forma a nuestra vida para servirnos los unos a los otros con la humildad y el amor que Él demostró por su iglesia (Jn. 13).

Cuando la iglesia bien equipada se compromete en la obra del servicio,

---

9. Nótese que *santos* es el término común de Pablo para la iglesia (ver Ro. 1:7; 1 Co. 1:2; Ef. 1:1; Fil. 1:1; Col. 1:2).
10. Más de cuarenta veces en el NT encontramos pasajes de "unos a otros", a veces denominados pasajes de "vida recíproca", y que instruyen a la iglesia en cómo debe vivir en la relación de unos con otros.
11. *NIDNTTE*, καταρτισμός, 1:408.
12. BDAG, καταρτίζω, καταρτισμός, 326.

resulta en "la edificación del cuerpo de Cristo" (Ef. 4:12). Ya no se trata de un puñado de creyentes que se reúnen de vez en cuando para realizar actividades espirituales, sino un edificio que refleja a Cristo y que se está construyendo para manifestar la gloria de Dios. La terminología de construcción presenta a la iglesia como una casa o templo (1 Co. 3:9; Ef. 2:19-22; He. 3:5-6; 1 P. 2:4-5) construida sobre un buen fundamento como estructura sólida que puede resistir a los elementos, que sirve a un gran propósito y que estéticamente capta la atención de los que están fuera (Mt. 5:14-16; 7:24-25; 1 Co. 3:10-17; 1 P. 2:12; 3:15-16). Jesús diseña y edifica a la iglesia para que viva, respire y actúe en conjunto para manifestar la gloria de Dios.[13]

Por medio de la proclamación, del pastorado y de ser modelo de la fidelidad del evangelio, los pastores preparan a la iglesia para que se comprometa con regularidad y naturalidad en la obra del servicio (ministerio) que resulta en la edificación de la iglesia. En otras palabras, mientras los pastores enseñan e instruyen, y mientras la iglesia responde ejerciendo amor y cuidado los unos por los otros, y realizando la obra del evangelio en la comunidad (y más allá), la iglesia crece con naturalidad *interiormente* para madurar el cuerpo, y *exteriormente* para hacer discípulos de las naciones. En lugar de que los pastores/ancianos intenten hacer todo el trabajo del ministerio, están preparando al cuerpo para que se sirvan los unos a los otros y den testimonio al mundo. Jesús no pretendía que su cuerpo constara de espectadores en lo que se refiere al ministerio, sino que cuando la "Cabeza" se involucra en el ministerio, el cuerpo sigue (Ef. 4:15-16).

El objetivo del ministerio pastoral

En el versículo siguiente, "hasta" provee una lógica explicativa, u *objetivo*, de por qué los pastores preparan a los santos para llevar a cabo la obra del ministerio que edifica al cuerpo: "hasta que todos lleguemos a la unidad de la fe y del conocimiento del Hijo de Dios, a un varón perfecto, a la medida de la estatura de la plenitud de Cristo" (Ef. 4:13). Si leemos este pasaje como si se hubiera escrito solo para los individuos, pasaremos por alto el significado. Pablo le escribió a la iglesia. *El objetivo para el cuerpo es, nada menos, que la unidad corporativa, el conocimiento experiencial de Cristo y la madurez plena.* Así, los pastores deben establecer el propósito de sus tareas ministeriales. Otras cosas no deben desviarles de su objetivo. Incluso los esfuerzos nobles que no contribuyen a que las congregaciones locales manifiesten la plenitud

13. Ver Mark E. Dever, *A Display of God's Glory: Basics of Church Structure. Deacons, Elders, Congregationalism, and Membership* (Washington, DC: 9Marks, 2001).

de Cristo entre ellos mediante la unidad, la experiencia de Cristo y la madurez deben dejarse al margen.

1. La unidad de la fe y del conocimiento del Hijo de Dios

Dado que el apóstol ya declaró la unidad como don del Espíritu Santo (Ef. 4:3), y "una fe" constituye parte del reducido pronunciamiento confesional (Ef. 4:4-6), la frase preposicional intencionada de Pablo explica la clase de unidad que tiene en mente cuando alude a la unidad *en el cuerpo de fe*: las verdades de las Sagradas Escrituras. A la luz de las desenfrenadas desviaciones doctrinales que plagaban a las jóvenes iglesias (Ef. 4:14), la unidad del Espíritu funciona en torno a la verdad doctrinal y no de un cálido sentimiento.[14]

La iglesia halla unidad en la "fe" objetiva que conocemos como cuerpo de verdad denominado evangelio *y* en el conocimiento *experiencial*[15] del Hijo de Dios. Pablo sitúa la unidad corporativa de la iglesia en *relación* con Cristo mismo revelado y declarado en el evangelio. Cuando los pastores preparan a los santos, llevan continuamente a la iglesia a las profundidades y las alturas del evangelio, de manera que son alimentados de forma corporativa en sus relaciones mutuas con Cristo como Señor.

Esto aporta la experiencia de la unidad a cada faceta de la relación y de la vida de la iglesia. En la constante experiencia (conocimiento) del evangelio (fe), la iglesia crece en madurez.

2. A un cuerpo espiritualmente maduro

"Un varón perfecto" concibe a los muchos que forman la iglesia local como *uno* en madurez en Cristo. Pablo no deja lugar a los miembros inactivos, periféricos o que no participan. Por ello, el ministerio pastoral se involucra continuamente en discipular a cada miembro del cuerpo. El apóstol llama a cada persona perteneciente a una congregación local a estar bajo la obra de preparación de los pastores para edificar la iglesia hacia el objetivo de la unidad en la fe y el conocimiento de Jesucristo. Mientras esto sucede, la iglesia va creciendo de manera corporativa hacia la madurez espiritual. En última instancia, esta se convierte en "la medida de la estatura de la plenitud de Cristo" (Ef. 4:13), que John Stott explica como "la plenitud que Cristo mismo posee y concede".[16] En esta frase, el apóstol crea un puente entre el *ahora* y el *todavía*

---

14. Razón de más para prestar mayor atención a la predicación expositiva a través de la Palabra de Dios, como medio para instruir a nuestras congregaciones en "todo el consejo de Dios" (Hch. 20:27).

15 "Conocimiento" (ἐπίγνωσις) significa "conocimiento dirigido hacia un objetivo particular", de modo que el conocimiento experiencial se enfoca en Cristo el Señor (*LEKGNT,* 441).

16. John R. W. Stott, *The Message of Ephesians*, BST (Downers Grove, IL: InterVarsity, 1979), 170.

no, cuando considera la madurez de la iglesia. *Ahora,* la iglesia progresa cada vez más en la semejanza a Cristo en cada aspecto del carácter y de la vida.[17] *Un día* le veremos como Él es en toda su plenitud (1 Jn. 3:1-2). Por ello Pablo seguía orando con este propósito para las iglesias, ya que el objetivo supremo para el cuerpo, corporativamente, es reflejar, de todas las maneras, al Señor Jesús en su plenitud (Ef. 1:16-19; Fil. 1:9-11; Col. 1:9-12).

La meta del ministerio pastoral abarca, pues, este objetivo masivo de "la unidad de la fe y del conocimiento del Hijo de Dios, a un varón perfecto, a la medida de la estatura de la plenitud de Cristo". No es de sorprender que el apóstol use términos que expresan el esfuerzo más arduo y laborioso para describir el ministerio pastoral (Col. 1:29). Con el trabajo, también declara la necesidad de depender del poder activo y enérgico de Cristo a través de los pastores, con el fin de "presentar perfecto en Cristo Jesús a todo hombre" (Col. 1:28-29).

En resumen

Gran parte del énfasis en la vida de la iglesia recae hoy sobre el pastor individual, pero no es así en el NT. Allí, se hace hincapié constantemente en el cuerpo corporativo que madura, crece, sirve y da testimonio conjunto. Regresar al objetivo del NT para el ministerio pastoral —trabajar *hasta* alcanzar la unidad de la fe y del conocimiento del Hijo de Dios— edificará iglesias sanas que maduran, que resisten a través de cada lucha. Pero, para ello, los pastores deben dejar a un lado la proclividad a añadir nuevos programas en lugar de confiar en el poder de la Palabra de Dios proclamada, que alimenta a las ovejas y que es un modelo para el cuerpo de Cristo.

Preguntas para la reflexión

1. ¿Qué tres elementos se identifican como "los medios del ministerio pastoral"?
2. Evalúe cuánta *proclamación* efectúa en su ministerio pastoral. ¿Cómo podría mejorarlo?
3. ¿De qué manera conduce la preparación para el ministerio a la edificación del cuerpo de Cristo?
4. ¿Cuál es el *objetivo* del ministerio pastoral según Pablo en Efesios 4:13?
5. ¿Cómo debe verse la madurez corporativa en una iglesia local?

---

17. Colosenses 3:12-17 ofrece una buena ilustración de cómo se ve esta clase de madurez en la iglesia.

PREGUNTA **15**

¿Cómo debe ser el primer año de pastorado?

A lo largo del año, los jóvenes (y en ocasiones hombres más mayores) aguardan con impaciencia su primer cargo pastoral. Se esfuerzan a través de diversas redes para presentar sus nombres ante las iglesias para optar como candidatos pastorales. Llegan las peticiones de información, se rellenan cuestionarios y se envían vídeos de sermones junto con otro material. Tras un aluvión de actividades, llega el sonido del silencio. Las investigaciones pastorales parecen notablemente lentas para actualizar el proceso o informar a un candidato sobre su estatus. Pero, finalmente, una iglesia lo invita a hacer una visita, a reunirse con los líderes y a predicar delante de la congregación.

La espera prosigue ante la votación de los miembros. Por fin, una vez completada la votación, recibe la llamada. El proceso de aceptarlo empieza hablando de la compensación, resolviendo los detalles de la mudanza, preguntándose si los que han votado "no" supondrían una oposición obstinada, preocupándose por el tema de las predicaciones, meditando en la primera reunión con el liderazgo, inquietándose por si la compensación será adecuada y con la angustia de enviar a los niños a una nueva escuela. El nuevo pastor y su familia empacan sus pertenencias y se trasladan a una nueva comunidad donde no tienen amigos cercanos ni saben si serán realmente aceptados. Comienza el primer año de pastorado.

Recuerdo también mi primer pastorado. Empecé a servir en una pequeña iglesia del suroeste rural del Mississippi, durante mi último año de seminario. El día de la graduación, unos cuantos miembros nos ayudaron a cargar nuestros muebles y los utensilios de cocina en un remolque de ganado y nos llevaron a la casa pastoral de la iglesia (una vivienda que esta proporcionaba para el pastor). Yo no sabía dónde me estaba metiendo ni lo que necesitaría mientras me embarcaba en mi primer año como pastor.

Cada pastor tiene que experimentar el primer año de pastorado con el fin de empezar a poner los cimientos para un ministerio que durará toda la vida. No hay dos pastorados iguales. Sin embargo, podemos aprender de otros que han recorrido el camino antes que nosotros. ¿En qué debe enfocarse, pues, un nuevo pastor durante ese año?

Aprenda a esperar lo inesperado

Un joven pastor me escribió sobre su primer año de ministerio. Me provocó una gran sonrisa al leer todos sus "primeros" que estaba experimentando, y me recordó mi primer año. En una iglesia típica, el primer año incluye experiencias del primer bautismo, la primera Santa Cena, la primera boda, el primer funeral, la primera reunión de diáconos, la primera reunión de finanzas y el primer conflicto. En el seminario, nada hace que el joven pastor esté totalmente preparado para esta serie de "primeros". A continuación incluyo unos cuantos de mis inesperados "primeros":

- Un comité absentista que buscaba ocupante para el púlpito y que no comunicaba nada de las expectativas de la iglesia.
- Un aumento de sueldo ínfimo cuando pasé del pastorado de tiempo parcial a tiempo completo.
- Un ministerio bivocacional que significaba encontrar otro trabajo, sin saber de antemano lo difícil que resultaría en una comunidad deprimida a la que no le impresionaba lo más mínimo mi licenciatura ni mi maestría en Teología.
- Celebrar el centenario de un miembro que no había asistido a la iglesia en las últimas décadas y a quien yo no conocía, y después oficiar su funeral unas semanas después.
- Vivir en una casa de propiedad de la iglesia de la que nadie había tenido tiempo de mantener para asegurarse de que siguiera siendo habitable.
- La soledad frente a una pequeña iglesia y una comunidad rural donde la congregación se componía de tres o cuatro familias y que, sin darse cuenta, nos excluían de sus vidas.
- El reto de intentar preparar dos sermones para el domingo y un estudio bíblico a mitad de semana mientras trabajaba de manera bivocacional.

Podría añadir más, pero ya me entiende. Nada de lo que lea ni nadie con quien hable le preparará por completo para las cosas inesperadas que sucederán durante el primer año de pastorado (en realidad, también en los años posteriores). De modo que espere lo inesperado, no con angustia, sino cultivando una vida devocional sana que le mantenga confiando constantemente en el Señor. Entienda que cada acontecimiento que se desarrolla procede del gobierno sabio y providencial de Dios sobre su vida, de manera que puede esperar en Él para que le dé sabiduría, fuerza, poder, perfeccionamiento, disciplina y le prepare para que le sirva con mayor fidelidad (Sal. 139; 2 Co. 12:1-10; Ro. 8:26-39; He. 12:1-17; 1 P. 1:3-16). Fortalézcase para lo inesperado haciendo uso de los buenos recursos, los blogs y los *podcasts* útiles, y las conferencias renovadoras.[1]

Sea diligente y siga siendo enseñable

Una grave enfermedad que suele afligir a los recién nombrados, que poseen la licenciatura de una universidad bíblica o de un seminario es *yo-lo-sé-todo-sobre-todo*. Es posible que sean licenciados y que hayan estudiado toda una gama de temas relacionados con el ministerio, en preparación para la obra pastoral. Es bueno tenerlo y establece el cimiento para la preparación. Pero, con esto, el pastor no hace más que empezar. Queda expuesto a numerosas cosas buenas y ricas verdades, pero tardará años en solidificar, perfeccionar y, en algunos casos, podar lo que ha aprendido para llegar a ser útil en la obra pastoral.

Mientras tanto, es normal que los nuevos pastores tengan todavía que dominar el ministerio. Los primeros años de la obra pastoral se convierten en parte del maravilloso proceso a través del cual el Señor enseña e instruye a un hombre para que pueda servir con fidelidad al cuerpo de Cristo durante las décadas que están por venir. ¿Qué debe hacer, pues?

(1) *Lea con voracidad.* Siga permaneciendo al día respecto a los libros de lenguaje bíblico, libros teológicos, exegéticos y homiléticos. Lea buenos sermones que le ayuden a expandir su creatividad y a reactivarse en esos días estancados. Lea buen material devocional que estimule la oración, la meditación, la alabanza y la adoración. Lea a los puritanos que entendieron las Escrituras, la aplicación y la dependencia del Señor como ninguna otra generación de ministros. Lea buenas biografías e historia de la iglesia. En algunos momentos de mi viaje pastoral, las buenas biografías me rescataron de la desesperación, de los grandes errores y del cinismo.

(2) *Desarrolle amistad con pastores más mayores y experimentados en lugar de hacerlo solo con compañeros sin experiencia.* En mi primer pastorado tuve a dos amigos pastores, más o menos de mi edad, con quienes compartía las cargas y orábamos juntos. Pero necesitaba a un pastor mayor que pudiera darme directrices. Afortunadamente, en mi segundo pastorado, un ministro de más edad me tomó bajo su ala para ayudarme. Siempre estaré agradecido por su aliento, consejo y ayuda mientras yo procuraba hacer camino por el

---

1. En la "Bibliografía" al final del libro encontrará recursos para un ministerio pastoral útil. Además, Brian Croft tiene una serie de libros de los que es autor, coautor o que están patrocinados por su serie Practical Shepherding (Zondervan), así como el blog, *podcast* y talleres disponibles en http://practicalshepherding.com (solo disponible en inglés). El ministerio 9Marks tiene libros, *podcasts*, artículos, conferencias y talleres que pueden encontrarse en https://es.9marks.org/. Coalición por el Evangelio tiene libros, *podcasts*, artículos y conferencias cuyo fin es ayudar a los pastores que pueden acceder a ellos en https://www.coalicionporelevangelio.org/.

ministerio pastoral. Busque ayuda sin disculpas. La mayoría de los pastores que llevan tiempo en ello ayudarán de buen grado a un hermano más joven en el ministerio. ¡Todos nosotros lo necesitamos!

(3) *Escuche a su esposa.* Tal vez ella no tenga una licenciatura del seminario, pero lo más probable es que tenga mejor ojo que usted para los detalles. No deje a un lado sus ideas y sus correcciones. Ella es el instrumento escogido por el Señor para ayudarle a ver las cosas con mayor claridad. Además, ella le conoce a usted, sus debilidades y sus luchas. Está ahí para ayudarle, así que escúchela.

(4) *Escuche a su congregación.* Ellos formaban parte de la iglesia mucho antes de que usted llegara. Tómese el tiempo de escuchar en lugar de estar siempre dándoles instrucciones. En mi primer pastorado, dos hombres mayores servían como diáconos. Eran hombres tranquilos, con poca cultura, pero mucha sabiduría. Me beneficié de sus percepciones mientras intentaba afianzarme en el servicio a esta congregación.

Esfuércese en establecer prioridades

Tal vez acabe de salir del seminario o del instituto bíblico, o haya dejado una profesión para iniciar una obra pastoral. Siga adelante y reconozca que no lo tiene todo bien ordenado en su vida. A continuación comience a trabajar para establecer prioridades saludables que lo dirijan en su vida:

(1) *Insista en desarrollar una fiel vida devocional y de oración.* Nutra su caminar con Cristo. No permita que nada sustituya la gozosa y vibrante relación con Cristo. Entre en un patrón regular de tiempo devocional que alimentará su alma.[2]

(2) *Desarrolle su capacidad de exponer y aplicar la Palabra de Dios de manera pastoral.* Si se maneja de forma adecuada la exposición bíblica, aclarará el texto y le permitirá hablar a las necesidades de la congregación con aplicaciones sensibles y directas. No deje nunca de crecer en estos ámbitos. Estudie constantemente la Palabra. Busque siempre formas de aplicar las Escrituras a su congregación. Esto constituye una parte importante al apacentar al rebaño.[3]

(3) *Esté atento a su matrimonio y su vida familiar.* Atento significa que deje a un lado las interminables exigencias del ministerio para enfocarse en su esposa, sirviéndola, amándola y disfrutando de ella. Sus hijos necesitan también esa clase de atención. No llene demasiado su horario en el ministerio, para que su familia no reciba solo las migajas de su tiempo y de su energía.

2. Ver Preguntas 6 y 7.
3. Las Preguntas 21–25 ampliarán numerosos aspectos de cómo predicar bien.

La congregación permitirá que llene cada momento para servirla. Usted debe establecer la agenda para asegurarse de que su familia obtenga lo mejor de su tiempo y una buena atención (Ef. 5:22–6:4).[4]

(4) *Reúna en torno a sí a unos cuantos hombres en los que pueda derramar su vida en una relación de discipulado.* Lean y estudien juntos la Palabra. Oren juntos. Ríndanse cuentas los unos a los otros. Sirvan juntos a Cristo. Realicen conjuntamente la obra del evangelio (2 Ti. 2:1-2).

(5) *Escuche con paciencia, pastoree y sirva al cuerpo que le ha sido encomendado, y no se apresure a hacer cambios relevantes.* Algunos pastores se precipitan como los "profesionales" dispuestos a hacer cambios masivos en una iglesia. En general tienen pastorados breves. Tómese el tiempo de conocer a su rebaño. Aprenda a amarlos de una forma genuina. No intente efectuar cambios importantes el primer año y, quizás, tampoco durante el segundo y el tercero. Enfóquese en cambios incrementales en los importantes ámbitos fundamentales para la salud de la iglesia. Ponga cimientos bíblicos, teológicos para los cambios, de manera que lleguen con naturalidad conforme el cuerpo aprende la Palabra y la aplica (Hch. 20:28).

Concéntrese en unas cuantas cosas

El ministerio estará lleno de altibajos. Es normal. De modo que, cuando piense que un momento bajo señala el final de su permanencia en el cargo pastoral, entienda que es parte del ciclo de servir a una congregación en medio de las accidentadas cuestiones de la vida. Persevere en la dificultad. Vivimos en un mundo caído. Que usted esté en el púlpito no ha cambiado esa realidad. Por tanto, concéntrese en unas cuantas cosas:

(1) *Sea fiel como cristiano, como marido, padre, amigo, estudiante de las Escrituras y como pastor.*

(2) *Predique bien.* Se pueden excusar muchas cosas, pero nunca una predicación poco rigurosa, sin teología, desorganizada, sentimental y sin aplicación (2 Ti. 4:1-5). No permita que el ocio, la falta de disciplina, las redes sociales o la obstinación se interpongan en el camino de una buena predicación.

(3) *Pastoree con fidelidad.* El Buen Pastor le ha encomendado, como subpastor, que cuide de uno de sus pequeños rebaños. Un día le pedirá cuentas de cómo cuidó, amó, sirvió y pastoreó a su pueblo (He. 13:17). Esté preparado para presentar un informe de fidelidad.

(4) *Dé ejemplo como creyente.* Concéntrese en vivir una vida santa llena de gozo (1 Ti. 4:12).

---

4. Ver Preguntas 8 y 9.

(5) *Deje que las Escrituras le dirijan a usted y su ministerio.* No pierda tiempo centrándose en las últimas novedades de las redes sociales. Ponga en práctica la dependencia de la suficiencia de la Palabra de Dios.

(6) *Halle el mayor gozo.* Como Jesús les indicó a los Setenta, el gozo no se encuentra en lo que usted pueda lograr en la obra pastoral, por extraordinaria que le parezca su predicación, por cuántos se hayan añadido a la membresía de la iglesia o por la estima de los demás hacia usted, sino en que su nombre está escrito en los cielos (Lc. 10:20).

En resumen

Disfrute del proceso de la obra pastoral. No todos los días serán de color de rosa o sombríos. Las exigencias y los retos inesperados harán que siga dependiendo de Cristo. Aprenda que el Señor permanece fielmente con usted mientras pastorea, en debilidad y en ocasiones con temor, el rebaño de Dios. Esfuércese por mantener un espíritu enseñable; un pastor testarudo y sabelotodo crea infortunio para todos los que le rodean. Usted no puede hacer todo lo que quiere, de modo que concéntrese en lo que más importa. Asegure sus prioridades para caminar con Cristo, las relaciones familiares, la predicación, el pastorado y el discipulado lo mantienen concentrado, de modo que, cuando suceda lo inesperado, usted siga constante y fiel en todas las cosas.

Preguntas para la reflexión

1. Si se encuentra en sus dos primeros años del ministerio pastoral, ¿qué "primeros" está experimentando?
2. ¿Qué ayudará al pastor a estar preparado y a permanecer fiel cuando llegue lo inesperado?
3. ¿Qué parte tiene en el ministerio el permanecer enseñable?
4. ¿Cuáles son sus prioridades en la vida y en el ministerio?
5. Si no puede hacer todo lo que le gustaría en la vida y en el ministerio —y nadie puede—, ¿qué ámbitos necesitan su concentración?

PREGUNTA 16

¿Cómo debe moldear el ministerio la práctica de no "quebrar la caña cascada"?

El enfoque de Jesús hacia el ministerio mostraba su profunda consciencia respecto al pueblo al que servía. Con los quebrantados, los que sufrían, los rechazados, los empobrecidos y los débiles que con frecuencia lo seguían, demostró una bondad extraordinaria (Mt. 11:25-30; Lc. 13:10-17; 18:35-43; 19:1-10). Sin embargo, con los fariseos no vaciló en llamar la atención a la hipocresía o a declarar una serie de lamentos (Lc. 11:37-52). Como lo expresó el pastor puritano Richard Sibbes: "Las heridas de los que ciertamente son pecadores no serán sanadas con dulces palabras".[1]

En medio del ministerio pastoral, tanto los pecadores convencidos como los que están quebrantados y heridos, necesitan una palabra pastoral. Pero el mismo tono y enfoque no suplirá a ambos tipos en su necesidad concreta. Jesús deja el ejemplo a lo largo de su ministerio. Mateo llama una atención particular a cómo trató Jesús con "la caña cascada" y "el pábilo que humea", mediante metáforas de la primera profecía del Siervo de Isaías para describir a los pobres, los marginados y los necesitados a quien el Mesías servía con bondad (Mt. 12:15-21; Is. 42:1-4).[2] Su modelo de compasión establece el enfoque para un ministerio pastoral eficaz con aquellos que sienten el peso de su pecado y de su debilidad.

El ejemplo de compasión

Mateo 12 recoge historias de la falta de compasión por parte de los fariseos hacia los necesitados, mientras ellos criticaban a Jesús por ser compasivo. En primer lugar, los discípulos, que tenían hambre en el día de reposo, se hicieron

1. Ricard Sibbes, *The Bruised Reed,* Puritan Paperbacks (1630; Edimburgo: Banner of Truth Trust, 1998), 24. Publicado en español por Publicaciones por Publicaciones Faro de Gracia con el título *La caña cascada.*
2. Isaías 42:1-4 es la primera de cuatro profecías del Siervo que aluden a Jesús el Mesías, cumpliendo ese propósito en vista del fracaso de Israel como siervo de Yahvé: 49:1-12; 50:4-9; 52:13–53:12. Ver Craig Blomberg, "Matthew", en *Commentary on the New Testament Use of the Old Testament,* eds. G. K. Beale y D. A. Carson (Grand Rapids: Baker, 2007), 42; y D. A. Carson, ed., *NIV Biblical Theology Study Bible* (Grand Rapids: Zondervan, 2018), 1238.

con puñados de grano para comer cuando atravesaban un campo. En lugar de preocuparse de la necesidad de estos hombres, los fariseos solo pensaban en su inflexible enfoque hacia la observancia del Sabbat. Jesús los reprendió: "Si supieseis qué significa: Misericordia quiero, y no sacrificio, no condenaríais a los inocentes" (Mt. 12:1-7; Jesús cita Os. 6:6).[3]

En segundo lugar, aquel mismo día en la sinagoga, Jesús sanó a un hombre que tenía una mano seca. Los fariseos cuestionaron la legalidad de curar en día de reposo. Jesús pregunta cuál de ellos dejaría a una de sus ovejas que cayera en un hoyo en Sabbat. A continuación, añade con rapidez: "¿Cuánto más vale un hombre que una oveja? Por consiguiente, es lícito hacer el bien en los días de reposo" (Mt. 12:9-14). Esto dejó a los fariseos conspirando para destruirle.[4]

Sabiendo que los fariseos estaban confabulando, Jesús se retiró de la escena, pero no sin sus seguidores: "Y le siguió mucha gente, y sanaba a todos" (Mt. 12:15). Mateo explica que el acercamiento de Jesús a los discapacitados, los pobres y los necesitados cumplía la profecía de Isaías sobre el Siervo de Yahvé (Is. 42:1-4; Mt. 12:17-21). El Siervo elegido y amado por Yahvé proclamaría, por el Espíritu, justicia a las naciones, aunque no lo haría con fanfarria. Con amabilidad y compasión serviría a los oprimidos, a los necesitados, a los quebrantados y a los débiles "hasta que sa[cara] a victoria el juicio", sin permitir que el mal triunfara. "Y en su nombre esperarán [las naciones] los gentiles" (Mt. 12:20-21). Leon Morris comenta: "Con su amplia visión, el profeta los ve a todos [las naciones] entrando en el alcance del amor compasivo de Dios y de la actividad salvífica del siervo".[5] En medio de la obra del Mesías, encontramos el modelo de compasión y bondad con las cañas cascadas y el pábilo humeante como metáforas para los ignorados y los necesitados. Ambas cosas eran frágiles y abundantes, de manera que se solían sustituir en lugar de recuperarlos para su uso continuado.[6] Jesús no consideró nunca a los débiles e indefensos como *sustituibles* o *prescindibles*. A diferencia de los fariseos que perdieron de vista al pueblo en su inflexible aplicación de la ley, Jesús sirvió a los necesitados con compasión y bondad.

Las cañas cascadas

En su obra clásica *The Bruised Reed* (*La caña cascada*), Richard Sibbes ofrece sabiduría pastoral para cómo servir a los necesitados y quebrantados, siguiendo el compasivo patrón de Jesús. Describe a las *cañas cascadas* de ocho maneras, con el fin de que podamos reconocer a aquellos que sufren bajo el

3. Ver Blomberg, "Matthew", 40-42, para el uso que Jesús hace de Oseas 6:6.
4. Otra historia los muestra blasfemando a Jesús cuando sanó a un endemoniado (Mt. 12:22-32).
5. Leon Morris, *The Gospel according to Matthew* (Grand Rapids: Eerdmans, 1992), 311-12.
6. Ibíd., 311-12.

peso del pecado, de la culpa y de las pruebas y, como Jesucristo, los sirvamos con compasión y amabilidad:

(1) Las cañas cascadas han sido menospreciadas al ver su pecado y sentir su poder aplastante, su culpa y el juicio. También podrían haber experimentado "cruces", es decir, los actos particulares de la providencia de Dios que disciplinan o humillan a la persona.
(2) Las cañas cascadas ven el mal del pecado, de modo que piensan bíblicamente en el pecado, aunque puedan carecer de entendimiento respecto al remedio divino en Cristo para el pecado. A la luz de la maldad del pecado, también reconocen el favor de Dios como el mayor bien que conoce el hombre.
(3) Las cañas cascadas anhelan la misericordia por la consciencia personal del pecado y la debilidad que este crea.
(4) Las cañas cascadas sienten profundamente que no merecen bondad alguna de parte del Señor.
(5) Las cañas cascadas sienten empatía por otros que viven bajo providencias difíciles o bajo la convicción de pecado. En lugar de criticar o condenar, *sienten* con ellos.
(6) Las cañas cascadas consideran que las personas más felices del mundo son las que caminan bajo el consuelo del Espíritu Santo. Anhelan esta felicidad, pero parece muy lejana.
(7) Las cañas cascadas tiemblan ante la Palabra de Dios, mientras que honran a quienes la proclaman. Respetan a los pastores que procuran hablar la Palabra a sus vidas.
(8) Las cañas cascadas no tienen interés en la formalidad ni en el espectáculo. Se "ocupan en los ejercicios internos de un corazón quebrantado" y "se cuidan de usar todos los medios santificados para transmitir consuelo".[7]

Las cañas cascadas pueden ser incrédulos que luchan por creer en el evangelio. O tal vez sean cristianos que han caído bajo el peso del pecado o "cruces", y por tanto lidian con creer en el poder del evangelio para levantarlos hasta sentir gozo y felicidad en Cristo.

A diferencia del espíritu farisaico que valora la formalidad, la letra de la ley, la tradición y la supuesta élite espiritual, los que se caracterizan como cañas cascadas reconocen su debilidad, su indignidad delante de Dios, su quebranto por el pecado y las heridas por las amargas providencias. Anhelan la mise-

7. Sibbes, *Bruised Reed*, 10-11.

ricordia de Dios, pero luchan por creer que el Señor Dios se encontrará con ellos en su quebranto. Necesitan ver que el dolor derribará "los pensamientos altos y orgullosos, y nos permitirá entender lo que somos por naturaleza", unos pecadores indefensos en necesidad de un Salvador misericordioso.[8] Y, al hacerlo, humillarnos delante del Señor, cañas cascadas que reciben la compasión y la amabilidad de Cristo por medio de sus siervos que ministran la Palabra de Dios.

La práctica de la compasión

Los pastores pueden frustrarse con las personas débiles y necesitadas que no responden con rapidez a sus exhortaciones o consejo. "¿Por qué no pueden limitarse a hacer lo que les hemos dicho que hagan?", podría preguntar un pastor, sintiendo como una imposición por parte de quien se siente sobrecargado por el pecado o por alguna dificultad. En lugar de seguir las instrucciones establecidas, siguen luchando y gimiendo bajo un peso que el evangelio podría quitar. Sin darse cuenta, los pastores podrían caer en el modo farisaico, y colocar más altas expectativas sobre una persona de las que podría alcanzar. Sibbes busca ayudar a los pastores a apartarse de cualquier actitud farisaica al servir a las personas quebrantadas y necesitadas para que sigan la práctica compasiva de Jesucristo con los menesterosos. ¿Qué vemos en Jesús que sea modelo del ministerio pastoral para las *cañas cascadas*? Dejemos que Sibbes nos ayude.

1. Misericordia

Enclaustrados por la practicidad ministerial, los pastores pueden caer en la petulancia hacia los que parecen contribuir poco al cuerpo por su debilidad. Sin embargo, necesitan más misericordia y menos autosuficiencia. Sibbes escribe: "Ese espíritu de misericordia en Cristo debe impulsar a sus siervos a rebajarse de buen grado por el bien de los más inferiores" [es decir, los de poca importancia].[9] Un espíritu humilde extiende misericordia hacia los que son considerados "los inferiores". Sin embargo, con demasiada frecuencia podemos mirar por encima del hombro a los humildes. Sibbes aconseja: "La miseria debe ser una magnetita [imán] de misericordia, no un reposapiés para el orgullo".[10] ¿Cómo tratamos a los demás con misericordia? Sibbes bromea: "En las censuras de la iglesia, es más afín al espíritu de Cristo inclinarse hacia la parte más débil, que matar a una mosca en la frente con un mazo o apartar

8. Ibíd., 4.
9. Ibíd., 27.
10. Ibíd., 31.

a los hombres del cielo por una pequeñez".[11] Extender misericordia encaja más con el espíritu de Cristo que una mano pesada que tiende a aplastar a los quebrantados.

2. Humildad

Jesús dijo a los quebrantados y a los necesitados: "Venid a mí todos los que estáis trabajados y cargados, y yo os haré descansar. Llevad mi yugo sobre vosotros, y aprended de mí, *que soy manso y humilde de corazón*; y hallaréis descanso para vuestras almas (Mt. 11:28-29)".[12] El humilde Rey de gloria acogió a "los trabajados y cargados" para poder levantarlos con su fuerza. Esta clase de humildad aplasta a la disposición natural al orgullo y la superioridad que pueden afectar a los pastores acostumbrados a la atención y a los elogios. "Los mejores de los hombres —aconseja Sibbes— son severos consigo mismos y tiernos con los demás".[13] En vez de sentirse superiores y menospreciar a los que no progresan como ellos desean, los pastores deben seguir la práctica de Martín Bucero: "Tras larga experiencia decidió no negar a nadie en quien viera *aliquid Christi,* algo de Cristo. Los mejores cristianos en este estado de imperfección —observa Sibbes— son como el oro que pesa poco y que necesita algunos granos de margen para ser aceptado".[14] Solo los corazones humildes demostrarán esa clase de ternura hacia los débiles.

3. Amabilidad

Los predicadores ásperos, grandilocuentes y de mano dura que braman contra los hombres de paja cosechan aplausos en las conferencias. Sin embargo, Jesús fue modelo de lo contrario. Sibbes explica: "Ese gran médico, de ojo rápido y lengua sanadora, tenía una mano suave y un corazón tierno".[15] Los "lamentos" reservados a los líderes religiosos hipócritas daban lugar al bondadoso corazón de Jesús con los quebrantados y cansados. "Algunos creen que la fuerza de la gracia es no soportar nada en los más débiles —escribe Sibbes—, en cambio, los más fuertes están dispuestos a aguantar las flaquezas de los débiles".[16] Tenemos que ser como Jesús en su amabilidad con los débiles. "Él es un rey manso; admitirá a los que lamentan en su presencia, un rey de las personas pobres y afligidas" es nuestro modelo.[17] Con bondad, debemos

---

11. Ibíd., 30.
12. Ver Dane Ortlund, *Manso y humilde: El corazón de Cristo para los pecadores y heridos* (Nashville, TN: B&H Español, 2021).
13. Sibbes, *Bruised Reed,* 23.
14. Ibíd., 33.
15. Ibíd., 34.
16. Ibíd., 33.
17. Ibíd., 8.

llevar las flaquezas de los débiles (Ro. 15:1), como hizo Jesús con las dudas de Tomás (Jn. 20:27), las negaciones de Pedro (Lc. 22:61) y la incredulidad del pobre (Mr. 9:24).[18]

4. Gracia

La gracia experimentada debe motivarnos para mostrar gracia a los demás, aun cuando vemos poca gracia en ellos. Sibbes señala: "Debemos recordar que la gracia es, en ocasiones, tan escasa que es indiscernible para nosotros".[19] Algunos que no nos parecen cristianos podrían ser creyentes débiles que necesitan nuestra amabilidad para instarlos a confiar en Cristo y en el evangelio. Debemos llevarlos con paciencia de regreso a las verdades del evangelio que deberían conocer a estas alturas. Debemos mostrarles gracia en nuestro modo de hablar y actuar. A otros los juzgaríamos en lugar de servirles porque su vida espiritual parece débil cuando esperamos que sean fuertes. Sin embargo, escribe Sibbes, "una chispa de fuego es fuego, así como todo el elemento. Por ello debemos buscar la gracia tanto en la chispa como en la llama".[20] Por consiguiente, debemos cuidar de no caer en un patrón de ley en nuestra manera de pastorearlos en lugar de pastorear en gracia. "Moisés, sin misericordia, quiebra todas las cañas cascadas y apaga todos los pábilos humeantes", observa Sibbes respecto a la distinción entre la ley y el pacto de gracia. "Cristo viene con bendiciones incluso sobre aquellos a los que Moisés ha maldecido, y con bálsamo sanador para las heridas provocadas por Moisés".[21] También nosotros, que hemos recibido la gracia de Dios, apacentamos a las cañas cascadas en la gracia rica y plena de Cristo.

Jesús demostró misericordia, humildad, amabilidad y gracia una y otra vez a las cañas cascadas y los pábilos humeantes con los que se encontró. Ese es el modelo de compasión que los pastores deben abrazar en su obra de pastorado.

En resumen

Estudiar el ejemplo pastoral de Jesucristo nos ayuda a eliminar de los pastores la tendencia de funcionar con impaciencia, dureza, juicio y censura. A lo largo de su ministerio, Jesús estuvo cara a cara con cañas cascadas que llevaban una pesada carga. Los pastores se enfrentan a versiones del siglo XXI de cañas cascadas, que experimentan debilidad, culpa, temor y pesadez como las del siglo I. A fin de seguir el ejemplo de Jesús, los pastores deben aprender

18. Ibíd., 20-21.
19. Ibíd., 37.
20. Ibíd., 36.
21. Ibíd., 36-37.

a tratar las cañas cascadas con misericordia, humildad, bondad y gracia. Esta clase de compasión honra a Cristo y moldea el ministerio pastoral en amor.

Preguntas para la reflexión

1. ¿Cuál es el contexto para el uso que Mateo 12 hace de la profecía de Isaías 42:1-4?
2. ¿Cómo describiría usted pastoralmente las metáforas de *las cañas cascadas* y *el pábilo humeante*?
3. ¿Quién acude a su mente cuando piensa en *cañas cascadas* y *pábilos humeantes* en su contexto pastoral?
4. ¿Cuáles son las características de la práctica de la compasión manifestada por Jesús hacia los necesitados y los quebrantados?
5. ¿Cuál de las cuatro prácticas de compasión consideradas en este capítulo le parece más difícil en este momento, y por qué?

PREGUNTA 17

¿Cuáles son algunos de los peligros para evitar en el ministerio pastoral?

Los peligros del ministerio pastoral pueden ser un tema difícil que podría ocupar todo un libro. Pero dado que algunas de las demás preguntas consideran muchos de los peligros, sencillamente quiero llamar la atención a unos cuantos presentes y ofrecer observaciones que podrían ayudar a otro pastor a permanecer alejado de estos.

Después de más de cuatro décadas en el ministerio, he visto cómo otros pastores han caído presa de diversos peligros que les cuesta su ministerio y, en ocasiones, sus familias. Las buenas intenciones con las que empezamos la obra pastoral no pueden hacerse en modo piloto automático. El adversario no muestra misericordia para con nosotros en ámbitos de debilidad o descuido, sino que más bien los explota para destruirnos a nosotros y a las iglesias que servimos (1 P. 5:8). Estamos involucrados en un conflicto espiritual un día sí y otro no, de manera que debemos aprender a "fortale[cernos] en el Señor, y en el poder de su fuerza" revistiéndonos de "toda la armadura de Dios, para que poda[mos] estar firmes contra las asechanzas del diablo" (Ef. 6:10-11).[1]

Reconocer los peligros y los riesgos en nuestro camino provee una de las mejores formas de entrar en la batalla espiritual. Aunque cada cristiano enfrenta peligros espirituales, los pastores parecemos afrontar algunos exclusivos de nuestro ministerio. Los consideraremos bajo los títulos de personales y del ministerio.

Personales

Los peligros personales pueden expandirse a nuestro ministerio y viceversa. Pero, con el fin de entenderlo, consideraremos lo siguiente como peligros personales:

1. Descuidar la santidad personal

Dado que el Señor es santo, Pedro escribe: "sed también vosotros santos en toda vuestra manera de vivir" (1 P. 1:15-16). Añade: "Os ruego como a

1. Ver D. Martyn Lloyd-Jones, *The Christian Warfare: An Exposition of Ephesians 6:10-13* (Grand Rapids: Baker, 1998); y D. Martyn Lloyd-Jones, *The Christian Soldier: An Exposition of Ephesians 6:10-20* (Grand Rapids: Baker, 1998).

extranjeros y peregrinos, que os abstengáis de los deseos carnales que batallan contra el alma, manteniendo buena vuestra manera de vivir entre los gentiles; para que en lo que murmuran de vosotros como de malhechores, glorifiquen a Dios en el día de la visitación, al considerar vuestras buenas obras (1 P. 2:11-12). La santidad sigue a la unión con Jesucristo (Ro. 6:5-7). Sin embargo, esto no es una llamada a la pasividad, sino más bien la urgente razón de luchar activamente para no dejar que el pecado reine en nosotros (Ro. 6:12-14).[2] Robert Murray M'Cheyne declaró: "La mayor necesidad de mi gente es mi santidad personal".[3] Y, aunque solo sea por su gente, es su mayor necesidad en su vida personal.[4]

2. Dejar que las ofensas se enconen

El ministerio pastoral proporciona un laboratorio de oportunidades para la ofensa. También lo hace un pecador que vive en un hogar con otros transgresores. Seguir amargado, enfurecido por algo que se ha dicho, alimentando una mirada de enfado o enojo por un acto de descuido amarga el corazón contra los demás. Debemos "quitar de nosotros" la amargura, enojo, ira, gritería, maledicencia y la malicia, respondiendo, como personas perdonadas, con amables y tiernos actos de perdón (Ef. 4:31-32). No lo denomine mal humor, llámelo por su nombre verdadero: *pecado que necesita arrepentimiento.* Acuda a Cristo a diario, a lo largo del día, para mantener el corazón libre de amargura (1 Jn. 1:7-9). Perdone a los demás como aquellos que son perdonados por Dios.

3. Postergar el desarrollo en la disciplina personal

Debemos disciplinarnos con respecto a la piedad (1 Ti. 4:7). Una vida de disciplina significa que hemos prestado atención a ordenar nuestra vida delante de Dios para que Él tenga la preeminencia en todas las cosas (Col. 1:18). Descuidar la disciplina es contraproducente (Pr. 15:32). La disciplina implica desarrollar buenos hábitos para cultivar la vida espiritual, refrenando los deseos, haciendo un buen uso del tiempo, centrándose en las prioridades y resistiendo en los días difíciles (Pr. 12:1; 13:18). No sucede de la noche a la mañana, pero tampoco ocurrirá sin la atención debida a los detalles necesarios para un caminar saludable y un ministerio fiel.

---

2. Ver advertencia contra los "pastores" impíos, los líderes espirituales de Israel, en Ezequiel 34:1-10.
3. Citado en Olford, S. F., & Olford, D. L., *Anointed Expository Preaching* (Nashville: Broadman & Holman Publishers, 1998), 221.
4. Ver John Owen, *Overcoming Sin and Temptation*, eds. Kelly Kapic y Justin Taylor (Wheaton, IL: Crossway, 2006); J. C. Ryle, *Holiness: its Nature, Hindrances, Difficulties, and Roots*, abridged (Chicago: Moody, 2010); J. I. Packer, *Rediscovering Holiness: Know the fullness of Life with God* (Grand Rapids: Baker, 2009).

4. Descuidar la salud física

Malaquías reprendió a los sacerdotes que ofrecieron sacrificios deficientes y deformes sobre el altar (Mal. 1:6-14). Si hemos de ser "sacrificios vivos" (Ro. 12:1), no cabe duda que aunque la vida física nunca toma prioridad sobre la espiritual (1 Ti. 4:7-8), tampoco debe darse esto por sentado. Dios nos ha dotado de nuestro cuerpo, de modo que debemos cuidarlo manteniéndonos en forma, comiendo bien, haciendo ejercicio y durmiendo lo suficiente. De otro modo estaremos engañando a nuestras familias, a nuestras congregaciones y a nosotros mismos cuando no nos encontremos en la clase de salud física necesaria para mantener un programa intenso.[5] Hágase un chequeo médico anual. Debata con su médico qué tipo de ejercicio es adecuado para su edad, para su condición física y para su salud. A continuación, realícelo. Trabaje los hábitos de comer y dormir que le capaciten para maximizar cada día para la gloria de Dios. Esté dispuesto a recibir ayuda en cualquier ámbito necesario para permanecer en buena salud.

5. Dar el matrimonio por sentado

Sea intencional con su matrimonio. Un auto en punto muerto irá bien cuesta abajo, pero eso no durará mucho. Dejar que su matrimonio se deslice por inercia, aceptando lo que venga, equivale a permitir que funcione en punto muerto. Busque formas de servir a su esposa a diario. Podría ser ayudando con las tareas domésticas, con los niños u ofreciéndose voluntariamente a ir al supermercado. Sea creativo. A su esposa le encantará verle buscar formas de servirla intencionadamente. Se sentirá amada por su generoso servicio.

6. Descuidar el tiempo con sus hijos

La sencilla exhortación de Pablo: "Padres, no exasperéis a vuestros hijos, para que no se desalienten", exige que valoremos nuestra forma de relacionarnos con nuestros hijos (Col. 3:21). En ocasiones, nuestra ausencia, mientras hacemos cosas buenas, les revela bastante sobre nuestra preocupación por sus luchas y sus retos. Tómese tiempo para involucrarse en sus intereses (deportes, música, actividades al aire libre). Ayúdeles con sus tareas escolares. Deles espacio para hablar, incluso para quejarse, y preste un oído atento sin reacciones ásperas. Ejerza autocontrol cuando corrija y discipline. Pida disculpas cuando les haya fallado en algún sentido. En resumen, los pastores deben comportarse como cristianos en todas las cosas respecto a sus hijos.[6]

---

5. Una discapacidad o enfermedad crónica dificultará esto, pero, aun con todo, los pastores deben hacer todo lo que puedan para mantener la mejor salud posible.
6. Paul David Tripp, *La crianza de los hijos: 14 principios del evangelio que pueden cambiar tu familia* (Graham, NC: Publicaciones Faro de Gracia, 2016).

7. Descuidar el tomarse tiempo libre

Cuando los Doce regresaron de su primer ministerio en solitario, Jesús escuchó sus informes y, a continuación, se "retiró" para que pudieran descansar (Lc. 9:10).[7] Llámele retirarse o tomarse un día libre. Jesús sabía que no podrían mantener un ritmo intenso sin tomarse un descanso para relajarse. Los pastores tampoco pueden. Deben priorizar el tomar un día libre de las tareas ministeriales. Yo llevo treinta años descansando los lunes, y he descubierto que esto me renueva la energía para la semana. La congregación respeta ese tiempo, de modo que rara vez me piden que ministre los lunes (aunque estoy dispuesto a hacerlo cuando sea necesario). Programe las vacaciones *con antelación* y, cuando lo haga, *asegúrese* de que el púlpito y otras responsabilidades estén cubiertas con alguien de la iglesia o con un invitado. Considere que tomarse un respiro es administrar bien su tiempo.

8. Pasar demasiado tiempo en las redes sociales

Resulta asombroso ver cuánto tiempo se puede malgastar cada día añadiendo nuevas publicaciones e interactuando con amigos sobre lo que otro ha publicado. Puede, de repente, llevarle una, dos o cuatro horas al día, que deberían dedicarse a otras cosas. Limite sus redes sociales. Disciplínese para encontrar un tiempo de descanso en el que comprobarlas (tenga en mente que esto puede ser también destructivo para la vida familiar). Manténgase lejos de las páginas que lo llevan a tomar parte de argumentos innecesarios (2 Ti. 2:14-19). Evite quedarse tiempo donde las incitaciones a pensamientos o actos pecaminosos lo tentarían (1 Ti. 6:3-16). Use a compañeros de rendición de cuentas para garantizar que ejerce una buena moderación en el uso de las redes.[8]

En el ministerio

Afirmar que el ministerio contiene campos de minas no exagera los peligros a los que cada pastor se enfrenta. Esto puede declararse respecto a otras ocupaciones, por supuesto, aunque el ministerio tiene retos únicos que necesitamos entender y en los que debemos actuar.

1. La carencia de la rendición de cuentas

Los pastores no están excluidos de ser tentados por el pecado, de hacer malas elecciones, de volverse permisivos, de desarrollar una mala actitud o de estar fuera de control. Dios diseñó la pluralidad para la obra pastoral (de

---

7. "Retirarse", ὑποχωρέω, usado con la preposición ἐν transmite el sentido de "retirarse a un lugar y pasar allí algún tiempo" (BDAG, 1043).
8. Ver Tony Reinke, *Twelve Ways Your Phone Is Changing You* (Wheaton, IL: Crossway, 2017).

los ancianos) como una rendición de cuentas integrada.[9] Si su iglesia no tiene una pluralidad de ancianos, inicie el incorporar a su vida a un par de hombres piadosos como compañeros a los que rendir cuentas, hasta que se pueda establecer la pluralidad de ancianos. Sea lo bastante franco para compartir la vida, hablar de las luchas, orar unos por otros y exigirse una forma de vida santa los unos a los otros. Los pastores que viven en solitario recorren una trayectoria peligrosa.

2. Creerse insustituible

O, si ampliamos este peligro: *intentar desempeñar el ministerio de la iglesia a solas*. En ocasiones, es una cuestión de control, en otras es un asunto de orgullo o arrogancia, y hay veces que es un problema de temor que nos lleva a pensar constantemente que debemos realizar solos todo el ministerio: las visitas, la enseñanza, las reuniones, la administración, etc. "¡Nadie puede hacerlo así de bien!". "¡Nadie lo hará como yo quiero que se haga!". Al actuar así, desarrollamos la mentalidad de que somos irreemplazables. No tardaremos en depositar más confianza en nuestras capacidades y conocimientos que en depender del Señor. Sin embargo, dado que la iglesia le pertenece a Jesús y que Él prometió edificarla (Mt. 16:18), podemos estar seguros de que Jesús puede sustituirnos. Él no nos necesita. Le ha complacido encomendarnos al rebaño durante un tiempo, pero es su rebaño y nosotros somos sus subpastores para servir como a Él le plazca. Los pastores deben evitar el orgullo que los hace sentirse insustituibles. De otro modo, el pastor se agotará intentando mantener esa imagen defectuosa.

3. Entrar en relaciones o situaciones comprometidas

Proverbios advierte contra la adúltera o la mujer seductora, y los peligros de estar en lugares o situaciones que nos hacen más vulnerables a la tentación sexual (Pr. 5–7). No son advertencias vanas. Aconsejar a una mujer con la puerta cerrada o sin nadie más en la oficina compromete al pastor. Visitar a mujeres solas en su casa compromete al pastor. Atreverse a navegar por Internet para satisfacer deseos compromete al pastor. Establezca políticas de consejería o visitas que eviten el compromiso. Utilice filtros y rendición de cuentas para impedir caer *accidentalmente* en páginas pornográficas. Cuando comparezcamos delante del Señor para dar cuentas de cómo desempeñamos nuestras responsabilidades como subpastores suyos, que no haya caso alguno en el que hayamos comprometido la pureza moral y hayamos estado jugando a nuestro antojo con la sagrada obra que Él nos ha encargado.[10]

---

9. Ver Phil A. Newton y Matt Schmucker, *Los ancianos en la vida de la iglesia: Redescubriendo el modelo bíblico de liderazgo para la iglesia* (Grand Rapids: Portavoz, 2021).
10. Ver Brian Croft, *Help! He's Struggling with Pornography* (Wapwollepen, PA: Shepherd, 2014).

4. No usar a las personas dotadas del cuerpo

El Señor ha obrado de forma soberana en la iglesia para dotar a sus miembros para el ministerio (Ro. 12:3-8; 1 Co. 12:1-31; Ef. 4:11-16; 1 P. 4:9-10). La responsabilidad del pastor, en lugar de hacer todo el ministerio a solas, consiste en preparar y animar a los miembros de la iglesia para que se involucren en la obra. Sufrimos bajo el peso de un estilo de vida eclesial tipo espectador no bíblico. Los pastores gimen ante la cantidad de cosas que tienen que hacer, cuando parte del problema radica directamente en que ellos no han hecho que el cuerpo se implique. Esto significa *capacitar* de forma intencionada *a líderes espirituales* que puedan servir con fidelidad a la congregación.[11] Quiere decir observar qué dones hay en los miembros y ponerlos a trabajar. No dude nunca en pedirles personalmente que se involucren en el ministerio. No dependa de los anuncios desde el púlpito o mediante correo electrónico, sino reclute de manera personal a los miembros para el servicio.

5. Perseguir cada comentario negativo

La naturaleza pública de la obra pastoral significa que estamos abiertos a la crítica y también a amplios malentendidos. Con este territorio vienen los comentarios negativos, las quejas y las pullas. En ocasiones, cuando llegan al punto de provocar división en la iglesia, los ancianos tienen que ocuparse de ellos. La mayor parte del tiempo, sin embargo, esos comentarios sirven como instrumentos escogidos para humillarnos y que dependamos del Señor y echemos nuestra inquietud sobre Él (1 P. 5:6-7). Algunas personas tienden a ser negativas, de manera que los comentarios negativos pueden no significar nada malo; tan solo es un rasgo de la personalidad. Considere la fuente del comentario en tal caso, y no se lo tome demasiado en serio. Si hay algo de verdad en la queja, aprenda de esta; incluso dele las gracias al que se queja por su percepción.

6. Olvidar con regularidad expresar gratitud a aquellos que le sirven

La gratitud debe caracterizar a todo cristiano (Ef. 5:20). Los pastores deben ser modelo de ello para la congregación. Observe cómo sirven otros, el esfuerzo que ponen en sus labores, la dulce actitud que aportan a la obra, el espíritu colaborador con los demás obreros, la mente sacrificada en el servicio y así sucesivamente, y exprese gratitud. No se necesita mucho esfuerzo para ser amable al dar las gracias. Solo tiene que reconocerlos como compañeros que sirven a Cristo. Una tarjeta, una nota, un mensaje de texto, un correo

---

11. Ver Phil A. Newton, *La iglesia mentora: Cómo los pastores y las congregaciones cultivan líderes* (Grand Rapids: Portavoz, 2021).

electrónico o una llamada podrían elevar a un hermano o hermana a un nuevo nivel de servicio, porque el pastor se da cuenta y expresa agradecimiento.

7. No ejercer una cautela sabia y un valor piadoso

Mediante la *sabia cautela* uno sigue con esmero la enseñanza de las Escrituras, con atención al obrar del Espíritu Santo al tomar una decisión, sin dar paso a un espíritu tímido. Aunque preparado para avanzar en una decisión emocionante en una iglesia que serví, sentí una señal en mi espíritu el día que se debía tomar la resolución. No había tenido dudas con antelación, de modo que me desconcertó. Esto me llevó a pasar el día buscando al Señor en la Palabra y en la oración. Más adelante aquella tarde, cuando leí Proverbios 17:4, la paz que había estado ausente todo el día entró en mi corazón. Pude ser decisivo sin temor, sabiendo que el Señor me había dado la sabia cautela para seguir adelante.

Sin embargo, podemos permitir una tendencia natural a rehuir el conflicto o las decisiones difíciles para excusar la cautela constante. La iglesia no progresará adecuadamente con un pastor que siempre sea *demasiado cauteloso* para tomar decisiones que podrían "causar problemas". En dicho caso, es necesario ejercer *un valor piadoso* (p. ej., Jos. 1:6-7; 2 Ti. 1:7). El valor no significa impetuosidad, una insensibilidad natural hacia los demás o avasallar a las personas para que hagan lo que queremos. En su lugar, el valor piadoso "habla la verdad de Dios a un mundo y una cultura a los que va a ofender", escribe John MacArthur. "Pero usted lo hace porque ha sido llamado a hacerlo y sabe que honra al Señor".[12] Cuando nuestro orgullo es lo que está en juego, no es valiente actuar. Es momento de frenar. El valor piadoso actúa cuando Dios recibirá toda la gloria.

8. Caer en patrones poco saludables en la preparación del sermón

A continuación presentamos unos cuantos patrones poco saludables en la preparación de los sermones: (1) esperar al sábado para empezar a preparar para el domingo; (2) intentar sacar aplicaciones sin basarlas primero en una interpretación sólida; (3) intentar ser inteligente en la predicación en lugar de centrarse en la fidelidad al texto bíblico; (4) tomar ideas prestadas y extensas citas de otros sin darles el crédito adecuado; (5) cortar y pegar parte de los sermones de otros pastores sin tomarse el tiempo de desarrollar a conciencia una estructura homilética; (6) no orar ni meditar en el texto; (7) hacer suposiciones sobre un texto sin el esfuerzo diligente de entenderlo

---

12. John MacArthur, "Why Churches Languish Under Cowardly Pastors", Crossway, 17 de mayo de 2019, www.crossway.com.

adecuadamente; y (8) no depender humildemente del Espíritu Santo en la preparación. Cuando el pastor reconoce que ha caído en patrones poco saludables en la preparación, necesita emprender una acción inmediata para remediarlo. Está predicando la Palabra de Dios al pueblo de Dios, de manera que esto apela a sus mejores esfuerzos cada semana.

En resumen

El adversario común de todos los creyentes apunta cuidadosamente sus dardos de fuego a los pastores, sabiendo que, cuando ellos sucumben a la tentación, a la indisciplina, a la permisividad o a la amargura, afectará a toda la congregación. Reconocer los peligros personales y del ministerio permite que el pastor intensifique la oración, la aplicación de la Palabra y la rendición de cuentas para evitar caer en trampas colocadas por el adversario. La importancia eterna de la obra del pastor le insta a la fidelidad en todas las cosas.

Preguntas para la reflexión

1. ¿En qué sentido son únicos los peligros de los pastores con respecto a los de un miembro promedio de la iglesia?
2. ¿Qué advertencias en ámbitos de la vida personal parecen más pertinentes en su vida?
3. ¿Contra qué peligro personal observa usted que lucha la mayoría de los pastores?
4. ¿Cómo ha provisto Dios la rendición de cuentas para los pastores?
5. ¿Por qué es un peligro evitar expresar gratitud a los colaboradores?

PREGUNTA **18**

¿Cómo deben los pastores gestionar la oposición?

Los pastores no tienen que pensar que les sucede algo extraño cuando se enfrentan a la oposición. Es inherente al ministerio pastoral. Solo hay que leer las epístolas paulinas y juaninas para entender que la oposición parecía abrirse camino en casi cada iglesia del siglo I (p. ej., 1 Co. 1:10-17; 2 Co. 10–13; Gá. 1:6–2:14; Fil. 3:17-19; 2 Jn. 7-11; 3 Jn. 9-10). Lo mismo sigue ocurriendo en nuestra época. Algunos podrían considerar que los desacuerdos, las opiniones distintas o las formas diferentes de gestionar las cuestiones son *oposición*. Sin embargo, algunos desacuerdos pueden ser saludables cuando nos conducen, de forma conciliadora, a escudriñar juntos las Escrituras en busca de respuestas. Por otra parte, la oposición aumenta a un nivel que amenaza a la estabilidad de la iglesia.

Al principio de mi segundo pastorado, un miembro descontento de la comunidad envió cartas haciendo ásperas acusaciones a tres señoras de nuestra congregación. Sin saberlo, ocurrió que mi sermón del día siguiente trató algunos de los temas mencionados en las misivas, aunque con un objetivo totalmente distinto que el del autor de la carta (¡a eso se le llama providencia!). Los expuse con aplicación bíblica. Tras el culto de la mañana, uno de los receptores empezó a murmurar ante los demás acusándome de ser el perpetrador, aunque yo no había dicho nada aquella mañana que diera crédito a aquellas misivas tan poco halagüeñas.

En mi pastorado presente, hablé un domingo por la tarde sobre 2 Timoteo 4:1-5, para explicar por qué predico de manera expositiva. Uno de los maestros destacados de la escuela dominical se marchó con actitud desafiante a mitad del sermón, manifestando de forma visible su oposición a mi explicación.

Cuando trabajábamos en el establecimiento de un liderazgo plural de ancianos en nuestro sistema de gobierno congregacional, un hombre dejó de asistir de forma abrupta murmurando con otros mientras salía. Después de hablar con él, reconoció que no le importaba que fuera bíblico tener una pluralidad de ancianos, pero que la pluralidad de ancianos no era bautista y por eso lo rechazaba.

Estas son solo unas pocas de las veces que he sentido el fuerte peso de la oposición. Incluso personas a las que había dedicado gran cantidad de tiempo en mi servicio durante la enfermedad y la pérdida no sintieron lealtad alguna cuando se trató de oponerse a mí. La pregunta a la que me enfrenté, como cada pastor, fue cómo ocuparme de la oposición y proseguir en un ministerio pastoral fiel. Pensaremos en esto con seis consideraciones:

Ore a menudo

La oposición podría ser una guerra espiritual. Los ataques podrían venir en diferentes formas, maneras y con todo un surtido de personas y circunstancias. Cuando se trata de la salud de la iglesia, su liderazgo, la unidad de la congregación, el testimonio corporativo eclesial y la fidelidad al señorío de Cristo, *es* una cuestión espiritual. Esto exige un liderazgo espiritual que lo afronte, ya sea confrontando o trabajando en oración para ver cambios en las cosas. La exhortación de Pablo en Efesios 6:10-20 insta de un modo adecuado a los pastores y a las congregaciones a "fortalec[erse] en el Señor, y en el poder de su fuerza" y a vestirse de la armadura de Dios (vv. 10-11).[1] John Stott explicó esto como "la combinación adecuada de capacitación divina y colaboración humana".[2] Pablo llama a ejercerla con "toda oración y súplica en el Espíritu" (v. 18). "[La oración] debe impregnar toda nuestra guerra espiritual", escribió Stott. Y prosigue: "Prepararnos con la armadura de Dios no es una operación mecánica; es, en sí misma, una expresión de nuestra dependencia de Dios, en otras palabras, de oración".[3]

La oración pidiendo sabiduría, discernimiento, poder, humildad, claridad y gracia debe acompañar a cualquier pensamiento de oposición y confrontación. Podría ser que, en la oración, el pastor entienda que el asunto no justifique la confrontación, de manera que lo deje en las manos del Señor. En otras ocasiones, cuando el evangelio esté en juego, sabrá que debe enfrentarse a los que están en oposición, de manera que bañará sus pasos y sus palabras en oración, sabiendo que, si el Señor no actúa a su favor, sus esfuerzos serán en vano.

Camine en humildad

El llamado a la humildad refleja lo que encontramos en el Señor Jesucristo (Mt. 11:29). Él sabía cuándo confrontar y cuándo permanecer en silencio. Mantuvo el propósito más amplio de su misión y de su reino en el enfoque principal de cada confrontación sin usarlo con miras egoístas.

---

1. Ver Martyn Lloyd-Jones, *The Christian Soldier: An Exposition of Ephesians 6:10-20* (Edimburgo: Banner of Truth Trust, 1977); y William Gurnall, *The Christian in Complete Armour*, 3 vols. (publicado originalmente en el siglo XVII; Edimburgo: Banner of Truth Trust, 1990).
2. John R. W. Stott, *The Message of Ephesians*, BST (Downers Grove, IL: InterVarsity, 1979), 266.
3. Ibíd., 283.

La humildad no debe confundirse con la timidez. Más bien, la primera significa que el pastor reconoce la verdad sobre sí mismo y Dios, y no las confunde. Entiende que no tiene poder para cambiar el corazón que se opone, pero que Dios sí. Sabe que, a pesar de su capacidad de persuasión, otro puede convencer de lo contrario. Por tanto, se acerca a tratar la oposición con la profunda convicción de que debe ser sencillamente una vasija que el Señor podría usar, no el héroe que resuelve el conflicto de una iglesia. Da gloria de manera consciente a Dios por cualquier cambio, arrepentimiento y corrección.

Mantenga la llama en su corazón

Con esto me refiero a mantener el calor de su relación con el Señor y renovarla. Pocas cosas pueden ser peores que un pastor enojado y amargado que intenta ocuparse de la oposición de un miembro de la iglesia. Esta clase de caminar espiritual empobrecido deja fracturas desde el principio y, algunas, pueden no sanar jamás. Antes de confrontar la oposición, el pastor necesita saber que ha lidiado con todas sus actitudes pecaminosas y su espíritu de amargura (Ef. 4:29–5:2). Debe saber que está viviendo en perdón hacia aquellos que provocaron la oposición o se defenderá a sí mismo y sus derechos sin pensar en la gloria y honra de Dios y del evangelio. Debe saber que está caminando cuidadosamente en la voluntad del Señor y en la plenitud del Espíritu Santo (Ef. 5:15-21). Compruebe su corazón y su caminar antes de dar un paso en el trato con la oposición. Podría ser que el mayor problema no estuviera en otra persona, sino en el pastor que ha permitido que la amargura se enconara. La unidad de la iglesia y el testimonio del evangelio están en juego en esos momentos.

Parece importante, en esas ocasiones, que los pastores guarden la Palabra de Dios en su corazón. Los pasajes que tratan la humildad (1 P. 5:6-7), la amabilidad (2 Ti. 2:25), la sabiduría (Stg. 1:5-6) y la forma de hablar (Pr. 15:1) serían buenos para memorizarlos y repetirlos a lo largo del tiempo y así prepararnos para confrontar la oposición.

Discierna si es mejor dejarlo estar o confrontarlo

Si alguien hace una observación mordaz o incierta —y esto pasará una y otra vez—, el pastor tendrá que decidir si es un instrumento que sirve para humillarlo y confiar más en el Señor, algo injusto pero en lo que no merece la pena arriesgarse a perjudicar las relaciones, o un asunto que afecta a la unidad de la iglesia y al mensaje del evangelio. Con frecuencia, la experiencia testifica, como un mordisqueo en los talones o patadas en la espinilla, por así decirlo, que sencillamente no merecen la pena dedicarles el tiempo de dilucidar quién dijo qué y por qué se dijo. A menos que afecte a la unidad de la iglesia, el testimonio del evangelio, la adoración corporativa, las cuestiones del gobierno de la iglesia respecto a la membresía y al liderazgo, o la misión, podría no suscitar la necesidad de la confrontación.

Sin embargo, si el asunto o la naturaleza de la oposición alcanza el punto de que sea necesario confrontarlo, el pastor nunca debe hacerlo a solas. Debe tener al menos uno o más ancianos (preferiblemente un anciano que no forme parte del personal) que se una a él en la resolución de la cuestión. Estos hombres deben orar y debatir cómo gestionar la situación, y cada uno debe pedir cuentas al otro respecto a la humildad, la amabilidad y el amor que acompaña a su conversación y su conducta.

Podría ser —y yo pienso personalmente que esto sucede a menudo— que el asunto de oposición sea simplemente un malentendido. En tal caso, el acercamiento se hará con amabilidad y gracia, y esto podría difuminar cualquier tensión y enojo. O puede ser que durante la conversación el pastor entienda que hay una culpa personal en algo dicho o hecho, o en una negligencia. En este caso, necesita recibir la corrección con humildad y pedir perdón. Si la(s) otra(s) persona(s) involucrada(s) ha(n) iniciado los rumores o ha(n) hablado careciendo de fundamento, el pastor y el anciano deben señalar la cuestión, conseguir aclaración y, a continuación, explicar a través de las Escrituras por qué debe detenerse y seguro que las disculpas serán en proporción a la ofensa. Si el asunto alcanza el nivel de merecer la disciplina de la iglesia por falsa doctrina o por perturbar la unidad de la congregación, sería necesario acercarse a cualquiera de los involucrados con el espíritu de Mateo 18:15-17, reconociendo la gravedad de las cuestiones que se están tratando. Aquí, el pastor y los ancianos tendrán que afirmarse en la verdad y permanecer alerta de cualquier amenaza al testimonio o la unidad de la iglesia.

Siga predicando la Palabra de Dios

El pastor solo debe cambiar su serie expositiva en circunstancias extremas, para tratar la oposición en público. Debe proteger el púlpito para que no se convierta en un "púlpito de intimidación". No querrá ser acusado de hacer un mal uso del cargo pastoral para atacar a otra persona o su posición con el fin de parecer justificado frente a la oposición. Me ha parecido extraordinaria la frecuencia con la que las series normales de exposición planificadas sobre un libro de la Biblia tratan un problema que haya surgido. Publicitar el programa de predicación con tiempo elimina las acusaciones de cambios de sermones para atacar a otra persona. ¡La mano soberana de Dios obrando en la iglesia no debe olvidarse!

Más importante aún, el ministerio habitual de la Palabra debe seguir siendo la prioridad para el pastor. Debe estar alerta contra la tendencia de ser dejado a un lado por la oposición, de manera que pierda de vista la primera preocupación de alimentar al rebaño con la Palabra de Dios; esa es una de las estrategias del adversario. También debe saber que el Espíritu Santo obra a través de la predicación de la Palabra para lograr mucho más de lo que jamás haya conocido. De modo que sea fiel en la predicación de la Palabra de Dios.

Deje el asunto en las manos de Dios

Cuando el pastor haya orado y abordado la situación con humildad, haya preparado su corazón delante de Dios y discernido la mejor manera de actuar o permanecer en silencio, debe encomendar la oposición y sus efectos correspondientes en las manos de Dios. El Señor, que creó los cielos y la tierra, tiene amplio poder para obrar en la situación que ha causado tanta angustia. En ocasiones, los asuntos de oposición parecen no acabar jamás. Otras veces, el Señor actúa para ponerles fin de maneras que el pastor creía mucho más allá de su propia capacidad de cambio. Pero hay cuestiones que se deben considerar con respecto a la oposición y la obra de la mano suprema de Dios:

El Señor podría estar podando al pastor y/o a la iglesia. El tiempo de oposición lleva al pastor a mayor profundidad a la hora de tratar con su pecado y caminar con el Señor. Lleva a la iglesia a un arrepentimiento, una oración y una obediencia más intensos.

El Señor podría estar enseñando al pastor para que dependiera de Él. Con tanta frecuencia en mi propio ministerio, ese ha sido el caso. He aprendido más lecciones de la fidelidad de Dios cuando me enfrentaba a la oposición que cuando todo parecía ir bien.

El Señor podría estar manifestando el error y la impiedad en la iglesia. En tales casos, esto podría significar confrontación o incluso disciplina de la iglesia. O tal vez sería un llamamiento al arrepentimiento profundo para la congregación. Otras veces, significa que el Señor podría hacer la obra dolorosa de purgar a la iglesia para purificarla.

El Señor podría estar estableciendo el escenario para futuros cambios en la iglesia que expandirán su testimonio del evangelio y su ministerio. Caminamos durante un período de tres años de oposición, con murmullos bajo la superficie que no pudieron ser localizados para ser tratados. Demostró ser una de las etapas más dolorosas del ministerio, sobre todo porque gran parte de la oposición se centraba en el evangelio. Sin embargo, Dios la usó para humillarnos, purificarnos y cambiarnos. Nuestra iglesia no es la misma, y gracias a Dios por ello, ya que ha dado lugar a nuevos niveles de testimonio y ministerio del evangelio de manera local y global.

En resumen

Los pastores y las iglesias podrían esperar desacuerdos ocasionales, malentendidos y conflictos personales como aspectos normales de aprender a vivir juntos como seguidores de Cristo. La oposición que socava la unidad del evangelio surge de vez en cuando como conflicto espiritual. Como tal, no debe tratarse fuera de la consciente dependencia del poder y la provisión del Señor para su pueblo. La oración, la humildad y la devoción a Cristo deben preceder cualquier pensamiento de confrontación de la oposición. Discernir el deseo de Dios respecto a confrontar o no, solo se conocerá por medio de la Palabra y de la oración. Cuando las confrontaciones son necesarias, deben llevarse a cabo con amabilidad, humildad y amor con el objetivo de la restauración y de la unidad. En última instancia, los pastores deben aprender a confiar en el Señor cuando hay oposición, así como aprender las lecciones que Él quiera enseñar a sus subpastores y congregaciones.

Preguntas para la reflexión

1. ¿Por qué es la guerra espiritual un aspecto crítico de gestionar la oposición?
2. ¿De qué manera se convierte la humildad en un rasgo necesario al enfrentarse a la oposición?
3. ¿Cuándo debe confrontarse la oposición y cuándo no?
4. ¿Cómo debe el pastor usar el púlpito en tiempos de oposición?
5. ¿Qué podría estar enseñándoles el Señor al pastor y a la congregación por medio de la oposición?

PREGUNTA 19

¿Cómo dirige el pastor una reunión de ancianos?

Dirigí la primera reunión de ancianos a la que asistí.[1] Probablemente no es la mejor forma de empezar, pero, cuando nuestra congregación votó establecer el liderazgo de una pluralidad de ancianos como estructura de gobierno, muy pocas iglesias de mi denominación tenían ancianos. Todas las iglesias que conocía por mi zona tenían una gama de pastor/diácono, un único pastor o eran iglesias dirigidas por un comité. Yo no contaba con un modelo sobre el que basar mis acciones aquella tarde.

Esto fue hace más de veinticinco años. No puedo recordar todo lo que hicimos en esa primera reunión, pero sí me acuerdo de reuniones de ancianos a lo largo de los años que se desarrollaban en momentos de rica comunión y oración, sensibilidad espiritual, carga por los miembros necesitados, risas y lágrimas, confirmación y sabio consejo.

La forma en que un pastor lidera una reunión de ancianos puede variar. Sin embargo, parece que tenemos plantillas similares para nuestra consideración durante nuestras reuniones, aunque movamos las piezas o nos acerquemos a ellas con énfasis distintos. A continuación utilizaremos unas cuantas preguntas que nos ayuden a pensar detenidamente en cómo podría el pastor dirigir una reunión de ancianos:

¿Por qué se reúnen?

Es necesario empezar por el principio. Los ancianos se centran en cuatro ámbitos: la doctrina, la disciplina/el cuidado de los miembros, la dirección y el ejemplo de vida cristiana. Esto último sigue siendo una parte tangencial de la reunión sin que forme parte del programa. Las actitudes, el debate, las decisiones y los cambios se reflejarán en lo bien que los ancianos ejemplifiquen la vida cristiana dentro de su consejo y con la congregación.

1. El pastor principal no es el único líder posible de las reuniones de ancianos. Potencialmente, cualquier hombre de entre ellos podría ser un posible líder siguiendo una rotación. Algunos pastores principales prefieren no dirigir la reunión de ancianos y delegar en un varón escogido de entre ellos. A menos que el gobierno de una iglesia insista en lo contrario, es probable que el pastor principal dirija en algún momento las reuniones de ancianos. Sin duda, aun cuando se siente en silencio en una reunión, su liderazgo se sentirá y será necesario entre los ancianos. He escrito el capítulo teniendo esto en mente.

Los puntos del orden del día deben encajar entre las otras tres categorías: doctrina, disciplina/cuidado de los miembros y dirección/liderazgo. Si un punto propuesto para el debate no pertenece a estas categorías —es decir, que forme parte de la razón de los ancianos para llamar y servir—, el pastor puede eliminarlo del programa y delegarlo a la persona, grupo, equipo o comité adecuado.

¿Cuáles son los puntos clave para los ancianos y sus reuniones?

La naturaleza de una reunión de ancianos se determina mucho antes de que esta comience, es decir, en el cuidadoso proceso de una congregación que escoge a hombres calificados como ancianos. Pablo nos ayuda a entender que no todo el mundo encaja bien en la cultura de la igualdad, la confidencialidad y la humildad necesarias para todas las reuniones de ancianos: "Es necesario que el obispo sea irreprensible... sobrio, prudente, decoroso, hospedador, apto para enseñar... no pendenciero, no codicioso de ganancias deshonestas, sino amable, apacible, no avaro" (1 Ti. 3:2-3). Del mismo modo, le escribe a Tito: "Es necesario que el obispo sea irreprensible, como administrador de Dios; no soberbio, no iracundo... no pendenciero, no codicioso de ganancias deshonestas... amante de lo bueno, sobrio, justo, santo, dueño de sí mismo, retenedor de la palabra fiel tal como ha sido enseñada, para que también pueda exhortar con sana enseñanza y convencer a los que contradicen" (Tit. 1:7-9).

Sin recordar cada detalle, se observa que el carácter del anciano debe tener prioridad sobre sus capacidades, sus dones y su prominencia en la iglesia. No puede ser alguien descontrolado o hundirá a todo el cuerpo de ancianos con su genio, su lengua y sus acciones desenfrenadas. No puede ser un intimidador, sino que debe caracterizarse por la amabilidad y la paz. Tiene que ejercer sentido común y un pensamiento sano. La idea de la ganancia personal no debe controlarlo. Debe ser, sobre todo, un hombre de la Palabra que sepa cómo aplicar y seguir la enseñanza de las Sagradas Escrituras en los ámbitos que consideren los ancianos.

Estos rasgos de carácter no deben dejarse nunca en la puerta cuando empieza una *reunión*. Deben impregnar el ambiente de la reunión. Prepárese con tiempo para unas reuniones saludables de ancianos escogiendo y confirmando a hombres que posean el tipo de carácter que Pablo presenta como fundamental para los obispos. Si un anciano tiene un momento de debilidad y falla en una de estas cosas, los restantes del consejo tienen la responsabilidad de corregirlo y amonestarlo.

¿Cómo ejemplifica usted el liderazgo de ancianos mientras dirige la reunión?

El pastor principal es quien más expuesto está al público y ocupa mayor tiempo en el púlpito, y su actitud respecto a los ancianos podría ser de sentirse el *más* importante de ellos. Pero no lo es. Es igual a los demás, aunque es el primero de ellos en términos de responsabilidades y de rendición de cuentas ante la congregación.[2] No puede ni necesita cambiar esto último, pero puede esforzarse por construir igualdad entre los ancianos. Una forma de hacerlo es en su manera de dirigir las reuniones.

El *compromiso* del pastor con los ancianos como colegas pastores del rebaño se manifestará en su forma de disfrutar del tiempo que pasa con ellos, intercede a diario por ellos, y confirma sus dones y su servicio en el cuerpo. Con solo estar con sus compañeros ancianos ya es un privilegio y un regalo del Señor. Su compromiso con ellos comunica esa actitud. *Conoce* bien a sus familias, clama al Señor para que obre con poder entre las esposas y los hijos de los ancianos.

La *humildad* del pastor, en su forma de manejar la atención de la congregación, incluyendo cumplidos y quejas, sirve para que los demás hombres se sientan cómodos como participantes en igualdad en la reunión. "La humildad genuina es algo parecido a un parachoques integrado: difumina la posibilidad de ofender de algunas ideas positivas, así como la posible actitud defensiva que algunas críticas podrían de otro modo engendrar".[3] Su *ejercicio de autoridad bíblica,* en su forma de manejar las Escrituras y dirigir el debate en la clara enseñanza de la Palabra de Dios, construye una atmósfera donde los ancianos se deleitan en seguir la sana doctrina. Su capacidad de *escuchar bien,* de ser lentos para hablar y evitar dominar la reunión, comunica a los demás que las opiniones de ellos tienen tanta importancia como sus propios pensamientos. Su *paciencia* al enfrentarse a los desacuerdos, acompañado de gracia y de un espíritu cálido, llegará lejos en su forma de ayudar a que el consejo encuentre una solución a cualquier estancamiento. Su forma de *valorar* la aportación de los demás, en particular cuando podría haber querido ir en una dirección distinta, construye respeto y unidad entre los ancianos. Su apertura a la *corrección,* y su crítica piadosa como medio de gracia para perfeccionarlo espiritualmente y en sus responsabilidades pastorales, preparará a los demás ancianos para que reciban el mismo tipo de cálida crítica para servir mejor

---

2. Ver Benjamin L. Merkle, *Preguntas y respuestas sobre ancianos y diáconos* (Grand Rapids: Editorial Portavoz, 2013), 179-81.
3. Mark Dever y Paul Alexander, *Deliberate Church: Building Your Ministry on the Gospel* (Wheaton, IL: Crossway, 2005), 191.

al cuerpo de Cristo. Su *humor* y su capacidad de reírse de sí mismo cuando se reúnan construirán camaradería.[4]

¿Qué preparación se debe tener en cuenta en las reuniones de ancianos?

Las reuniones de ancianos empiezan mucho antes de la hora de juntarse. Una o dos semanas antes, o incluso un mes, podrían ser necesarios para ayudar a prepararse para el debate y para las acciones a emprender. Parte del reto que enfrentan los ancianos laicos es contar con suficiente información antes de la reunión para participar en la discusión y avanzar hacia una decisión. Resulta fácil suponer que estos hombres — sabios y reflexivos como son— se pondrán al día durante la reunión respecto a aquello que los ancianos con salario han debatido extensamente. Pero es probable que esta suposición ahogue la discusión y potencie el resentimiento. Por tanto, los ancianos con salario deben ser diligentes y reflexivos en la preparación del material suficiente o mantener bastantes debates con los ancianos laicos para ayudarlos a estar preparados para tratar los temas. Esto podría producirse a través de una serie de correos electrónicos, cartas o paquetes entregados en mano que contengan información actualizada sobre los miembros, las cuestiones del presupuesto, las peticiones de misiones, las recomendaciones de ministerio y la controversia doctrinal.[5]

Durante un período, nuestros ancianos tuvieron que ocuparse de la aberración doctrinal de un miembro. Varios de nosotros habíamos mantenido debates con él. Tres o cuatro de nosotros nos embarcamos en extensos diálogos vía correo electrónico en un intento de demostrar su error exegético y teológico. Nos pasamos las notas de uno a otro y así como las conversaciones de los correos para que los demás ancianos se prepararan para debatir la situación. Sin este tipo de comunicación, algunos de los ancianos habrían quedado incapacitados para el tedioso diálogo que se produjo en nuestra reunión.

La mayor parte de las discusiones fuera de la reunión no tendrán esa gravedad, pero son importantes para permitir que cada anciano se sienta parte del debate. Un beneficio de esta clase de comunicación será el fortalecimiento de las relaciones y los vínculos entre los ancianos. Cuando la igualdad y la pluralidad quedan demostradas de base, como la comunicación previa a la reunión, refuerza la forma de servir de los ancianos entre sí cuando se reúnen.

---

4. Dever y Alexander observan que la humildad, la justificación bíblica, la paciencia, la disposición a ceder, dar y recibir aliento y críticas piadosas, y el sentido del humor son buenas cualidades de las que el pastor debe ser modelo. Algunas de sus ideas han dado forma a mis comentarios (*Deliberate Church*, 191-92).
5. Ibíd., 179-80.

Hemos elegido dividir diversas responsabilidades del ministerio entre un equipo de ancianos (p. ej., la adoración, las misiones, la escuela dominical, etc.), permitiendo a los equipos que se reúnan antes de la junta regular mensual de ancianos para debatir los detalles. Llegado el momento de encontrarse, por lo general ya habrán resuelto la mayoría de los detalles y proveerán una información de fácil acceso para el debate y la toma de decisiones. Al dirigir las reuniones, llamo la atención a los asuntos particulares que surgen y los delego a los equipos de ancianos. Ellos tendrán un plazo para informar al cuerpo mayor de ancianos después de su investigación.

Con frecuencia asigno un punto específico del orden del día a un anciano que dirija la reunión. Lo hago por dos razones: primero, probablemente sabe más del tema que yo, de modo que puede hablar del mismo con mayor claridad; en segundo lugar, esto permite que se exprese la igualdad conforme se va desarrollando el programa de la reunión.

¿Cómo es una reunión de ancianos?

La preparación de la reunión culmina en un *orden del día* que marca el ritmo de la reunión. Aunque daré un ejemplo de esto más abajo, es importante pensar primero en algunas de las categorías más amplias que probablemente formarán parte de la mayoría de las reuniones, aunque no de todas.

(1) *Devocional, lectura de las Escrituras y oración.* Las reuniones de ancianos son reuniones espirituales. Tienden a derivar en reuniones corporativas de negocios a menos que estén ancladas en la Palabra de Dios y la oración (Hch. 6:4). El enfoque podría variar de una reunión a la otra. A veces hacemos un devocional, otras veces leemos una extensa porción de las Escrituras para ayudar a nuestros corazones a la oración. El pastor podría asignar esta responsabilidad a uno de los ancianos que inicie el tono de la reunión en la Palabra de Dios.

Si alguien pregunta a nuestros ancianos cuál es la parte más importante de nuestras reuniones, sin duda todos responderán que es el tiempo de oración. Desnudamos nuestros corazones delante del Señor por el bien de la congregación, por los miembros con necesidad espiritual, por las necesidades físicas en el cuerpo, por nuestro caminar con Cristo, por nuestras esposas e hijos, por nuestros parientes y amigos incrédulos, por las personas que visitan nuestra congregación y consideran la membresía, por las misiones globales, por nuestra misión local y por la obra del ministerio, por nuestras reuniones de adoración. El debate es bueno; la oración es mejor.

(2) *Cuestiones de membresía y necesidades.* Cada anciano tiene la responsabilidad de un "grupo al que apacentar", que representa a todos nuestros miembros y los que asisten con regularidad. Procuramos efectuar el cuidado

pastoral a través del grupo de cuidado pastoral. De esta forma, cada uno de nosotros tenemos una información más actualizada sobre miembros en particular bajo nuestro cuidado directo. Aunque todos servimos a la familia más amplia de la iglesia, los grupos de atención pastoral nos proporcionan una mejor gestión de nuestro cuidado pastoral. Con frecuencia hacemos asignaciones durante este período de contacto adicional, una exhortación, un movimiento hacia el proceso de disciplina de la iglesia, una visita pastoral, una explicación sobre el llamado o el ministerio, una invitación a participar en un proyecto de misión, etc. Durante ese tiempo, nos mantenemos al corriente de los miembros enfermos y de cómo podemos ocuparnos de ellos.

(3) *Actas y/o elementos inacabados del orden del día de la reunión anterior.* Necesitamos retrotraernos para asegurarnos de haber cubierto las bases de la reunión precedente, en particular cualquier tarea encomendada. Inevitablemente, tendremos asuntos inacabados.

(4) *El ministerio y la misión en la iglesia.* Esta amplia categoría lo abarca todo, desde los viajes misioneros, adoptar a un grupo de personas no alcanzadas, la obra local de una escuela para necesitados, obra para refugiados, escuela dominical, clases de estudio bíblico, tiempo de estudio a mitad de semana, planificación de la futura predicación, y más.

(5) *Administración.* Los detalles relacionados con el edificio, para los cuales los diáconos podrían pedirle su aportación, las necesidades que reconocemos en nuestra estructura organizativa, las finanzas, los programas, los cambios de personal, etc., entran en esta categoría. Aunque nuestros diáconos gestionan la mayoría de las necesidades físicas en torno a las instalaciones, a veces necesitan la dirección de los ancianos para realizar su trabajo.

(6) *El debate teológico y/o la formación.* Durante períodos de selección de nuevos ancianos, nos embarcamos en la formación teológica con los candidatos. En otras ocasiones leemos juntos un libro con debate o insistimos en una cuestión teológica que nos parece necesitar mayor claridad en el cuerpo.

Estas seis categorías explican la razón para tener reuniones. Están basadas en el enfoque bíblico de los ancianos en la doctrina, aplicar disciplina/cuidar de los miembros y la dirección/el liderazgo. A continuación se incluye una orden del día típica para su consideración:

- Leer las Escrituras y oración
- Revisar los contactos con los miembros, identificar las necesidades y contactos adicionales
- Estudiar y presentar investigación sobre un tema doctrinal
- Debatir sobre un posible caso de disciplina en la iglesia
- Trabajar en la selección de los equipos ministeriales

- Decidir sobre los nuevos maestros para las próximas clases de Biblia
- Planificar la escuela dominical y los estudios del miércoles por la noche para el año siguiente
- Examinar las peticiones de respaldo misionero
- Deliberar sobre una nueva oportunidad de ministerio local
- Revisar las prácticas educativas pastorales
- Explorar ideas sobre la campaña de evangelización para el verano[6]

En resumen

Si bien las reuniones de ancianos representan una fracción del tiempo que estos dedican a ministrar al cuerpo de ancianos, resulta ser el momento en que el pastor establece la trayectoria para el ministerio de los ancianos. Es preciso asegurarse de que hombres fieles y humildes sirvan como ancianos. El pastor es el modelo para ellos de la clase de humildad, tiempo de oración, oído atento, espíritu colaborador, calidez y paciencia necesarios para todo. Las categorías señaladas para consideración en las reuniones podrían no utilizarse todas, pero deben considerarse para cada reunión. Comunicar la información adecuada antes de cada reunión ayudará a tener un buen debate y a tomar sabias decisiones. El orden del día provee la hoja de ruta para mantenerse centrado en el objetivo de la reunión. Ciertamente, el Espíritu Santo podría interrumpir el programa con propósitos más grandiosos, pero, al margen de su liderazgo, seguir el programa permitirá que los ancianos logren más de lo que creían posible al principio.

Preguntas para la reflexión

1. ¿Por qué tienen reuniones los ancianos en lugar de simplemente pastorear?
2. ¿Cuáles son los puntos clave necesarios para que los ancianos se reúnan en unidad y buen propósito?
3. ¿Qué cualidades necesita manifestar el pastor para ser modelo del liderazgo de ancianos?
4. ¿Cómo es la preparación para las reuniones de ancianos?
5. ¿Qué categorías generales podrían formar parte de cualquier reunión de ancianos?

6. Adaptado de Phil A. Newton y Matt Schmucker, *Los ancianos en la vida de la iglesia: Redescubriendo el modelo bíblico de liderazgo para la iglesia* (Grand Rapids: Portavoz, 2021), 205-206.

PREGUNTA **20**

¿Cómo pueden los pastores ser mentores de futuros pastores y líderes?

El ministerio pastoral sigue el ejemplo de Jesús, Pedro y Pablo cuando capacita a los futuros pastores y líderes de la iglesia. Jesús formó a los Doce y a los Setenta, quienes, a su vez, continuaron el ministerio iniciado por Él mientras ellos enseñaban a otros (Lc. 9–10). Pedro tomó consigo a algunos hermanos de Jope para que ayudaran con el ministerio a Cornelio (Hch. 10:23). Que este hombre y los demás hubieran sido bautizados indica que habían recibido formación y que habían sido apartados para el liderazgo en la iglesia de Jope (Hch. 10:48). Pablo solía llevar consigo a aquellos a los que capacitaba para el ministerio del evangelio allí donde había plantado iglesias (p. ej., Hch. 16:1-3; 17:4; 20:4-5; Gá. 2:1). El fiel ministerio pastoral sigue el mismo patrón (2 Ti. 2:2).

Reconozco que la idea de capacitar a otros para la obra del ministerio parece abrumadora. Cabría pensar que la obra pertenece a las instituciones teológicas más que a la iglesia local. Pero los seminarios y los institutos bíblicos, aunque útiles de múltiples maneras, no sustituyen nunca a las iglesias locales para perfeccionar y moldear la parte espiritual y ministerial de los futuros pastores, misioneros y líderes cristianos. Una clase de predicación podría criticar un sermón, y una clase de hermenéutica podría corregir una interpretación, y una clase de griego podría agudizar el entendimiento del uso de los verbos en un texto. Todas estas cosas son necesarias y útiles para los futuros ministros (y con pastores capaces que sirvan de mentores, estas cosas pueden hacerse también en la iglesia local). Sin embargo, cuando el futuro pastor o líder predica un sermón en una congregación de la que es miembro, donde vive con regularidad la vida en el cuerpo, cualquier crítica va más allá de la estructura homilética. El pastor camina con el aprendiz observando su caminar con Cristo, evaluando el estudio del texto bíblico, discerniendo la aplicación pastoral en el sermón y notando el entusiasmo en la proclamación. El pastor ha visto al estudiante como parte del cuerpo de la iglesia, de manera que tiene ventaja sobre un profesor que podría ver al alumno tan solo unos días a la semana.

En lugar de considerar que la mentoría exige un programa complicado, mírelo como el resultado natural de las relaciones pastorales con aquellos a los que Dios podría estar levantando para que sean ancianos, pastores, misioneros y líderes. ¿Cómo pueden los pastores ser fieles mentores para otros en el ministerio?

El contexto de la comunidad

La mentoría tiene lugar en estrecha asociación o "consociación", como expresa acertadamente Günter Krallmann. Observa que Jesús vio la "consociación con Él como el terreno más fértil para el crecimiento de sus discípulos en cuanto a carácter, entendimiento y aptitud. De ahí que convirtiera la experiencia de estar con Él en el eje central de su formación".[1] La idea de "estar con" debe ser central para lo que estamos haciendo como mentores. Por la singularidad de las relaciones pastorales, los estudiantes empiezan a vivir en el ambiente del ministerio al relacionarse con su mentor pastoral.

Michael Crow coincide y añade que la limitación de la formación orientada al *contenido*, como la que se encuentra en las clases, las disertaciones o conferencias, exige una formación centrada en los *mentores* que añada la dimensión personal para la formación de los estudiantes. Insta, con razón, a elaborar un programa de estudio de formación en torno a las relaciones de mentoría como hizo Jesús:[2] "Jesús fue mentor de un modo hecho a medida para cada individuo".[3] La iglesia local provee el ambiente más coherente para el enfoque privado de la mentoría. Como Jesús con los Doce y los Setenta, incluya *la mentoría en el contexto de la comunidad.* Esta posición no menosprecia la formación académica intensa, sino que más bien la pone en perspectiva insistiendo en la capacidad de la iglesia local para moldear a los ministros para las exigencias prácticas del ministerio.[4] Los seminarios y los institutos bíblicos son un suplemento *en asociación* con la iglesia local, allí donde esta pueda carecer de la capacidad de ofrecer una concienzuda educación teológica. De manera ideal, la formación de los futuros pastores y misioneros debe incluir una educación teológica intensiva, así como una mentoría intensiva pastoral de la iglesia local.

---

1. Günter Krallmann, *Mentoring for Mission: A Handbook on Leadership Principles Exemplified by Jesus Christ* (Waynesboro, GA: Gabriel, 2002), 53.
2. D. Michael Crow, "Multiplying Jesus Mentors: Designing a Reproducible Mentoring System—A Case Study", *Missiology: An International Review* 36, núm. 1 (enero de 2008): 93.
3. Ibíd., 92.
4. Como ejemplo, ver Warren Bird, "Churches Taking Back the Task of Theological Education", *Leadership Network*, 13 de marzo de 2012, http://leadnet.org/wp-content/up-loads/2014/02/2012-06-12-Churches_Taking_Back.pdf, quien explica la educación teológica de la iglesia Sojourn Church (Louisville, KY) basada en la asociación con el Southern Baptist Theological Seminary.

En mi contexto pastoral hemos sido mentores de algunos hombres antes de su formación teológica. A otros los hemos acompañado durante el seminario para mantener el contacto con la iglesia local, para desarrollar sus dones ministeriales y ayudarles a confrontar las cuestiones complejas que surgen en el ministerio pastoral. A otros más les hemos dado mentoría al terminar su trabajo en el seminario. Este tipo de mentoría evita que se limiten a considerar la capacitación en el ministerio como un ejercicio académico. Es más que eso. Es desarrollo espiritual que no descuida la formación académica. Ayuda a los estudiantes a entender que la licenciatura de un seminario no califica necesariamente para pastorear a una congregación.

¿Cómo funciona este desarrollo espiritual? Por medio del contacto con Jesús —explica E. F. Harrison— los Doce "casi absorbieron de Él de manera inconsciente. Debieron de haber aprendido algo sobre el arte de encontrarse con personas y gestionar situaciones, conforme presenciaban cómo su Maestro se abría camino a través de la vida con su laberinto de circunstancias difíciles ocasionadas por el carácter público de su obra".[5] Aunque inadecuado por nuestra parte, la mejor forma de mantener una estrategia con los futuros obreros del evangelio (pastores, plantadores y revitalizadores de iglesias, y misioneros), siguiendo el ejemplo de Jesús, consiste en que los pastores fieles los lleven a una relación de mentoría en el contexto de una iglesia local. Como en el caso de Jesús, ser mentor requiere tiempo e inversión personal. Demanda que lidiemos con la naturaleza a veces desordenada de las relaciones, pero produce mucho fruto en los próximos años. Los que reciben mentoría *absorben* las habilidades relacionales, la aplicación de la doctrina y las percepciones de sus mentores a la hora de manejar las dificultades "estando con ellos" en la relación de la mentoría. En Jesús y sus discípulos se observan cinco aspectos reproducibles del impacto de la mentoría:

Seguir el modelo de Jesús

En primer lugar, Jesús proveyó un ejemplo para que lo siguieran los mentores. Por el contrario, los rabinos judíos esperaban que sus discípulos les prestaran atención a ellos. Jesús no solo declaró estar con ellos como alguien que servía (Lc. 22:26-27), sino que también lo hizo en la práctica.[6] Los discípulos observaron cómo Jesús se interesaba por los pobres, mostraba compasión por los oprimidos, demostraba ternura hacia los niños pequeños, confrontaba la arrogancia de la hipocresía religiosa y sufría por los demás. Su ejemplo no abandonó jamás la mente de los discípulos cuando asumieron la responsabi-

5. E. F. Harrison, *A Short Life of Christ* (Grand Rapids: Zondervan, 1968), 143.
6. Martin Hengel, *The Charismatic Leader and His Followers* (Eugene, OR: Wipf & Stock, 1968), 51-52.

lidad de la obra del evangelio después de la resurrección (p. ej., 1 P. 2:21-25; 1 Jn. 1:1-3). Los mentores contemporáneos no deben minimizar nunca el poder del ejemplo en la formación de sus estudiantes.

En segundo lugar, Jesús demostró la prioridad de las relaciones con sus alumnos. Su estructura de discipulado reveló esta prioridad, ya que la intimidad de vivir en relación tanto con Jesús como con la pequeña comunidad de seguidores dio forma a unas amistades que duraron toda la vida.[7] Krallmann aclara de manera conmovedora: "Sin embargo, la intención de Jesús no era establecer una academia, sino una comunidad; dio mayor importancia a hacer amigos primero y solo después envió a los apóstoles (cp. Mr. 3:14)".[8] Los mentores contemporáneos harán de la amistad el primer orden de apego a los estudiantes. En lugar de considerar la mentoría como un proyecto con una larga lista de metas y objetivos, piense en esta como amistad que va hasta lo profundo y dura toda la vida.

Cuando oro cada semana por aquellos a los que he instruido y enviado a servir en diversos lugares del mundo, siento la profundidad de la amistad por encima de la relación formador/formado. Seguimos interactuando, riéndonos juntos, alentándonos unos a otros, hablando sobre el ministerio y la familia, aconsejándonos unos a otros, y manteniendo las relaciones que comenzaron con la mentoría. Me gusta visitarlos cuando puedo y ver cómo su caminar con Cristo, la vida de sus familias y sus ministerios siguen en la gracia de Dios. La relación supera al enfoque programático de la formación.

En tercer lugar, Jesús fue modelo de amor y servicio en el liderazgo. Cuando Jesús enseñó sobre la verdadera grandeza al corregir a los hijos de Zebedeo que competían por las posiciones de señorío en el reino futuro, explicó que esta se hallaba en el servicio: "como el Hijo del Hombre no vino para ser servido, sino para servir, y para dar su vida en rescate por muchos" (Mt. 20:28). La vida y la enseñanza de Jesús fueron ejemplo de generosidad, perdón, servicio y humildad (Lc. 16:1-31; 17:1-10; 18:9-30).[9] Los mentores deben ejemplificar conscientemente el servicio y el amor con sus estudiantes, porque esto los forma para que hagan lo mismo.[10] Los mentores "que están

---

7. Michael J. Wilkins, "Disciple, Discipleship", en *Evangelical Dictionary of World Missions*, eds. A. Scott Moreau, Harold Netland, y Charles Van Engen (Grand Rapids: Baker, 2000), 279.
8. Krallmann, *Mentoring for Mission*, 55. Además, escribe: "Quien recibe mentoría no es un proyecto, sino una persona. Dar mentoría implica más que una conexión conferenciante-estudiante, *es amistad*" (cursivas añadidas).
9. Darrell Bock, *Luke 1:1–9:50*, BECNT (Grand Rapids: Baker, 1994), 24.
10. Derek Tidball explica que Pablo consideraba el servicio como "el subtexto constante de su entendimiento del liderazgo cristiano" (*Ministry by the Book: New Testament Patterns for Pastoral Leadership* [Downers Grove, IL: IVP Academic, 2008], 121). En la teología de Pablo, el evangelio exige servicio.

en un pedestal" pueden proporcionar información a sus pupilos, pero hacen poco para ayudarlos a convertirse en líderes verdaderos. Por supuesto, esto significa que un pastor mentor debe ser alguien que disfrute amando y sirviendo a su congregación.

En cuarto lugar, Jesús fue mentor teniendo la cruz a la vista. Viajó hacia su destino con la cruz, donde aseguró la redención para su pueblo. Apuntó a ese destino con frecuencia mientras formaba a sus discípulos (Lc. 9:22, 43-45; 18:31-34). Del mismo modo, demostró que la condición para seguirle exigía una cruz (Lc. 9:23). Los mentores hacen bien en mantener a sus alumnos centrados en la suficiencia de Cristo en su muerte y su resurrección, a la vez que son ejemplos de la necesidad de morir a los deseos egoístas y aceptar las adversidades, las pruebas y las dificultades como medio para frenar la tendencia natural hacia la vanidad.[11]

En quinto lugar, la mentoría de Jesús incluía corrección. Cuando Juan procuró obstaculizar a los que intentaban expulsar demonios en el nombre de Jesús, este lo corrigió (Lc. 9:49-50). Cuando Jacobo y Juan quisieron hacer caer fuego del cielo por el insulto percibido de algunos samaritanos, Jesús les advirtió: "Vosotros no sabéis de qué espíritu sois" (Lc. 9:51-56). "Sacó a la luz, reprendió y corrigió" los pecados y las incapacidades de los discípulos.[12] Los mentores deben buscar corregir las tendencias pecaminosas en sus estudiantes, con el fin de arrancar actitudes y conductas precipitadas que obstaculizarían su caminar espiritual, su vida familiar y su ministerio, retrayéndolos así del evangelio (Gá. 6:1-5). Solo centrándose primero en la construcción de una relación puede tener lugar esta clase de corrección de una manera natural.

En resumen

En la intimidad de la mentoría privada o en pequeños grupos, los mentores de la iglesia local están bien posicionados para tener impacto en sus alumnos.[13] Su ejemplo en las relaciones, el amor, el servicio y morir a uno mismo proporciona a los futuros obreros del evangelio una mejor imagen de cómo vivir fielmente como siervos de Cristo. Los mentores eficaces dan prioridad a las relaciones con sus pupilos en lugar de depender de un programa bien pulido. Las relaciones transforman a los futuros pastores, misioneros y líderes en obreros pastorales más eficaces.

---

11. J. Schneider identifica seis posibles interpretaciones de tomar la cruz, pero concluye que es una "metáfora gráfica de la abnegación" (σταυρός, *TDNT*, 7:578-79).
12. Harrison, *Short Life of Christ*, 144-45.
13. Para una visión más detallada de la mentoría en la iglesia local, ver Phil A. Newton, *La iglesia mentora: Cómo los pastores y las congregaciones cultivan líderes* (Grand Rapids: Portavoz, 2021).

Preguntas para la reflexión

1. ¿Cuáles son algunos ejemplos de Jesús, Pedro y Pablo en la capacitación de futuros líderes?
2. ¿Cómo colaboran los seminarios y las iglesias locales en la formación para el ministerio?
3. ¿Por qué es la *comunidad* un componente fundamental de la mentoría pastoral?
4. ¿Por qué desempeña la *amistad* un importante papel en la mentoría pastoral?
5. Identifique los cinco ámbitos en los que Jesús fue modelo en la formación para el ministerio.

CUARTA PARTE

Predicación pastoral

PREGUNTA **21**

¿Qué distingue la predicación pastoral de la predicación en general?

Cinco pastores jóvenes, que llevaban de tres a cinco años sirviendo en sus iglesias, me hablaron recientemente de los retos a los que se enfrentaron al principio de la obra pastoral. Unos servían en congregaciones establecidas hace mucho tiempo, con ideas que parecían de la década de 1950. Otra congregación se resistía al más mínimo indicio de cambio. Y otras mostraban animadversión a la exposición de las Escrituras. Estos jóvenes pastores han experimentado lo más fuerte del cotilleo, desagradables reuniones de negocio, movimientos para destituirlos y la pérdida de miembros. También han visto cómo algunas personas venían a Cristo, cómo crecían los creyentes en la aplicación del evangelio, nuevos grados de servicio sacrificial y entrega, prácticas revitalizadas en la membresía y adoración renovada al Dios vivo. En tan breve tiempo han descubierto que la obra pastoral exige más que la simple predicación cada domingo, aun cuando por su propio testimonio la predicación sigue en el núcleo central de su obra. Permanecen en la trinchera, afrontan obstáculos a lo largo del camino y confían en el poder del evangelio que obra en sus congregaciones. No aceptaron su pastorado meramente como predicaciones publicadas en las redes. Se esfuerzan en predicar a Cristo y apacentar al rebaño hasta que Cristo se haya formado en la congregación (Gá. 4:19).

No todos los predicadores entienden lo que estos jóvenes tienen. Algunos, aun siendo buenos hombres, parecen enamorados con la predicación. Es comprensible, dada la singularidad de esta. Sin embargo, predicar es un llamamiento tan alto, tan santo y una responsabilidad de tanto peso que no se debe emprender nunca sin contar el precio a pagar. Justo en este punto existe un problema crítico entre aquellos que deseen predicar el evangelio. ¿Acaso el hombre solo quiere un lugar para predicar o anhela hacerlo para el pueblo a quien pastorea como seguidores de Cristo?

La predicación pastoral

El predicador puede estudiar un texto bíblico, realizar una exégesis fantástica y desarrollar una exposición homilética fiel al texto y, sin embargo, no predicar pastoralmente. La predicación pastoral implica estudio, exégesis del texto y lidiar con el tema y la estructura, pero da un paso más. Como explicó Tony Sargent cuanto expuso sobre la predicación de Martyn Lloyd-Jones: "No está comentando un texto [como si proporcionara un comentario seguido sobre un pasaje], está haciendo una exposición de las Escrituras con vistas a las necesidades de su cargo pastoral".[1] Esta última frase, "con vistas a las necesidades de su cargo pastoral", distingue la predicación pastoral de predicar sencillamente un buen sermón textual.

Juan Calvino describe la predicación pastoral como la forma principal en que le ha placido a Dios hacer crecer y desarrollar a su iglesia: "Vemos cómo Dios, quien podría en un momento perfeccionar a los suyos, desea no obstante que crezcan hasta la madurez exclusivamente bajo la educación de la iglesia. Vemos el camino establecido para ello: predicar sobre la doctrina celestial es algo que se les exige a los pastores".[2] Escuchando la predicación habitual de fieles pastores, las congregaciones aprenden a escuchar y aplicar la exposición de la Palabra de Dios orientada al crecimiento y a la madurez. Calvino señala que, a través de la predicación pastoral, "Dios aparece en medio de nosotros y, como Autor de este orden [es decir, de la exposición pastoral], quiere que los hombres reconozcan que Él está presente en su institución".[3] Al reconocer este medio para el crecimiento y la madurez de la iglesia, la congregación se somete "con un espíritu amable y enseñable [de manera que] puedan permitirse ser gobernados por maestros nombrados para esta función".[4] La predicación pastoral fiel y coherente a una congregación que ama y recibe la Palabra de Dios en su vida, conduce a una iglesia saludable y vibrante que honra a Cristo.

En un tiempo cuando las redes sociales dan acceso a más sermones, enseñanza y conferencias de las que nadie podría escuchar en un centenar de vidas, Dios sigue teniendo predicación pastoral designada *en la iglesia local* como medio para el crecimiento, la madurez y la unidad del cuerpo. En Efesios 4:7-16 se explica los dones de ministerio que Jesús dio a la iglesia y, entre ellos, los dones de pastores y maestros: "él mismo constituyó... a otros, pastores y maestros" o "maestros pastores". Un artículo controla ambos sustantivos en griego y sugiere "un cargo con una función dual"[5] o un único

---

1. Tony Sargent, *The Sacred Anointing: The Preaching of Dr. Martyn Lloyd-Jones* (Wheaton, IL: Crossway, 1994), 85.
2. *Calvino*, 4.1.5.
3. Ibíd., 4.1.5.
4. Ibíd., 4.1.5.
5. Curtis Vaughan, *Ephesians*, Founders Study Guide Commentary (Cape Coral, FL: Founders, 2002), 94.

cargo de "pastores que enseñan".[6] Y, ¿con qué motivo le fueron dados estos dones a la iglesia? "A fin de perfeccionar a los santos para la obra del ministerio, para la edificación del cuerpo de Cristo, hasta que todos lleguemos a la unidad de la fe y del conocimiento del Hijo de Dios, a un varón perfecto, a la medida de la estatura de la plenitud de Cristo" (Ef. 4:12-13). Cuando la iglesia funciona bajo la fiel enseñanza pastoral, se ancla en la sana doctrina, discierne el error doctrinal, crece en Cristo, halla su ámbito único de ministerio y servicio los unos a los otros y unos con otros en el cuerpo, y sigue creciendo en amor (Ef. 4:14-16).

Tras considerar estas verdades de Efesios 4, Calvino señala: "Pablo muestra con estas palabras que este ministerio humano que Dios usa para gobernar a la iglesia [en alusión al ministerio pastoral] es el nervio principal por el cual los creyentes se mantienen juntos en un cuerpo. A continuación, Él también muestra que la iglesia puede permanecer intacta solo si es defendida por las garantías en las que al Señor le plació situar su salvación". Añade que Dios manifiesta su poder a través de este cargo pastoral designado: "Esta es la manera de cumplimiento: por medio de los ministros a quienes Él ha encomendado este cargo y ha conferido la gracia de llevarlo a cabo, dispensa y distribuye sus dones a la iglesia; y se muestra como estando presente mediante la manifestación del poder de su Espíritu en esta su institución [de la predicación pastoral], que no es en vano ni está vacía".[7]

¿Por qué es tan fundamental la predicación pastoral? Los pastores mantienen la sensibilidad a las necesidades de la congregación cuando explican la Palabra de Dios en los servicios dominicales. Sargent amplía: "La principal responsabilidad del predicador consiste en determinar lo que el Espíritu Santo quiere decirle a su congregación a partir de ese pasaje [que está estudiando]".[8] Con el fin de preparar y edificar al cuerpo, el pastor estudia su texto y, a continuación, hace su exposición con pasión a su congregación, sabiendo que necesita con desesperación la Palabra de Dios para crecer y madurar en amor y santidad.

¡Predique la Palabra!

Considere la instrucción de Pablo a Timoteo, en 2 Timoteo 4:1-5, como definición del alcance de la predicación pastoral. Con razón, es probable que este texto, más que otros, encuentre su camino en más servicios de ordenación. Pero ahora vienen las preguntas que nos confrontan. ¿Le estaba Pablo encargando a Timoteo una predicación genérica o a unas personas en parti-

---

6. Markus Barth, *Ephesians,* 2 vols. (Garden City, NY: Doubleday, 1974), 2438-39.
7. *Calvino,* 4.3.2.
8. Sargent, *Sacred Anointing,* 85.

cular? Por tanto, ¿nos acercamos a este pasaje como instrucción general sobre la predicación, o tiene un notable énfasis en la predicación como pastor a un grupo de personas en particular?

Tras resaltar la solemnidad de la responsabilidad de predicar, Pablo le encarga "predi[ca] la palabra" (2 Ti. 4:2). Ciertamente, ese debe ser nuestro grito de guerra con cualquier sermón en cualquier entorno. Timoteo sabía, como indica John Stott, que *la palabra* "es el cuerpo de doctrina que ha oído de Pablo y que este le ha encomendado transmitir a otros".[9] William Mounce lo expresa de un modo bastante sencillo: "es el evangelio".[10] De manera que el contenido en la predicación pastoral es claro: la Palabra de Dios o, de una forma más directa, el evangelio de nuestro Señor Jesucristo como el foco de las Escrituras en su totalidad.[11] *Predicar* la Palabra implica que los predicadores "no tenemos la libertad de inventar nuestro mensaje, sino solo comunicar 'la palabra' que Dios ha pronunciado y que ahora le ha encomendado a la iglesia como fideicomiso sagrado".[12] ¡El llamamiento a la fidelidad en la explicación y la exposición de lo que Dios ha declarado no puede ser más claro!

Sin embargo, el equilibrio de lo que Pablo pretendía parece inclinar la balanza hacia la predicación pastoral. Esté listo "a tiempo y fuera de tiempo", es decir, en cualquier momento. "Redarguye, reprende, exhorta con toda paciencia y doctrina" (2 Ti. 4:2). ¿*Quién* está siendo reprobado, reprendido y exhortado? ¿Describe esto el compromiso de predicar una sola vez? Tal vez, pero sin saber a quién le predica, ¿cómo sabrá reprobar, reprender y exhortar de un modo adecuado, con eficacia, en un solo sermón a una congregación? Los términos descriptivos de Pablo para la aplicación de la predicación se prestan mejor a exposiciones consecutivas con una congregación concreta.

¿Por qué la necesidad de "toda paciencia y doctrina" (2 Ti. 4:2)? Un ministerio expositivo continuo a unas personas en particular exige que el predicador muestre humildad y paciencia para llevarlos al entendimiento y la aplicación de la Palabra de Dios. Es uno de los grandes retos en la predicación pastoral: es una labor lenta, humilde, paciente, esmerada con una congregación semana a semana, año a año, hasta que Cristo sea formado en ellos. El amor y el servicio del predicador serán probados cuando apaciente a la iglesia a través de la Palabra. La "instrucción", o enseñanza doctrinal, exige el ministerio habitual de ir poniendo una capa de doctrina bíblica sobre otra. Al parecer, la implicación es que, aunque aceptamos "predicar la palabra" como grito de

---

9. John R. W. Stott, *The Message of 2 Timothy: Guard the Gospel,* BST (Downers Grove, IL: InterVarsity, 1973), 106
10. William D. Mounce, *Pastoral Epistles,* WBC 46 (Nashville: Nelson, 2000), 573.
11. Ver Edmund Clowney, *Preaching Christ in All of Scripture* (Wheaton, IL: Crossway, 2003), 11-44.
12. Stott, *2 Timothy,* 106.

guerra para toda predicación, los detalles particulares que siguen encajan mejor en el ministerio expositivo constante de un pastor que sirve fielmente a una congregación.

Pablo sigue advirtiendo sobre un tiempo futuro "cuando [*ellos*] no sufrirán la sana doctrina" (2 Ti. 4:3). ¿Está hablando de forma genérica de todas las personas o tenía en mente a Éfeso, donde servía Timoteo? Esto último encaja mejor en el contexto.[13] De modo que Pablo exhorta a Timoteo quien, a estas alturas, podría haber vivido con un nudo en el estómago por los problemas existentes en la iglesia (2 Ti. 1:6-7): "Cumple tu ministerio" (2 Ti. 4:5). No lo suspendas repentinamente. No comprometas aquello que se te ha encomendado. No te limites a predicar, sino "cumple tu ministerio".

H. B. Charles Jr. habló de dos conocidos pastores que le habían influenciado; uno, en particular, era modelo de predicación pastoral. El primero predicaba sermones hermenéuticamente sanos y doctrinalmente claros. Se podía escuchar el sermón cien años más tarde y se seguiría sacando las mismas verdades que el día que se predicó. Pero si alguien oía al otro, aunque seguía siendo teológicamente sano en todos los aspectos, como el primer predicador, había porciones del sermón que el oyente de un siglo más tarde podría no entender. ¿Por qué la diferencia? El segundo predicaba pastoralmente a su congregación, aplicando la Palabra de formas específicas a su audiencia de manera que solo la investigación podría proporcionar los detalles de su sermón. Charles resalta que la verdadera predicación pastoral tiene a la congregación en mente con el sermón, y expone el texto bíblico y lo aplica con rigurosa especificidad a unas personas en particular.[14]

Debatí este tema con uno de nuestros cuatro estudiantes pastorales que había predicado en una iglesia, donde era un candidato pastoral. Le aconsejé: "Tienes que discernir si estás buscando un lugar donde predicar o si estás comprometido a pastorear a esa congregación". Existe una diferencia. En lo primero, uno podría pulir sus sermones, añadir un destello retórico y esperar cumplidos por haber predicado un sermón sólido. En lo segundo, siente el peso de las necesidades de la congregación cuando se acerca al púlpito con la Palabra de Dios. Es consciente de que de sus labios temblorosos sale vida para el hombre al que ha aconsejado una y otra vez respecto a un pecado habitual; esperanza para la señora a la que se le diagnosticó recientemente un cáncer terminal; una visión de suficiencia del evangelio

13. Andreas J. Köstenberger, *Commentary on 1-2 Timothy and Titus,* BTCP (Nashville: Holman Reference, 2017), 273.
14. H. B. Charles, "Ten Preachers Who Have Influenced My Preaching", *The On Preaching Podcast,* 1 de marzo de 2019, episodio núm. 065, https://www.hbcharlesjr.com/2019/03/01/065-10-preachers-who-have-influenced-my-preaching.

para aquel que lucha por poner un pie delante de otro; y claridad en el llamamiento a servir a Cristo internacionalmente en el poder del Espíritu para la pareja que siente carga por los grupos de personas no alcanzadas. Esta clase de predicación tiene lugar cuando un pastor vive con su rebaño, ora por este, lo ama, invierte en este y lo apacienta con fidelidad en todos los altibajos del ministerio pastoral. ¿Es tan solo un lugar donde predicar? No, sino más bien un pueblo que el Señor de la iglesia le ha encomendado para que le predique pastoralmente una semana tras otra, aun cuando las cosas se pongan difíciles, aun cuando esas mismas personas se alcen en rebeldía y hasta cuando el predicador ya no sea popular: ese es el llamado a la predicación pastoral. Y por eso predica hasta que Cristo sea formado en esa congregación.

En resumen

Podríamos caracterizar la predicación pastoral de las cinco maneras siguientes:

1. La predicación pastoral siente el peso del texto bíblico y el peso de apacentar a la congregación en santa tensión.
2. La predicación pastoral vive con la carga de pastorear al rebaño de Dios hasta que Cristo sea formado en ellos (1 P. 5:2; Hch. 20:28; Gá. 4:19).
3. La predicación pastoral piensa y ora por el cuerpo y visualiza las necesidades específicas de los miembros individuales que pueden ser tocados a través de la Palabra, aun mientras se está trabajando en el texto sobre el cual predicar.
4. La predicación pastoral desarrolla estructuras homiléticas que reflejan con claridad el texto, pero cuyo objetivo son las personas por las que el pastor ha estado orando, a las que ha estado enseñando, aconsejando y amando a lo largo de la semana.
5. La predicación pastoral expone la Palabra con los ojos puestos en el rebaño, enfatizando, presionando y dirigiéndoles palabras de ánimo, exhortación, amonestación y consolación.

Por tanto, predique la Palabra siempre que surja la oportunidad. Aproveche la posibilidad de llenar un púlpito. Pero no acepte el llamado de una iglesia como pastor sencillamente para tener un lugar donde predicar. Esta tarea, de la que hay que rendir cuentas a Cristo, pertenece al hombre comprometido con apacentar su rebaño.

Preguntas para la reflexión

1. ¿Cómo se distingue la predicación pastoral de la predicación en general?
2. ¿Cuál era la idea de Juan Calvino respecto a la predicación pastoral?
3. ¿De qué formas específicas ayuda el pastor/maestro al cuerpo de Cristo, según Efesios 4:9-16?
4. ¿Cuál es el contenido de "la palabra" en la exhortación de Pablo "Predica la palabra"?
5. ¿Cómo apunta la exhortación de Pablo a Timoteo, en 2 Timoteo 4:1-5, de manera específica a la predicación pastoral?

PREGUNTA **22**

¿Qué deben enseñar los pastores a su congregación?

"He sido bautista del sur toda mi vida, pero nunca he oído estas cosas. ¿Por qué no me las enseñaron?".[1]

La pregunta dio en el blanco. Yo acababa de terminar una explicación de una hora con varias personas, incluida aquella que me formuló la pregunta. Hablamos de enseñanza básica respecto al Antiguo y Nuevo Testamento. Nuestra conversación se centró en lo que Jesús declaró a la élite piadosa que se escondía bajo su fachada religiosa: "Escudriñad las Escrituras; porque a vosotros os parece que en ellas tenéis la vida eterna; y ellas son las que dan testimonio de mí" (Jn. 5:39). Jesús también dejó ejemplo de lo que quería decir cuando se encontró con los dos discípulos en el camino de Emaús, después de su resurrección: "Y comenzando desde Moisés, y siguiendo por todos los profetas, les declaraba en todas las Escrituras lo que de él decían" (Lc. 24:27). Todas las Escrituras *apuntan en última instancia* a Jesucristo, la obra divina de redención por medio de Él, cómo ha llevado a cabo la obra necesaria para traer a los pecadores a su familia, y cómo todo culmina en la revelación de su gloria.

Sin embargo, perpleja, la señora no había oído nunca esta enseñanza bíblica básica. De modo que, ¿cómo afectaría esto a su forma de leer la Biblia? ¿Qué clase de aplicaciones sacaría de los textos dispersos extraídos sin continuidad cristológica en su mente? ¿Entendería la relación entre los testamentos? ¿Comprendería la primera declaración del evangelio en Génesis 3:15, y el recorrido del mensaje redentor de Dios que continuó hasta Malaquías? ¿Cómo manejaría la promesa seminal a Abraham en Génesis 12:3? ¿Captaría el sentido de lo que significaban la redención, la expiación, la propiciación y la reconciliación en el modo en que ambos testamentos desarrollan estas doctrinas?

Si nuestros miembros tienen poca exposición a "todo el consejo de Dios", no estarán bien preparados para todo lo que tiene que ver con la vida y con la muerte (Hch. 20:27). Nuestra responsabilidad consiste en asegurarnos de que "predicamos la palabra" de manera tan exhaustiva que piensen y vivan

1. Resulta que la Convención Bautista del Sur es mi denominación, pero se podría afirmar lo mismo de otras denominaciones.

según la Biblia. Para ayudarnos a hacerlo, tenemos las disciplinas de la teología bíblica y sistemática para acompañar nuestra preparación y la predicación.

Haga un buen uso de la teología bíblica

Un pastor debe enseñarle a su congregación a interpretar las Escrituras a la luz de su cumplimiento salvífico-histórico en Cristo. Cuando los judíos acusaron a Jesús de quebrantar el día de reposo al sanar a un cojo, Él empezó a explicar la relación entre el Padre y el Hijo. Mostró que quien honra al Padre honrará al Hijo (Jn. 5:19-23). A continuación explicó que el testimonio de Juan el Bautista (Jn. 5:31-34), sus propios milagros que atestiguaban de Él (Jn. 5:36), el Padre (Jn. 5:37-38) y las Escrituras (Jn. 5:39-40) testificaron en común acuerdo respecto a la autenticidad de Jesús como el Mesías. En su argumento, indicó sobre las Escrituras: "Escudriñad las Escrituras; porque a vosotros os parece que en ellas tenéis la vida eterna; y ellas son las que dan testimonio de mí" (Jn. 5:39). Las "Escrituras" de las que Él hablaba aluden a toda la revelación del Antiguo Testamento. Se centraban en Él. Si el intérprete entiende y comprende esta parte de la Biblia, él o ella consideran que su lugar en la narrativa bíblica se centra en Jesús y en el evangelio, en especial la manera en cómo los escritores del NT citan y dan a entender los textos del AT.[2]

Tras la resurrección, Jesús se apareció a los dos discípulos que iban camino de Emaús, pero no le reconocieron. Estaban abatidos por su muerte ya que esperaban que "redimi[ría] a Israel", pero había sido ejecutado por los principales sacerdotes y gobernadores (Lc. 24:21). Expresaron escepticismo respecto a lo que habían contado algunos que habían visto la tumba vacía. Entonces Jesús les recriminó porque no habían interpretado las Escrituras de la manera adecuada. Fue directo a la buena hermenéutica que conducía a una teología sana y sólida: "¡Oh insensatos, y tardos de corazón para creer todo lo que los profetas han dicho!" (Lc. 24:25). Habían leído a los profetas, pero fueron lentos en creer el mensaje deseado, creyendo en su lugar las interpretaciones populares del momento: "¿No era necesario que el Cristo padeciera estas cosas, y que entrara en su gloria?" (Lc. 24:26). En otras palabras, Jesús llamó la atención a la forma en que habían leído las Escrituras sin interpretarlas correctamente a partir de una hermenéutica cristológica.[3] Lucas nos señala lo que sucedió a continuación: "Y comenzando desde Moisés, y siguiendo por todos los profetas, les declaraba en todas las Escrituras lo que de él decían" (Lc. 24:27).

---

2. La herramienta más útil para ayudar con la forma en que los escritores del NT utilizaron el AT es G. K. Beale y D. A. Carson, eds., *Commentary on the New Testament Use of the Old Testament* (Grand Rapids: Baker Academic, 2007).
3. Dennis E. Johnson, *Walking with Jesús through His Word: Discovering Christ in All the Scriptures* (Phillipsburg, NK: P&R, 2015), 11.

Como les había señalado a sus oponentes religiosos, también les dijo a sus discípulos: las Escrituras hablan de Él. Por tanto, si queremos interpretarlas de la forma apropiada, debemos considerar cada pasaje a la luz de la revelación de Jesucristo. La teología bíblica nos ayuda a ello.

Más adelante, cuando se reunió con los discípulos, les dio las órdenes de marcha para que fueran sus testigos (Lc. 24:48), pero solo después de corregir su hermenéutica y centrar su cuadrícula de teología bíblica en Él y en el evangelio. Como Jesús declaró, la forma de interpretar y aplicar las Escrituras lo afectan todo en la vida y en el ministerio.

> Y les dijo: Estas son las palabras que os hablé, estando aún con vosotros: que era necesario que se cumpliese todo lo que está escrito de mí en la ley de Moisés, en los profetas y en los salmos. Entonces les abrió el entendimiento, para que comprendiesen las Escrituras; y les dijo: Así está escrito, y así fue necesario que el Cristo padeciese, y resucitase de los muertos al tercer día; y que se predicase en su nombre el arrepentimiento y el perdón de pecados en todas las naciones, comenzando desde Jerusalén (Lc. 24:44-47).

La predicación de Pablo de "todo el consejo de Dios" encaja con lo que Jesús hizo con los discípulos en el camino a Emaús y con los reunidos en la habitación cerrada. Una correcta interpretación de las Escrituras apunta inevitablemente a Jesucristo de forma directa o indirecta, como preparación para su venida, como explicación, ilustración, símbolo o declaración paralela que explica su obra redentora o como imagen de la culminación de la obra redentora de Jesús. Por ello, Dennis Johnson afirma, con razón: "Jesús es la figura central en el resultado del plan de Dios para la humanidad y la historia global y cósmica; el programa divino que lo unifica todo en la Biblia, desde Génesis a Apocalipsis".[4] Por tanto, si queremos enseñarles la Biblia a nuestras congregaciones, debemos enfocarnos en la totalidad de la revelación bíblica de Jesucristo (Ef. 1:3-12; 3:8-12).

La exposición bíblica debe hacerse, pues, a partir de un objetivo bíblico-teológico. El expositor realiza su obra exegética analizando su pasaje desde el punto de vista gramatical, histórico y contextual, a la vez que examina "las partes individuales para ver cómo encajan dentro de la imagen panorámica" de la narrativa bíblica, que apuntan todas ellas a Cristo.[5] Michael Lawrence ofrece esta útil explicación respecto a por qué debe guiar la teología bíblica

---

4. Ibíd., 3.
5. Graeme Goldsworthy, *Gospel-Centered Hermeneutics: Foundations and Principles of Evangelical Biblical Interpretation* (Downers Grove, IL: IVP Academic, 2006), 68.

nuestras interpretaciones y aplicaciones partiendo del texto que consideramos: "La teología bíblica es sobre la lectura de la Biblia, no como si se tratara de sesenta y seis libros separados, sino un único libro con un único argumento: la gloria de Dios manifestada por medio de Jesucristo".[6] El pastor procura, por tanto, entender las doctrinas del texto que tiene delante por cómo están elaboradas en la narrativa bíblica y por cómo encuentran su forma en la revelación de Jesucristo. Las interpreta en esta luz y no sencillamente como un texto individual aislado de la narrativa bíblica y de la línea argumental. Al hacerlo, cuando predica, exhibe la unidad y la plenitud de las Escrituras en su enfoque de resumir todas las cosas en la revelación de Jesucristo (Ef. 1:9-11).

Conforme el pastor trabaja por medio del lenguaje, el trasfondo, la historia y el contexto de su pasaje, está alerta a las implicaciones teológicas bíblicas desde el texto. Está considerando cómo su pasaje encaja en el contexto teológico inmediato del libro y, a continuación, de un modo más amplio, en la gran narrativa de las Escrituras centrada en la revelación de Jesucristo. Lawrence explica: "La teología bíblica trata, por tanto, de descubrir la unidad de la Biblia en medio de su diversidad. También se centra en entender lo que podríamos denominar la metanarrativa de la Biblia".[7] El pastor no puede estar satisfecho hasta que ve el lugar del texto en esta metanarrativa bíblica. Entonces está preparado para predicar a *Cristo* a su congregación desde el texto del domingo. Si descuida el predicarle a Él, no les estará enseñando lo que es debido.

Algunos han intentado forzar estacas cuadradas en agujeros redondos cuando se trata de intentar predicar a partir de una teología cristocéntrica. No todos los textos ofrecen una enseñanza implícita sobre Cristo.[8] Aquí, el expositor debe ver qué lugar ocupa el texto en la línea argumental de las Escrituras, y culminar en la revelación de Jesucristo.[9]

Predicar sobre un libro de la Biblia, ya sea del AT o NT, si se hace del modo adecuado, nunca se hará de forma aislada del resto de las Escrituras. Cada libro bíblico ha sido informado por y/o se conecta con otras porciones de las Escrituras. La fiel exposición realiza la teología bíblica conforme se desarrolla

---

6. Michael Lawrence, *Biblical Theology in the Life of the Church: A Guide for Ministry,* 9Marks (Wheaton, IL: Crossway, 2010), 15.
7. Lawrence, *Biblical Theology,* 15.
8. Ver Edmund Clowney, *The Unfolding Mystery: Discovering Christ in the Old Testament,* 2ª ed. (Phillipsburg, NJ: P&R, 2013); Sidney Greidanus, *Preaching Christ from the Old Testament: A Contemporary Hermeneutical Method* (Grand Rapids: Eerdmans, 1999); Sidney Greidanus, *Preaching Christ from Genesis: Foundations for Expository Sermons* (Grand Rapids: Eerdmans, 2007); Goldsworthy, *Gospel-Centered Hermeneutics* (2006); Johnson, *Walking with Jesus* (2015).
9. Mis exposiciones de Génesis y Ester pueden ofrecer algunos ejemplos de cómo predicar a Cristo en todas las Escrituras. Para Génesis, ver http://www.southwoodsbc.org/post/biblebook/genesis; para Ester, ver http://www.southwoodsbc.org/posts/biblebook/esther (solo disponible en inglés).

el sermón. Predicar/enseñar de manera consecutiva, sobre un libro, también enseña la hermenéutica cristocéntrica, de forma que los oyentes aprenden por medio del proceso a interpretar la Palabra de Dios correctamente. Las exposiciones deben servir de modelo de cómo estudiar, interpretar y pensar teológicamente sobre la Palabra de Dios.

Cuando predicamos exposiciones teológicas, estamos presentando a nuestra congregación "todo el consejo de Dios". No necesitan lecciones morales ni charlas terapéuticas de motivación. Necesitan a Jesucristo en la totalidad de las Escrituras. Cuando nuestros miembros empiezan a ver a Cristo en toda la Biblia, esto cambia su forma de aplicar la Palabra a la vida diaria. Su aplicación empieza a estar claramente centrada en el evangelio, de manera que arraigan su santificación en lo que Cristo ha hecho por ellos y no en lo que ellos pueden hacer para Él.

Haga un buen uso de la teología sistemática

El pastor debe enseñar a su congregación cómo interpretar las Escrituras de manera lógica, a la luz de otros pasajes. El fruto de la teología bíblica durante la preparación del sermón conduce a las categorías prácticas y las aplicaciones de la teología sistemática.[10] Aunque la teología bíblica muestra el desarrollo de la doctrina en las Escrituras, la teología sistemática resume "de un modo ordenado y exhaustivo lo que toda la Biblia tiene que decir sobre" este tema.[11] Muestra "el valor práctico [de la doctrina] para vivir la vida cristiana", ya que "en ninguna parte de la Biblia hallamos doctrinas que se estudian por estudiarlas o aisladas de la vida".[12]

Pablo les indicó a los ancianos efesios, durante la última visita que les realizó: "Porque no he rehuido anunciaros todo el consejo de Dios" (Hch. 20:27).[13] La frase "todo el consejo" se traduce en otras versiones "todo el propósito" (NVI), "los planes" (TLA) y expresa "la voluntad divina" que Dios, el Señor, determinó con un propósito.[14] David Peterson explica: "el propósito de Dios" usado "en paralelo con 'el reino' (v. 25) sugiere que se refiere con mayor

10. Ver, p. ej., Wayne Grudem, *Teología sistemática: Una introducción a la doctrina bíblica* (Grand Rapids: Vida, 2007); John M. Frame, *Systematic Theology: An Introduction to Christian Belief* (Phillipsburg, NJ: P&R, 2013); Robert Letham, *Systematic Theology* (Wheaton, IL: Crossway, 2019); Robert L. Reymond, *A New Systematic Theology of the Christian Faith,* 2ª ed., rev. (Nashville: Thomas Nelson, 2010); W. G. T. Shedd, *Dogmatic Theology,* ed. Alan Gomes, 3ª ed. (Phillipsburg, NJ: P&R, 2003).
11. Lawrence, *Biblical Theology,* 89.
12. Grudem, *Teología sistemática,* 23.
13. "Shrink" (ὑποστέλλω) expresa evitar un asunto por miedo (BDAG, 1041).
14. BDAG, βουλή, 182. En otros dos usos del término en Hechos (2:23; 4:28), βουλή se modifica por ὁρίζω, "tomar una determinación respecto a una entidad, determinar, nombrar, fijar, establecer" y προορίζω "decidir de antemano, predeterminar", respectivamente (BDAG, 723, 873). El otro uso

precisión a todo el plan de Dios para la humanidad y el orden creado revelado en las Escrituras y cumplidas en Jesucristo (cp. Lc. 24:24-27, 44-49)".[15] Aquí, el apóstol ofrece una mirada al contenido de su enseñanza con los efesios y, podemos suponer, con otras iglesias que plantó. No evitó las doctrinas difíciles ni considerar con amplitud la Ley, los Profetas y los Escritos, con su cumplimiento centrado en Jesucristo y en su obra redentora.[16]

Sin embargo, ¿era Pablo una aberración en la iglesia primitiva? Peterson explica que el apóstol seguía sencillamente el mismo patrón que Jesús estableció con todos sus discípulos: "Este entendimiento del término ['todo el consejo de Dios'] es coherente con el marco bíblico y con el fundamento paulino de la presentación del evangelio en Hechos 13:16-41, que es un paralelo de los bosquejos de la predicación de Pedro en muchos aspectos (Hch. 2:15-39; 3:13-26)."[17] En otras palabras, Pablo no estableció un seminario solitario en Éfeso donde pudiera tratar los asuntos intrincados de la doctrina. Impartió este tipo de enseñanza teológica sistemática *con regularidad* con sus iglesias, e incluso en su obra de evangelización (Hch. 17:22-31).

¿Qué incluye esa enseñanza? Peterson observa: "La anchura y la profundidad de la enseñanza de Pablo sobre *toda la voluntad de Dios* puede discernirse de un examen de su carta a los Romanos, que acababa de escribir y que había enviado antes de su llegada".[18] De modo que, si miramos por ejemplo Romanos, ¿qué categorías teológicas encontraríamos que nos ayudaran a considerar asuntos fundamentales que enseñar a nuestras congregaciones?

- La relación del evangelio con la enseñanza profética del AT en la eficacia trinitaria (Ro. 1:1-17)
- La realidad de la depravación humana que lo deja todo bajo condenación (Ro. 1:18–3:20)
- La justicia de Dios aplicada por la fe y no por las obras de la ley (Ro. 1:17; 3:24-31)
- Las doctrinas de la justificación, la redención y la propiciación (Ro. 3:24-26)
- La distinción entre ley y evangelio (Ro. 3:22-31)
- La visión de la justificación en el AT muestra un paralelismo con la enseñanza del NT (Ro. 4:1-25)

---

en Hechos 13:36 expresa los propósitos de Dios realizados respecto a David con su cumplimiento supremo en la resurrección de Jesucristo.

15. David G. Peterson, *The Acts of the Apostles*, PNTC (Grand Rapids: Eerdmans, 2009), 567.
16. Ver Johnson, *Walking with Jesus*, 11-13, en estos triples géneros del AT.
17. Peterson, *Acts*, 567-68.
18. Ibíd., 568 (énfasis en el original).

- Los efectos de la justificación en unión con Cristo (Ro. 5:1-21)
- La santificación y la mortificación del pecado (Ro. 6:1-23)
- La unión con Cristo en el conflicto espiritual (Ro. 7:1-25)
- Las obras de providencia de Dios, su presciencia, su predestinación, su llamado, su justificación y su glorificación (Ro. 8:1-39)
- La soberanía de Dios en la salvación (Ro. 9–11)
- Los detalles de la santificación producida en la fe obediente del creyente (Ro. 12–15)[19]

Ese resumen sistemático ofrece distintos puntos para evaluar el contenido de nuestra enseñanza. Es lo más cerca que llegamos de la *teología sistemática* de Pablo. Esta disciplina sintetiza la enseñanza de la Biblia sobre una doctrina, de manera que, al utilizar las teologías sistemáticas, los pastores puedan explicar y aplicar con eficacia la doctrina en la predicación. Mientras que la teología bíblica sigue el desarrollo bíblico-histórico de una doctrina, llegando a una interpretación adecuada a la luz del lugar que ocupa en la historia redentora, la teología sistemática reúne el cuadro completo y le da claridad al pastor en la aplicación de la doctrina a su congregación.[20] Viendo desde la categoría amplia a la estrecha, en la teología sistemática, le proporciona dirección al pastor para asegurar la enseñanza completa de las Escrituras en su iglesia.[21]

Además de hacer un buen uso de las teologías sistemáticas, a los pastores podría resultarles útil considerar cómo las confesiones de fe ofrecen un compendio de lo que *debemos* enseñar a nuestras iglesias durante un período de años. Los estándares doctrinales de una iglesia deben cubrirse mediante exposiciones teológicas en el programa normal de predicación, como medio de enseñar "todo el consejo de Dios".

Aplicar la teología bíblica y sistemática

Un pastor debe enseñarle a su congregación cómo aplicar las Escrituras a las realidades de la vida, a la luz de las interpretaciones arraigadas en la teología bíblica y sistemática. Hace varios años, me di cuenta de que una parte

---

19. Sin duda, esta lista solo ha escogido *algo* de la instrucción doctrinal de Pablo a los romanos. Para una consideración más profunda, considerar los comentarios de Leon Morris, Thomas R. Schreiner, John Murray, John Stott y otros.
20. Lawrence, *Biblical Theology*, 89-92.
21. El pastor hallará utilidad en los libros de *teología histórica*, así como en ver el funcionamiento de las diversas doctrinas elaboradas de forma histórica, en especial a la luz de las muchas controversias teológicas a lo largo de la historia cristiana. Ver Gregg Allison, *Historical Theology: An Introduction to Christian Doctrine* (Grand Rapids: Zondervan, 2011); Alister E. MacGrath, *Historical Theology: An Introduction to the History of Christian Through*, 2.ª ed. (West Sussex, UK: Wiley-Blackwell, 2013); Geoffrey W. Bromiley, *Historical Theology: An Introduction* (Grand Rapids: Eerdmans, 1978).

principal de mi función pastoral consistía en ayudar a las personas a afrontar las pruebas, la adversidad y la muerte. Rara vez recibimos la advertencia de que las realidades siempre presentes de vivir en un mundo caído están a punto de encontrarse con nuestra gente con una fuerza sobrecogedora. Pero si están arraigados en una interpretación y una aplicación fieles elaboradas en una teología bíblica y sistemática, entonces, cuando llegamos a los momentos de dar consuelo y aliento, no estamos luchando por compensar los años perdidos. Los hemos preparado para casi todo lo que la providencia pueda poner a sus pies.

A lo largo de un período de dos o tres años experimentamos grandes pruebas con tres de nuestras familias, cada una de las cuales había perdido a un hijo. Lloramos con ellos y tratamos de alentarlos a través de la gravedad de la muerte de un hijo. Sin embargo, mientras recorríamos el camino, cada uno hizo algún comentario respecto a que el Señor los había estado preparando por medio de su gracia para que soportaran su pérdida. Las Escrituras que habían almacenado pasaron al frente de su necesidad. Los ricos debates y las aplicaciones teológicas llevados a cabo los años anteriores los prepararon para las dificultades presentes.

¿Qué le está usted enseñando a su congregación? Que no se diga nunca de nosotros: "No me enseñaron estas cosas". En su lugar, proclame a Jesucristo, amoneste y enseñe a cada persona que esté a su cargo con toda sabiduría, para que pueda presentarla completa en Cristo. Esfuércese para actuar así en el poder de Cristo que obra poderosamente dentro de usted (Col. 1:28-29).

En resumen

Los pastores se enfrentan a la responsabilidad de enseñar todo el consejo de Dios a sus congregaciones. Semejante reto les exige realizar una fiel exégesis de los textos de cada semana, mientras ven su conexión con la metanarrativa de las Escrituras. Una sana exégesis y la teología bíblica establecen el fundamento para la exposición teológica. La disciplina de la teología sistemática provee un resumen práctico de las doctrinas descifradas mediante la exégesis y la interpretación teológica bíblica. Cuando los pastores prediquen sobre los libros de la Biblia, encontrarán las doctrinas multiplicadas en las Escrituras, que les permitirán viajar por la práctica constante de enseñar todo el consejo de Dios. Al margen de esta práctica, la congregación carecerá del fundamento y del conocimiento bíblicos para gestionar las realidades de la vida. La carta de Pablo a los Romanos, las teologías sistemáticas y las declaraciones doctrinales fieles ofrecen a los pastores un buen marco para la enseñanza de todo el consejo de Dios.

Preguntas para la reflexión

1. ¿Cómo afecta la visión que Jesús tiene de las Escrituras a la forma en que los pastores se acercan al contenido de su predicación?
2. ¿Cómo relacionaría la teología sistemática con la enseñanza paulina sobre "todo el consejo de Dios"?
3. ¿Cómo impactó la coyuntura de las instrucciones posteriores a la resurrección de Jesús sobre interpretación bíblica y teología a su encargo a los discípulos de ser testigos de su muerte y su resurrección?
4. ¿Cómo informa la teología bíblica nuestro entendimiento de qué enseñarles a nuestras congregaciones?
5. ¿Qué parte ocupan las teologías bíblica y sistemática en nuestra preparación habitual del sermón?

PREGUNTA **23**

¿Cómo prepara el pastor una exposición pastoral?

De todas las tareas que se enfrentan los pastores, una de ellas es constante: preparar para la predicación del domingo. Es necesario que lean con regularidad y estudien obras sobre hermenéutica/exégesis, preparación del sermón y el hecho de predicar cuando afrontan el reto de la exposición diaria de la Palabra de Dios a sus congregaciones.[1] Desarrollarse como fieles expositores en medio del ajetreado ministerio pastoral no representa un reto menor. Los pastores no deben temer a los giros y cambios que se producen mientras ellos crecen en la capacidad de exponer la Palabra a su gente. Así como "en un sermón hay un elemento artístico"[2] que va tomando forma con el tiempo, a base de un esfuerzo y una labor considerables,[3] la maestría del pastor se moldea con años de fiel trabajo para exponer la Palabra de Dios libro a libro. Su forma de predicar al principio de su obra pastoral se perfeccionará en los años siguientes por el poder de la Palabra, por la obra del Espíritu, por su fe que se va nutriendo en Cristo, por la providencia de Dios, por su amor creciente por su rebaño, por las oraciones y por la respuesta de su congregación. Debe considerar la predicación pastoral como el constante desarrollo de sus dones y sus capacidades en la preparación semanal y la exposición de la Palabra como fiel pastor de la iglesia de Cristo (Hch. 20:28).

Mi explicación sobre la preparación del sermón no intenta sustituir tratados más extensos de esta santa obra. Pero, como *aprendiz* que ha predicado miles de sermones (muchos adecuados para la trituradora de documentos), sencillamente quiero guiarle, a través de mi enfoque, del texto hasta el púlpito.

---

1. P. ej., Sidney Greidanus, *The Modern Preacher and the Ancient Text: Interpreting and Preaching Biblical Literature* (Grand Rapids: Eerdmans, 1988); Tremper Longman III, *Reading the Bible with Heart and Mind* (Colorado Springs: NavPress, 1997); Andreas Köstenberger y Richard Patterson, *For the Love of God's Word: An Introduction to Biblical Interpretation* (Grand Rapids: Kregel Academic, 2015); Edmund Clowney, *Preaching Christ in All of Scripture* (Wheaton, IL: Crossway, 2003); Dennis E. Johnson, *Him We Proclaim: Preaching Christ from All the Scripture* (Phillipsburg, NJ: P&R, 2007); John Piper, *La supremacía de Dios en la predicación* (Graham, NC: Publicaciones Faro de Gracia, 2010); J. W. Alexander, *Thoughts on Preaching* (1864; Edimburgo: Banner of Truth Trust, 1988); John Stott, *La predicación, puente entre dos mundos* (Grand Rapids: Libros Desafío, 2000); D. Martyn Lloyd-Jones, *La predicación y los predicadores* (Moral de Calatrava: Editorial Peregrino, 2010).
2. Lloyd-Jones, *La predicación y los predicadores*, 88.
3. Ibíd., 89.

Aunque he ajustado, refinado, rehecho y reequipado mi proceso a lo largo de los años, todavía sigo un patrón general de preparación del sermón expositivo, enseñado por un profesor de seminario y, después, reforzado mediante libros, seminarios, debates y conferencias de notables expositores. Por tanto, no estoy reivindicando la originalidad de mi método. Más bien, estoy *pensando en voz alta* sobre lo que me ha funcionado a lo largo de los últimos cuarenta años en la preparación del sermón, mientras tengo en mente la sabia declaración de John Stott: "No existe una única forma de preparar sermones. Cada predicador debe elaborar su propio método, que vaya con su temperamento y situación".[4]

Interiorice el texto en su corazón

Tras decidir el libro sobre el que predicar para el bienestar espiritual de su congregación, es hora de interiorizar el texto en su corazón.[5] Esto se obtiene mediante la lectura, la meditación y la memorización de algunas porciones del texto. Si bien un texto narrativo extenso puede ser difícil de memorizar completamente, en el breve tiempo de una semana consiga asimilar tanto texto como pueda en su corazón y su mente.[6] Algunos de los mejores trabajos en lo que a sermón se refiere se producen fuera del estudio, cuando usted trabaja mentalmente en el texto, considerando sus ámbitos de énfasis, la hermosura del lenguaje, el contexto histórico y teológico, y las implicaciones, sus temas notables y su estructura. Aunque la mayor parte de esa obra sucede en el estudio, he descubierto que meditar en el texto mientras conduzco, camino o incluso acostado arroja luz al sermón.

Realice trabajo de traducción

Aun en las mejores traducciones, hacer el trabajo usted mismo de entrar en la lengua original del texto, ver los matices de la gramática, entender cómo el mismo escritor bíblico usa en otros lugares palabras y frases de su texto, y saborear la hermosura del lenguaje escrito a la audiencia original explica el texto bíblico de una forma nueva. En realidad, he comprobado que la lenta tarea de traducción ayuda en la memorización del texto. Yo escribo mi traducción a doble o triple espacio, añadiendo notas explicativas con información que aparece en las ayudas[7] y después uso de una a tres páginas (por lo general) para garabatear apuntes sobre cada versículo para mejorar mi comprensión

---

4. Stott, *La predicación, puente entre dos mundos*, 207.
5. Conociendo sus dones, su agenda, su temperamento y su vida familiar, el pastor necesita experimentar hasta descubrir el ritmo semanal adecuado desde el principio hasta el manuscrito final.
6. Andrew M. Davis, *An Approach to Extended Memorization of Scripture* (Greenville, SC: Ambassador International, 2004).
7. P. ej., BDAG, *TDNT*, *NIDNTTE* y *LEKGNT* para el griego; *NIDOTTE*, *TWOT* y BDB para el hebreo.

del texto (hermenéutica) con vistas a estructurarlo para predicar (homilética). Para cuando acabo, suelo haber escrito por toda la página/páginas de la traducción con distintos colores de tinta, así como experimentado con temas en las divisiones principales y estructurales en el margen. La mayoría de las explicaciones, de las aplicaciones, de las citas y de las ilustraciones que formarán parte del manuscrito del sermón se añadirán en mis páginas de traducción.

Entienda el texto

Mi objetivo principal consiste en entender lo que el texto significaba cuando se escribió originalmente. "Con el fin de llegar a esto, [tendrá] que aprender cómo plantear preguntas de [su] texto", nos recuerda Martyn Lloyd-Jones.[8] David Helm insiste en que el predicador fiel "pasa el control del significado del texto al contexto bíblico (en lugar de a su propio contexto)".[9] Hasta entender la intención del Espíritu Santo a través del autor humano, no avanzo en el sermón (2 P. 1:20-21). De otro modo, impondré un significado en el texto en vez de exponer el que tiene. En la exposición, el objetivo siempre es que sea un "micrófono» para el texto.[10] Por mucho tiempo que lleve entender el significado del texto hasta que su luz irrumpa en el corazón, ¡permanezca allí! Coincido con Leander Keck: "Predicar es verdaderamente bíblico cuando (a) la Biblia gobierna el contenido del sermón y cuando (b) la función del sermón es análoga a la del texto".[11] El esfuerzo de profundizar en las palabras y las frases, lidiando con el trasfondo histórico, viendo el AT en el NT y el cumplimiento en el NT del AT, pensando desde una perspectiva de la teología bíblica, luchando con el lugar que el texto ocupa en el canon más amplio y considerando el significado que pretende, debe seguir hasta que yo sepa lo que quiere decir. Mucho antes de prepararme para alimentar al rebaño el domingo, nutro mi propia alma de la riqueza de la Palabra de Dios cuando estudio y preparo.

Después de traducir y meditar en el texto, garabatear ideas por el camino hacia su significado y exposición, leeré varios comentarios y exposiciones. Lo hago al menos por cuatro razones: (1) quiero verificar y refinar mi interpretación a la luz de otros pastores, teólogos y eruditos que han trabajado en mi texto; (2) quiero reforzar mi sermón con el material adecuado o citas

---

8. Lloyd-Jones, *La predicación y los predicadores,* 226. Ver págs. 226-27 para sugerencias en cuanto a preguntas. Él denomina este aprendizaje hablar a su texto: Los textos le hablan a usted y usted "debe hablarles a ellos. Plantearles preguntas" (226).
9. David Helm, *Expositional Preaching: How We Speak God's Word Today,* 9Marks Building Healthy Churches Series (Wheaton, IL: Crossway, 2014), 40.
10. J. I. Packer, *God Has Spoken* (Grand Rapids: Baker, 1979), 28.
11. Leander Keck, *The Bible in the Pulpit: The Renewal of Biblical Preaching* (Nashville: Abingdon, 1978), 106, citado en Greidanus, *Modern Preacher,* 10.

adecuadas para explicar o ilustrar el texto; (3) quiero enriquecer mi pensamiento con buena erudición; y (4) quiero exponer mi congregación a fieles intérpretes, teólogos y predicadores.[12]

Identifique el tema

A medida que trabajo en el significado del texto, busco el hilo que discurre a lo largo del texto, que une sus palabras, sus frases, sus declaraciones y su teología para darles un significado unificado. Ese es el tema dominante, la "idea central",[13] la esencia o "la verdad central".[14] Recójalo en una frase completa, tan breve, concisa y relevante como pueda. Yo trabajo en esta frase y trato de utilizar la voz activa (no la pasiva) tanto como pueda. Quiero que esta declaración sobresalga cuando hablo porque, en un sentido, resume todo el sermón en una sola afirmación.[15] Se puede usar el modo indicativo o el imperativo, a la vez que se comunica la esencia del sermón.[16] Siempre sitúo esta frase como tesis en la introducción de mi sermón, y añado énfasis verbal cuando la pronuncio para que la congregación sepa con exactitud lo que estoy predicando. Charles Simeon explicó que esta "proposición categórica" es "*el gran secreto* de toda composición destinada al púlpito".[17] Y además lo describe como una forma de "[atornillar] la palabra en la mente de sus oyentes", y que "una vez que ha girado unas cuantas veces, difícilmente puede extraerlo poder alguno".[18]

Desarrolle la estructura

La estructura del sermón *debe* anclarse en el texto tal como lo expresa el tema sermonístico. Por estructura me refiero a la forma, las divisiones o el

---

12. Para identificar buenos comentarios (en inglés), consulte Tremper Longman III, *Old Testament Commentary Survey,* 4ª ed. (Grand Rapids: Baker, 2007); D. A. Carson, *New Testament Commentary Survey,* 6.ª ed. (Grand Rapids: Baker, 2007). Para exposiciones sobre cada libro de la Biblia, ver https://www.monergism.com/scripture.
13. Stott, *La predicación, puente entre dos mundos,* 218-22
14. Alec Motyer, *Preaching? Simple Teaching on Simply Preaching* (Ross-shire, Scotland: Christian Focus, 2013), 33-35.
15. Algunos recomiendan declarar en una frase el tema del texto y en otra segunda, identificar el tema del sermón. Yo opto por un solo tema, ya que mi sermón debe reflejar con claridad el significado del texto.
16. El tema no es una reflexión histórica (podría haber excepciones a esto en ocasiones), sino una declaración de la acción divina que tiene efecto en el pasado, en el presente y, según el contexto, en el futuro. Como ejemplo, mi tema de 1 Corintios 2:1-5, "El ministerio fiel del evangelio centrado en Cristo crucificado va en contra de todo lo que se jacta la sabiduría, capacidad y logros humanos", capta el contexto histórico, pero también avanza hasta la idea del sermón y su aplicación presente.
17. Charles Simeon, *Horae Homileticae* (11 vols., XXI, s.p. (cursivas originales), citado por Stott, *La predicación, puente entre dos mundos,* 220.
18. Charles Simeon, en *Christian Observer* (diciembre de 1821), en Hugh Evan Hopkins, *Charles Simeon of Cambridge* (Londres: Hodder & Stoughton, 1977), 59, citado por Stott, *La predicación, puente entre dos mundos,* 220.

esqueleto sobre el cual construye el sermón. Esto lo hacemos principalmente vía algún tipo de bosquejo. Lloyd-Jones escribe de forma útil: "Jamás se debe forzar una división", por tanto, no intente crear un perfil que no esté bien representado por su texto tal como lo declara su tema. Añade: "Los apartados [puntos del bosquejo] deben ser naturales y parecer inevitables",[19] de modo que no haya nada elaborado por su inventiva. Por "natural", use un lenguaje que comunique y encaje en el resto del sermón. Evite las frases torpes, las palabras obtusas, las expresiones arcaicas, los coloquialismos y frases extremadamente largas. Sea nítido y claro con el uso de palabras gráficas y activas.

En un sermón reciente sobre Lucas 15:11-24, sobre el hijo pródigo, mi exposición se basaba en la idea central que la parábola nos enseña sobre el padre misericordioso más que en los dos hijos. Sin embargo, para llegar a la idea focal tuve que desandar todo el camino hasta el padre (este sermón solo consideraba la primera parte de la parábola). Mi tema: "El Padre muestra un gozo extraordinario al celebrar el arrepentimiento de los pecadores", tenía dos títulos orientados a una conclusión apoteósica. Con el fin de demostrar el gozo del Padre, expuse sobre la prodigalidad del hijo pródigo y el arrepentimiento supremo que lo llevó a la gozosa celebración del padre. El bosquejo se desarrolla como sigue:

I. La inclinación del corazón a apartarse de Dios
   1. Mediante una actitud del corazón centrada en uno mismo y egocéntrica
   2. Mediante el distanciamiento intencionado de las influencias espirituales
   3. Mediante la descuidada indulgencia con el pecado
   4. Mediante la ceguera a las consecuencias del pecado

II. El camino del arrepentimiento hacia Dios
   1. Como cambio de mentalidad
   2. Como nueva actitud o nueva forma de pensar
   3. Como giro decisivo para alejarse de una vida a otra
   4. Como clara apropiación y admisión del pecado
   5. Como reconocimiento de la necesidad de misericordia
   6. Como humilde confianza en la misericordia y gracia de Dios

La conclusión se centraba en cómo respondió el padre con misericordia, gracia, reconciliación y celebración, la misma forma en que el Padre actúa con nosotros, que era la idea que Jesús expuso en tres facetas de una parábola (la oveja perdida, la moneda perdida, y los hijos perdidos). El bosquejo siguió la

---

19. Lloyd-Jones, *La predicación y los predicadores*, 232.

historia que Jesús contó sobre el hijo caprichoso que, por fin, recobra el sentido y regresa con humildad al padre. El contexto moldeó mi tema (Lc. 15:1-2). Jesús narró la parábola para explicarles a los fariseos y los escribas que la visión que ellos tenían de Dios no entendía su actitud de gracia para con los pecadores. En lugar de dejar a un lado a los impuros, los publicanos no religiosos y los pecadores en general, el Señor los busca hasta traerlos a su gozosa celebración de que aquel que "muerto era, y ha revivido", y aquel que "se había perdido... es hallado" (Lc. 15:24). Lo que los fariseos y escribas estimaban digno de su murmuración, Jesús declaró que era la forma de ser de Dios con los pecadores.

Teológicamente, la parábola enseña sobre la depravación total, la misericordia de Dios y la gracia, el arrepentimiento y la fe, el fracaso de las obras de justicia (con el hermano mayor) y la naturaleza de Dios amorosa, misericordiosa, llena de gracia, perdonadora, generosa y gozosa. Sin embargo, el tema predominante, a la vez que nos ayuda a hacer frente a los conceptos soteriológicos, nos lleva a entender la naturaleza de Dios con los pecadores a través de la celebración del padre.

Elabore el manuscrito

La exposición constará, probablemente, de una introducción, el cuerpo del sermón y una conclusión. Estamos acostumbrados a esta forma cuando escribimos un ensayo. Sin embargo, un sermón está por encima por cuanto no es tan solo una idea bien investigada, es un micrófono para un texto en particular de la Palabra de Dios. Dado el género del texto, la estructura trifásica podría variar. Por ejemplo, un sermón narrativo debe reflejar la *historia,* de manera que, una introducción y una conclusión típicas, fundadas en un pasaje didáctico, podrían quedar envueltas en el estilo narrativo de la predicación. La mayoría de las exposiciones deben presentar la aplicación a lo largo del sermón. Pero un sermón narrativo puede retrasar la aplicación hasta la conclusión.

La *introducción*, como sostiene Stott, (1) "despierta el interés, estimula la curiosidad y abre el apetito de algo más" y (2) "'presenta' verdaderamente el tema al conducir a los oyentes hacia él".[20] Muchos recomiendan escribir la introducción tras acabar el cuerpo del sermón. Yo adopto el enfoque de que la introducción, con su propósito de introducir el tema, debe ayudar a moldear el flujo del sermón. Con esto en mente, casi siempre escribo mi introducción primero, después de establecer una estructura homilética claramente elaborada. La introducción establece el escenario para el sermón. Proporciona una lógica de por qué la congregación debe escuchar el sermón y provoca preguntas críticas para los oyentes, respondidas por la exposición del texto.

20. Stott, *La predicación, puente entre dos mundos,* 238.

Las introducciones podrían variar en su enfoque. Con frecuencia, me gusta que la primera línea de la introducción sea tan sucinta y llamativa como sea posible. Permítame ofrecer unos cuantos ejemplos: "Lo inesperado sucede" (Sal. 42–43, "Esperanza en Dios"). "Un Dios distante no es una gran preocupación ni una amenaza" (Sal. 139, "Dios está aquí"). "Los detalles importan" (Lc. 1:57-80, "Su nombre es Juan"). "Jesús salva a los que consideramos insalvables" (Lc. 8:26-39, "Él hace grandes cosas"). O, si no es sucinto, cuento una historia con la que los oyentes se puedan identificar y que siente las bases para declarar el tema del sermón. O, cuando es útil, uso la cita de un sermón, un artículo o a un personaje histórico que capte la atención del oyente. Si la introducción no se hace con el interés de la congregación, es probable que el sermón tampoco lo haga.

Por lo general, declaro el tema de la exposición hacia el final de la introducción, seguido de una pregunta o dos que retarán la mente para abordar el esfuerzo de pensar en el texto. Las exposiciones pastorales deben hacer, siempre, que la congregación piense en el texto: ¿qué significa?, ¿por qué se escribió?, ¿qué reivindicación hace sobre mi vida?, ¿por qué importa?, ¿cómo debo responder?, etc.

El *cuerpo del sermón* sigue el progreso lógico del bosquejo que se ha elaborado durante la preparación. Debe reflejar la comprensión que el expositor tiene del significado del texto, su contexto histórico y teológico, su lugar en la teología bíblica, sus implicaciones teológicas sistemáticas y su aplicación. Pero no debe interpretarse como un comentario o una conferencia. Debe ser, como Lloyd-Jones declaró con tanta habilidad: "¡Lógica apasionada! ¡Razonamiento elocuente!... Eso es teología apasionada".[21] El modo en que alguien se acerca a esta tarea de componer el cuerpo del sermón varía de un predicador a otro. Pero ponerlo sobre papel (ya sea a mano o impreso) nos permite escudriñarlo con un ojo que analice cada palabra y cada detalle. Nos brinda la oportunidad de probar la teología y la aplicación del sermón que surge del texto bíblico. No solo provee tiempo para perfeccionar una redacción pobre, irregularidades gramaticales y verborrea, sino también para purgar el sermón de esas tendencias de la carne para atraer la atención al yo en un entorno público.

La *conclusión* debe ser exactamente eso: concluir el sermón; no volver a predicarlo. La conclusión debe ir "más allá de la recapitulación para incluir la aplicación personal",[22] reiterando las aplicaciones previas hechas durante el sermón y/o poner en primer plano la aplicación principal cuando este acaba. Podría terminar con una aleccionadora toma de consciencia motivada por el

---

21. Lloyd-Jones, *La predicación y los predicadores*, 110.
22. Stott, *La predicación, puente entre dos mundos*, 240.

texto o, como es el caso en el sermón mencionado con anterioridad de Lucas 15, con gozosa anticipación del cielo que estalla en celebración por el arrepentimiento de un pecador. Deje que su conclusión estimule el pensamiento y la acción por parte de la congregación.

En resumen

Acabar el manuscrito del sermón significa que el pastor entiende el contexto histórico del texto y las implicaciones teológicas. Ha identificado el tema y la estructura de apoyo que lo refleja. Su introducción, el cuerpo del sermón y la conclusión explican y aplican el texto. Pero la preparación no ha acabado. El objetivo nunca debe ser leer el manuscrito a la congregación. Predique el texto, no el manuscrito. Con esto quiero decir vivir de tal manera el texto que se convierta en parte de su pensamiento y su existencia. El manuscrito sirve de herramienta para guiarle por el camino, pero no debe evitar que sienta el peso, el gozo, la gravedad, el deleite, el poder y la autoridad del texto bíblico. Aunque el manuscrito del sermón sigue siendo importante, el texto debe ser lo más importante. Ruegue al Espíritu Santo que obre a través de su debilidad para hablar con autoridad y poder. Ore para que la Palabra tenga impacto en el pensamiento y en la acción de la congregación.

Repase en oración el manuscrito de su sermón, tantas veces como para que pueda predicarlo de un modo eficaz con un buen contacto visual mientras lo predica. Cada pastor necesitará encontrar el ritmo que le ayude a predicar sin depender demasiado de su manuscrito. Aunque sean tres, cuatro o diez las veces, repase el manuscrito pensando en aquellos que lo escucharán el domingo, orando por ellos y sintiendo la carga de servir de "micrófono" para el texto.

Preguntas para la reflexión

1. ¿Cuáles son las recomendaciones iniciales en este capítulo sobre entrar en el texto bíblico?
2. ¿Qué debe entenderse sobre el texto antes de desarrollar el sermón?
3. ¿Por qué es de fundamental importancia el tema del sermón?
4. ¿Qué recomendaciones sobre el desarrollo de la estructura o forma del sermón han demostrado ser útiles para usted?
5. ¿Qué papel juega la introducción en el sermón?

PREGUNTA **24**

¿Por qué deben los pastores predicar series sobre libros completos de la Biblia?

Al expresar su convicción del pastor como quien apacienta al rebaño de Dios, John Stott observa que "la principal responsabilidad del pastor que 'apacienta' sus ovejas es 'alimentarlas'".[1] Explica la alimentación como una metáfora para "enseñar a la Iglesia. Así es que el pastor es esencialmente el maestro".[2] Si Stott está en lo cierto, y yo creo desde luego que sí, el pastor necesitará decidir con qué alimentar a su congregación. De manera similar al entorno doméstico, todas las comidas no son iguales. Unas tienen un buen valor nutricional que ayuda al desarrollo y crecimiento de las células, mientras que otras —es decir, la comida basura— solo llenan un espacio vacío. Los pastores que alimentan a sus rebaños no deben caer jamás en limitarse a llenar un hueco vacío. Deben nutrir al rebaño de Dios con su Palabra (Sal. 19:7-14), de forma que crezca "en todo en aquel que es la cabeza, esto es, Cristo" (Ef. 4:15).

Sin embargo, ¿cómo proveemos este alimento para el rebaño? Un colega pastor y yo debatimos sobre su conversación con un grupo de pastores respecto a lo que estaban predicando en sus iglesias. Aunque la mayoría parecían coincidir en que la exposición bíblica debe tener la prioridad en la iglesia, pocos pensaban que es sabio predicar series sobre libros completos de la Biblia de manera consecutiva, en particular con series que se extiendan más allá de doce semanas. El pastor presbiteriano y profesor del siglo XIX, J. W. Alexander, disentía. Escribió: "El método de la predicación expositiva es la forma más obvia y natural de comunicarles a los oyentes la trascendencia del volumen sagrado".[3] Por *expositivo,* se refería expresamente a dirigirse a la congregación de manera consecutiva sobre un libro de la Biblia, tratando con su totalidad, considerando su contexto y su teología, y permitiendo que el texto escogido para la semana sirviera como enfoque total del sermón. Conecta con el anterior y con el que seguirá. El pastor galés Martyn Lloyd-Jones, quien

1. John R. W. Stott, *La predicación, puente entre dos mundos* (Grand Rapids: Libros Desafío, 2000), 112.
2. Ibíd., 113.
3. J. W. Alexander, *Thoughts on Preaching* (1864; Edimburgo: Banner of Truth Trust, 1988), 229.

siguió este plan en su pastorado en Londres, muestra cómo afecta el contexto del libro a cada exposición consecutiva. Escribe: "En un sermón [expositivo], el tema o la doctrina surgen del texto y de su contexto, son ilustrados por medio del texto y del contexto".[4] Alexander señala que los dos pastores más importantes en las iglesias griegas y latina, Crisóstomo y San Agustín, siguieron este patrón expositivo. Así también los reformadores del siglo XVI, Lutero y Calvino, y los inconformistas del siglo XVII. Añade que "la exposición en el proceso habitual [de la predicación] se consideró parte necesaria de la labor ministerial" para los inconformistas.[5]

Se podría entender el reto de predicar series más largas sobre los libros de la Biblia. Sin embargo, el valor de capacitar a una congregación con la exposición habitual de las Escrituras supera con creces la preocupación por series extensas. Alexander opinó de los campesinos escoceses que superaban a las congregaciones más sofisticadas en su comprensión y su aplicación de la Palabra de Dios debido a seguir de forma sistemática, "en sus pequeñas Biblias", la exposición semanal del pastor sobre los libros de la Biblia. Reflexionó: "Existe algo hermoso en la idea misma de formar a toda una congregación en el estudio regular de las Sagradas Escrituras".[6]

Mi propia experiencia ha demostrado esto una y otra vez. Los cuarenta y cuatro sermones que prediqué sobre Efesios en 1990–1991 transformaron literalmente mi vida, mi teología y a la congregación. Ocho o diez sermones no habrían bastado para desarraigar la teología defectuosa y ponernos en el rumbo adecuado. Los cincuenta y dos sermones de Hebreos en 2000–2001 agudizaron nuestra comprensión del evangelio y su aplicación para toda la vida. Los cuarenta y dos sermones de Apocalipsis en 2006-2007 nos llevaron a profundizar en la adoración y en los propósitos redentores de Cristo para la iglesia, que todavía teníamos que comprender. Parece que debemos decidir nuestro objetivo: exponer meramente a la congregación un libro o explicarlo a conciencia para que capten su trascendencia, sus doctrinas y sus aplicaciones.

¿Por qué predicar de manera consecutiva sobre libros completos de la Biblia? A continuación, presentamos siete razones importantes:

1. Los pastores tienen la responsabilidad de predicar toda la gama de la revelación bíblica

Pablo les indicó a los ancianos efesios: "Porque no he rehuido anunciaros todo el consejo de Dios" (Hch. 20:27). No podía tratar sencillamente sus

---

4. D. Martyn Lloyd-Jones, *La predicación y los predicadores* (Moral de Calatrava: Editorial Peregrino, 2010), 80-81.
5. Alexander, *Thoughts on Preaching*, 231-33.
6. Ibíd., 236-37.

cuestiones favoritas, sino que más bien procuraba de manera intencionada proclamar de un modo exhaustivo la voluntad de Dios para los pecadores y los redimidos. Comparecer delante del Señor para rendir cuentas motivaba, probablemente, la rigurosidad de Pablo. "Por consiguiente, no se le puede considerar responsable si alguno de ellos perece".[7] Los pastores australianos Phillip Jensen y Paul Grimmond explican que la predicación expositiva genuina no solo respeta la totalidad de la Biblia como Palabra de Dios, sino que "significa planificar para predicar toda la Biblia y no solo las partes que nos gustan o son cómodas".[8] Escoger textos más fáciles podría simplificar la tarea de predicación del pastor pero hará que la congregación se muera simultáneamente de hambre, y asegurará la anemia espiritual.

"Todo el propósito de Dios" alude "a la totalidad del plan divino para la humanidad y el orden creado revelado en las Escrituras y cumplidas en Jesucristo".[9] Alexander les recuerda a los pastores que "los textos aislados al azar" descuidarán "muchas doctrinas o deberes importantes". ¿Cómo remediamos esta negligencia? "Pero la exposición regular de unos cuantos libros enteros, bien seleccionados, llegaría lejos para suplir cada defecto de esta naturaleza".[10] Limitarse a realizar una predicación doctrinal tópica sobre las doctrinas difíciles no bastará. Como explicó Alexander, solo cuando los pastores presentan estas doctrinas "en su conexión bíblica" mediante la exposición sobre los libros hacen que las doctrinas se aclaren y la congregación entienda mejor todo el consejo de Dios.[11]

2. Predicar series sobre libros completos ofrece al pastor y a la congregación la oportunidad de absorber mejor el propósito de Dios y el impacto del texto sobre la audiencia original

No hace mucho, acabé de predicar cincuenta sermones sobre Génesis. Lo que me asombró cuando estudié y prediqué fue la forma en que la narrativa bíblica presentaba varios puntos de crescendo que habríamos pasado por alto si solo hubiera predicado unos cuantos textos elegidos. Por ejemplo, Abraham ofreció a Isaac cuando Dios se lo ordenó y esta es, sin duda, una de las escenas veterotestamentarias más magníficas que daba seguridad al propósito de Dios para su pueblo, a la vez que también señalaba a Cristo como nuestro sustituto. Pero si nos limitamos a predicar Génesis 22 sin haber hecho el largo recorrido

---

7. John Stott, *The Spirit, the Church, and the World: The Message of Acts* (Downers Grove, IL: Inter-Varsity, 1990), 326.
8. Phillip Jensen y Paul Grimmond, *The Archer and the Arrow: Preaching the Very Words of God* (Kingsford, Australia: Matthias Media, 2010), 40.
9. David G. Peterson, *The Acts of the Apostles,* PNTC (Grand Rapids: Eerdmans, 2009), 567.
10. Alexander, *Thoughts on Preaching,* 240-41.
11. Ibíd., 240.

desde Génesis 12, donde Dios llamó a Abraham para que saliera del paganismo y lo protegió fielmente en todos los altibajos, mientras esperaba el desarrollo de la promesa divina de un hijo, nos perdemos algo del patetismo pretendido para la audiencia original. ¿Puede imaginar a la primera audiencia de Génesis que escuchó el desarrollo de la historia —prestando oído a las promesas de Dios que dependía de la herencia solitaria del patriarca— asombrada ante lo que parecía el mandato divino repentino de sacrificar a su "único hijo"? El cuchillo se cernía sobre el mismísimo que tenía la llave para todo lo que Dios había prometido en los diez capítulos anteriores. Entonces, Él proveyó un sustituto y, al hacerlo, preservó el linaje de Abraham, que acabó llegando a la realización grandiosa en la bendición de las naciones por medio de la persona de Jesucristo. El énfasis sobre *sustituto* adopta un significado más intenso con este trasfondo. Sí, podemos limitarnos a predicar Génesis 22, y será poderoso, pero sugiero que pierde algo de su efecto cuando nos saltamos el vivir juntos cada semana en los diez capítulos anteriores.

3. Predicar series sobre libros completos de la Biblia le proporciona al pastor y a la congregación un mejor entendimiento de cada libro, y si se expone del modo adecuado, una comprensión más plena de la teología bíblica

Puedo predicar sobre Efesios 2:8-10 y exhortar a mis oyentes a depender de la gracia de Dios solo en Cristo. Pero si he llevado a mi congregación a la cima teológica del monte en el capítulo 1, descendiendo hasta las más oscuras profundidades de la pecaminosidad humana al principio del capítulo 2, y después, a escuchar la declaración paulina de gracia "Pero Dios", en Efesios 2:4, luego encuentro que Efesios 2:8-10 genera mayor poder para mi audiencia. El contexto teológico proporciona peso al pasaje expuesto. Como insiste Lloyd-Jones: "la predicación ha de ser siempre teológica", lo que presenta un desafío cuando se predican textos aislados.[12] Las series breves que se saltan el contexto doctrinal más amplio pueden acortar la predicación y hacer que las cosas sean más aceptables para las congregaciones bíblicamente analfabetas, pero también debilita el impacto doctrinal que edificaría y maduraría a la iglesia. No tema que la exposición doctrinal se perciba como algo seco. Tim Keller escribe: "El objetivo de predicar no consiste simplemente en exponer doctrina, sino en hacer que esta sea real para el corazón y, por tanto, que transforme vidas de un modo permanente".[13] Entendida correctamente, la teología produce cambios en el corazón.

---

12. Lloyd-Jones, *La predicación y los predicadores*, 72.
13. Timothy Keller, "A 'Tract for the Times'", https://lifecoach4god.life/2013/06/16/why-is-tim-keller-indebted-to-dr-david-martyn-lloyd-jones/.

4. Predicar series sobre libros completos de la Biblia reta el estudio, la disciplina, la hermenéutica, los puntos homiléticos fuertes, la percepción pastoral y la vida de oración del pastor

La predicación expositiva es una tarea dura. "Se suele observar de manera común que la predicación expositiva es excesivamente difícil", declara Alexander.[14] Será necesario que el pastor "ame su trabajo" y "sea poseído por un entusiasmo que jamás le permitirá olvidar la tarea inminente".[15] Debe esforzarse con diligencia en el texto para entender su significado en su contexto original (2 Ti. 2:15). Traduce, medita, compara traducciones, irrumpe en el significado contextual de las palabras y frases en particular, piensa en las implicaciones teológicas de una preposición, lee comentarios de otros, sopesa posturas y lidia con la interpretación correcta antes de acercarse a componer un sermón. Teniendo en cuenta su estudio diligente, ahora lucha por discernir el tema del texto como punto focal de su exposición. Estudia para ver cómo los diversos hilos del sermón emergen del mismo en el texto. Ahora considera cómo afecta el contexto más amplio a la interpretación y la aplicación, y se refiere en retrospectiva al contexto general sin cortar y pegar de un sermón anterior. Al mismo tiempo, ora por su rebaño, procurando saber cómo aplicar el significado del pasaje a sus necesidades más acuciantes. Siente el peso del texto y de la congregación que le empujan hacia la exposición del domingo. Las horas pasan, otros deberes lo llaman, pero él debe permanecer constante a la explicación de la Palabra de Dios a aquellos por los que ha de rendir cuentas (He. 13:17). También está aprendiendo a confiar en la gracia de Dios y en el poder del Espíritu Santo en la preparación y en la predicación. El tiempo en el estudio afecta profundamente al expositor antes incluso que a la congregación.

5. Predicar series sobre libros completos de la Biblia centra al pastor en la línea argumental bíblica, no sea que se salte aquellos textos incómodos sobre los que, de otro modo, nunca predicaría

Tim Keller explica: "La clave para predicar el evangelio cada vez es predicar a Cristo cada vez, y consiste en descubrir cómo encaja su texto particular en la totalidad del contexto canónico y cómo ese capítulo participa en la gran narrativa de la Biblia, que es cómo Dios nos salva y renueva al mundo por medio de la salvación, por la gracia gratuita en su Hijo, Jesucristo".[16] En mis exposiciones sobre Génesis, luché con la ebriedad de Noé, los actos incestuosos de Lot y el adulterio de Judá con su nuera. ¡No habría escogido

---

14. Alexander, *Thoughts on Preaching*, 242.
15. Ibíd., 235.
16. Timothy Keller, *Preaching: Communicating Faith in an Age of Skepticism* (Nueva York: Viking, 2015), 70.

de forma voluntaria esos textos para exposiciones sobre temas de actualidad! Sin embargo, forman parte de la línea argumental de las Escrituras que nos ayudan a entender la condición caída, la promesa del Rey Mesías y la necesidad de la gracia divina para redimir a los pecadores. Esos textos ayudaron a mi congregación a entender el mensaje de Génesis, insistiendo en que el Dios vivo preserva a su pueblo a pesar de sus vidas desordenadas. También demostró, por medio del linaje de Judá, la verdadera humanidad de nuestro Señor Jesús para que Él pudiera convertirse en el Redentor perfecto (He. 7:14; 2:14-18).

6. Predicar series sobre libros completos de la Biblia proporciona a las congregaciones una oportunidad de meditar con mayor profundidad sobre un libro en particular, extrayendo su riqueza, empapándose de sus doctrinas y haciendo aplicaciones directas a la vida diaria

Por ejemplo, si trabaja en un libro, considere con regularidad el contenido de este hasta que empiece a impregnar la mente de la congregación (por no hablar de la suya propia). La lógica de un texto en particular encaja en la lógica grandiosa del contexto más grande que usted ha entretejido en la exposición, y este en el marco de las Sagradas Escrituras. A lo largo de un período de años, a través de una predicación expositiva continua, la congregación empieza a pensar bíblicamente. Conforme leen y piensan en pasajes de este u otro libro en su devocional personal y estudio, la comprensión contextual da forma a su interpretación, al igual que a su capacidad para reconocer las doctrinas halladas en el texto. Semejante lectura de la Palabra resulta en una aplicación más fiel a la vida diaria. Alexander observa: "Los hábitos mentales de cualquier comunidad cristiana derivan principalmente de la predicación que escuchan".[17] La exposición regular le enseña a la iglesia una hermenéutica sana cuando la siguen con sus Biblias abiertas. Por consiguiente, su meditación sobre el texto se hará de forma contextual, por medio del cual se desarrollará un entendimiento más rico de la doctrina y la aplicación. Se puede cocinar una carne asada en el microondas y servirla a los invitados (series breves sobre los libros), pero el asado lento en el horno (una exposición completa sobre el libro) absorbe los sabores, ablanda la carne y contribuye a una comida más satisfactoria. La exposición bíblica regular, libro a libro, les proporciona a las congregaciones locales un banquete privilegiado en el que participar.

La exposición sistemática a lo largo de los libros combate el analfabetismo bíblico en los bancos. En lugar de sentirse temeroso de predicar exposiciones más largas debido a la pobre comprensión de las Escrituras por parte de la

17. Alexander, *Thoughts on Preaching*, 240.

congregación, justo lo opuesto debería ser cierto. Como lo expresa mi amigo pastor Chris Spano: "Debería ser obvio que la mejor forma de combatir el analfabetismo bíblico no es enseñarles a las personas menos de la Biblia, sino mucho más de ella".[18] Por tanto, comience con los libros más pequeños y/o series (Filipenses, 1 Tesalonicenses, Malaquías, etc.), pero a continuación diríjase a mensajes más sustanciales, ya sea de un libro breve o uno mayor de la Biblia. En lugar de diez sermones sobre Filipenses, predique veinte. En lugar de quedarse en los libros de menos de cinco capítulos, pase a predicar sobre un Evangelio, Romanos, Hebreos o una narrativa veterotestamentaria. Su congregación se beneficiará de una exposición fiel y paciente.

7. Predicar series sobre libros completos de la Biblia, una vez entrenada la congregación para escuchar, demostrará ser mucho más interesante que el método de ir saltando por la Biblia o predicando series temáticas

No cabe duda de que muchas personas no pueden esperar a oír lo que su pastor dirá —o hará— desde el púlpito un domingo cualquiera. Pero no es algo común en las iglesias donde se imparte una exposición consecutiva semana a semana. En su lugar, la congregación acude porque no puede esperar a escuchar lo que la Palabra de Dios declara. El pastor se da cuenta de que no es más que "un micrófono para su texto".[19] En vez de hacer payasadas en el púlpito para conseguir que las personas vuelvan cada domingo, los fieles expositores dependen de que la suficiencia de las Sagradas Escrituras haga su obra conforme el Espíritu Santo se mueve en medio de ellos. Estas "enseñanzas puras del Espíritu, acompañadas de la explicación adecuada, ocupa necesariamente la mente del predicador" conforme él expone sobre los libros de la Biblia, semana tras semana.[20]

En resumen

¿Acaso estoy sugiriendo que todos prediquemos durante trece años sobre Romanos, como hizo Martyn Lloyd-Jones (sin acabarlo)? ¿O predicar durante más de cuarenta años sobre Job, como hizo el puritano Joseph Caryl? ¿O incluso predicar 180 sermones sobre Génesis como James Montgomery Boice? ¡En absoluto! En su lugar, pensemos de un modo comedido para trabajar del modo adecuado sobre un libro de la Biblia, dándonos tiempo para absorberlo

---

18. Correspondencia personal, 22 de marzo de 2019.
19. J. I. Packer, *God Has Spoken* (Grand Rapids: Baker, 1979), 28.
20. Alexander, *Thoughts on Preaching*, 236.

y ofreciéndoles a nuestras congregaciones la oportunidad de confrontar su mensaje.[21]

El pastor debe decidir lo que puede manejar y lo que la congregación puede absorber; esto variará de una congregación a otra, de un pastor a otro. Debo reconocer que muchas congregaciones no están preparadas para dedicar un año o dos a Génesis, Romanos o Juan. El pastor podría no estar tampoco preparado del todo. Esto requiere entrenamiento para los pastores y para las congregaciones, empezando con libros más cortos y moviéndose hacia los más largos, a la vez que le enseña a la congregación cómo leer, escuchar, meditar e interpretar la Palabra. Pero, al final, conforme el pastor y la congregación crecen juntos al exponer y escuchar la Palabra de Dios, se producirá ciertamente una profundidad y una satisfacción con la suficiencia de las Sagradas Escrituras. No puedo imaginar a ningún pastor que predique sobre los libros de la Biblia y que, mirando en retrospectiva, exclame: "Desearía no haber dedicado tanto tiempo a predicar sobre los libros de la Biblia a las personas por quienes rendiré cuenta a Dios".

Preguntas para la reflexión

1. ¿Cómo reaccionó usted a la cita de J. W. Alexander: "Existe algo hermoso en la idea misma de formar a toda una congregación en el estudio regular de las Sagradas Escrituras"? ¿Está de acuerdo?
2. ¿Qué implicaciones para la predicación contemporánea tiene el comentario de Pablo a los ancianos efesios de predicar "todo el consejo de Dios"?
3. ¿Cómo afecta la predicación consecutiva sobre los libros de la Biblia la comprensión de una congregación de la teología bíblica?
4. ¿Qué será necesario para que un pastor mantenga el ritmo con la predicación sobre los libros de la Biblia año tras año?
5. J. I. Packer declara que el pastor es "un micrófono para el texto". ¿Cómo refleja esta declaración la forma en que usted está predicando ahora la Palabra de Dios a su congregación?

21. Como sugerencia, me ha resultado útil consultar páginas webs de expositores para ver cómo han dividido los diversos libros en segmentos de predicación. También podría ser de ayuda la serie de Kent Hughes Preach the Word (Crossway), así como la serie Reformed Expository Commentary (P&R).

PREGUNTA 25

¿Cómo debe decidir el pastor sobre qué libro predicar a su congregación?

Comer durante doce años en la cafetería de una escuela me acostumbraron a menús repetitivos. Con poca variedad, la misma comida cocinada al estilo rancho despertaban poco mis papilas gustativas y hacían probablemente menos por mis necesidades alimentarias. Deseaba algo diferente más allá de la carne, los frijoles y las papas, pero el personal se centraba en la conveniencia y no en una amplia gama culinaria.

De manera similar, los pastores pueden volverse permisivos en lo que sirven desde el púlpito, centrándose en lo conveniente en la preparación y no en una dieta completa para la congregación. Al tener constantes demandas administrativas, pastorales y de consejería, el alimento que sale del púlpito puede quedar reducido a unos cuantos temas o géneros bíblicos limitados en lugar de ser "todo el consejo de Dios" (Hch. 20:27).

Predicar la totalidad de las Escrituras reta a los pastores y a las congregaciones en la preparación y a la hora de escuchar. Sin embargo, dado que *toda* la Biblia es la Palabra infalible de Dios mediante la cual Él pretende que su pueblo sea capacitado y equipado, considerar la totalidad de las Escrituras debe ocupar el lugar prioritario en la predicación de la iglesia y en el ministerio de la enseñanza (2 Ti. 3:16-17). Formar a una congregación para que escuche activamente la Palabra de Dios podría exigir algún tiempo, debate y exposición a diversos géneros bíblicos. Esto demostraría ser necesario para la salud y la vitalidad de la iglesia local.

¿Cómo debe decidir, pues, el pastor sobre qué libros de la Biblia predicarle a su congregación? Abordaremos esta pregunta considerando algunas evaluaciones críticas que respaldarán la decisión, tanto en la planificación inicial para el principio del ministerio del pastor como para una planificación a largo plazo de la predicación pastoral.

Evaluaciones críticas

Los pastores no deben dar nada por sentado respecto a sus congregaciones ni sobre sí mismos cuando planifican su predicación. Al menos cuatro ámbitos necesitan ser considerados para establecer el trabajo preliminar de la planificación de los libros sobre los que predicar:

1. Esté comprometido con la exposición bíblica en su ministerio semanal en el púlpito

El compromiso con la exposición continua vincula al pastor a la Biblia como base para su predicación. Hacerle saber a una congregación desde el principio que pretende hacer una exposición semanal sobre todos los libros de la Biblia lo hará responsable contra la tentación de optar por un camino más fácil. A medida que trabaja en cada libro de la Biblia, crea interés en la congregación que descubre la riqueza de la Palabra de Dios que se aplica a la totalidad de la vida. Conforme la congregación desarrolla fieles aptitudes para escuchar, su hambre de recibir todo el consejo de Dios va en aumento.[1] Cuando la congregación va escuchando más y aplicando la Palabra de Dios, el pastor siente una demanda aumentada de una preparación diligente para exponer la Palabra. El pastor y la congregación crecen juntos bajo este compromiso de exposición bíblica semanal.

2. Evalúe el entendimiento doctrinal de su congregación

En ocasiones, pastores bien intencionados inician su ministerio en una nueva iglesia sumergiéndose de inmediato en un extenso tratado de un libro doctrinalmente intenso como Efesios o Romanos. Es necesario predicar sobre estos libros, pero tal vez no al comienzo de su ministerio. Primero debe discernir lo bien que conoce la congregación el evangelio. ¿Pueden explicar el evangelio con claridad? ¿Entienden quién es Jesús, por qué vino en la encarnación, qué llevó a cabo por medio de su muerte y su resurrección, y lo que ha prometido a los que creen?

Más allá de lo básico del evangelio, ¿qué saben sobre la doctrina cristiana esencial? ¿Pueden explicar el propósito de Dios en la creación, la caída de la humanidad en el pecado, la obra redentora de Jesús y la reconciliación de Dios de todas las cosas en Cristo? ¿Entienden el significado de la predestinación, de la justificación, de la redención, de la adopción, de la santificación y de la glorificación? ¿Entienden a la persona y la obra del Espíritu Santo? ¿Qué comprenden sobre la naturaleza y la misión de la iglesia?

Una serie sobre un libro no cambiará su forma de entender estas verdades, pero puede hacer avanzar su comprensión en la dirección correcta. Lo

---

1. Ken Ramey, *Expository Listening: A Handbook for Hearing and Doing God's Word* (Woodlands, TX: Kress Biblical Resources, 2010). En el prólogo, Lance Quinn escribe: "Escuchar activamente la predicación de la Palabra de Dios exige un estado de alerta mental, una atención enfocada y un corazón espiritualmente receptivo" (xi).

principal del programa de predicación debe ser discernir qué libros podrían ayudar (a) a llevar a la iglesia hacia la madurez en la comprensión y la aplicación del evangelio y, por este medio, (b) desarrollar una mayor unidad como cuerpo de Cristo.

3. Evalúe dónde necesita ser teológicamente retado, refinado y fortalecido para predicar a su gente

H. B. Charles exhorta: "Esfuércese. Escoja textos que le obliguen a trabajar, pensar y crecer".[2] Los pastores deben obligarse siempre a crecer en la exégesis y la teología. Podría resultarles útil esforzarse a predicar sobre un libro que los prepare para predicar sobre otro que suponga mayor reto. Por ejemplo, predicar sobre Zacarías me exigía más, pero me preparó para dar un paso hacia el reto mayor de predicar sobre Apocalipsis. Predicar sobre varias epístolas paulinas más breves sienta las bases para predicar sobre Romanos. Cuando comencé, prediqué sobre Efesios, a principios de la década de los 90, porque necesitaba tratar sus muchos énfasis doctrinales. Esto demostró fortalecerme y retar a muchos de los que componían mi congregación. Mantenga en mente que si crece personalmente en la doctrina y la práctica mientras prepara la predicación, también lo hará su congregación. Cuando se exige como persona, ayudará al cuerpo a hacer lo mismo.

4. Evalúe lo bien que su congregación escucha las exposiciones

Si es usted nuevo en la iglesia o en la exposición bíblica, empiece a predicar semanalmente con breves series de exposiciones. Con este enfoque le enseña a su congregación lo que implica la predicación expositiva a la vez que edifica su entendimiento bíblico y su aplicación contextual. Fíjese en la atención que prestan, a sus preguntas después del sermón o durante la semana, a sus reacciones a las explicaciones doctrinales y a las pruebas de su crecimiento en la fe. Si su progreso parece lento, siga con breves series expositivas con el fin de darles tiempo para aprender a escuchar mejor. Cuando las congregaciones han estado poco expuestas a la explicación fiel, el reto será mayor. Pero la diligencia, la amabilidad y la paciencia del pastor en la predicación sobre los libros semana a semana ayudarán al cuerpo a crecer en sus hábitos de escuchar.

A veces resulta útil proveer bosquejos del sermón para tomar notas o simplemente seguir el razonamiento a lo largo del texto. Yo proporciono copias del manuscrito de mi sermón antes del culto como ayuda para escuchar y estudiar adicionalmente durante la semana. De vez en cuando, haga un breve testimo-

---

2. H. B. Charles, *On Preaching: Personal and Pastoral Insights for the Preparation and Practice of Preaching* (Chicago: Moody, 2014), 56.

nio o una entrevista con alguien de la iglesia que parezca haber cobrado vida al escuchar la Palabra. Cuando se trata de libros más difíciles o desafiantes, en ocasiones he usado un culto de domingo por la tarde o de mitad de semana para responder preguntas o ampliar la explicación. Acérquese a estas como oportunidades de enseñanza y no como tiempo de defensa del púlpito. La planificación inicial de las series de predicación tendrá por objetivo enseñar al cuerpo a escuchar con fidelidad.

Planificación inicial

Cuando se sigue a un pastor que ha expuesto constantemente la Palabra de Dios, libro a libro durante muchos años, el pastor nuevo tendrá probablemente mucha libertad para iniciar su ministerio con una serie expositiva más larga. Sigue necesitando discernir dónde se encuentra la iglesia en cuanto a salud espiritual y entendimiento doctrinal. Esto dictará sin duda por dónde empezar su serie expositiva más extensa. Pero cuando la exposición expositiva no ha sido la práctica habitual, empezar a aclimatar lentamente a la congregación a la dieta de carne de la exposición doctrinal podría llevar uno o dos años. El pastor necesita pensar en lo que la iglesia necesita para avanzar en la doctrina, la salud espiritual y la amplitud de conocimiento bíblico. Será sabio si trabaja a través de diversos géneros bíblicos para demostrar el enfoque cristológico de la totalidad de las Escrituras.[3] En última instancia, la fidelidad del pastor al predicar el texto bíblico, cualquiera que sea el libro que escoja, será usada por Dios para impactar a la iglesia.

Para ayudar con algunas ideas hacia el desarrollo de series más cortas sobre toda la Biblia, ofreceré un título general para cada una de ellas y sugeriré unidades textuales para la exposición. El pastor podría elegir trabajar de nuevo en estas series y unidades textuales según encajen en el contexto pastoral. La serie de sermones representa cinco géneros bíblicos y alternativos entre el Nuevo y el Antiguo Testamento. Las unidades textuales veterotestamentarias necesitan ser predicadas cristológicamente.

(a) Tito (7 sermones): *Ser un pueblo centrado en el evangelio;* Tito 1:1-4; 1:5-9; 1:10-16; 2:1-10; 2:11-15; 3:1-7; 3:8-15.
(b) Rut (4 sermones): *El pariente redentor*; Rut 1; 2; 3; 4.
(c) Judas (5 sermones): *Peleando por la fe;* Judas 1-2; 3-4; 5-16; 17-23; 24-25.
(d) Hageo (2 sermones): *Un llamado a la perseverancia;* Hageo 1; 2.

---

3. Ver Edmund P. Clowney, *Preaching Christ from All of Scripture* (Wheaton, IL: Crossway, 2003); y Dennis E. Johnson, *Him We Proclaim: Preaching Christ from All the Scriptures* (Phillipsburg, NJ: P&R, 2007).

(e) 2 Timoteo (10 sermones): *La resistencia del cristiano;* 2 Timoteo 1:1-7; 1:8-18; 2:1-7; 2:8-13; 2:14-19; 2:20-26; 3:1-9; 3:10-17; 4:1-8; 4:9-22.

(f) Malaquías (6 sermones): *Un llamado a la fidelidad;* Malaquías 1:1-4; 1:6–2:9; 2:10-16; 2:17–3:7; 3:8-15; 3:16–4:6.

(g) Filipenses (12-13 sermones): *Unidos en el gozo;* Filipenses 1:1-11; 1:12-26; 1:27-30; 2:1-11 (o 2:1-4 y 2:5-11); 2:12-18; 2:19-30; 3:1-7; 3:8-11; 3:12-16; 3:17–4:1; 4:2-9; 4:10-23.

(h) Jueces (10 sermones): *Misericordia y liberación;* Jueces 1–3; 4–5; 6; 7–8; 9–10; 11–12; 13–14; 15–16; 17–18; 19–21.

(i) Marcos (16 sermones con textos clave de cada capítulo en lugar de versículo a versículo y con títulos recomendados); *El reino se ha acercado:* Marcos 1:1-15 (El camino al reino); 2:13-28 (El reino aclarado); 3:13-35 (El reino distinguido); 4:1-34 (El reino explicado); 4:35–5:43 (El poder del reino); 6:1-6 (El reino rechazado); 7:1-23 (El corazón del reino); 8:27-38 (El Rey del reino); 9:30-40 (El camino estrecho al reino); 10:13-31 (La determinación del reino); 11:1-10 (El humilde Rey del reino); 12:28-37 (No lejos del reino); 13:1-37 (El reino que dura); 14:12-26 (La comida del reino); 15:1-47 (El Rey del reino en la cruz); 16:1-8 (El Rey del reino triunfa).

(j) Salmos (15 sermones): *Los salmos de ascenso: Confiar a lo largo del camino;* Salmos 120–134.

La planificación a largo plazo

Planificar las unidades textuales para la exposición semanal tiene que hacerse al menos con tres meses de antelación (mejor entre seis y nueve). El pastor también necesita una idea de adónde quiere dirigirse cuando acabe su serie actual. Debe tener en mente el desarrollo espiritual de su congregación cuando planifica en vez de limitarse a predicar aquello que le interesa. Aquí, la aportación de sus colegas ancianos le ayudará a ver la amplitud de las necesidades de la iglesia cuando planea su siguiente serie de predicación. Aunque me resulta abrumador, recuerdo haber decidido con el consejo de mis colegas ancianos predicar sobre Génesis. Vacilé por su extensión, por algunos de los textos difíciles y por la largura de las narrativas. Demostró ser fundamental para nuestra congregación y un enorme gozo para mí.

Planifique su predicación para ayudar a la iglesia a entender el evangelio, a madurar en la fe, a crecer en su misión, a cultivar el servicio de unos hacia los otros y experimentar una adoración más profunda. Esto significa que, cuando vea un ámbito que necesita perfeccionamiento, enseñanza, formación o corrección, se decante por un libro que ayude a llegar a ese fin.

A continuación se presentan unas cuantas ideas en diversos ámbitos de las necesidades de la congregación:

(a) *Intensificar la adoración:* Job, Salmos escogidos, Isaías 40–66, Lamentaciones, Ezequiel, los Evangelios, Romanos, Efesios, Hebreos, Apocalipsis.
(b) *Madurez espiritual:* Génesis, Deuteronomio, Josué, 1–2 Samuel, Job, Salmos escogidos, Isaías, Jeremías, Daniel, los Evangelios, Hechos, Romanos, 1–2 Corintios, Gálatas, Efesios, Filipenses, Colosenses, Hebreos, 1 y 2 Pedro, 1 Juan.
(c) *Cultivar el servicio y las relaciones:* Rut, 1–2 Samuel, Nehemías, Proverbios seleccionados, Miqueas, los Evangelios, Hechos, Romanos, Efesios, Filipenses, 1 Timoteo, Filemón, Santiago, 1 Pedro, 2 y 3 Juan.
(d) *Desarrollo en las misiones:* Jonás, los Evangelios, Hechos, Romanos, Efesios, Filipenses, 1 Pedro, 3 Juan, Apocalipsis.
(e) *Santidad y santificación:* el Pentateuco, Josué, Jueces, 1 y 2 Reyes, 1 y 2 Crónicas, Salmos y Proverbios escogidos, Oseas, Joel, Amós, Miqueas, Hageo, Malaquías, los Evangelios, Romanos, 1 Corintios, Gálatas, 1 Tesalonicenses, Hebreos, Santiago, 1 y 2 Pedro, 1 Juan.
(f) *Construir raíces doctrinales más profundas:* Génesis, Levítico, Salmos escogidos, Isaías, Jeremías, Ezequiel, Daniel, Miqueas, Hageo, Zacarías, Malaquías, los Evangelios, Romanos, Gálatas, Efesios, Colosenses, Hebreos, 1 Pedro, 1 Juan, Judas, Apocalipsis.
(g) *Soportar el sufrimiento:* Rut, 1 y 2 Samuel, Job, Salmos escogidos, Proverbios escogidos, Eclesiastés, Lamentaciones, Daniel, Habacuc, los Evangelios, Hechos, Romanos, 2 Corintios, Efesios, 2 Timoteo, Hebreos, Santiago, 1 y 2 Pedro, Apocalipsis.
(h) *Establecer una eclesiología saludable:* Mateo, Juan, Hechos, Romanos, 1 y 2 Corintios, Efesios, Filipenses, Colosenses, 1 Tesalonicenses, 1 y 2 Timoteo, Tito, Hebreos, 1 Pedro, Judas, Apocalipsis.
(i) *La soberanía y la providencia de Dios:* Génesis, Éxodo, Números, Josué, Jueces, 1 y 2 Samuel, 1 y 2 Reyes, 1 y 2 Crónicas, Esdras, Nehemías, Ester, Job, Salmos, los Profetas Mayores, los Profetas Menores, los Evangelios, Hechos, Romanos, Efesios, Hebreos, 1 y 2 Pedro, Apocalipsis.
(j) *La perseverancia y desarrollar resistencia:* Génesis, Éxodo, Josué, 1 y 2 Samuel, 1 y 2 Reyes, 1 y 2 Crónicas, Esdras, Nehemías, Ester, Job, Salmos escogidos, Proverbios escogidos, Daniel, Habacuc, los Evangelios, Hechos, Romanos, Efesios, Filipenses, 2 Tesalonicenses, Hebreos, Santiago, 1 y 2 Pedro, 1 Juan, Judas, Apocalipsis.

(k) *La proclamación del evangelio:* toda la Biblia, en especial los Evangelios, Hechos, Romanos, Efesios, Colosenses, Hebreos, 1 Pedro.

(l) *La naturaleza y los atributos de Dios:* el Pentateuco, Ester, Job, Salmos, Proverbios, los Profetas Mayores, los Profetas Menores, los Evangelios, Hechos, Romanos, las Epístolas Carcelarias, Hebreos, Apocalipsis.

No cabe duda de que otros pastores añadirán libros a las diversas categorías que he propuesto. Pero la idea de estas, así como de los libros recomendados, demuestran que cada género bíblico tiene algo que ofrecerle a la iglesia en cualquier reunión dominical. Trabajar en todas las Escrituras, libro a libro y género a género expone a la congregación a la riqueza que se halla en la Palabra de Dios, transforma su lectura de la Biblia y los capacita a ver la aplicabilidad de todas las Escrituras a la totalidad de la vida.

He comprobado que alternar de forma general las series sobre libros más extensos con las que tratan libros más breves me concede un poco de tiempo para poder recuperar el aliento al predicar y que la congregación también lo recupere para escuchar. De vez en cuando, en una serie más larga, podría interrumpirla con un breve extracto sobre un tema relacionado. Por ejemplo, cuando predico sobre Mateo 16 sobre la primera mención de la iglesia, me tomo cinco semanas adicionales para exponer sobre otros textos eclesiológicos.

Lo más importante es orar pidiendo la dirección de Dios respecto al libro sobre el cual predicar en un marco concreto de tiempo. Las necesidades pueden ser muchas, de modo que no se preocupe por si ha escogido *justo* el libro adecuado ya que son muchos los que, como se ha ilustrado más arriba, pueden ser adecuados para la necesidad. Su fidelidad al texto bíblico producirá fruto. Cuando el Señor proporcione discernimiento sobre el estado de la iglesia y sus necesidades acuciantes, evalúe los libros potenciales para su consideración. Léalos de principio a fin. ¿Cuál de ellos le produce la carga de ahondar en él y exponer? Con dependencia de la ayuda y el poder del Espíritu Santo, inicie el proceso de entender dicho libro, estableciendo las unidades textuales para predicar y, a continuación, preséntеselo semanalmente a la congregación.

En resumen

Decidir sobre qué libro predicar en un momento dado siempre será un proceso espiritual y práctico. El caminar del pastor con Cristo, creciendo en la vida devocional y en el tiempo de oración, lo preparará para que sea sensible al Señor, quien lo dirigirá en sus planes de predicación. De manera práctica, leer las Escrituras de principio a fin cada año para familiarizarse con cada libro, debatiendo los planes de predicación con los ancianos y participar con otros pastores sobre su predicación, le proporcionará perspicacia sobre adónde dirigirse a continuación a la hora de predicar. Empezar por series más breves le concederá tiempo a una congregación para que aprenda a escuchar bien. Las series más largas pueden tener de vez en cuando pequeñas interrupciones para explorar temas similares en otro género. Trabajar en una amplia gama de la Palabra de Dios fortalecerá la salud espiritual y la fiel aplicación de la Palabra con la congregación.

Preguntas para la reflexión

1. ¿Qué verdades particulares busca cuando evalúa el entendimiento doctrinal de la iglesia?
2. ¿Por qué debe el pastor hacer el esfuerzo de predicar sobre los libros menos conocidos de la Biblia?
3. ¿Qué señales debe buscar el pastor para discernir cómo de bien está escuchando su congregación a la predicación de la Palabra?
4. ¿Qué clase de serie expositiva más corta se recomienda para un pastor que acaba de iniciar su ministerio pastoral?
5. ¿Por qué es importante una mezcla de géneros bíblicos para un plan de predicación a largo plazo?

PREGUNTA **26**

¿Cómo debe dirigir un pastor a la congregación en la adoración?

En los albores de la Reforma, el emperador Carlos V decretó "leyes iguales" para protestantes y católicos respecto a la práctica religiosa. Sabiendo que diferían, el emperador procuró sofocar parte del conflicto tratándolos con deferencia. Sin embargo, el pontífice romano objetó, expresando con firmeza, que el emperador "ponía a los herejes a la altura de los católicos". Para aclarar *por qué* surgió la Reforma y *qué* diferencias existían entre ellos, Juan Calvino escribió un pequeño tratado al emperador, *La necesidad de reformar la Iglesia*. Teodoro Beza, sucesor de Calvino en Ginebra, comentó sobre esta obra: "Desconozco si alguna obra sobre el tema se ha publicado en nuestro tiempo que sea más conmovedora o sólida que esta".[1]

Calvino reduce la Reforma a dos cuestiones en la iglesia. Primero, "el conocimiento… del modo en el que Dios es debidamente adorado". Aunque solemos pensar en la justificación por la fe como el *primer* asunto en la Reforma, aquí Calvino escoge identificar la adoración como primordial. En segundo lugar, "la fuente de la que se debe obtener la salvación". Explicó que, cuando el modo de adorar a Dios y la fuente de la salvación se apartan a un lado, "nuestra profesión está vacía y es en vano".[2] Además, añadió: "Todas nuestras controversias respecto a la doctrina se relacionan con la adoración legítima de Dios o con la base de la salvación".[3] Jonathan Gibson y Mark Earngey señalan: "Para los reformadores, la Reforma no era sencillamente sobre recuperar la verdadera doctrina; era, en última instancia, sobre recuperar la adoración pura… La recuperación del evangelio en la Reforma era, en último grado, una guerra de adoración, una guerra contra los ídolos, una guerra por la adoración pura de Dios".[4]

Dado que la adoración pura y el correcto entendimiento del evangelio van de la mano, el pastor no debe fallar atribuyéndole liderazgo al primero

1. John Calvin, *The Necessity of Reforming the Church*, trad. Henry Beveridge (Dallas: Protestant Heritage Press, 1995), 5, tras la introducción del editor que cita a Beza. Publicado en español por Publicaciones Faro de Gracia con el título *La necesidad de reformar la Iglesia*.
2. Ibíd., 15.
3. Ibíd., 41.
4. Jonathan Gibson y Mark Earngey, eds., *Reformation Worship: Liturgies from the Past for the Present* (Greensboro, NC: New Growth Press, 2018), 49.

a la vez que habla de lo segundo. La teología sana alimenta una doxología saludable y gozosa. Cuando los pastores predican y dirigen sus congregaciones para que sean un pueblo del *Libro,* no deben considerar esto como un mero conocimiento bíblico creciente. Su objetivo debe ser la adoración "que de manera consciente muestra cuán grandioso es... Dios".[5] Al considerar el liderazgo pastoral en la adoración, consideraremos la lógica para que el pastor conduzca la adoración corporativa, la Palabra de Dios que regula la adoración y la configuración de un culto de adoración.

El pastor (o los pastores) debe(n) dirigir la adoración corporativa

Con el énfasis sobre el individualismo aún floreciente desde la Ilustración, construir una vida congregacional saludable exige regresar al hincapié bíblico en el cuerpo corporativo (Hch. 2:42-47; 4:23-35; Ef. 2:11–5:21). La adoración permanece en el centro de la vida corporativa, como en el caso del Israel antiguo.[6] Escribiendo sobre la adoración congregacional, el teólogo escocés del siglo XIX, James Bannerman, explicó que la bendición corporativa de Dios se eleva por encima de la bendición individual: "La provisión externa que Cristo ha hecho para el cristianismo social, tal como se encarna y se realiza en la comunión de la Iglesia es, de lejos, más rica en gracia y más abundante en bendición que la efectuada para el cristianismo individual, como se encarna y se realiza en los creyentes por separado".[7]

¿Y quién dirige estas reuniones corporativas de la iglesia? Los pastores nombrados por Dios para preparar, formar, instruir y pastorear al rebaño de Dios están al frente en las reuniones corporativas, en particular cuando el cuerpo se junta para adorar (Hch. 20:28; Ef. 4:11-12, 16; 1 Ti. 3:2; 4:11-16; Tit. 1:9; 1 P. 5:1-4). En las reuniones corporativas, los pastores descubren parte de sus períodos más eficaces de instrucción, pastorado y ejemplificación de la vida cristiana. Enseñar la doctrina por medio de una fiel exposición mag-

---

5. John Piper, *Exultación expositiva* (Grand Rapids: Editorial Portavoz, 2019), 29. La definición que Calvino hace de la adoración expande la breve explicación de Piper sobre la misma: "Su fundamento principal es reconocerle a Él como lo que es, la única fuente de toda virtud, justicia, santidad, sabiduría, verdad, poder, bondad, misericordia, vida y salvación; de acuerdo con esto, atribuirle y rendirle la gloria de todo lo que es bueno, buscar todas las cosas solo en Él, y en cada necesidad recurrir solo a Él" (Calvin, *Reforming the Church,* 16). Por tanto, en las palabras de Piper, la adoración "muestra de forma consciente lo magnífico que es Dios".
6. Ver J. Ligon Duncan III, "Does God Care How We Worship?", en *Give Praise to God: A Vision for Reforming Worship. Celebrating the Legacy of James Montgomery Boice,* eds. Philip G. Ryken, Derek W. H. Thomas y J. Ligon Duncan III (Phillipsburg, NJ: P&R, 2003), 17-50.
7. James Bannerman, *The Church of Christ: A Treatise on the Nature, Powers, Ordinances, Discipline, and Government of the Christian Church* (1869; Edimburgo: Banner of Truth Trust, 2015), 347.

nifica el carácter, los atributos, las obras y los caminos de Dios que conducen a la adoración.

La consideración y la meditación en la Palabra de Dios llevan a la adoración (Sal. 19; 104:31-35). Cuando el pastor vive en el texto que expone, puede verse atrapado de forma natural en un espíritu de adoración mientras predica. Reflexiona en la magnificencia de Dios revelada en la Palabra. Se regocija en la persona y obra de Jesucristo. Se gloría en la obra soberana del Espíritu Santo. Mientras adora proclamando la Palabra de Dios, dirige a su pueblo a adorar. No hay demarcación entre el supuesto "tiempo de adoración" y el "tiempo de predicación". La predicación bíblica es un acto de adoración. Piper coincide: "Puesto que Pablo nos manda predicar la Escritura, *la naturaleza y la finalidad de la Escritura determinan la naturaleza y la finalidad de la predicación.* Tanto la predicación como la Escritura tienen por meta la adoración y están llenas de esta".[8]

Por tanto, el pastor no debe ser "no intervencionista" respecto a otras porciones del culto de adoración. Es un pastor dejado si permite himnos, música y elementos de adoración que carecen de claridad doctrinal como parte del culto. Mark Dever y Paul Alexander comentan: "Parte del liderazgo pastoral [a la luz de Ef. 5:19], es, pues, facilitar este tipo de adoración que edifica... Significa... que usted, como pastor, debe discernir teológicamente aquello que alienta y dirige a su congregación a cantar".[9]

Por consiguiente, los pastores deben ser quienes escogen la música congregacional. Como mínimo, deben trabajar en conjunto con los líderes del culto de adoración para asegurarse de que la doctrina enseñada por medio de la música u otros componentes de adoración mantenga la claridad bíblica.

La Palabra de Dios debe regular la adoración

Jesús no dejó lugar a intromisión creativa alguna en la adoración cuando le señaló a la samaritana: "Dios es espíritu, y los que le adoran, en espíritu y en verdad es necesario que adoren" (Jn. 4:24).[10] *Si la adoración tiene por*

---

8. Piper, *Exultación expositiva,* 79 (cursivas añadidas). Piper argumenta que "su objetivo supremo [de las Escrituras] para el lector y el predicador es que el valor infinito de Dios y su belleza sean exaltados en la eterna y ferviente adoración de la esposa de Cristo, comprada con su sangre, de cada pueblo, idioma, tribu y nación" (79).
9. Mark Dever y Paul Alexander, *The Deliberate Church: Building Your Ministry on the Gospel* (Wheaton, IL: Crossway, 2005), 84.
10. D. A. Carson declara: "No existen dos características separables de la adoración que se debe ofrecer: ha de ser 'en espíritu y verdad'" [una preposición gobierna ambas], es decir, fundamentalmente centrada en Dios, posibilitada por el don del Espíritu Santo, y en el conocimiento personal y la conformidad con el Verbo de Dios hecho carne, aquel que es la 'verdad' de Dios, la fiel exposición y el cumplimiento... de Dios y sus propósitos salvíficos" (D. A. Carson, *The Gospel according to John,* PNTC [Grand Rapids: Eerdmans 1991], 225).

objetivo glorificar a Dios, entonces planificar la adoración no debe caer en las tendencias de la carne para convertirnos en el centro de la adoración. Calvino advierte: "Porque los hombres no respetan lo que Dios ha ordenado ni lo que Él ha aprobado, con el fin de poder servirle en una manera conveniente, sino asumir para sí el permiso de inventar modos de adoración, y después imponérselas como sustituto de la obediencia".[11]

Las Escrituras enseñan con claridad los detalles de cómo debe ser adorado Dios, y también, cómo *no* debe ser adorado.[12] Dios aceptó la adoración de Abel, pero no la de Caín (Gn. 4:3-5). Contrarrestando los enfoques predominantes de la adoración, en los dos primeros mandamientos (Éx. 20:1-6), Yahvé delimitó cómo se debe pensar en Él (verdad) y el modo en el que se le debe de adorar (espíritu). El Señor rechazó por completo los intentos de adoración imaginativa cuando Aarón e Israel fabricaron el becerro de oro (Éx. 32–34). Juzgó de inmediato a Nadab y Abihú cuando dieron su toque a la adoración (Lv. 10). Los profetas reprobaron a Israel por la adoración que le desagradaba a Dios, y esto culminó en la declaración del profeta postexílico: "¿Quién también hay de vosotros que cierre las puertas o alumbre mi altar de balde?" (Mal. 1:10). Calvino observa: "Porque aparte de la idolatría no hay nada por lo que ellos [los profetas] reprendieran al pueblo con mayor dureza que por imaginar falsamente que la adoración de Dios consistía en un espectáculo externo".[13]

Jesús corrigió la adoración de los fariseos y de los escribas, calificando su adoración de "vana" (Mt. 15:1-9). En su encuentro con la samaritana, reiteró cómo se puede adorar a Dios (Jn. 4). Allí enseñó, como explica Ligon Duncan, un "*cambio histórico redentor respecto al lugar de la adoración… Esa adoración es la respuesta a la revelación y, así, deber ser acorde a la revelación…* [y que] *Jesús vuelve a recalcar la importancia de adorar en la era del nuevo pacto*".[14] Pablo corrigió la defectuosa adoración influenciada por la herejía colosense (Col. 2:16-19), así como los parámetros especificados para la adoración congregacional en Corinto (1 Co. 14).

Duncan resume: "La palabra de Dios misma debe proporcionar los principios y los patrones y el contenido de la adoración cristiana. Esta debe seguir el libro… Solo la Biblia dirige en última instancia la forma y el contenido de la adoración cristiana"[15]. Desde la Reforma, esta opinión se ha denominado el *Principio regulador* de la adoración, que significa que solo las Escrituras establecen quién es Dios, cómo se le debe adorar, y qué constituye o no la ado-

---

11. Calvin, *Reforming the Church,* 23.
12. Los dos párrafos siguientes siguen a Duncan, "Does God Care How We Worship?", 28-50.
13. Calvin, *Reforming the Church,* 46-47.
14. Duncan, "Does God Care How We Worship?", 42-44 (cursivas originales).
15. Ibíd., 20.

ración. Algunos practican el *Principio normativo* de la adoración, y aceptan la legitimidad de cualquier forma o tipo de adoración mientras las Escrituras no la prohíban de forma expresa. Sin embargo, Bannerman advierte que esta teología de adoración cree que "es aceptable o correcto que los hombres adoren a Dios a su manera, tal como les sugiere su ignorancia". Pero, si seguimos por la suficiencia de las Escrituras, esto "no puede conocerse como aceptable para Él".[16]

El pastor debe dirigir a su congregación para que entienda la naturaleza de Dios, sus obras y sus caminos, y ahora ha prescrito la adoración para su pueblo. Con la prominencia de los cultos de adoración centrados en el ser humano, no se debe suponer que una congregación tenga una clara teología de la adoración. El alto concepto que el pastor tiene de Dios y la reverencia en la adoración, incluidos los cánticos congregacionales teológicamente fuertes, las oraciones pastorales saturadas de versículos, la atención a la lectura pública de las Escrituras (1 Ti. 4:13), y la exposición doctrinalmente fiel, edificará una teología saludable de la adoración para su iglesia. Apartar a la iglesia de los elementos pasajeros que exaltan a las personas podría tomar el tiempo del pastor, pero con oración, sabiduría y diligencia, puede moldear la adoración de la congregación según las Escrituras.

Cómo configurar un culto de adoración

La adoración bíblica debe tener por objetivo "la glorificación y el disfrute de Dios".[17] Sin embargo, tendemos a perdernos el enfoque de la adoración. James Montgomery Boice apuntó que "la trivialidad dominante", el ensimismamiento centrado en lo humano y el ser "ajeno a Dios" son características que afectan a los cultos de adoración modernos. Para remediar esta deficiencia, instó a regresar a "los elementos de culto que se han asociado siempre con la adoración a Dios": orar (1 Ti. 2:1-4), leer la Palabra de Dios (1 Ti. 4:13), exponer las Escrituras (1 Ti. 4:13; 2 Ti. 4:1-4), confesar el pecado (Pr. 28:13; 1 Jn. 1:9), y entonar himnos (Ef. 5:18-21; Col. 3:16).[18] A estos añadiría las ordenanzas y la ofrenda (1 Co. 11:17-34; 16:1-2). Planear el culto de adoración considera, pues, los elementos que la Palabra de Dios identifica como contribuyentes a la adoración que glorifica a Dios.

Cómo, cuándo y de qué manera incluye el pastor estos elementos de adoración en la reunión del domingo es algo que podría variar. Ahí es donde el uso de la creatividad y las afinidades culturales influyen en la planificación.

---

16. Bannerman, *Church of Christ*, 397-98.
17. Duncan, "Does God Care How We Worship?", 25.
18. James Montgomery Boice, *Whatever Happened to the Gospel of Grace? Rediscovering the Doctrines That Shook the World* (Wheaton, IL: Crossway, 2001), 176-80.

1. La lectura de las Escrituras

Curiosamente, muchos cultos liberales protestantes y católicos presentan más lectura pública de la Palabra de Dios que las iglesias que profesan creer en la inerrancia y la suficiencia de las Escrituras. La Palabra de Dios debe ser prominente en nuestras reuniones de adoración. Utilizamos un *llamado bíblico a adorar* para iniciar nuestro culto. Más adelante, hacemos una *lectura bíblica receptiva* de manera que el cuerpo se involucre en leer la Palabra, seguido con posterioridad por la *lectura del texto a exponer* por el pastor. Queremos que nuestra adoración esté saturada de versículos bíblicos. De manera típica, durante la Reforma, "los cultos de adoración incluían varias lecturas del Antiguo y el Nuevo Testamento, de los Evangelios y de los Salmos".[19]

2. Las oraciones

Las oraciones —en plural— deben entretejerse en el culto de adoración. No solo las que se realizan de forma mecánica, sencillamente porque nos encontramos en una reunión cristiana, sino también las plegarias serias de confesión, acción de gracias, intercesión y petición. Seguimos nuestro llamado bíblico a adorar con una *oración corporativa de confesión*. Imprimimos esas oraciones en nuestro boletín de adoración del domingo para que nuestros miembros sigan usándolas durante la semana. La *oración pastoral* debe incluir alabanza y acción de gracias por las misericordias de Dios. Como es tan evidente en los Salmos y en los libros proféticos, la oración pastoral incluirá con frecuencia el lamento.[20] Esta oración necesita ser moldeada por la meditación en la Palabra de Dios. Debe incluir oraciones de intercesión por las necesidades de los miembros y otros en la comunidad, por la iglesia cristiana en general, por grupos de personas no alcanzados, por la extensión del evangelio en la comunidad y más allá, por los líderes de la iglesia y del gobierno, por las misiones internacionales incluidos los misioneros y pastores enviados por la congregación. Identificamos a uno o dos grupos de personas no comprometidas, no alcanzadas en nuestro boletín de adoración del domingo para que nuestra congregación ore como lo hace el pastor en la oración pastoral. Parte del apacentamiento del rebaño está formado por las necesidades petitorias de los miembros que pueden ser mencionadas en público en la oración pastoral. El pastor u otros pueden *orar por la bendición de Dios sobre el ministerio de la Palabra, por las contribuciones* y *por la dedicación de los miembros enviados fuera para servir.* Al final del culto, se

19. Gibson y Earngey, "Worshiping in the Tradition", *Reformation Worship, 55.*
20. Mark Vroegrop ha servido a la iglesia con esta obra penetrante sobre el lugar del lamento en la adoración cristiana *(Nubes oscuras, misericordia profunda: Descubre la gracia de Dios en el lamento* [Grand Rapids: Portavoz, 2021]).

puede pronunciar *una bendición* que proceda directamente de las Escrituras o que resuma el contenido bíblico de la exposición (p. ej., Nm. 6:23-26; Ro. 15:13; 2 Co. 13:14; Gá. 6:18; Ef. 3:20-21).

3. Entonación de Salmos, himnos y cánticos espirituales

Una iglesia aprende y refuerza gran parte de su teología por medio de su música. Sirve como medio de alabanza, acción de gracias y confesión positiva del *credo* de lo que creemos respecto a Dios, a la Trinidad, a la salvación, a la eternidad y a la iglesia. Bannerman definió la alabanza como "la expresión natural y necesaria dirigida a Dios de la gratitud o la adoración de una criatura por las bendiciones disfrutadas, o por la gloria divina manifestada y vista".[21] Duncan declara correctamente: "Lo que queremos decir con 'cantar la Biblia' es que nuestros cánticos deben ser bíblicos, expresados con el lenguaje, las categorías y la teología de la Biblia. Deben reflejar los temas y la proporción de la Biblia, así como su sustancia y su importancia".[22] Nuestros cánticos deben incluir toda una variedad de himnodia antigua y reciente que exponga a la congregación a la manera como muchas generaciones confiesan la fe cristiana de un modo sano, memorable y teológico.

4. Exposición bíblica

La predicación no solo debe servir para instruir y exhortar, sino también para demostrar una estructura bíblica y medios para adorar. Cuando el pastor *expone* el texto bíblico, dirige la atención de la congregación a las verdades sobre Dios el Señor y sus formas que dan rienda suelta a la alabanza, a la acción de gracias, la confesión, la reverencia, el asombro y el regocijo. Piper lo denomina "exultación expositiva". Explica: "La predicación muestra el valor supremo de Dios dando a conocer el significado de las Escrituras y, al mismo tiempo, atesorando y expresando las glorias de Dios reveladas en ese significado bíblico".[23]

5. Las ordenanzas del bautismo y la Santa Cena

Aunque el bautismo podría ser una celebración ocasional en la iglesia, ya que reconoce a un nuevo creyente, debe considerarse un acto de adoración en gratitud a Jesucristo por su obra salvadora. Es la forma en que la iglesia confirma y se identifica con un nuevo/a hermano/a en Cristo, y esto insta a alabar al Señor.

Pablo le indicó a la iglesia: "Así, pues, todas las veces que comiereis este

21. Bannerman, *Church of Christ*, 345.
22. Duncan, "Foundations for Biblically Directed Worship", 67.
23. Piper, *Exultación expositiva*, 53.

pan, y bebiereis esta copa, la muerte del Señor anunciáis hasta que él venga" (1 Co. 11:26). La Santa Cena podría celebrarse "tan a menudo" como decida la iglesia. Muchas iglesias la celebran cada semana, otras de manera mensual, y otras lo hacen una vez cada tres meses. Hemos optado por una celebración mensual de la Santa Cena, prestando atención a su relevancia de pacto para el cuerpo. Leemos una porción de nuestro pacto de iglesia, damos la bienvenida a nuevos miembros para que firmen el pacto e inicien la disciplina formal en estas ocasiones.

6. Ofrendar

Las iglesias tienen diversas posturas sobre cómo plantear las ofrendas de los miembros para sostener su ministerio local y su obra misionera. Pablo indicó esto como parte relevante de la obediencia y el involucramiento de la iglesia en la obra más amplia del evangelio (1 Co. 16:1-4; 2 Co. 8–9). Dado que los creyentes dan por gratitud al Señor, forma parte de nuestro culto de adoración (lo hacemos al final del culto, seguido de la bendición).

7. Las confesiones doctrinales

Existen firmes pruebas de que las confesiones doctrinales formaban parte de la liturgia de las iglesias locales del siglo I (p. ej., Fil. 2:5-11; 1 Ti. 3:16; nótese de manera especial la referencia de Pablo a esto último como "confesión común"). Podemos confesar nuestra fe juntos a través de un texto bíblico (p. ej., Ef. 1:3-14; Col. 1:15-20; Ap. 1:4-8) o por medio de las confesiones reconocidas por la iglesia a lo largo de los siglos como fieles representaciones de la enseñanza bíblica (p. ej., el Credo de los Apóstoles, el Credo Niceno, el Credo Atanasiano). Estas confesiones declaran lo que la iglesia cree y afirma en su conjunto.

En resumen

La planificación de la adoración debe centrarse en *adorar,* sin exigirles a los miembros una forma o una liturgia en particular, como si las Escrituras necesitaran una en exclusiva.[24] Los diversos *elementos* de adoración se encuentran a lo largo de la Biblia, por lo general no en un único pasaje. Gibson y Earngey resaltan: "A pesar de la diversidad inevitable, los reformadores magisteriales —siguiendo el ejemplo de Martín Lutero— apuntaron rotundamente a la unidad en el evangelio, pero a la libertad y la caridad en la liturgia de la iglesia. Los grandes reformadores, Thomas Cranmer y Juan Calvino, entendieron, ambos,

24. Gibson descubre un patrón litúrgico de llamamiento a la adoración, respuesta y comida de comunión en las narrativas bíblicas que podría desarrollarse de diversas maneras (Gibson y Earngey, *Reformation Worship,* 2-22). Desarrolla una liturgia más completa en Apocalipsis (18).

la naturaleza contextual de la diversidad litúrgica en la reforma de la Iglesia, y alentaron con sabiduría la libertad y la caridad donde era necesario".[25]

Aunque pueden surgir "guerras de adoración" en las iglesias, suelen ocurrir por razones erróneas —preferencia musical o de estilo— y no por motivos teológicos. Los pastores deben *dirigir* a este respecto, y enseñar lo que significa adorar para la iglesia reunida. Ver cómo se producen los cambios significativos podría ser un proceso lento, pero, al realizarse, la vida de la congregación pasa de la superficialidad a una profundidad espiritual que solo puede lograrse cuando el cuerpo de Cristo se encuentra con Dios, el Señor.

A continuación, un ejemplo del orden de adoración:

Llamado bíblico a adorar
Confesión corporativa del pecado
Llamamiento coral a la adoración
Himno congregacional
Confesión doctrinal
Oración pastoral
Lectura bíblica antifonal
Himno congregacional
Mensaje coral en música
Sermón
Oración final de bendición
Himno congregacional
Adoración a través de las ofrendas
Bendición

Preguntas para la reflexión

1. ¿Por qué posiciona Juan Calvino la adoración de la iglesia como enfoque principal en la Reforma?
2. ¿Por qué deben dirigir los pastores a la congregación en la adoración?
3. ¿Cuál es el principio regulador de la adoración?
4. ¿Por qué la práctica del principio regulador es fundamental para la adoración de la iglesia?
5. ¿Puede usted identificar los elementos de adoración expresados en la Biblia?

---

25. Gibson y Earngey, *Reformation Worship*, 45.

PREGUNTA **27**

¿Cómo debe oficiar el pastor los funerales?

Los funerales podrían ser las oportunidades más difíciles y, aun así, las más gratificantes para el ministerio pastoral. La dificultad llega cuando nos ocupamos de las profundidades del dolor, de las preguntas de por qué, de la conciencia de la pérdida y lo repentino de la muerte. Pero, en medio del dolor y la pérdida, tenemos el privilegio de ministrar las buenas nuevas de Jesucristo para la familia y los amigos dolientes. Tenemos el único mensaje que puede proporcionar consuelo a quienes experimentan la angustia de la muerte de un ser querido o de un amigo (2 Co. 1:3-7; 1 Ts. 4:13-18). En su sabiduría, Dios lo ha colocado a usted en la vida de quienes viven su duelo para que pueda pastorearlos en el evangelio de Cristo.

¿Cómo pastorearemos a familiares y amigos durante el período de pérdida que culmina en un funeral? Meditaremos en esta pregunta bajo las categorías de las responsabilidades y las prácticas en el cuidado pastoral.[1]

Las responsabilidades para el cuidado pastoral

Sea el finado un miembro fiel de la iglesia, el familiar de un miembro, un incrédulo conocido o un desconocido, usted como pastor tiene la responsabilidad de pastorear a las familias y a los amigos cuando se enfrentan a la muerte. El director del funeral y sus asociados gestionarán los detalles relacionados con la ceremonia y el entierro, pero el pastor será quien acompañe a los dolientes, proporcionando consuelo y esperanza en las Escrituras. Es necesario considerar seis ámbitos de responsabilidad:

1. Ofrecer dirección y asistencia[2]

El pastor no necesita ser experto en la gestión de funerales para proporcionar la atención que precisa una familia en duelo. Más que otra cosa, su presencia, ofreciendo oraciones y versículos apropiados junto con comentarios

1. Brian Croft y yo escribimos *Conduct Gospel-Centered Funerals: Applying the Gospel at the Unique Challenges of Death* (Grand Rapids: Zondervan, 2014). Seguiré porciones de este libro al responder a la pregunta sobre dirigir funerales. Sin embargo, el espacio no permitirá ejemplos de sermones de funeral, panegíricos, órdenes de servicio y música sugerida para estos casos.
2. Esta sección sigue el bosquejo de Croft y Newton, *Funerals*, 18-23.

ocasionales serán muy bienvenidos durante esos momentos. En un sentido, el pastor estará guiando a las familias en su dolor, ya que se aflige junto a ellas en su pérdida. Por medio de la confianza en Cristo y del evangelio mostrará que su aflicción tiene por objetivo hallar consuelo en Él. Entiende que la inmediatez de la muerte, la visitación y el funeral no hacen más que poner los cimientos para servir a la familia que sufre durante las semanas y los meses que tiene por delante. Considere el momento cuando la familia se entera de la muerte de un ser querido como el comienzo de proporcionar asistencia, y no el final.

2. Ofrecer consuelo por medio de la Palabra de Dios y de la presencia pastoral

Cuando uno de nuestros miembros más veteranos se enfrentó a la muerte de un ser querido, la acompañé y leí la Palabra, y ofrecí tan solo unos simples comentarios. Años más tarde, ella me recordó el pasaje que leí y los comentarios que realicé durante ese tiempo. Yo no podría recordar los detalles, pero ella sí. Tomar el tiempo de escoger pasajes que puedan transmitir paz y aliento a quienes sufren dará frutos en los años siguientes. Como pastor de quienes sufren una pérdida, considere su caminar con Cristo, sus experiencias en la vida (tal vez se hayan enfrentado a mucha pérdida), y aquello que afrontan en los días sucesivos. En lo posible, elija textos bíblicos que encajen con su necesidad presente. Me encontraba con una familia que acababa de perder a alguien bastante joven, a consecuencia de una muerte inesperada. Su mundo se había derrumbado. De modo que leí el Salmo 46, un pasaje adecuado al desplome de todo lo que la rodeaba, pero que establece nuestra mente en la inmutabilidad y la presencia del Señor. Les sirvió en ese momento de crisis.

3. Representar a Cristo, a la Iglesia y al evangelio

Aunque nunca podemos sustituir al Cristo que nos ama y que se entregó por nosotros (Ef. 5:2), somos sus siervos (1 Co. 3:9). Estamos trayendo a Cristo a los que sufren por medio de la Palabra y la oración. Nos estamos encontrando con ellos siendo conscientes de que *Cristo está con nosotros* para servirlos. Junto a la iglesia, a la que representamos como su pastor, estamos dispuestos a amar y cuidar a los que sufren. Debemos estar alertas a las formas en que podamos servir al cuerpo más amplio, la familia, en su tiempo de necesidad, tal vez ofreciendo tranquilidad a la familia respecto a las formas en que la iglesia le estará ayudando, e informando también a la iglesia para tomar una acción organizada (p. ej., comidas, visitas, cuidado de los niños, limpiar su casa, etc.). Queremos que la familia sepa que nuestro único consuelo y esperanza está en el evangelio del Señor Jesucristo crucificado y resucitado.

Nuestras oraciones, la lectura bíblica y los comentarios tienen que exhibir el evangelio de Cristo.

4. Declarar la suficiencia del evangelio

Ya sea visitando a la familia o en el culto funeral, queremos declarar la suficiencia de las *buenas nuevas.* La familia que ha tenido una pérdida podría no sentir esta suficiencia en el momento, aunque lo sepan bien teológicamente. De modo que nuestra comunicación del evangelio será fundamental. Con esto no quiero decir que consideremos el funeral y los acontecimientos que lo rodean tan solo como un alcance de evangelización. He optado unas cuantas veces por este enfoque y, tristemente, el resultado fue banal y desagradable, como si el ministro jugara con las emociones de los dolientes con el fin de conseguir una decisión evangelística. ¡Lejos de nosotros descuidar el evangelio en semejantes momentos! El evangelio es nuestro consuelo y paz. El evangelio proporciona dirección cuando la vida interpone obstáculos en el camino. El evangelio establece esperanzas y afectos en lo eterno y no en lo temporal. En esa clase de realidad suficiente del evangelio, podemos tener oportunidades maravillosas para hablarle a la familia y a los amigos sobre el evangelio de Cristo, oportunidades de las que habrá que hacer un seguimiento después del funeral.

¿Y si el fallecido no dio muestras de haber creído en el evangelio de Cristo? En ese caso, siga centrándose en el evangelio con aplicación a la familia y a los amigos. Nuestra responsabilidad en el funeral no consiste en hacer un juicio eterno sobre el fallecido. No les estamos predicando sobre el cielo o el infierno. Nuestro cometido es hablar largo y tendido sobre Cristo, quien venció al pecado y a la muerte, y triunfó sobre ellos en su muerte y su resurrección (1 Co. 15:1-28; Col. 2:13-15). Debemos ayudarlos a ver a Jesucristo como suficiente en su pérdida y para su futuro.

5. Construir relaciones más profundas

Hay algo inexplicable sobre el vínculo que con frecuencia ocurre cuando un pastor acompaña a la familia poco después de una muerte y sigue ministrándoles en su dolor. Han compartido juntos la vida y la tristeza en el momento más vulnerable. Se han escuchado unos a otros, han llorado juntos, han intercambiado historias y oído el consuelo de la Palabra de Dios en su necesidad. Han prestado oído a las oraciones pastorales que han presentado a la familia doliente ante el trono de la gracia. Las relaciones forjadas durante tales momentos proveen muchas oportunidades para pastorear después a esos miembros de la familia en las verdades de la Palabra. Por ejemplo, tal vez quiera tratar un ámbito en la santificación de un miembro de la familia.

La profundización de la relación a través de la pérdida proporciona un nivel aumentado de confianza *más adelante*, cuando se siga pastoreando en ámbitos del crecimiento y de la madurez cristianos. En la providencia de Dios, la dificultad de un funeral proporciona una plataforma más amplia para servir a la familia en el nombre de Cristo.

6. Estar preparado para servir y aconsejar a largo plazo

Sus responsabilidades en el funeral pueden ser tan solo el comienzo de una oportunidad de servir a la familia afligida de manera extensa en los meses venideros. El dolor solo empieza en la muerte y el funeral posterior. Aunque el entierro provee un nivel de clausura, no pone fin al dolor que la familia podrá sentir durante los años siguientes. Las visitas pastorales, las llamadas telefónicas, los correos electrónicos, los mensajes de texto y las notas en los días posteriores serán de utilidad para servirla. Amplíe sobre lo que les haya estado enseñando en la exposición de las Escrituras, y ayúdeles a hacer aplicación del evangelio a su pérdida. Puede hacerlo de forma personal y por medio de notas.

Prácticas en el culto funeral

Lo que sigue ofrecerá algunas directrices en torno a las cuestiones logísticas de los funerales y del culto en sí.

1. Conecte con el director del funeral para los detalles del culto

Como profesional, el director del funeral sabe todo lo que necesita hacer para el culto y el entierro, salvo una cosa: cómo conducirá usted el culto. El director debe ocuparse de todo lo demás, pero el culto, como tiempo de adoración, precisará de su liderazgo decisivo. Planifique darle un bosquejo de cómo llevará usted el culto, por ejemplo, lectura bíblica inicial, oración, himno, panegírico, himno, mensaje, oración final. El director sabrá que, cuando usted acabe con la oración, le tocará volver a asumir su función.

2. Permita que los asistentes manifiesten su dolor

El dolor forma parte de la humanidad. Dios nos dio la capacidad de llorar cuando nos enfrentamos a una pérdida. No es algo que indique falta de espiritualidad, a menos que exceda los límites de quienes viven en la esperanza de Cristo (1 Ts. 4:13). Incluso Jesús lloró junto a la tumba de Lázaro (Jn. 11:35). En ocasiones, a la familia le resulta útil que se le ayude a entender el dolor como don del Señor para airear las emociones que siente por la pérdida.[3] Pero

3. James W. Bruce III, *From Grief to Glory: A Book of Comfort for Grieving Parents* (Edimburgo: Banner of Truth Trust, 2008). Debatir el lamento también podría demostrar ser útil durante ese tiempo. Ver Mark Vroegop, *Nubes oscuras, misericordia profunda: Descubre la gracia de Dios en el*

use esto como tiempo para ayudarlos a orientar su dolor a la esperanza que hay en Cristo, de manera que, aunque afligidos, saben que el futuro es mucho más resplandeciente de lo que pueden imaginar.

3. Enfóquese en la esperanza en Cristo por medio del evangelio

El evangelio está lleno de esperanza (Tit. 2:11-14). "Cristo en vosotros" es "la esperanza de gloria" (Col. 1:27). Incluso a nuestro Dios se le define como "el Dios de esperanza" que nos llena de gozo y paz al creer en el evangelio de Cristo, "para que abundéis en esperanza por el poder del Espíritu Santo" (Ro. 15:13). La esperanza establece nuestros pensamientos más allá de este mundo, en uno que nunca acaba, sin más muerte ni aflicción, ni dolor (Ap. 21:1-4). La esperanza provee la confiada expectativa de que lo que Jesús aseguró para nosotros en su muerte y su resurrección se consumará un día, cuando Él regrese (1 Co. 15:1-58). Predicar el evangelio en un funeral ayuda al creyente a sentir el tirón de "la esperanza a que él os ha llamado", "las riquezas de la gloria de su herencia en los santos" y "la supereminente grandeza de su poder para con nosotros los que creemos" (Ef. 1:18-19). Esta clase de evangelio, lleno de esperanza, tiene que ser el pilar principal de nuestros cultos funerarios. Debe ser evidente en la lectura bíblica, cánticos, oraciones y predicación.

4. Instruya en el evangelio y sus múltiples aplicaciones

Enseñe el evangelio en los funerales.[4] No se limite a usar el término *evangelio,* sino explique el evangelio de Jesucristo, el Hijo del Dios encarnado, quien vivió una vida sin pecado, murió una muerte sustitutoria, soportó la ira y el juicio de Dios, aplastó el poder del pecado y de la muerte en la cruz, resucitó de los muertos como vencedor del pecado y de la muerte, ascendió para reinar como Señor, y un día regresará en gloria. Si estoy predicando sobre el Salmo 23, explicaré cómo nos apacienta Jesús por el valle de sombra de muerte, mediante la explicación del evangelio. Si estoy predicando Juan 14 sobre las moradas que Jesús ha preparado para sus seguidores, explicaré lo que hizo para esta disposición, tal como se explica en el evangelio. Si estoy

---

lamento (Grand Rapids: Editorial Portavoz, 2021) para una explicación útil sobre el lamento. Para una perspectiva sobre la muerte que ayude al cuidado pastoral, ver también Matthew McCullough, *Remember Death: The Surprising Path to Living Hope* (Wheaton, IL: Crossway, 2018).

4. Sugiero que los mensajes en los funerales no duren más de veinte minutos. Muchos asistentes han dejado su trabajo u otras responsabilidades para asistir. Los miembros de la familia están generalmente cansados de los días precedentes al funeral, de manera que su capacidad de concentración puede ser limitada. Intento exponer un texto durante quince a veinte minutos, lo que permite el tiempo suficiente para sacar el máximo partido del evangelio de Cristo. Todo el culto no debe durar, normalmente, más de cuarenta y cinco a sesenta minutos, dando oportunidad a cantar, orar, a leer las Escrituras, al panegírico y al mensaje. Hay excepciones, pero deberían ser escasas.

predicando 1 Tesalonicenses 4 sobre el regreso de Cristo y la resurrección de los muertos, explicaré qué precede a su regreso y por qué es importante, a partir del evangelio. De esta explicación del evangelio puedo hacer aplicaciones, por ejemplo, Jesús ha vencido la muerte, nuestro ser amado creyente será resucitado corporalmente de la muerte, el aguijón de esta ya no durará, y la esperanza asegurada por Cristo consolará a los que sufren. Al presentar el evangelio, está orientando a la familia y a los amigos hacia la única esperanza para los pecadores; estará explicando *cómo* el evangelio se convierte en algo personal a través del arrepentimiento y de la fe en Cristo; está asegurándoles a los que creen en el poder del evangelio para vencer su dolor y su pérdida.

5. Muestre honra y respeto al fallecido

Pienso que es adecuado, en especial si se hace un breve panegírico, hablar sobre el finado. No creo que el culto funeral debiera tratar por completo sobre él o ella. El funeral es sobre Cristo, el evangelio y la esperanza que pertenece a aquellos que creen. Pero queremos dar honra cuando es debido, realizando las observaciones adecuadas.[5] Habiendo escuchado a la familia y a los amigos durante las visitas pastorales y en otras ocasiones, el pastor tendrá probablemente algunos comentarios, una anécdota o un testimonio que compartir sobre el difunto. Si es adecuado para la persona y el momento, incluso una anécdota cómica podría ser apropiada para la ocasión, aunque el pastor no quiera que nada aparte la atención debida al evangelio.

6. Siga pastoreando

El pastor apacienta durante el funeral cuando apunta a la suficiencia de Cristo. Pero continúa después, y sigue apacentando a la familia doliente y ayudándola a vivir en la esperanza que nos pertenece por medio del evangelio de Cristo. Una llamada telefónica, una tarjeta o una visita en los días posteriores al funeral ayudarán durante largo tiempo a la familia a tratar la dolorosa pérdida. El esmero del pastor y de otros miembros podría ayudar a la familia a convertirse en un consuelo para otros que estén experimentando una pérdida.

En resumen

Los funerales y el tiempo de dolor que los rodean le proporcionan al pastor muchas oportunidades de apacentar a los miembros de su congregación, así como a extender el alcance de la iglesia a los amigos y la familia extendida. El

5. Ver las útiles observaciones de Brian Croft sobre el panegírico en *Conduct Gospel-Centered Funerals*, 44-48, 107-17.

tiempo invertido en servir a las familias en necesidad será un bálsamo para ellos y un estímulo para la comunidad que observa y ve la asistencia mostrada por el pastor y la congregación. El tiempo de servir a la familia necesita centrarse en la suficiencia de Cristo en el evangelio para consolar y sanar a los quebrantados de corazón. Pastorear a las familias en los días inmediatos a la pérdida y los meses posteriores les proveerá un consuelo muy necesario mientras realizan su duelo.

Preguntas para la reflexión

1. ¿Cuáles son los desafíos que más le preocupan a la hora de dirigir funerales?
2. ¿Qué parece más importante desde el punto de vista de la familia respecto a la atención del pastor durante su pérdida?
3. ¿Qué debe tenerse en mente al seleccionar los pasajes de las Escrituras para leer con la familia antes del culto funeral y durante el mismo?
4. ¿Cómo debe el mensaje de esperanza del evangelio impregnar el cuidado pastoral durante el funeral?
5. ¿Cómo podría seguir el pastor apacentando a la familia que está atravesando un duelo?

PREGUNTA 28

¿Cómo debe llevar a cabo el pastor las ceremonias de boda?

Yo tenía veintidós años, estaba recién casado y había sido apartado como ministro del evangelio de mi denominación, cuando un amigo de la universidad me pidió que oficiara su boda. Decir que me empapé de sudor sería subestimar mi nerviosismo. Pero todo salió bien. Adoramos al Señor a la vez que presenciamos cómo mis amigos se unían en matrimonio. Utilizando la ceremonia tradicional del casamiento, llevamos a cabo la boda sin el más mínimo obstáculo.

Desde ese momento, he contemplado varios cambios en las ceremonias de boda. Una o dos parejas escribieron sus propios votos. Otros añadieron elementos simbólicos a la celebración. Unos desearon una música que parecía fuera de lugar. Unos cuantos solicitaron homilías matrimoniales que proclamaran con claridad el evangelio a sus invitados. La estructura general seguía siendo la misma, pero cada boda tenía su propia singularidad que la hacía especial para la pareja nupcial.

¿Qué debe tener en cuenta un pastor cuando se le pide que oficie una boda? Buscaremos respuestas a esta pregunta observando unas consideraciones generales, normas para las bodas, pautas para la consejería prematrimonial y los elementos de una ceremonia de boda.

Consideraciones generales

Las autoridades civiles no iniciaron el matrimonio; fue Dios. Antes de cualquier otra institución humana, Dios, el Señor, formó a la mujer de la costilla de Adán "y la trajo al hombre" (Gn. 2:22). Este acto de Dios muestra la primacía del matrimonio en la sociedad humana. Cumplía lo que Él consideró que "no era bueno" en la creación. Tras ponerles nombres a los animales, ninguna criatura se correspondía con Adán (Gn. 2:20). El hombre necesitaba a alguien como él —otro ser humano—, pero, *a diferencia* de él, alguien que le complementara y lo completara, alguien que lo hiciera sentirse realizado y que lo deleitara. La primera poesía de las Escrituras surge de la reacción exclamatoria de Adán cuando vio a su esposa por primera vez:

Esto es ahora hueso de mis huesos
y carne de mi carne;
esta será llamada Varona,
porque del varón fue tomada (Gn. 2:23).

Ray Ortlund capta este momento poético:

> Al hombre no le amenaza la obvia igualdad de la mujer con respecto a él. Esa realidad reconfortante es aquello mismo que le agrada. Con alivio ("ahora"), la saluda como su homóloga única dentro de toda la creación. De manera intuitiva se identifica con ella. Su corazón es atraído hacia ella. La valora. Se regocija de tenerla. Alaba a Dios por ella. Y, al agradecer a Dios por ella, la percibe como alguien íntimo suyo...
>
> Con su último acto como autorizado en el jardín para poner nombre a las cosas, se identifica a sí mismo y a la mujer como de un mismo tipo, aunque distintos el uno del otro. La relación humana suprema se nos presenta como una complementariedad de diferencias y no como una duplicación de la similitud.[1]

Con esta hermosa imagen del primer matrimonio como fundamento, el pastor se enfrenta al reto de incorporarse a la maravilla, la hermosura, el gozo y el propósito ordenado por Dios en el matrimonio cuando se encuentra con una pareja y se convierte en parte de su plan de bodas. Debe tener en mente el plan divino para el matrimonio cuando aconseja y se prepara con el fin de servir al unir a un hombre y una mujer en matrimonio. La pareja entra en el pacto matrimonial que llama a la permanencia, a la sacralidad, la intimidad, la mutualidad y la exclusividad del matrimonio.[2] Para añadir responsabilidad cuando la pareja inicia el viaje del matrimonio, la ceremonia pública confirma el pacto matrimonial.[3]

Sin embargo, el pastor comienza la *conversación matrimonial* con la pareja sin saber hasta qué punto entienden dónde se están metiendo. ¿Conocen a Jesucristo como Señor y Salvador? ¿Están creciendo en la gracia y el conoci-

1. Ray Ortlund, *Marriage and the Mystery of the Gospel*, SSBT, eds. Dane C. Ortlund y Miles Van Pelt (Wheaton, IL: Crossway, 2016), 27.
2. Andreas Köstenberger y David W. Jones, *God, Marriage, and Family: Rebuilding the Biblical Foundation*, 2.ª ed. (Wheaton, IL: Crossway, 2010), 77-78.
3. Köstenberger y Jones definen el modelo pactual del matrimonio, en contraste con los modelos sacramentales y contractuales, "como *vínculo sagrado entre un hombre y una mujer instituido por Dios y al que se entra de forma pública delante de Él (lo reconozca o no la pareja casada), por lo general consumado por el acto sexual*" (*God, Marriage*, 73, cursivas originales).

miento de Cristo? ¿Son miembros fieles de una iglesia local? ¿Buscan guardar sus vidas del mundo? ¿Consideran el matrimonio como la imagen de Cristo y la iglesia? ¿Están comprometidos a seguir la enseñanza bíblica sobre el matrimonio y la familia? ¿Entienden el matrimonio como un pacto inviolable? Este tipo de preguntas tiene que ser parte de la conversación inicial *antes de que el pastor acceda* a celebrar la boda. Pablo advierte sobre el "yugo desigual con los incrédulos (2 Co. 6:14). Por tanto, el pastor necesita decidir antes de la reunión inicial si únicamente llevará a cabo la boda si los dos son creyentes. ¿Y si ni la novia ni el novio siguen a Cristo? En ese caso, es preciso decidir si su conciencia le permite oficiar la boda.[4]

Normas para las bodas

Cada iglesia necesita unas normas para las bodas documentadas de manera oficial. Esto significa que las reglas serán adoptadas por el cuerpo gobernante de la iglesia y que identificarán el uso específico de las instalaciones de la iglesia y los parámetros para que sus pastores dirijan la ceremonia de boda. A este respecto, el pastor sigue los dictados del cuerpo de gobierno de la iglesia. Esto lo protege a él y a la iglesia cuando se deben tomar decisiones difíciles que afecten a los planes de boda de una pareja respecto a la iglesia y sus pastores.

Las normas para las bodas tienen que dejar clara la posición de la iglesia sobre el matrimonio (p. ej., un pacto entre un hombre y una mujer delante de Dios comprometidos a ser fieles a los votos matrimoniales como imagen de Cristo y la iglesia; Ef. 5:22-33), y el deseo de glorificar a Dios en el ensayo, la ceremonia y la recepción. A menos que una pareja acceda a las normas para las bodas, el pastor y la iglesia podrían declinar su participación y el uso de las instalaciones.

Las normas deben determinar los derechos y los procedimientos para los miembros y los no miembros respecto al uso de las instalaciones de la iglesia, así como el involucramiento del pastor (y/o del personal de la iglesia). Identificar los parámetros para programar las bodas celebradas en las instalaciones de la iglesia protegerá la preparación de esta para los cultos del Día del Señor. Los requisitos de la iglesia de un asesoramiento prematrimonial por parte de uno de sus pastores, aunque ninguno de ellos dirija la

4. En 2 Corintios 6:14-18 se deja claro que los creyentes y los incrédulos no deben unirse en matrimonio. Este pasaje supone un gran desafío para el pastor a la hora de mantener la enseñanza bíblica cuando los hijos no creyentes de los miembros de la iglesia solicitan casarse en la iglesia. Pero no se trata el asunto de dirigir o no la ceremonia de dos incrédulos, y debe ser un asunto de convicción personal por parte del pastor. Es evidente que se preguntará por qué quieren que él oficie la boda, ya que la planteará desde una perspectiva decisivamente cristiana.

ceremonia, ayuda a preservar la postura bíblica de la iglesia sobre el matrimonio.[5] Los detalles sobre la naturaleza de la ceremonia del matrimonio, el tipo de música permitida,[6] el uso de decoraciones, de los instrumentos musicales de la iglesia y de su sistema de sonido, y la participación de un fotógrafo o tomador de vídeo debe detallarse para que la iglesia y los pastores no se encuentren en situaciones comprometedoras o incómodas. Se debe indicar cualquier honorario por el uso de las instalaciones por parte de los miembros y no miembros. También debe hacerse una declaración que especifique que, cualquier desperfecto causado durante la fiesta de la boda a la propiedad de la iglesia, correrá a cargo de la pareja, así como los costes, si es adicional al uso de las instalaciones, en concepto de servicios de limpieza. Las normas de bodas firmadas y fechadas deberán archivarse en la oficina de la iglesia, y se entregará una copia a los novios.

Consejería prematrimonial

Nada será más importante para la boda que el tiempo que la pareja pase en la consejería prematrimonial con uno de los pastores de la iglesia. Esto no solo le dará tiempo al pastor para conocer mejor a la pareja, de manera que moldee sus observaciones para que encajen en su relación única, pero principalmente para tener la oportunidad de explicar cómo es tener un matrimonio que refleje la hermosura de Cristo y de la iglesia (Ef. 5:22-33). Cada pareja expone lo positivo y lo negativo de sus antecedentes, su personalidad, sus tendencias y su comprensión de las funciones maritales en el matrimonio. Así, el pastor no debe suponer nada, aunque la pareja haya crecido bajo su liderazgo pastoral.[7]

¿Qué intenta lograr el pastor en la consejería prematrimonial? No puede enseñarles todo lo que necesitan saber sobre el matrimonio en unas pocas sesiones. Aprenderán mucho en los años que tienen por delante en el esfuerzo

5. La iglesia no debe acceder al uso de las instalaciones, por parte de los miembros o no miembros, hasta la consejería prematrimonial inicial. Esta sesión podría descubrir una razón de por qué seguir adelante sería algo poco sabio. Las normas para las bodas deben declarar que el acuerdo de usar las instalaciones de la iglesia y la participación del pastor serán evaluados y decididos por los ancianos de la iglesia después de la sesión inicial de consejería prematrimonial. Por esta razón, sería sabio solicitar, al menos tres o seis meses antes de la boda propuesta, la notificación del interés en el uso de las instalaciones de la iglesia o de que el pastor la oficie.
6. Pedimos que las selecciones musicales sean aprobadas por nuestro pastor de adoración. Aunque todas las selecciones puedan no ser música cristiana, dependiendo de la postura de la iglesia, deben ser de buen gusto y adecuadas.
7. Yo utilizo un cuestionario que ayuda a considerar los antecedentes de la pareja, las personalidades y los temperamentos, la configuración de su relación, su fe cristiana y los planes para sus finanzas, los hijos, y los criterios sobre la fidelidad en el matrimonio. Esto da forma a la explicación en la consejería prematrimonial. Podría también revelar razones para posponer la boda o pedir un asesoramiento adicional o que el pastor no acceda a oficiar la ceremonia de boda.

relacional de dar y recibir que fomenta la santificación por medio del matrimonio. Considero que se deben tratar diez temas, recomendando recursos para algunos y ampliando algunas sesiones cuando parece más pertinente para la pareja.

1. El testimonio cristiano
2. El involucramiento de la pareja en la iglesia local
3. El entrelazado de las personalidades y las distinciones de género
4. El significado y el propósito del matrimonio
5. Desarrollarse en lo personal y juntos en la madurez espiritual
6. Aprender a comunicarse
7. Dinero y trabajo
8. Los hijos
9. Los parientes políticos
10. La intimidad matrimonial

Dependiendo de los ámbitos que necesiten una atención adicional, les recomendaré o les daré un libro para leer, debatir juntos y que me presenten sus comentarios sobre algo de lo que hayan aprendido.[8] Por lo general tengo en mente cuántas sesiones de consejería prematrimonial planeo impartir, dos o tres. Sin embargo, conforme me adentro en las sesiones, podría descubrir la necesidad de alargarlas para tratar algunos ámbitos con mayor profundidad. Plantee la consejería prematrimonial con algunas metas, pero entienda que la pareja podría tener necesidades que van más allá de su modelo de consejería. También podría comprobar la utilidad de que otro anciano o pastor ayude con ciertos aspectos sobre los que a usted le parezca que pueden hablar con mayor claridad.

De vez en cuando he establecido unas sesiones de seguimiento con las parejas *después* de su matrimonio. Reconociendo que solo la experiencia de

8. A continuación, unas cuantas posibilidades: R. C. Sproul, *The Intimate Marriage: A Practical Guide to Building a Great Marriage* (Phillisburg, NJ: P&R, 2003); Raymond C. Ortlund Jr., *Marriage and the Mystery of the Gospel* (Wheaton, IL: Crossway, 2016); Paul David Tripp, *¿Qué estabas esperando? Redimiendo las realidades del matrimonio* (Graham, NC: Publicaciones Faro de Gracia, 2013); Timothy y Kathy Keller, *El significado del matrimonio: Enfrentando las dificultades del compromiso con la sabiduría de Dios* (Barcelona: Publicaciones Andamio, 2015); Dave Harvey, *When Sinners Say, "I Do": Discovering the Power of the Gospel for Marriage* (Wapwallopen, PA: Shepherd, 2007); Bryan Chapell, *Each for the Other: Marriage as It's Meant to Be* (Grand Rapids: Baker, 2006); Larry Burkett, *Complete Financial Guide for Young Couples* (Nashville: David C. Cook, 2002); Daniel Akin, *God on Sex: The Creator's Ideas about Love, Intimacy, and Marriage* (Nashville: B&H, 2003); Clifford y Joyce Penner, *The Gift of Sex: A Guide to Sexual Fulfillment* (Nashville: Thomas Nelson, 2003); Gary Thomas, *Sacred Marriage: What If God Designed Marriage to Make Us Holy More Than to Make Us Happy?* (Grand Rapids: Zondervan, 2000).

la convivencia hará salir a flote algunas cosas que yo pueda pensar que están latentes, les pediré que se reúnan conmigo para *ajustar* su reciente matrimonio.

Por lo general, al principio de la consejería prematrimonial preguntaré por los detalles que proponen para la boda: hora, lugar, nombre del coordinador, música, planes para la licencia de matrimonio, detalles de la ceremonia, número de invitados a la fiesta y cualquier circunstancia poco usual de la que yo debería estar al tanto.[9] Tomo abundantes notas para poder revisarlas con mayor atención para el ensayo y la ceremonia.[10]

Elementos de la ceremonia de boda

Las prácticas para las ceremonias tradicionales de boda podrían variar de una denominación a otra.[11] Básicamente, contienen elementos similares que podrían ser observados en diversos órdenes en las distintas tradiciones.

1. *El anuncio del matrimonio:* "Amados hermanos, estamos reunidos ante Dios, y en presencia de estos testigos, para unir a este hombre y a esta mujer en santo matrimonio…". El pastor podría elegir leer Génesis 2:18-25; Salmos 127:1-2; Efesios 5:22-33; Colosenses 3:12-19; Hebreos 13:4; 1 Pedro 3:1-7; o Juan 2:1-11 como parte de su anuncio y breve explicación sobre el matrimonio.
2. *El encargo a la pareja matrimonial.* "Les pido y les encargo a ambos, en la presencia de Dios, delante de quien se desvelan todos los secretos del corazón, que habiendo considerado debidamente el santo pacto que están a punto de hacer, pronuncien delante de esta congregación su promesa de fidelidad el uno hacia el otro".
3. *La homilía del matrimonio.* El pastor ofrecerá un fundamento bíblico para el matrimonio. Aquí tiene la oportunidad de proclamar el evangelio por medio de la imagen del matrimonio en Efesios 5, ofreciendo porciones de los testimonios de la pareja nupcial, cómo Jesús realizó su primer milagro en las bodas de Caná de Galilea, que daba fe de su

9. Esto último podría incluir detalles sobre la dinámica de la familia, los padres divorciados que se sienten incómodos el uno con el otro, otra persona que no es el padre de la novia y que es quien la entrega, miembros de la familia distanciados, una pareja cristiana que desea que se proclame el evangelio en la ceremonia, etc.
10. Algunos pastores tienen sustitutos para los ensayos (p. ej., un asistente). Aunque esto es comprensible en una gran congregación con bodas casi cada fin de semana, parece preferible ser parte del ensayo con el fin de asegurarse de que el coordinador y el pastor estarán en sincronización, así como para utilizar el tiempo para pastorear a la pareja y la fiesta de bodas.
11. En este bosquejo he tomado prestadas porciones de la ceremonia tradicional de matrimonio de la Iglesia Metodista Unida, la Iglesia Presbiteriana Unida y las liturgias de matrimonio del Salterio anglo-ginebrino.

obra redentora (Jn. 2). La intención de Dios de prefigurar el matrimonio de Cristo con su esposa, en la primera boda (Gn. 2; Ap. 19, 21–22) u otros pasajes adecuados. Como homilía, necesita mantenerla breve y directa al grano. Lo adecuado es que dure entre cinco y siete minutos.

4. *La intención para el matrimonio.* "¿Quieres recibir a esta mujer [hombre] como tu legítima esposa [marido] para vivir juntos en el santo estado del matrimonio?".
5. *La entrega de la novia.* "¿Quién entrega a esta mujer para que se case con este hombre?". El padre (por lo general) responde: "Su madre y yo". Cuando es otra persona quien entrega a la novia, la respuesta puede ser "Yo lo hago".
6. *Los votos matrimoniales.* "Yo... te tomo a ti... como mi legítima esposa [marido], y prometo y me comprometo delante de Dios y de estos testigos a ser tu amante y fiel esposo [esposa], desde este día en adelante, en lo bueno y en lo malo, en la riqueza y en la pobreza, en la salud y en la enfermedad, amarte y respetarte hasta que la muerte nos separe, según la santa ordenanza de Dios; y al respecto te doy mi palabra".
7. *Oración de consagración.* "Padre, encomendamos a este hombre y esta mujer a los vínculos inviolables del matrimonio, que puedas apartarlos para servirte y manifestar la belleza de Cristo y de la iglesia en su relación...".
8. *El intercambio de anillos y los votos.* "Con este anillo yo te desposo, en prueba y promesa de nuestra fidelidad constante y nuestro amor eterno, en el nombre del Padre, y del Hijo, y del Espíritu Santo. Amén".
9. *Declaración de que son marido y mujer.* "Yo los declaro marido y mujer. El Padre de toda misericordia, quien por su gracia los llamó a este santo estado del matrimonio, los una en verdadero amor y fidelidad y les conceda su bendición. Amén".
10. *El marido y la mujer se besan.*
11. *Oración y bendición, seguido de la presentación y cierre de la ceremonia.*

Con esta estructura general, el pastor podría trabajar con la pareja nupcial para añadir o eliminar elementos que puedan servirles mejor. Mientras mantenga la reverencia, una visión bíblica del matrimonio, la centralidad del evangelio en todos los aspectos de la vida, las responsabilidades mutuas en el matrimonio y este último como un pacto, cambiar el lenguaje, quitar algunas de las frases tradicionales, añadir música adecuada y facilitar otras variaciones son ciertamente permisibles.[12]

Como acto legal final, es necesario que el pastor firme, feche y envíe por correo la licencia de matrimonio de vuelta a la agencia gubernamental correspondiente que gestiona dichos documentos en su estado. Convertí en una práctica el llevar conmigo un sello y dejar la licencia rellenada en la oficina de correos local tras la ceremonia.[13]

En resumen

La preparación sigue siendo clave para una ceremonia de matrimonio llena de adoración. La iglesia y el pastor se preparan para una boda mediante unas normas de casamiento bien reflexionadas y aprobadas por el cuerpo de gobierno eclesial. El asesoramiento prematrimonial concienzudo prepara a la pareja para el matrimonio. El pastor se prepara mediante la formulación de preguntas, tomando notas y entendiendo su función en el debate con la pareja nupcial. El cortejo nupcial y los invitados se aprestan para adorar y regocijarse mediante una ceremonia reflexiva basada en la Biblia que considera el evangelio como fundamental para la vida y el matrimonio.

Preguntas para la reflexión

1. ¿Cómo establece Génesis 2:17-25 el fundamento para el matrimonio?
2. ¿Qué ámbitos deben tratar las normas de casamiento en la iglesia?
3. ¿De qué debe hablar el pastor en el asesoramiento prematrimonial?
4. ¿Cómo mantiene el pastor la centralidad del evangelio en la ceremonia matrimonial?
5. ¿Cuáles son los elementos tradicionales en la ceremonia matrimonial?

---

12. No concedemos las peticiones de comunión ya que es una ordenanza de la iglesia practicada de manera corporativa por el cuerpo. He presenciado cómo los padres daban testimonio o expresaban bendiciones sobre sus hijos durante la ceremonia. El pastor tiene que evaluar las peticiones de los elementos adicionales a la ceremonia rigiéndose por lo que mantenga la dignidad y el honor que deben estar presentes. Las contribuciones musicales suelen acompañar a diversas porciones de la ceremonia. Aquí, el pastor necesita dar libertad a menos que lo estime molesto y fuera de lugar. Debatir estos asuntos cuanto antes en las sesiones prematrimoniales evitará que surjan sorpresas la noche del ensayo.
13. Esta práctica empezó cuando descubrí tres días después de una ceremonia que la licencia seguía en el bolsillo de mi abrigo. ¡Hice la entrega dentro del plazo permitido!

QUINTA PARTE

La iglesia y el ministerio pastoral

PREGUNTA 29

¿Qué es la iglesia?

¿Qué es una iglesia? Podríamos suponer que ya conocemos la respuesta cuando leemos un libro sobre ministerio pastoral. Sin embargo, nuestra forma de ver a la iglesia moldeará y perfeccionará la comprensión y la práctica del ministerio pastoral. Sin claridad respecto a la iglesia, no logramos tener claridad sobre el ministerio pastoral.

- Si un pastor considera que la iglesia es una mera *organización religiosa,* tratará el ministerio pastoral como un empleo con beneficios y salario.
- Si un pastor considera a la iglesia como un *fenómeno cultural,* tratará el ministerio pastoral como un experimento cultural cuyo rasgo más relevante será qué influencias tendrá sobre su entorno. El ministerio pastoral se centra, pues, en moldear a la comunidad y no en hacer discípulos y pastorearlos.[1]
- Si un pastor mantiene a la iglesia como su *reino personal*, tratará el ministerio pastoral de manera egoísta y se centrará en lo que fomente su carrera, sus objetivos, sus metas y su imagen.
- Si un pastor considera a la iglesia como una *entidad denominacional,* tratará el ministerio pastoral como medio para promocionar los programas y objetivos de la denominación, y fomentar sus oportunidades de mejorar su posición.

Sin embargo, si la iglesia es lo que Jesús describe en Mateo 16:13-20 y 18:15-20, su razón de ser difiere profundamente de los conceptos erróneos anteriores. Considere el contenido de cómo describe Jesús a la iglesia en estos versículos:

- La iglesia está edificada sobre una clara confesión doctrinal de Jesucristo como Hijo de Dios, el Mesías prometido y Rey de un reino eterno.
- La iglesia *le pertenece* a Jesús; promete edificarla, encargarse de su bienestar, de su existencia y de su futuro.
- La iglesia no puede ser vencida por la muerte, algo que no puede reivindicar ninguna otra institución.

1. Con esto no pretendo decir que una iglesia saludable no afecte a la comunidad. Lo hace, aunque no sea primordial para ella.

- La iglesia está anclada en la autoridad apostólica y la proclamación del evangelio (tras la ascensión).
- La iglesia está centrada en lo corporativo, no en lo individual.
- La iglesia vive con preocupación por el carácter, la fidelidad, la obediencia y la santidad entre sus miembros.
- La iglesia mantiene el cuidado mutuo de los unos por los otros, en especial en el modo en que los miembros reflejan la obediencia a los mandamientos de Cristo.
- La iglesia ejerce autoridad sobre aquellos a los que admite y a los que no admite.
- La iglesia reunida tiene la seguridad de la presencia de Cristo al ejercer sus prerrogativas disciplinarias.

¡Y esto tan solo en dos pasajes! ¿Y qué hay de las otras 106 referencias a la iglesia en el Nuevo Testamento, por no mencionar las casi cien metáforas usadas para describirla?[2] Tan grande es el propósito y el designio de Dios para la iglesia que envió a su Hijo para morir por ella, asegurarla y acoger a sus miembros como su pueblo (Jn. 17:6-26; Hch. 20:28; 1 P. 2:9-10). Para pensar en la iglesia, consideraremos algunas definiciones, marcas definitorias y metáforas distintivas para la iglesia.

Definiciones de la iglesia

Cuando se le preguntó por el significado de la iglesia, Martín Lutero respondió: "Bueno, un niño de siete años sabe qué es la iglesia, a saber, santos creyentes y ovejas que escuchan la voz de su Pastor".[3] Enfatiza a un pueblo regenerado, santo, con fe en Cristo que constituye a la iglesia. En su obra *Institución de la religión cristiana,* Juan Calvino declara: "La iglesia no solo incluye a los santos que en la actualidad viven en la tierra, sino a todos los elegidos desde el principio del mundo". A continuación, contempla a la iglesia presente como aquellos "dispersados sobre la tierra que profesan adorar a un

2. El NT usa ἐκκλησία 114 veces, con 109 en referencia a la iglesia. De las 109 ocasiones, al menos 96 aluden a las asambleas locales de creyentes mientras que las demás, principalmente en Efesios, apuntan a la iglesia universal. El término significa normalmente "una asamblea" que destaca el entendimiento *local* de la iglesia reunida para adorar, orar, tener comunión, recibir la Palabra, observar las ordenanzas (sacramentos), servir y ministrar. Ver Mark Dever, "The Church", en *A Theology for the Church,* ed. Daniel L. Akin (Nashville: B&H Academic, 2007), 770-73, y John S. Hammett, *Biblical Foundations for Baptist Churches: A Contemporary Ecclesiology,* 2ª ed. (Grand Rapids: Eerdmans, 2019), 29-34. Para metáforas sobre la iglesia, ver Paul S. Minear, *Images of the Church in the New Testament* (Philadelphia: Westminster, 1975).
3. Timothy George, *Theology of the Reformer,* ed. rev. (Nashville: B&H Academic, 2013), 88.

solo Dios y a Cristo".[4] Calvino identifica a la iglesia como eterna y activamente presente a la vez.

El teólogo bautista del siglo XIX, J. L. Dagg, explicó: "Una iglesia cristiana es una asamblea de creyentes en Cristo, organizados en un cuerpo, según las Sagradas Escrituras, para adorar y servir a Dios".[5] Dagg insiste en la idea de la asamblea local inherente en el término *ekklesía*, con su formación según las Escrituras para adorar y servir. El líder de la iglesia de finales del siglo XIX, Charles Octavius Boothe, explicó la identidad de la iglesia como doble. Incluye a "toda la familia de los redimidos de todos los tiempos" y "un cuerpo de creyentes, unidos en un lugar, según las enseñanzas del Nuevo Testamento".[6] Boothe refleja la valoración que Calvino hace de la iglesia, mientras enfatiza su reunión local.

El teólogo Gregg Allison declara: "La iglesia es el pueblo de Dios que ha sido salvado por medio del arrepentimiento y de la fe en Jesucristo, y ha sido incorporado en su cuerpo mediante el bautismo con el Espíritu Santo".[7] De manera similar, pero con el hincapié en la unión y el servicio de la iglesia en el mundo, Mark Dever observa: "La iglesia es el cuerpo de personas llamadas por la gracia de Dios, por medio de la fe en Cristo, a glorificarle juntos sirviéndole en este mundo".[8] Wayne Grudem lo expresa con sencillez: "La iglesia es la comunidad de todos los verdaderos creyentes de todos los tiempos".[9]

Yo definiría a la iglesia así: la iglesia es el pueblo de Dios redimido por Jesucristo y bautizado en su cuerpo por el Espíritu Santo para glorificar a Dios por medio de una adoración centrada en Cristo, del servicio y del testimonio. Esta definición, y las demás, nos hablan del pueblo denominado la iglesia. Pero ¿qué marca a las congregaciones individuales?

Marcas definitorias de la iglesia

Las marcas más tempranas no bíblicas y exhaustivas de la iglesia llegaron en el Credo Niceno del 325 d.C. conocido como la *notae ecclesiae*: una iglesia santa, católica (universal), y apostólica. *Una* alude a la unidad de la iglesia en la unicidad de Dios, en contraposición con la afirmación del arrianismo que negaba la deidad de Cristo. *Santa* reaccionaba a las Novaciones del siglo III y

4. *Calvino,* 4.1.7.
5. J. L. Dagg, *Manual of Church Order* (1858; Harrisonburg, VA: Gano Books, 1990), 74.
6. Charles Octavius Boothe, *Plain Theology for Plain People* (1890; Bellingham, WA: Lexham, 2017), 113-14.
7. Gregg R. Allison, *Sojourners and Strangers: The Doctrine of the Church,* Foundations of Evangelical Theology, ed. John Feinberg (Wheaton, IL: Crossway, 2012), 29.
8. Dever, "Church", 768.
9. Wayne Grudem, *Teología sistemática: Una introducción a la doctrina bíblica* (Miami: Editorial Vida, 2007), 897.

los Donatistas del siglo IV, aseverando la santidad de la iglesia en su cabeza, Jesucristo. En última instancia, como observaron los reformadores, apunta al estatus sagrado de la iglesia desde la justificación en adelante. *Católica* o *universal* indica una fe y una misión compartidas en una ortodoxia definitiva entre todos los grupos de personas. *Apostólica* alude a la doctrina de la iglesia gobernada por la revelación de las Sagradas Escrituras de la que los apóstoles fueron fundamentales (Ef. 2:20; 2 P. 1:16-21). En otras palabras, ser apostólico significa que nos atenemos a la misma enseñanza, proclamada por los apóstoles, revelada en las Escrituras.[10]

Los reformadores hicieron un trabajo excelente para identificar lo que constituye una iglesia verdadera. Aunque quería mostrar gracia y bondad hacia las iglesias que luchaban, Calvino vio las marcas de la iglesia de manera minimalista. Escribe: "Dondequiera que vemos la Palabra de Dios predicada y escuchada de una manera pura, y los sacramentos administrados según la institución de Cristo, no cabe duda de que allí existe una iglesia de Dios".[11] El evangelio proclamado y los sacramentos observados *marcaban* a las iglesias verdaderas, aun cuando estas lucharan en otros ámbitos. Más tarde, Calvino explicó que Satanás ataca estas dos marcas más que cualquier otra cosa, porque sabe que destruirlas eliminará la distinción de la iglesia como una congregación verdadera de Dios. Explicó que llevar simplemente el nombre de *iglesia* no la convertía en una. Más bien, "Toda congregación que reivindica el nombre 'iglesia' debe ser probada por este estándar como por una piedra de toque. Si en la Palabra y los sacramentos sigue el orden aprobado por el Señor, no engañará… Sin embargo, si desprovista de la Palabra y de los sacramentos, anuncia el nombre de iglesia, debemos tener el mismo cuidado escrupuloso con tales engaños que en evitar la imprudencia y el orgullo por otra parte".[12]

Martín Bucero, el mentor de Calvino en Estrasburgo, coincidía con estas dos marcas, pero añadió: "No puede haber iglesia sin *ein Bann* (excomunión)".[13] Como explica Paul Avis respecto a Bucero: "La calidad del discipulado cristiano se convierte en una marca de la Iglesia. El amor y la disciplina deben añadirse a la palabra y el sacramento para formar la verdadera

10. Esta sección sigue de cerca a Hammett, *Biblical Foundations,* 57-69 y Dever, "Church", 775-78. Aunque el espacio no permite ahondar en las diversas interpretaciones de la *notae,* los reformadores corrigieron algunas interpretaciones postnicenas, incluidas la reacciones contra la explicación del "cuerpo mixto" de San Agustín respecto a la iglesia para reforzar su santidad por el estado forjado en la justificación. Algunos consideraban la apostolicidad como la sucesión apostólica, una idea que no se encuentra en las Escrituras y a la que los reformadores se opusieron de manera contundente.
11. *Calvino,* 4.1.9.
12. Ibíd., 4.1.11.
13. Paul D. L. Avis, *The Church in the Theology of the Reformers* (Eugene, OR: Wipf & Stock, 2002), 45.

iglesia".[14] Bucero descubrió el núcleo central de lo que hay involucrado en una iglesia que ejerce su responsabilidad para disciplinar (formativa y correctiva) añadiendo "la posesión de ministros adecuados" como otra marca de la iglesia. Creía que predicar el evangelio y administrar los sacramentos exigía a ministros apropiados que también estuvieran comprometidos en apacentar a la iglesia en "rectitud y santidad de vida".[15]

Los puritanos ingleses William Perkins y Thomas Cartwright estuvieron cerca de coincidir con Bucero, pero diferían en la explicación de la disciplina como algo necesario para el bienestar de la iglesia (*bene ese*), pero no su ser o existencia (*ese*).[16] John Knox, el efusivo reformador escocés, estaba de acuerdo con Bucero respecto a que la disciplina de la iglesia administrada de la manera correcta debe añadirse a las dos marcas principales.[17]

El resumen que John Hammett hace de las opiniones de los reformadores sobre las marcas de la iglesia aclara: "Si [la iglesia] pierde el mensaje del evangelio, un grupo de personas deja de ser una iglesia verdadera".[18] Esto debe ser lo primordial a la hora de identificar a una iglesia verdadera y evaluar la predicación pastoral.

Mark Dever echa una mirada más amplia a las marcas de la iglesia. Aunque concuerda con estas dos marcas fundamentales, Dever también identifica otras nueve "que diferencian a las iglesias saludables de las verdaderas, pero más enfermas".[19] Aunque los reformadores buscaron reconocer a *cualquier* iglesia verdadera por la marca de la proclamación del evangelio, por débil y enferma que fuera, Dever procura identificar nueve marcas que, cuando se practican, tienden a mejorar y fortalecer la salud de la iglesia. No sostiene que las iglesias que descuidan esas nueve marcas no sean verdaderas —siempre y cuando se proclame el evangelio con fidelidad y se observen las ordenanzas—, sino más bien que, cuando no se tienen en cuenta, no serán iglesias *saludables*.[20] Las identifica como sigue: la predicación expositiva, la teología bíblica, el evangelio, una comprensión bíblica de la conversión, una comprensión bíblica de la evangelización, un entendimiento bíblico de la membresía de la

14. Avis, *Church in the Theology of the Reformers*, 48.
15. Ibíd., 48-49. Aunque añadió "la posesión de ministros adecuados" como algo más que una marca explicativa, Bucero sigue siendo conocido por estar de acuerdo con Calvino, pero añadiendo la disciplina de la iglesia como algo fundamental para identificar a una iglesia verdadera. Sin la disciplina empleada, la iglesia deja de ser el cuerpo de Cristo "reunido por el Espíritu de Cristo" (49).
16. Ibíd., 46.
17. Ibíd., 50-51.
18. Hammett, *Biblical Foundations*, 70.
19. Mark E. Dever, *Nine Marks of a Healthy Church*, ed. ampliada (Wheaton, IL: Crossway, 2004), 24. Publicado en español por Publicaciones Faro de Gracia con el título *Las nueve marcas de la iglesia sana*
20. Dever, "Church", 778-91.

iglesia, la disciplina bíblica de la iglesia, la preocupación por el discipulado y el crecimiento, y el liderazgo bíblico de la iglesia. Su obra sigue ayudando a que los pastores edifiquen sobre la proclamación del evangelio mientras mejoran la salud de la iglesia y, por consiguiente, su testimonio en el mundo.

Metáforas distintivas para la Iglesia

Grudem destaca que el uso multiplicado de las metáforas del NT que explican a la iglesia significa que es necesario que evitemos centrarnos "exclusivamente en alguna de ellas".[21] Con tantas metáforas diversas —noventa y seis según Paul Minear—, la predicación pastoral debe ampliar el entendimiento y el gozo de la congregación al pensar en la iglesia que Jesús redimió y aseguró.[22] También debe ayudar a que los pastores enfoquen sus ministerios en pastorear a la iglesia. Aquí consideraremos cuatro metáforas utilizadas para la iglesia.[23]

1. El pueblo de Dios

Ambos testamentos usan la expresión "mi especial tesoro" o "mi pueblo" en alusión al pueblo de Dios elegido y redimido para sí (Éx. 19:5-6; Os. 1:10; 2:23; Tit. 2:14; 1 P. 2:9-10).[24] El lenguaje no significa dos pueblos *diferentes*, sino un pueblo de Dios que se convirtió en su posesión por medio de la obra redentora de Jesucristo (Tit. 2:14). Pedro se refiere de manera explícita a las frases descriptivas para Israel que *ahora* se aplican a la iglesia: "linaje escogido, real sacerdocio, nación santa, pueblo adquirido por Dios" (1 P. 2:9). Pablo une esto con su explicación sobre el pueblo elegido de Dios sacado de Israel —corrigiendo el orgullo gentil (Ro. 11:1-2)— unido como uno solo con sus escogidos de entre los gentiles (Ro. 15:7-12). El apóstol no vaciló a la hora de hacer aplicación a la iglesia corintia como pueblo de Dios, citando Levítico 26:12 y Jeremías 32:38, aludiendo así a su pueblo en ambos testamentos como a un solo pueblo (2 Co. 6:16).[25]

---

21. Grudem, *Teología sistemática*, 903.
22. Aunque algunas elecciones de Minear en *Images of the Church* puedan provocar el desacuerdo de otros intérpretes, la mayoría de ellas proporcionan ilustraciones para que la iglesia entienda mejor quién es a los ojos y en la misión de Dios.
23. Otras metáforas para considerar: esclavos, esposa de Cristo, conciudadanos, manada de Dios, asamblea general, edificio de Dios, el Israel de Dios, nueva creación. Considere, asimismo, el uso de términos como santos, hermanos, amigos, escogidos de Dios y discípulos del Señor usados de manera sinónima con la iglesia, expresando algunas verdades distintivas respecto al cuerpo de Cristo.
24. Hammett explica la continuidad entre el pueblo de Dios del AT y el NT a la vez que mantiene la discontinuidad debido a la residencia del Espíritu que hace de "la iglesia la nueva creación de Dios" (*Baptist Foundations*, 39-42).
25. Pablo también llega a la conclusión en este pasaje de que, al morar Dios entre su pueblo en el tabernáculo (templo), alude ahora a la iglesia como ese templo (ver también Ef. 2:21-22).

Como pueblo de Dios, la iglesia tiene su identidad en el acto de Dios por gracia de redimir a un pueblo en particular de todos los del mundo para que fuera su propia posesión (Tit. 2:14). Pertenecer al Señor afecta, pues, a cómo vive la iglesia el evangelio en contraste con el resto de la comunidad. Le asegura a esta el cuidado de Dios, aunque también insta a su pueblo a perseverar. Los pastores deben pensar en cómo sus sermones, su ejemplo personal y su liderazgo ofrecen la confianza y la distinción como pueblo de Dios.

2. El cuerpo de Cristo

La metáfora del *cuerpo de Cristo* considera la *naturaleza* de aquellos que tienen una relación con Cristo y la *función* como aquellos unidos en Cristo.[26] Difieren en énfasis y enfoque, pero están relacionados entre sí. En cuanto a la *naturaleza* del cuerpo, Pablo denomina a la iglesia "su cuerpo" en el que Dios reconcilia a los judíos y los gentiles en "un solo cuerpo", por medio de la muerte de Cristo (Ef. 1:23; 2:16). "Cristo es cabeza de la iglesia, la cual es su cuerpo, y él es su Salvador" (Ef. 5:23). El cuerpo está tan estrechamente relacionado con Cristo que Pablo establece una comparación con la relación entre el marido y la mujer, la unión en una sola carne que refleja a "la iglesia" como "miembros de su cuerpo" (Ef. 5:28-30). Jesús es "la cabeza del cuerpo que es la iglesia" (Col. 1:18, 23).

Por consiguiente, por *función* la iglesia debe ver a cada miembro como situado de manera soberana para beneficio de todo el cuerpo (1 Co. 12:18). Esto llama a los miembros a ejercer sus dones espirituales por el bien de los demás (Ro. 12:4-8; 1 Co. 12:7-11), a la vez que se sostienen unos a otros en amor y respeto (1 Co. 12:14-27).

Los pastores aprenderán, pues, a priorizar la construcción de relaciones sanas en el cuerpo. La unidad debe alimentarse por la forma en que los miembros se tratan unos a otros y por cómo se sirven los unos a los otros a través de los dones y los ministerios. Preparar a la iglesia para el ministerio edificará al cuerpo de Cristo y lo convertirá en una iglesia sana (Ef. 4:12-16; Col. 2:19).

3. La familia de Dios

El término general *familia de Dios* abarca un número de frases que expresan, de un modo directo o metafórico, la idea de que la iglesia es la familia de Dios. El escritor de Hebreos llama a la iglesia "su casa" (He. 3:4-6). La mayoría de los términos expresan el concepto de *familia*: "hijos de Dios" (Jn. 1:12; Ro.

26. Grudem observa: "No debemos confundir estas dos metáforas de 1 Corintios 12 y Efesios 4, sino mantenerlas distintas" (*Teología sistemática,* 903), es decir, la primera usa *cuerpo* de manera funcional, como en el uso de los dones espirituales; la segunda considera la naturaleza orgánica de la iglesia.

8:16; 9:8; 1 Jn. 3:1-2); "hijos" (He. 2:13-14); "hijos de Dios" (Ro. 8:14; 9:23-26); "hijos" (2 Co. 6:18); "herederos de Dios" (Ro. 8:17; Gá. 4:7; Ef. 1:18); "amados de Dios" (Ro. 1:7; Col. 3:12). Aunque los escritores no dan a entender nada biológico, las ideas de familia ofrecen algunas de las garantías más ricas de la relación con Dios que se pueden entender en los constructos normales de la familia.

La metáfora de la familia insta a los pastores a ayudar que la congregación entienda a la iglesia como familia.[27] Esto cambia la dinámica de las relaciones de las personas que se reúnen cada semana con hermanos y hermanas que aprenden a vivir la vida y servir a Cristo juntos. Esto insta al consejo y a la exhortación cuando las relaciones familiares fracasan. Exige enseñanza sobre el amor generoso y la práctica del perdón para caracterizar a la iglesia (Ef. 4:29–5:2).

4. El templo de Dios

Dado que el templo mantiene una relevancia vital en la economía del AT como el lugar donde Dios moraba entre su pueblo (Éx. 40:34-35; 2 Cr. 5:14–6:2),[28] el motivo del templo expresa de manera adecuada la residencia del Espíritu Santo en la iglesia (Ef. 2:21-22).[29] Así como esto último caracteriza a los creyentes verdaderos (Ro. 8:9-11), también es el rasgo corporativo de una iglesia verdadera (2 Co. 6:16). La descripción de Pedro de una "casa espiritual y sacerdocio santo, para ofrecer sacrificios espirituales aceptables a Dios por medio de Jesucristo" alude a un *nuevo* templo —la iglesia— con Jesucristo como la "piedra angular, preciosa" sobre la que existe toda la iglesia (Sal. 118:22-24; Is. 28:16; 1 P. 2:4-8). El lenguaje del templo deja a la iglesia con una consciencia más profunda de su función sacerdotal delante de Dios, no para ofrecer sacrificios animales, porque esto está cumplido en Cristo (He. 10:1-18), sino para alabarle y proclamar su evangelio (He. 13:15; 1 P. 2:9; Ap. 1:6; 5:10).

Como templo del Señor, la iglesia ayuda a que el pastor entienda la relevancia de cada reunión de adoración. El Señor se ha acercado a su pueblo que se reúne para ofrecer sacrificios de alabanza y proclamar su excelencia, así como para llevar a cabo la tarea sacerdotal de la intercesión los unos por los otros. Por consiguiente, el pastor trabaja para asegurarse de que ningún

27. Para un tratamiento estupendo de este tema, ver Joseph Hellerman, *When the Church Was a Family: Recapturing Jesus' Vision for Authentic Christian Community* (Nashville: B&H Books, 2009).
28. Ver Ezequiel 37:24-25 para cómo funciona esto por medio de Jesús como heredero davídico.
29. La raíz -τηριον en κατοικητήριον, traducido "morada", indica un "lugar donde sucede algo" (BDAG, 534-35). Esto indica que la morada del Espíritu en la iglesia no es nunca pasiva.

miembro de la iglesia se vea como un espectador, sino que todos se consideren sacerdotes que sirven en el templo del Señor.

En resumen

Considerar a la iglesia como el pueblo de Dios redimido por Cristo y en el que mora el Espíritu Santo cambia la dinámica de cada reunión. En lugar de tener una actitud complaciente hacia la iglesia, el fiel pastor necesita sentir la maravilla de que al Señor le ha complacido permitirle servir a su pueblo en el que mora su Espíritu. No todas las iglesias que anuncian el nombre, como indicó Calvino, son una iglesia verdadera. En su lugar, las iglesias genuinas deben estar marcadas por la proclamación regular del evangelio y la administración adecuada de las ordenanzas. La opinión de Dios respecto a la iglesia redimida por Cristo se cierne de tal modo que ningún otro término puede explicarlo de una manera adecuada. Necesitamos metáforas e imágenes que nos ayuden a captar la maravilla de la familia de Dios, la iglesia.

Preguntas para la reflexión

1. Tras leer todas las diversas definiciones de la iglesia, ¿cómo la definiría usted?
2. ¿Por qué es inadecuada cualquier definición breve de la iglesia?
3. ¿Qué son las *notae ecclesia* y su relevancia?
4. ¿Qué dos marcas de la iglesia deben estar presentes para que sea una iglesia verdadera?
5. ¿Qué metáfora para la iglesia le ha parecido más útil para entender mejor cómo realizar el ministerio pastoral?

PREGUNTA **30**

¿Qué tipo de autoridad proporcionan las Escrituras a los pastores de las iglesias locales?

La *autoridad* conlleva un amplio sentido, suscita diversas respuestas y reacciones. Para quienes viven bajo una dictadura, la autoridad expresa un poder absoluto sobre la vida y la muerte en la existencia diaria de un pueblo. Para quienes eligen a los gobernantes cada dos a seis años, es bastante diferente, ya que la autoridad tiene unos límites controlados por una constitución y unas elecciones. Podríamos quejarnos de que el gobierno electo haga un mal uso de la autoridad, pero este tipo de protestas no se producen en una dictadura. Los dictadores abusan de su autoridad a un nivel totalmente distinto.

El abuso de la autoridad atrae la suficiente atención para espolear quejas sobre toda clase de autoridad. Sin embargo, esto no tiene en cuenta que cada aspecto de la vida corporativa —pública y privada— necesita tener cierta medida de autoridad para que siga existiendo. Los niveles de esta siguen siendo necesarios para la paz, la productividad, la disciplina y el orden en la sociedad. La gestión empresarial ejerce autoridad para mantener los objetivos y la productividad de los empleados. Los administradores escolares tienen autoridad sobre los estudiantes y el profesorado con el fin de mantener un entorno lectivo seguro. Incluso, un partido de baloncesto, en un gimnasio local, debe tener a alguien a cargo —que ejerza autoridad— para mantener la rotación en los equipos y el juego limpio.

No es de sorprender que la iglesia necesite un grado de autoridad para mantener la membresía, permanecer enfocada en su misión, administrar sus ministerios y sus actividades, y garantizar su madurez espiritual y su unidad. Pero ¿cómo funciona esa autoridad en la vida de la iglesia? ¿Cómo hacen uso de la autoridad aquellos que son designados pastores y ancianos? Analizaremos este tema considerando las implicaciones textuales para la autoridad pastoral, el significado de la autoridad delegada y el uso de la autoridad.

Implicaciones textuales de la autoridad del pastor o ancianos

¿Dónde encontramos la justificación bíblica para la autoridad pastoral? Un rey israelita y el pastor de la iglesia local tienen poco en común excepto la fidelidad a Dios en la esfera de su llamamiento. Incluso la autoridad que Jesús les dio a los Doce y los Setenta no constituye la base para entender la anchura y los límites de la autoridad pastoral (Lc. 9:1-11; 10:1-20). Jesús edificó su iglesia sobre los apóstoles y profetas que ejercieron la autoridad que Él les había dado para proclamar las verdades fundamentales de la fe cristiana (Mt. 16:17-19; 1 Co. 3:5-11; Ef. 2:19-22; 3:1-13). De ellos aprendemos a confiar en Cristo en nuestra misión, pero nos cuidamos de reivindicar una autoridad que se les dio únicamente a ellos durante un tiempo. Benjamin Merkle señala, con razón: "El Nuevo Testamento no describe de manera explícita cuánta autoridad deben tener los ancianos [pastores] de una iglesia local".[1] Lo único que podemos hacer es considerar la extensión y los límites de la autoridad pastoral implicados en unos cuantos textos bíblicos.

1. Tener cargo sobre, gestionar, gobernar (1 Ts. 5:12-13; 1 Ti. 3:4-5; 5:17)

Pablo escribe en su carta a los Tesalonicenses: "Os rogamos, hermanos, que reconozcáis a los que trabajan entre vosotros, y *os presiden en el Señor* [*proístemi*], y os amonestan; y que los tengáis en mucha estima y amor por causa de su obra" (1 Ts. 5:12-13). La NVI traduce la frase clave "los guían en el Señor". El título de *anciano, obispo* o *pastor* no se usa en esta epístola paulina temprana,[2] ya que los títulos para los líderes de la iglesia no se habían elegido.[3] Años más tarde, en 1 Timoteo 3:4-5, Pablo compara a un anciano que gobierna (*proístemi*) su casa, con cuidar de la familia de Dios (*epimeléomai*).[4] Como un padre que dirige a su familia muestra cuidado para con ella, los ancianos/pastores actuarán del mismo modo con la familia de Dios. Dada la amplia gama de *proístemi* en el griego, Pablo usa los términos como sinónimos para enfatizar el liderazgo pastoral y el enfoque de la gestión en cuidar a los que están a su cargo.

En 1 Tesalonicenses 5:12, Pablo identifica a los pastores como quienes con diligencia *trabajan* entre ellos, los *presiden* y los *amonestan*. El término *proístemi,* traducido "presidiré", transmite la idea de "colocar, poner o estar delante de",[5] que indica un nivel de autoridad con un propósito, en la existencia de

1. Benjamin L. Merkle, "The Biblical Role of Elders", en *Baptist Foundations: Church Government for an Anti-Institutional Age,* eds. Mark Dever y Jonathan Leeman (Nashville: B&H Academic, 2015), 276. Ver también Benjamin L. Merkle, *Preguntas y respuestas sobre los ancianos y diáconos* (Grand Rapids: Editorial Portavoz, 2012), 96-102.
2. Charles A. Wannamaker, *Commentary on 1 and 2 Thessalonians,* NIGTC (Grand Rapids: Eerdmans, 1990), 38.
3. Lucas identifica "ancianos" en Hechos 11:30 y 14:23, pero esto se habría escrito tras el primer encarcelamiento de Pablo, al menos diez u once años después de que el apóstol escribiera 1 Tesalonicenses en Corinto.
4. Jesús usó el mismo término para describir el cuidado del samaritano por el hombre herido, Lucas 10:34-35; ἐπιμελέομαι (BDAG, 375).
5. El prefijo πρό, que significa "antes", une el verbo ἵστημι, "colocar, poner, estar".

un grupo. Aunque implica metafóricamente el liderazgo, con certeza indica a alguien que está delante de la iglesia para instruirla en la Palabra de Dios. Gran parte de la preocupación mostrada por los pastores tendrá lugar ejerciendo la autoridad de proclamar la Palabra de Dios. Esta autoridad no reside de manera inherente en el pastor, sino en la Palabra de Dios que proclama. J. L. Dagg aclara: "El único gobierno que ellos [los pastores] tienen derecho de aplicar es el de la Palabra de Dios; y la única obediencia que tienen el derecho de exigir es voluntaria".[6]

La traducción de la NVI, "amonestan", también expresa la forma de esta autoridad sirviendo a una congregación en la función del pastorado. Silva escribe: "Pero 'estar delante' también puede implicar protección y ayuda, de manera que el vb. [verbo] adopta sentidos como 'ayudar, apoyar, guardar, cuidar'".[7] Sin contradicción en los significados, con el uso del griego antiguo en las esferas militares y políticas para quien ostenta jefatura, lidera o dirige a otros, Silva concluye sobre 1 Tesalonicenses 5:12: "El apóstol está aludiendo con claridad a un grupo que ejerce liderazgo en la iglesia".[8]

La misma idea prominente aparece en el uso que Pablo hace de *proístemi* en 1 Timoteo 5:17: "Los ancianos que *gobiernan* bien, sean tenidos por dignos de doble honor, mayormente los que trabajan en predicar y enseñar".[9] Algunos ancianos gobernaban con mayor eficiencia que otros, en particular a través de su ministerio de predicación y enseñanza. La autoridad indicada por "gobernar" no señalaba poderes dictatoriales sobre la congregación. En su lugar, como explica John Hammett, "La forma en que los líderes ejercen su autoridad en el Nuevo Testamento nunca es dictatorial, sino con espíritu humilde, abierto a la aportación de los demás y buscando 'liderar la iglesia a un consenso de mentalidad espiritual'".[10] *Proístemi* expresa autoridad ejercida para cuidar, proteger y alimentar a la iglesia.

2. Dirigir, liderar (He. 13:7, 17, 24)

Los escritores del Nuevo Testamento usan con frecuencia *heguéomai* con dos significados distintos. Primero, el término puede expresar "respetar",

---

6. J. L. Dagg, *Manual of Church Order* (1858; Harrisonburg, VA: Gano Books, 1990), 264.
7. *NIDNTTE*, προΐστημι, 4:140.
8. *NIDNTTE*, προΐστημι, 4:140-41. Por "grupo" alude al liderazgo plural.
9. Como traducción dinámica en lugar de literal, la NVI expresa el significado vertiéndolo: "Los ancianos que dirigen bien los asuntos de la iglesia son dignos de doble honor". La suavización de "gobernar" por "dirigir los asuntos" no cambia el significado en lo más mínimo.
10. D. A. Carson, "Church, Authority in the", en *EDT*, 72; citado en John S. Hammett, *Biblical Foundations for Baptist Churches: A Contemporary Ecclesiology*, 2.ª ed. (Grand Rapids: Kregel Academic, 2019), 193-94.

"considerar" y "contar",[11] que indica *una forma de pensar.* Segundo, reforzando este contexto determina el significado de las palabras; el término puede identificar a alguien que "lidera" o "gobierna", e indica *autoridad.* En Mateo 2:6, tanto el uso plural como el singular de *heguéomai* identifica a los "*príncipes* de Judá" y a "un *guiador,* que apacentará [*poimén,* pastor] a mi pueblo Israel". Cuando Jesús zanjó una disputa con los discípulos sobre quién debía ser considerado el mayor de ellos, declaró: "Sea el mayor entre vosotros como el más joven, y el que dirige, como el que sirve" (Lc. 22:26). La combinación de líder con siervo mantiene el mismo énfasis en *proístemi,* un líder atento en el cuidado de los demás.[12]

Con la implicación pastoral, el autor de Hebreos usa tres veces el término traducido *dirigentes* (He. 13:7, 17, 24, NVI). Tomándola prestada del mundo civil y militar, esta palabra significa "tener una capacidad supervisora; liderar, guiar".[13] El escritor repite la misma estructura verbal, traducida en líneas generales "los que siguen dirigiendo".[14] Cada uno de estos versículos identifica una *pluralidad* de líderes espirituales que trabajan entre ellos. ¿Qué implicaba ese trabajo? Estaban comprometidos en el liderazgo, enseñaban la Palabra de Dios, daban un ejemplo de fidelidad a Cristo y velaban por la vida espiritual de la congregación (He. 13:7, 17). Por su cargo delante de Dios, rendirían cuentas al "gran pastor de las ovejas" (He. 13:17, 20). Al responder a su liderazgo, la congregación tenía que recordar a los líderes con respecto a su enseñanza, imitar su ejemplo de fe, obedecer y someterse al cuidado de su alma por parte de ellos, y hacerlo todo sin queja y sin rebeldía (He. 13:7, 17).

El llamamiento a "obedecer" (*peítho*) y "someter" (*hupeíko*) a esos líderes espirituales tiene que ver con la esfera del cuidado espiritual y la vigilancia, no el control ni la dominación sobre el rebaño.[15] Dagg observa: "De manera que los gobernantes espirituales bajo Cristo no tienen un poder coercitivo sobre las personas o la propiedad de quienes están bajo su autoridad".[16] Su autoridad

---

11. Hechos 26:2; 2 Corintios 9:5; Fil. 2:3, 6, 25; 3:7, 8; 2 Tesalonicenses 3:15; 1 Timoteo 6:1; Hebreos 10:29; 11:11, 26; Santiago 1:2; 2 Pedro 1:13; 2:13; 3:9, 15.
12. *Heguéomai* (ἡγέομαι) se traduce "*gobernador* sobre Egipto" en Hechos 7:10 y "el que llevaba la palabra" en Hechos 14:12. Judas y Silas fueron llamados "varones *principales* entre los hermanos" (Hch. 15:22).
13. BDAG, ἡγέομαι, 434.
14. Participio presente medio, tercera persona del plural: la voz media recalca la acción del sujeto. Por tanto, enfatiza el acto de seguir dirigiendo al rebaño.
15. Merkle señala: "El término normal para 'obedecer' o 'sujetarse' es *hupotásso,* que es una palabra más fuerte. Aunque el verbo *peítho* exige obediencia, es 'la obediencia que se gana a través de la conversación persuasiva'. El segundo mandamiento, 'someterse' (*hupeíko*) solo se encuentra aquí en el Nuevo Testamento y significa 'someterse a la autoridad de alguien'" ("Biblical Role of Elders", 276). Cita a William L. Lane, *Hebrews 9-13,* WBC 47B (Dallas: Word, 1991), 554.
16. Dagg, *Manual,* 264.

existe mediante la proclamación de la Palabra de Dios mientras pastorean al pueblo de Dios, validan la autoridad por medio del carácter ejemplar y la conducta mientras sirven cuidando de la salud espiritual de la iglesia.

3. Anciano, obispo y pastor (Tit. 1:5-9; 1 Ti. 3:1-7; Ef. 4:11)

Los títulos *anciano, obispo* y *pastor* identifican el mismo cargo en la iglesia local a la vez que enfatiza aspectos particulares de su función y autoridad en la iglesia.[17] Un anciano (*presbuteros*) en la vida judía antigua tenía autoridad sobre una familia o clan. Los representaba en las grandes reuniones de la tribu. La sabiduría que se lograba con la edad y la experiencia le proporcionaba respeto entre aquellos a los que dirigía. El énfasis sobre el liderazgo, el respeto, la madurez y la sabiduría continuarán durante el uso del término por parte de la iglesia en el NT, indicado en especial por las cualidades de carácter necesarias para el cargo, junto con los dones de enseñanza (1 Ti. 3:1-7; Tit. 1:5-9). El carácter y la sabiduría y no la edad parecen más destacados en el uso neotestamentario.[18]

Los obispos (*epískopos*) surgen de la vida griega, con el concepto de sus deberes basado en una palabra que significa "aquel que vigila". El término desarrollado para identificar a aquellos que velan o proporcionan liderazgo a los grupos civiles, militares y religiosos.[19] Los escritores del NT (Lucas, Pablo y Pedro) intercambian el uso de los términos *obispo* y *anciano* para indicar que aluden al mismo cargo en la iglesia (Hch. 20:17-31; Lucas también usa la forma verbal de *pastor* en Hechos 20:28; cp. Tit. 1:5-9; 1 P. 5:1-4, y Pedro usa las formas verbales de *apacentar* y *cuidar*). A Jesús se le llama "Obispo de vuestras almas" (1 P. 2:25), lo que indica vigilancia en el cargo.[20]

Pastor (*poimén*), el término más familiar para el cargo del liderazgo en la iglesia local puede hallarse de forma nominal (Ef. 4:11) y verbal (Hch. 20:28; 1 P. 5:2) como referencia al oficio del NT. En otros lugares, el NT traduce el vocablo como "pastor", que indica que así como el Señor, como nuestro Pastor, vela por nosotros en lo espiritual, aquellos a los que designa para esta

17. Para considerar los términos anciano y obispo como un único cargo, ver Benjamin L. Merkle, *The Elder and Overseer: One Office in the Early Church*, SBL 57, ed. Hemchand Gossai (Nueva York: Peter Lang, 2003). Explica que el término "anciano" describe el carácter del cargo y "obispo", la función, 156.
18. Ver *NIDNTTE*, πρεσβύτερος, 4:127-35; Phil A. Newton y Matt Schmucker, *Los ancianos en la vida de la iglesia: Redescubriendo el modelo bíblico de liderazgo para la Iglesia* (Grand Rapids: Editorial Portavoz, 2021), 45-46.
19. *NIDNTTE*, ἐπίσκοπος, 2:248-52.
20. Newton y Schmucker, *Elders*, 47-48.

función hacen lo mismo en su nombre (Jn. 10). El pastor alimenta, nutre y protege al rebaño.[21]

Cada término —*anciano, obispo* y *pastor*— conlleva la idea de autoridad, ya que ese liderazgo, vigilancia, alimentación y protección de la iglesia solo puede producirse cuando la congregación reconoce la autoridad pastoral establecida por el Señor de la iglesia.

Los tres grupos de términos transmiten un grado de autoridad pastoral centrado en el ministerio de la Palabra y el cuidado espiritual de la iglesia. Reclamar una autoridad mayor no puede ser validado por las Escrituras, por lo que no debe practicarse en la iglesia.

Autoridad delegada

Pedro les recuerda a sus colaboradores ancianos que, en última instancia, sirven al "Príncipe de los pastores", en su cargo pastoral, y no a sí mismos (1 P. 5:1-4). Pablo les dice a los ancianos efesios que lleven a cabo sus deberes pastorales teniendo claro que la iglesia no les pertenece a ellos, sino a Cristo, quien la compró con su propia sangre (Hch. 20:28). Incluso la obediencia y la sumisión que se les debe a estos líderes espirituales llegan al entender que rendirán cuentas por la forma en que hayan pastoreado y cuidado el rebaño de Dios (He. 13:17). Estos *límites* inherentes *de la autoridad pastoral* deberían humillar a aquellos que sirven en el cargo, mientras construyen la confianza de la iglesia con respecto a su autoridad. "Derivan su autoridad de la Palabra de Dios", Merkle señala: "y, cuando se alejan de la Palabra, abandonan su autoridad dada por Dios".[22] Como líderes siervos, ejercen deberes con vistas a informar al Príncipe de los pastores. Jesús les ha dado, por tanto, la autoridad *bajo su vigilante responsabilidad* de pastorear a su pueblo. La Palabra de Dios limita, pues, la obediencia y la sumisión de la iglesia a sus pastores/ancianos. Los pastores no tienen margen alguno bajo el pretexto de la autoridad pastoral para manipular, coaccionar o usar tácticas de culpabilidad para conseguir que la iglesia actúe o los siga. Esto no es autoridad; es abuso. "Toda coacción es incoherente con la naturaleza de la autoridad impuesta… a ellos", como explica Dagg.[23] En última instancia, la iglesia obedece a Cristo, no a meros hombres.[24]

Sin embargo, las iglesias deben reconocer este cargo dado por Dios para cuidar de sus almas. Aunque esperan la aparición del Pastor (Tit. 2:13-14;

---

21. Ibíd., 48.
22. Merkle, *Preguntas y respuestas sobre los ancianos y diáconos* (Grand Rapids: Editorial Portavoz, 2012), 98.
23. Dagg, *Manual*, 264.
24. Martin Bucer, *Concerning the True Care of Souls*, trad. Peter Beale (1538; Edimburgo: Banner of Truth Trust, 2009), 209.

1 P. 5:4), sus subpastores prestan atención a instruir, preparar, enseñar, guardar y cuidar al rebaño. Menospreciarlos en su ministerio de la Palabra equivale a despreciar al Buen Pastor que los designó para servir a la iglesia hasta que Él regrese.[25] En lugar de temer a la autoridad pastoral, la iglesia debe regocijarse en ella como en un regalo de Dios.

Uso de la autoridad

Unas pocas directrices sobre el uso de la autoridad pastoral podrían ayudar a los pastores a hacer un uso sabio de esta, a la vez que alivia el temor de la congregación a la misma:

1. La autoridad bajo la autoridad de la congregación

Los pastores/ancianos no deben considerarse como quienes ostentan la autoridad suprema en la iglesia. Incluso su designación al cargo procede vía la recomendación de la iglesia y su aprobación (Hch. 14:23).[26] Si demuestran ser descuidados en el cargo, la congregación puede sustituirlos. Pablo les recuerda a las congregaciones que no acepten acusaciones injustificadas contra los ancianos, a la vez que les advierte a estos respecto a "persistir en pecar", porque pueden ser reprendidos ante la autoridad humana suprema, la iglesia (1 Ti. 5:19-20; Mt. 18:15-20).

2. La autoridad ejercida en la predicación y la enseñanza

Los pasajes principales que indican autoridad pastoral *también* recalcan que sucede de manera primordial a través del ministerio de la Palabra (1 Ts. 5:12-13; 1 Ti. 5:17; He. 13:7). Merkle escribe: "La autoridad que los ancianos poseen no deriva tanto de su cargo, sino de las funciones que realizan"[27] (p. ej., predicar, enseñar y pastorear).

3. La autoridad demostrada en el liderazgo espiritual

Los que están llamados a vigilar, cuidar, exhortar, reprender, corregir y dirigir al rebaño lo hacen como líderes espirituales (He. 13:7, 17). El Señor de la iglesia le confía el cuidado de su pueblo a los que son designados como ancianos/pastores de la iglesia. Esa clase de autoridad procede de Cristo en el reino limitado del liderazgo espiritual, nunca de controlar la vida.

---

25. Ibíd., 202.
26. Simon Kistemaker escribe: "El término *designar* significa, en realidad, aprobar mediante la imposición de manos en una reunión congregacional" (*Acts*, NTC [Grand Rapids: Baker, 1990], 525).
27. Merkle, "Biblical Role of Elders", 279.

4. La autoridad demostrada en el servicio humilde

Así como Jesús vino a servir en humildad entre sus discípulos y entre las masas, los pastores deben seguir este mismo ejemplo (Mt. 20:28; Lc. 22:26; Jn. 13; Fil. 2:5-8). La autoridad pastoral encuentra aceptación a través de su servicio humilde.

5. La autoridad aceptada con humildad, no exigida

Los pastores no tienen razón de *exigir* que la iglesia se someta a ellos. Si caen en este patrón, el servicio humilde no se encuentra en ningún lugar. En la función de apacentar al rebaño con disposición y entusiasmo, "siendo ejemplos de la grey", los pastores reciben (poco a poco) la autoridad de las personas a las que sirven (1 P. 5:2-3).

6. La autoridad centrada en la salud, la madurez y la misión de la iglesia

La autoridad pastoral no es un callejón sin salida, debe canalizarse. Se centra en dirigir a la iglesia hacia la madurez saludable como pueblo involucrado en el servicio los unos de los otros y la misión del evangelio al mundo (Mt. 20:19-20; Ef. 4:11-16).

7. La autoridad siempre opera en la pluralidad

El orgullo y el engaño del corazón pueden llevar al pastor a hacer un mal uso de la autoridad. Sin embargo, cuando sirven en una pluralidad de pastores/ancianos, como se evidencia en la práctica del NT, el mal uso potencial de la autoridad queda aplastado por la rendición de cuentas de los hermanos, que sirven unidos y en humildad al rebaño de Cristo (Hch. 14:23; Tit. 1:5).[28]

8. La autoridad anticipa el día de la rendición de cuentas

La autoridad delegada, no derivada de forma inherente, significa que quien delegó pedirá cuentas. Jesucristo delega la autoridad pastoral y también pide cuentas a los pastores de cómo usan su autoridad en el servicio del rebaño (He. 13:17; 1 P. 5:4).

En resumen

Con *autoridad* como palabra delicada en nuestra cultura, los pastores deben acercarse a su uso con humildad y corazón de siervo, como quienes predican y enseñan con fidelidad la Palabra de Dios. Reconociendo a la iglesia

---

28. Newton y Schmucker, *Los ancianos en la vida de la iglesia*, 49-53.

como autoridad suprema, humanamente hablando,[29] los pastores predican, dirigen y cuidan de la iglesia con la autoridad que el Señor les ha confiado. Los pasajes respecto a los líderes espirituales de la iglesia confirman los límites y la extensión de la autoridad que viene con el oficio pastoral. La autoridad debe medirse siempre por la consciencia de rendir cuentas al Señor por su uso.

Preguntas para la reflexión

1. ¿Qué se da a entender por la frase, en 1 Tesalonicenses 5:12, "os presiden en el Señor"?
2. ¿Qué prácticas pastorales acompañan a aquellos que dirigen a la iglesia (He. 13:7, 17)?
3. ¿De qué formas transmiten autoridad los títulos *anciano, obispo* y *pastor*?
4. ¿Por qué es fundamental la pluralidad pastoral/de los ancianos para el buen uso de la autoridad?
5. ¿Qué función tiene la iglesia en respuesta a la autoridad pastoral?

29. Hammett, *Biblical Foundations*, 157.

PREGUNTA **31**

¿Cuál es el vínculo directo entre un buen ministerio pastoral y una eclesiología saludable?

Cada iglesia tiene una eclesiología. Es decir, que cada una de ellas sostiene visiones y entendimientos particulares de la misma que funciona en la práctica de la congregación. La fuente de estas ideas podría surgir de la Biblia, la tradición, los conceptos culturales, el gobierno, los grupos de liderazgo o gobernantes autoritarios (religiosos o políticos).

Cada iglesia tiene una eclesiología, pero no todas mantienen o practican una eclesiología sana. Para practicar una eclesiología *sana,* el adjetivo debe estar definido. Una eclesiología sana no puede medirse por un calendario lleno de actividades o éxitos en la iglesia para atraer grandes números o recursos financieros florecientes. Una iglesia podría poseer todas estas cosas y ni siquiera ser una iglesia verdadera. Para serlo, debe predicar el evangelio y observar correctamente las ordenanzas de la iglesia.[1] No obstante, incluso esas iglesias podrían no ser saludables.

Una iglesia saludable manifiesta cualidades y prácticas que vemos en las fieles iglesias del NT. Ahora, como entonces, a pesar de la persecución, las luchas, los miembros descarriados, las cuestiones doctrinales y las dificultades en las relaciones, porque entienden quiénes son como cuerpo de Cristo y pueblo de Dios, pueden resolver los problemas hasta alcanzar una buena salud. Cada iglesia tiene pastores y ancianos que ayudan a dirigir por la senda de una vida eclesiológica saludable a través de la predicación de la Palabra de Dios, de apacentar al rebaño y de ser modelos de la vida cristiana. El buen ministerio pastoral conduce a una eclesiología sana. Examinaremos esta propuesta considerando la naturaleza de la eclesiología sana y la intersección del ministerio pastoral y la eclesiología sana.

La naturaleza de la eclesiología sana

El Credo Niceno del siglo IV usaba cuatro adjetivos para describir la natu-

1. Para un breve esbozo histórico de las marcas que identifican a una iglesia verdadera de otra falsa, aun si las verdaderas no son saludables, ver la introducción de Mark Dever, *Las nueve marcas de una iglesia sana* (Graham, NC: Publicaciones Faro de Gracia, 2020). Aunque reconoce más marcas, señala nueve marcas de una iglesia "que distinguen a las iglesias más sanas de las que son verdaderas pero más enfermizas" (s.p.). Para un tratamiento extenso de la opinión de los reformadores sobre la eclesiología, ver Paul D. L. Avis, *The Church in the Theology of the Reformer* (Eugene, OR: Wipf & Stock, 2002).

raleza de la iglesia: una, santa, católica y apostólica.[2] Sin duda, a lo largo de siglos de tradiciones diversas se han matizado las implicaciones en las cuatro *notae ecclesiae,* sobre todo evidentes en la manera como la Reforma protestante discrepó de las opiniones tradicionales católicas romanas sobre la iglesia.[3] Más recientemente, Mark Dever apunta que, desde finales de la década de 1980, diversos escritores identifican al menos cuarenta "prescripciones... para los problemas de la iglesia local" y ofrecen su interpretación de lo que es una iglesia saludable.[4] Algunos tienen amarres bíblicos; otros no.

¿Qué tenía Jesús en mente cuando llamó "iglesia" al cuerpo de personas redimidas que edificaría? El término *iglesia* (*ekklesía*) surgió del mundo secular y significa "asamblea". Se usa para una turba reunida en confusión (Hch. 19:32) y ciudadanos que se reúnen para cuestiones legales (Hch. 19:39). Como observa Hammett, "asamblea" debe considerarse en algunos de los usos del NT del término, con el significado de "el cuerpo reunido" (Hch. 14:23; 15:3-4, 22). Los escritores del NT también tomaron prestado el vocablo hebreo *kajál,* "los que han oído el llamado y lo están siguiendo", como usaban *ekklesía,* con cada contexto sopesando el énfasis. Estos antecedentes encajan bien con la etimología de *ekklesía* (el prefijo *ek,* "fuera", y la palabra raíz *kletos,* "llamado"), "los apartados".[5]

Para entender la naturaleza de una iglesia saludable, las descripciones del NT de "los apartados" o la "asamblea" de los santos ayudarán a los pastores a mantener en mente las características bíblicas de una eclesiología saludable, a la vez que pastorean a sus iglesias para que sean sanas. ¿Cómo es una iglesia neotestamentaria sana?

- Una comunidad que se autodisciplina (Mt. 16:18-19; 18:15-20; 1 Co. 5:1-13; Gá. 6:1)
- Una comunidad empoderada por el Espíritu y que da testimonio (Hch. 1:8; 4:23-31; Ef. 6:18-20)
- Una comunidad llena del Espíritu (Hch. 2:1-4; Ef. 5:15-21)[6]
- Una comunidad que adora, tiene comunión, ora y es generosa (Hch. 2:41-47; 4:32-35; 1 Ti. 2:1-8; 1 P. 2:4-10)

---

2. John S. Hammett, *Biblical Foundations for Baptist Churches: A Contemporary Ecclesiology,* 2.ª ed. (Grand Rapids: Kregel Academic, 2019), 57-69. Ver también "Marcas definitorias de la iglesia" en la Pregunta 29, "¿Qué es la Iglesia?".
3. Para la aclaración de un reformador sobre la naturaleza y la práctica de la iglesia, ver Juan Calvino, *The Necessity of Reforming the Church* (Dallas: Protestant Heritage, 1995).
4. En realidad, Dever denomina estas cuarenta como "una pequeña muestra de autores recientes" (*Nine Marks,* 249). Publicado en español por Publicaciones Faro de Gracia con el título *Las nueve marcas de una iglesia sana.*
5. Hammett, *Biblical Foundations,* 29-30, citando a L. Coenen, "Church", en *New International Dictionary of New Testament Theology,* ed. Colin Brown (Grand Rapids: Zondervan, 1975), 1:292-96.
6. Derek Tidball, *Ministry by the Book: New Testament Patterns for Pastoral Leadership* (Downers Grove, IL: IVP Academic, 2008), 87-88.

- Una comunidad que envía (Hch. 13:1-3; 15:36-41; 20:4; Fil. 2:25-30; 3 Jn. 5-8)
- Una comunidad teológica (Hch. 15:6-35; Ef. 2:19-20; 1 Ti. 3:14-16; 2 Jn. 4, 9-11; 3 Jn. 3; Jud. 3)
- Una comunidad hospitalaria (Hch. 28:14; Ro. 12:13; Tit. 3:13-14; Flm. 22; 3 Jn. 5-8)
- Una comunidad que sirve (Mr. 10:41-45; Jn. 13:12-17; Hch. 4:32-35; 6:1-6; Ro. 12:10-13)
- Una comunidad santa (Ro. 1:7; 1 Co. 1:2; Ef. 1:1; Fil. 1:1; Col. 1:2; 1 P. 2:4-5, 9-10; 3 Jn. 11)
- Una comunidad dotada del Espíritu (Ro. 12:3-8; 1 Co. 1:7; 12:7)
- Una comunidad familiar (Ro. 12:10; 16:1-16; 1 Co. 16:20; Gá. 4:5; 6:10; Flm. 7)[7]
- Una comunidad generosa (Hch. 2:44-45; 4:32-37; 1 Co. 16:1-2; 2 Co. 8–9; Fil. 1:5; 4:15-18; He. 13:16)
- Una comunidad que lleva las cargas (Gá. 6:2-5)
- Una comunidad en que reside el Espíritu Santo (1 Co. 3:16-17; Ef. 2:21-22)
- Una comunidad que busca la unidad, la madurez y el amor (Ef. 4:13-16)
- Una comunidad amable, de corazón tierno y perdonadora (Ro. 15:7; Ef. 4:31-32; Fil. 4:2-3)
- Una comunidad que lucha contra el pecado (Ro. 6:12-19; Ef. 4:17–5:14; 6:10-20; 1 P. 5:6-9)
- Una comunidad pastoreada con fidelidad (Hch. 14:23; 1 Ti. 3:1-13; Tit. 1:5-9; He. 13:7, 17, 24; 1 P. 5:1-4)
- Una comunidad gozosa (Jn. 15:11; 17:13; Fil. 4:4)
- Una comunidad llena de esperanza (Tit. 2:11-14; 1 P. 1:3-5)
- Una comunidad amorosa (Jn. 13:34-35; 1 Jn. 2:10; 3:16; 4:7-12; 2 Jn. 5-6)

Sin duda, podemos añadir a esta lista. Pero no queremos limitarnos a pensar en la iglesia como en un grupo que van visando casillas de rendimiento. En su lugar, piense en la iglesia como en un cuerpo vivo en Cristo, unidos entre sí en la obra redentora de Jesús y en la residencia del Espíritu Santo, a quien Cristo introdujo en la relación para que aprendieran a vivir juntos como manifestación de su gloria.[8] Una iglesia saludable refleja los efectos del evangelio

---

7. Para un análisis detallado de la iglesia como familia, ver Joseph H. Hellerman, *When the Church Was a Family: Recapturing Jesus' Vision for Authentic Christian Community* (Nashville: B&H Academic, 2009). Nótese también, como con los hermanos y hermanas biológicas, los que pertenecen a la familia cristiana deben esforzarse en llevarse bien y amarse los unos a los otros (p. ej., 1 Co. 1:10-13; 3:1-9).
8. Mark E. Dever, *A Display of God's Glory: Basics of Church Structure* (Washington, DC: 9Marks, 2001).

que obra en medio de ella. Como la nueva creación en Cristo (2 Co. 5:17), un cuerpo corporativo santo descubre que sus actitudes, sus conversaciones, la administración de su tiempo, la disciplina, las relaciones y las acciones están afectadas por lo que Cristo ha llevado a cabo en ellos. Pablo usa pronombres *plurales* cuando escribe sobre la iglesia que deja a un lado al "viejo hombre" viciado conforme a los deseos engañosos, y está siendo renovada en el espíritu de la mente, vistiéndose "del nuevo hombre, creado según Dios en la justicia y santidad de la verdad" (Ef. 4:22-24). Esta es la vida corporativa en unión con Cristo que se halla en las iglesias locales fieles y sanas.

El *individualismo radical* de las iglesias occidentales lucha contra la vida y la práctica saludables de la iglesia. Esto se hace evidente cuando los miembros de la iglesia abandonan con regularidad las congregaciones al enfrentarse a relaciones tensas, a personas difíciles, a desaires desconsiderados o un simple malentendido, en lugar de aceptar el proceso santificador de aprender a vivir juntos en amor, perdón y servicio los unos hacia los otros. El buen ministro pastoral apacienta a la iglesia para ver las líneas defectuosas al intentar vivir la vida cristiana sin referencia a la comunidad cristiana.[9] El testimonio del evangelio en nuestros vecindarios y ciudades se notará más cuando la congregación viva como una comunidad donde se aman y se sirven los unos a los otros. Una congregación sana se toma en serio las cuarenta y cinco exhortaciones de "unos a otros" que se dan a la iglesia en el Nuevo Testamento.[10] Cuando la iglesia *se mueve* y *crece* en esa dirección, es una iglesia saludable. Aunque pueda haber reveses y baches por el camino, el fiel movimiento en los efectos del evangelio actuando en las relaciones en la iglesia contribuye a una eclesiología saludable en el entendimiento y en la práctica.

La intersección del ministerio pastoral y la eclesiología sana

¿Qué parte juega el pastor a la hora de apacentar a su congregación hacia una eclesiología sana?

1. Sea un líder siervo que instruye a discípulos

Cristo dio el ministerio pastoral como medio para dirigir a la iglesia hacia la salud, que se extiende y afecta a las relaciones interpersonales, la vida en el hogar, el servicio y la misión. Los pastores se centran en hacer discípulos, algo que Derek Tidball describe (citando a R. T. France) como "'básicamente un

9. Hellerman, *Church Was a Family*, 2-4.

10. Jn. 13:34-35; 15:5, 12, 17; Ro. 12:10; 13:8; 14:13, 19; 15:5, 7, 14; 16:16; 1 Co. 12:25; 16:20; Gá. 5:13, 26; Ef. 4:2, 25, 32; 5:19, 21; Fil. 2:3; Col. 3:9, 13; 1 Ts. 3:12; 4:9; 5:11; He. 3:13; 10:24, 25; Stg. 5:9, 16; 1 P. 1:22; 4:8, 9, 10; 5:5, 14; 1 Jn. 1:7; 3:11, 23; 4:11; 2 Jn. 5.

asunto de relación con Jesús' y, a través de Él, con el Dios trinitario".[11] Estos discípulos (*mathetés*), o aprendices, siguen creciendo bajo la fiel enseñanza bíblica, la rendición de cuentas, el ejemplo piadoso y la corrección ocasional. Conforme Tidball examina la opinión de Mateo sobre hacer discípulos, recalca "que este aprendizaje tuvo lugar en la comunidad y no en la experiencia de aprendizaje individual que ha caracterizado tanto a la educación occidental... el retrato que Mateo hace de la iglesia es uno donde hermanos y hermanas trabajan y aprenden juntos". En este entorno, los pastores no asumen una posición de jerarquía, sino, más bien, a través del liderazgo de siervos (Mt. 23:8-12), enseñan y son ejemplos de la vida cristiana en la comunidad.[12]

2. Profundice en las relaciones

Un pastor no puede conducir a la iglesia a la salud con charlas sobre la vida cristiana, mientras se mantiene al margen de las relaciones en el cuerpo. Debe involucrarse, construir relaciones, ocuparse de los asuntos desordenados de la vida de unos con otros. Hellerman explica, muy correctamente: "Alguien que no tiene hermanos verdaderos en la congregación será incapaz de retar a los demás de manera auténtica y creíble a vivir juntos como hermanos sustitutos".[13] Plantando su vida en la iglesia, profundizando en las relaciones, permaneciendo cuando las dificultades surgen, perdonando y amando a los miembros problemáticos, y viviendo las verdades que enseña, *lleva* a la iglesia hacia la salud. El pastor no está detrás empujando, sino delante dirigiendo, siendo modelo de los efectos poderosos del evangelio en su forma saludable de vivir en comunidad.

3. Enfóquese en los "medios de gracia"

Los pastores deben enfocarse en los medios de gracia, es decir, en lo que Cristo le ha dado a su pueblo para que aprenda, crezca y madure en la fe: la Biblia, la proclamación de la Palabra (principalmente), la adoración corporativa, la oración, las ordenanzas, la comunión y el servicio cristiano. Cada una de estas cosas desempeña su papel en el fortalecimiento de la comunidad en su crecimiento en gracia. Los pastores deben refrenarse de usar prácticas que no se identifican con claridad en la Palabra de Dios. Deben centrar sus energías en las cosas que desarrollarán la salud espiritual de su congregación. Aunque podrían verse tentados a *pensar* que otro medio mejorará la salud de la congregación, *saben* que Dios usa los medios de gracia para madurar a la iglesia. Por tanto, mantienen su enfoque en la predicación y en enseñar la

11. Tidball, *Ministry by the Book*, 22, citando a R. T. France, *Matthew, Evangelist and Teacher* (Exeter: Paternoster, 1989), 262.
12. Ibíd., 22-23.
13. Hellerman, *Church Was a Family*, 181.

Palabra de Dios, dirigir la adoración cristocéntrica, observar con fidelidad las ordenanzas (en especial la Santa Cena como medio constante en alentar a la iglesia), y dirigir al cuerpo a orar, tener comunidad y servir.

Hace unos cuantos años, yo adoraba con una congregación clandestina en una gran ciudad asiática. Los asistentes se dirigían a apartamentos convertidos en lugares de reunión bajo el ojo vigilante de las cámaras de seguridad del gobierno. Tenían los *medios de gracia* y nada más para su crecimiento y madurez. Aunque yo no podía entender su lengua, sentía sus corazones —y el mío— unidos en adoración al Cristo crucificado y resucitado. Yo sentía gratitud y gozo por el perdón de los pecados. Los observaba mientras servían a los hermanos y las hermanas confinados a sillas de ruedas. Su hospitalidad me hizo más humilde. Conversaban, reían y se alentaban unos a otros, sabiendo que, cuando salieran, las cámaras los señalarían como pertenecientes a esa reunión. Pero, en realidad, el gobierno no necesitaba las cámaras. Bastaba con ver el gozo y la salud espiritual robustamente evidente a través de la iglesia para saber que estos miembros pertenecían a Jesús y los unos a los otros.

En resumen

Cada iglesia tiene una eclesiología, pero, solo procurando vivir las prácticas eclesiológicas a las que se insta en el NT, las iglesias serán sanas. Los pastores fieles desempeñan un papel clave a la hora de dirigir una congregación hacia una eclesiología saludable. Lo hacen no solo enseñando una buena eclesiología, sino siendo ejemplo de la clase de relaciones a las que se nos llama como cristianos que viven en comunidad. El individualismo radical en Occidente desafía con frecuencia el objetivo pastoral para dirigir a la iglesia a una buena salud. Ahí es donde la función del pastor adopta la responsabilidad del liderazgo de siervo, profundiza en las relaciones y se centra en los medios de gracia.

Preguntas para la reflexión

1. ¿Qué se quiere decir con "eclesiología saludable"?
2. ¿Cómo nos ayuda el término griego *ekklesía,* "iglesia", a entender la eclesiología saludable?
3. Menciona cinco aspectos de la sana eclesiología identificados en este capítulo.
4. ¿Qué parte desempeñan los pastores para conducir a las congregaciones hacia una buena salud?
5. ¿Por qué debe centrarse el pastor en "los medios de gracia" a la hora de dirigir a la iglesia a la salud, y no en prácticas más pragmáticas?

PREGUNTA **32**

¿Cuánto tiempo debe esperar un pastor para efectuar cambios en el ministerio de la iglesia?

Tras la repentina muerte de su padre, H. B. Charles Jr. se enfrentó con el inusual reto de ocupar el puesto, como pastor titular, desempeñado por su progenitor durante cuarenta años. No preparados para la sucesión de tan largo ministerio, los líderes de la iglesia actualizaron la constitución de esta en un esfuerzo por restringir la autoridad pastoral. Una vez que Charles aceptó el llamamiento de la iglesia, un año y medio después, comentó que había estallado un "tira y afloja por el poder". La iglesia debatía sobre quién o quiénes tenían la autoridad para dirigir y guiar: el pastor, los diáconos o los administradores. Charles decidió acudir a la Palabra de Dios para encontrar las respuestas respecto a quién dirige la iglesia. Vio con gran claridad que "los ancianos y los diáconos son los únicos cargos bíblicos del liderazgo de la iglesia. Los ancianos sirven dirigiendo. Los diáconos lideran mediante el servicio". Sin embargo, ver esto en las Escrituras y traducirlo a la realidad de su congregación eran dos cosas distintas, en particular en su denominación, que no era muy dada al liderazgo de los ancianos.[1]

Entendiendo que necesitaba consejo piadoso, Charles hizo lo correcto. Buscó a un pastor más mayor y fiel para que le aconsejara sobre cómo proceder con el patrón bíblico para el liderazgo de la iglesia. El sabio pastor confirmó sus hallazgos bíblicos y explicó cómo su iglesia practicaba la misma forma de gobierno. Emocionado, Charles estaba dispuesto para regresar de inmediato e iniciar el proceso de cambiar el antiguo sistema. Pero el pastor le aconsejó contra cualquier cambio repentino. Asesorándolo a partir de 2 Timoteo 4:2, le señaló que predicara la Palabra, pero que lo hiciera "con mucha paciencia, sin dejar de enseñar" (NVI). Charles lo consideró como "dar en el blanco". Comprendió que, aunque predicar y enseñar con fidelidad la Palabra de Dios, debía realizarlo con "total paciencia", "paciencia con las personas difíciles y no solo en circunstancias complicadas".[2]

1. H. B. Charles Jr., *On Pastoring: A Short Guide to Living, Leading, and Ministering as a Pastor* (Chicago: Moody, 2016), 87-88.
2. Ibíd., 88-89.

La obra pastoral saludable y fiel va precedida de paciencia y enseñanza. Pero el deseo de ver producirse cambios con rapidez suele obstaculizar la forma bíblica de dirigir una iglesia. Los pastores piensan en su postura denominacional, sus objetivos personales, su visión para la iglesia e, incluso, quizás el lugar al que quisieran ir en su siguiente destino pastoral. Por tanto, al principio del pastorado, se aprestan a hacer que las cosas sucedan con rapidez. Lo típico es que se encuentren con el desastre cuando las personalidades se enreden, los grupos de poder se sienten amenazados y los congregantes sin instrucción permanecen confundidos cuando el pastor lucha por hacer que las cosas ocurran. Aun cuando los cambios pudieran acabar siendo buenos para la iglesia, esta sigue siendo poco saludable y cáustica, y podría eliminar el problema cesando al pastor.

Un poco de prudencia ayudará al pastor en los primeros años a tomar decisiones sanas y oportunas para provocar el cambio en el sistema de gobierno de la iglesia, sus estructuras, su ministerio y sus prácticas. Esto no significa nunca que los desacuerdos desaparecerán, pero serán menos que en un liderazgo pastoral impaciente. Para abordar esta cuestión, estudiaremos *cuándo* realizar los cambios es un asunto subjetivo, al considerar los criterios para evaluar a la iglesia. Después examinaremos el patrón para crear un cambio sano.

Una cuestión subjetiva

Aunque podría ser cierto que nadie puede determinar con exactitud cuándo realizar cambios relevantes en su iglesia, la experiencia pastoral aconseja un enfoque más lento y más deliberado. En lo personal, he comprobado cómo mi impaciencia por introducir cambios me ha resultado contraproducente con demasiada rapidez y ha creado problemas a los que, de otro modo, tal vez no habría tenido que enfrentar. Por tanto, escribo este capítulo con dolor por haberme movido con demasiada celeridad y con una sonrisa ante la asombrosa forma en que la paciencia pastoral produce cambios en la iglesia. El pastor tendrá que realizar cambios si quiere dirigir a la iglesia hacia la salud, pero ¿qué debe considerar al hacerlo?

1. Considere la historia de cambios y conflictos de la iglesia

Tómese el tiempo de investigar los documentos históricos de la iglesia, sus actas y los boletines antiguos. Mantenga conversaciones francas con miembros más mayores y con los líderes actuales. Esfuércese por conseguir pistas sobre cómo ha gestionado la iglesia el cambio y el conflicto a lo largo de los años. Eso debería alertarle a usted respecto a ciertos patrones que evitar, grupos de poder para considerar y situaciones para sumergir en oración y en el ministerio de la Palabra.

En un pastorado, me moví con rapidez para efectuar cambios en el culto de adoración y en el ministerio de evangelización de la iglesia. Ambos necesitaban una nueva vida. Sin embargo, al hacerlo, no me había tomado el tiempo para tomar consciencia de que la iglesia se encontraba en medio de un enorme cisma, que había dejado al descubierto cuarenta años de peleas, divisiones, riñas, despidos de pastores y caos. De haber dedicado un poco más de tiempo a conocer mis circunstancias, habría procedido con mayor sabiduría.

2. Considere el ejercicio pastoral de los anteriores pastores

Si la iglesia está acostumbrada a pastorados breves, espere que se opongan ante la sugerencia de cualquier cambio. En parte está justificado, porque sin longevidad pastoral no han aprendido a confiar en el amor y el juicio de sus pastores. O tal vez el pastor haya ocupado el cargo durante largo tiempo, pero sin gran ministerio bíblico. Esto hace recomendable que el nuevo pastor enseñe con paciencia la Palabra de Dios antes de efectuar cambios.

3. Considere la salud de la iglesia

¿Dónde se encuentra la iglesia en su comprensión y expresión del evangelio de Jesucristo? Cuando Juan Calvino escribió que "el ministerio puro de la Palabra y el modo puro de celebrar los sacramentos" bastan para demostrar que existe una iglesia verdadera, siguió con un importante principio para considerar: "No debemos rechazarla [a la iglesia] mientras los retenga [la Palabra y los sacramentos], *aun cuando en otros sentidos esté invadida de fallos*".[3] ¿Proclama la iglesia el evangelio con fidelidad, aunque con debilidad? ¿Entiende la iglesia las ordenanzas (sacramentos) como *ordenanzas del evangelio*?[4] El pastor podría encontrarse sirviendo a una iglesia que ha abandonado el evangelio y, por tanto, necesita establecer un nuevo fundamento del evangelio para que las personas escuchen y crean.

Una iglesia preocupada por el evangelio lo demuestra también en sus prioridades, su servicio, su obra misionera y su ministerio unos con otros. Si esto no está sucediendo, entienda que efectuar un cambio en el sistema de gobierno y en el ministerio es irrelevante. Esfuércese por enseñarles el evangelio.

4. Considere su compromiso con un largo cargo pastoral

Hemos de reconocer que algunas congregaciones podrían no ser donde un hombre quisiera plantar su vida. En tales casos, el pastor no debe realizar

---

3. *Calvino,* 4.1.11 (cursivas añadidas).
4. John S. Hammett observa respecto a las ordenanzas que "(1) deben ser directamente instituidas por Cristo, y (2) que deben estar directamente relacionadas con el evangelio" (*Biblical Foundations for Baptist Churches: Contemporary Ecclesiology,* 2.ª ed. [Grand Rapids: Kregel Academic, 2019], 297).

cambios relevantes en la iglesia. Corre el riesgo de perturbarla para su sucesor. Predique y enseñe la Palabra de Dios, y déjele los cambios a alguien que se comprometa a un cargo más longevo. Pero si el pastor desea quedarse largo tiempo, entonces debe considerar su disposición a resistir en la dificultad y el dolor que suele acompañar al cambio relevante.

5. Considere con qué tipo de apoyo al liderazgo cuenta

Tras unos cuantos meses en una iglesia, un pastor debe intuir quiénes parecen inclinados a seguir su liderazgo. Esta suposición no debe tomarse, desde luego, como un absoluto. Algunos solo fingen apoyo. Pero con aquellos que aman la Palabra, el ministerio pastoral, la congregación, ver a Cristo manifestado en el cuerpo y sirven con humildad se debe contar para respaldar al pastor a la hora de hacer cambios. Aun con este apoyo, el pastor sigue necesitando mantener una postura paciente hacia el cambio. Podría necesitar refrenar a los que le apoyan para que no se muevan con demasiada rapidez, antes de que se haya establecido un buen fundamento bíblico en el ministerio de enseñanza de la iglesia.

6. Considere qué cambios importantes se realizaron antes de que usted llegara como pastor

Tal vez no se hiciera cambio alguno. Entonces el pastor sabrá que está marcando un nuevo territorio con cambios, de manera que debe desempeñar su función con paciencia y sabiduría. O tal vez se produjeron grandes cambios que perturbaron a la congregación. Entonces, sugiero ir más lento. Espere una buena oportunidad para dirigir hacia una base más sólida.

7. Considere qué cambios debatieron el pastor y el comité de búsqueda pastoral antes de que se produjera el llamamiento al ministerio

Recibí la llamada de un nuevo pastor que me pedía que le hablara a su iglesia sobre cambiar el sistema de gobierno a una estructura de liderazgo plural de ancianos. Me opuse, temiendo que mi enseñanza resultara en su despido. Sin embargo, me aseguró que el comité de búsqueda pastoral le había presentado la idea de cambiar el sistema de gobierno de la iglesia a un liderazgo plural de ancianos. Tras una horrenda experiencia con un dictador pastoral inmoral, habían tomado consciencia de que la Palabra de Dios hablaba con claridad sobre cómo tratar su necesidad, de modo que le pidieron a este nuevo pastor que dirigiera el avance. Lo hizo, con bastante paciencia y deliberación, y con mucho éxito.

Tras analizar las cuestiones subjetivas a las que cualquier iglesia se enfrentará, el pastor necesita afrontar la realidad. Los cambios pueden producirse con mayor rapidez de lo que él esperaba, debido a la salud de la iglesia, su historia y su liderazgo. Los cambios pueden desarrollarse a un ritmo menor de lo que él anticipaba por culpa de conflictos pasados, pastorados breves y falta de apoyo. Al realizar tales evaluaciones, el pastor tendrá que ser paciente consigo mismo. Es posible que necesite a un par de pastores más mayores que escuchen sus descubrimientos para ayudarle a diseñar un plan para el cambio. De principio a fin tiene que prestar atención al consejo piadoso.

Una vez recibido el consejo, el pastor habrá de avanzar hacia un plan a largo término para instituir cambios saludables en la iglesia. ¿Qué se necesita?

Un plan para el cambio

El ministerio pastoral debe *dedicarse más* a pastorear al rebaño y *menos* a crear cambios. Sin embargo, siempre estamos cambiando (*semper reformandi*, siempre reformando) hasta que comparezcamos ante el trono de Dios. Pero queremos que los cambios sigan un patrón bíblico hacia la santidad de la iglesia. ¿Cómo lo hacemos?

1. Desarrolle buenos oidores e intérpretes de las Escrituras por medio de una predicación y una enseñanza bíblicas fieles

La buena exposición no solo explica el texto de las Escrituras, sino que también demuestra cómo interpretar la Palabra de Dios del modo adecuado (2 Ti. 2:15). ¿Está el pastor más interesado en que Cristo se forme (Gá. 4:19) en su congregación o en cambiar su estructura o ministerio? La prioridad en la Palabra demostrará dónde reposa el enfoque. Concéntrese en predicar y enseñar con claridad. Esté disponible y abierto a preguntas y explicaciones para fomentar la comprensión de la congregación respecto a la Palabra. Interactúe con el cuerpo sobre los sermones y las sesiones de enseñanza. Los cambios saludables siguen a la predicación fiel.

2. Tenga por objetivo el desarrollar la lectura como prioridad para la congregación

Una congregación que lee se adapta al cambio con mayor rapidez que la que se limita a esperar que otro lo analice todo en su lugar. Los que empiezan a leer sermones, estudios bíblicos, teología, eclesiología, obras misioneras, biografías cristianas e historia tendrán apetito para escuchar con mayor atención la enseñanza y moverse con mayor disposición a los cambios, y lo harán sin quejarse. Han estado expuestos a un mundo mucho más grande que el perímetro de la propiedad de su iglesia. Entenderán que el liderazgo del pastor sigue los patrones bíblicos y las necesidades de ser atendidos de un modo fiel.

3. Discipule e instruya a los hombres de la iglesia

Forme a los hombres para que sean líderes en su hogar y en la iglesia (2 Ti. 2:2). Al invertir en cómo piensen y vivan según la Biblia, en cómo servir con humildad y cómo caminar en fidelidad con Cristo, en realidad el pastor dedicará menos tiempo a pensar en cómo hacer que el cambio se produzca. Sucederá al caminar los hombres con Cristo bajo el liderazgo del pastor y, con mayor frecuencia, serán esos hombres quienes lo inicien. Provea también discipulado para mujeres (Tit. 2:3-5), que reforzarán la dirección bíblicamente renovada de la iglesia.

4. Permita que los cambios surjan naturalmente desde su ministerio en el púlpito

Lo que quiero decir es que no se manipulen los cambios con el pretexto de predicar. En su lugar, por medio del proceso natural de la predicación expositiva, la Palabra *expone* cambios en el liderazgo, el sistema de gobierno, la estructura, la misión, el ministerio y el servicio. ¿Puede un pastor exponer 1 Pedro 5:1-5 sin tratar el patrón neotestamentario para el liderazgo de la iglesia? ¿Puede un pastor predicar Mateo 28:18-20, Hechos 1:8; 13:1-3, etc., sin presentar una nueva trayectoria para la misión? H. B. Charles Jr. está en lo cierto: "El verdadero cambio espiritual no sucede por "proyectar la visión". Se produce mediante la enseñanza fiel de la verdad doctrinal. Esto es una clave esencial, aunque descuidada, para el ministerio pastoral fiel y eficaz".[5] Un pastor puede enseñar un texto con todas las implicaciones orientadas al cambio sin apelar de inmediato al cambio. Permita que la iglesia vea los cambios en el texto bíblico y que, poco a poco, trabajen hacia los cambios recomendados.

5. Muévase lentamente en el primer y segundo año

Antes de que un pastor haga buenos cambios que ayudarán a la iglesia, necesita conocer a la congregación. Tiene que demostrar que es un pastor para ellos, que se preocupa por sus necesidades espirituales. Cuando la iglesia empieza a ver al pastor *como quien cuida al rebaño,* estarán más dispuestos a seguir el cambio. Los dos primeros años, sin embargo, un pastor debe dedicarse tan solo a predicar, enseñar, visitar, aconsejar, apacentar y llegar a conocer a la congregación.[6]

---

5. Charles, *On Preaching*, 90.
6. Efectúe tan solo cambios mínimos en este tiempo (p. ej., un nuevo formato de boletín de adoración, un nuevo tiempo para realizar preguntas y respuestas pastorales, un nuevo ministerio para las personas confinadas, una colecta para una nueva misión, etc.).

6. Realice cambios graduales en el tercer año

Podría suceder, más pronto que tarde, pero esto proporciona un referente para algunos de los cambios menos drásticos. Si alguien está cambiando la estructura de gobierno de la iglesia de una dirigida por diáconos al liderazgo plural de ancianos, sugiero que se tome más tiempo —tal vez entre cinco a siete años, o más, en algunos contextos— antes de que una iglesia esté lista para este tipo de cambio duradero necesario.

El pastor podría desarrollar un *triaje instintivo* al iniciar su ministerio: (1) ¿Qué signos vitales están presentes en la iglesia? Preste atención a reforzarlos, por ejemplo, descarte himnos/cánticos de contenido no bíblico y añada canciones del mismo tipo con buen contenido, elimine la manipulación en los cultos, que juega con las emociones sin hacer discípulos, fortalezca la predicación bíblica y refuerce los requisitos bíblicos para sus oficiantes. (2) ¿Qué prácticas no bíblicas deben cambiar de inmediato para que la iglesia permanezca viva y siga siendo una iglesia basada en el Nuevo Testamento? Evalúe el contenido *básico* en la adoración y la práctica de las ordenanzas, y revitalice a maestros y obreros. Esto lleva a prioridades de entre 1 y 2 años, y empieza a establecer una trayectoria hacia cambios más relevantes. (3) ¿Qué tendrá que suceder para ayudar a la iglesia a ser sistemáticamente sana? Identifique prácticas clave (p. ej., la disciplina de la iglesia, una visión adecuada del bautismo y de la Santa Cena, la pluralidad de ancianos, diáconos centrados en la función de servicios, etc.). Esto crea un objetivo para los años siguientes. (4) ¿Qué prácticas bíblicas están ausentes y necesitan un fundamento para avanzar hacia la salud sistemática? Considere la disciplina de la iglesia, líderes espirituales calificados, pluralidad de ancianos y diáconos, etc. Esto ayuda a establecer la predicación del pastor, la enseñanza, el liderazgo, planes de pequeños grupos y discipulado para construir la base.

7. Inicie cambios importantes para los cuales se haya puesto el fundamento en los primeros tres o cuatro años

Piense en los primeros años como el proceso de estratificación hacia los cambios importantes. La predicación intencional, la discusión en pequeños grupos, la enseñanza en grupo, las conferencias, los seminarios, la lectura en grupo, el discipulado de hombres y mujeres, el discipulado de estudiantes y las reuniones de adoración, proveen el contenido bíblico que permite a una congregación, que ha vivido con prácticas poco saludables, a anhelar y buscar la conformidad a la enseñanza de la Palabra de Dios. Hacer estas cosas requiere tiempo, pero produce buen fruto. Conforme se fortalezca el cimiento, empiece a implementar los cambios.

En resumen

La paciencia al trabajar a través de la Palabra, la oración, formar hombres, el desarrollo del liderazgo y la enseñanza de la iglesia para que piense de manera bíblica logrará mucho más a largo plazo que instituir cambios rápidos. La salud de la iglesia en los años venideros como pueblo que crece junto en gracia, verdad, servicio y misión debe templar la mano del pastor en la realización de cambios repentinos. El compromiso a largo plazo por parte del pastor tranquiliza a la iglesia respecto a que los cambios son por su bien y no por el ego del pastor. Una vez más, Charles ofrece una exhortación adecuada para los pastores que dirigen hacia el cambio: "Sin embargo, alimentar a una iglesia saludable que hace discípulos de Cristo exige un compromiso a largo plazo para predicar la Palabra a tiempo y fuera de tiempo con total paciencia y enseñanza".[7] La paciencia y la enseñanza proveen la senda hacia el cambio.

Preguntas para la reflexión

1. ¿Qué quiere decir que la "obra pastoral saludable y fiel va precedida de paciencia y enseñanza"?
2. ¿Qué parte juega el tiempo que un pastor ha estado a cargo de una iglesia a la hora de realizar cambios relevantes?
3. ¿Cómo discierne un pastor la salud de la iglesia donde sirve?
4. ¿Cómo ayuda al cambio el desarrollo de buenos oyentes e intérpretes de las Escrituras?
5. ¿Cómo debe tratar un pastor los textos bíblicos que parecen acertar de lleno en las cuestiones relacionadas con cambios necesarios en la iglesia?

7. Charles, *On Preaching*, 91.

PREGUNTA **33**

¿Cómo debe dirigir un pastor a la congregación en la práctica de la disciplina de la iglesia?

En los primeros años de nuestra iglesia descubrí que uno de nuestros miembros estaba involucrado en una conducta contraria a la de un seguidor de Cristo. De inmediato lo confronté por su pecado, lo insté al arrepentimiento y establecí una rendición de cuentas iniciando la disciplina de la iglesia. Fue la primera ocasión en que el liderazgo de nuestra iglesia practicó una disciplina bíblica de la iglesia. Solo los ancianos y yo estábamos al tanto de lo sucedido. Establecimos límites para él, así como un plan para atacar y arrancar el pecado, y teníamos puntos en los que encontrarnos para rendir cuentas. Él respondió bien, de modo que no hubo necesidad de informar a la congregación. Sin embargo, un año después volvió a caer en el mismo patrón de pecado. Tras no responder a nuestras exhortaciones, pusimos al corriente a la iglesia. La congregación votó por expulsarlo de la membresía. Nuestra iglesia atravesó la barrera invisible para practicar la disciplina de la iglesia.

Hay que reconocer que no teníamos patrones que seguir para practicar la disciplina, al margen del bosquejo proporcionado por Cristo en Mateo 18:15-20. La disciplina de la iglesia parecía haberse perdido de vista entre las iglesias de la zona, pero entendimos que la naturaleza de su pecado y su negativa a responder en arrepentimiento no nos dejaba elección alguna. Tuvimos que ejercer la disciplina correctiva.

Desde entonces nos hemos ocupado de otros miembros en materia de disciplina. Algunos han respondido a las llamadas iniciales al arrepentimiento, de modo que la congregación nunca se enteró de ningún problema y el miembro siguió en fidelidad. Con otros, tristemente recorrimos la senda solemne hasta quitar a alguien de la membresía. También tuvimos el gozo de ver a algunos de los excomulgados regresar a la restauración de la comunión. "El motivo para la disciplina —como señala Tom Schreiner con razón— es invariablemente el amor, y el objetivo es la restauración de aquel que ha caído".[1] Dado que la iglesia, como

1. Thomas Schreiner, "The Biblical Basis for Church Discipline", en *Those Who Must Give an Account: A Study of Church Membership and Church Discipline*, eds. John S. Hammett y Benjamin L. Merkle (Nashville: B&H Academic, 2012), 105.

cuerpo de Cristo, debe reflejar a su cabeza en pureza y santidad (Ef. 5:25-27), cuando esto no sucede, la práctica de la disciplina en la iglesia debe ejercerse.

¿Qué es la disciplina de la iglesia?

El término *disciplina* tiene distintas connotaciones. Nos autodisciplinamos con el propósito de la piedad (1 Ti. 4:7).[2] Debemos llevar vidas disciplinadas según el evangelio y la práctica apostólicas (2 Ts. 3:6-13).[3] La disciplina corporal, por otra parte, "para poco es provechoso" cuando se compara a disciplinarnos a nosotros mismos para la piedad (1 Ti. 4:8). Cada connotación transmite la idea de *entrenar* con un propósito. Cuando la disciplina se usa para la corrección, el concepto de formación permanece. Alguien disciplinado por sus padres terrenales está siendo entrenado para llevar una vida de orden y respeto, aunque pueda implicar cierta medida de acción correctora (He. 12:7-9).[4] La disciplina transmite, pues, la idea de formar ya sea por instrucción sentando un ejemplo, o corrigiendo cuando alguien se equivoca.

En los distintos pasajes sobre *la disciplina de la iglesia*, esa frase no se usa para introducir o explicar el tema. Más bien el término expresa correctamente que la iglesia se compromete con regularidad en disciplinar a sus miembros. Es decir, la iglesia forma, enseña, instruye y sienta ejemplos como *disciplina formativa* y, llegada la ocasión, la iglesia corrige cuando un miembro sigue equivocándose en su conducta o entra en una herejía doctrinal como *disciplina correctiva* (*formal*). La iglesia tiene la responsabilidad para ambas cosas. "La disciplina formativa tiene lugar en el ministerio constante de la iglesia, en el discipulado regular y el cuidado de cada miembro", escribe Schreiner. Todos los miembros son disciplinados o discipulados a través de la enseñanza, el estímulo, la corrección, las exhortaciones y la reprobación, que se proporcionan a través del amoroso cuidado de otros creyentes".[5] La disciplina correctiva se produce "cuando la cirugía radical o el arrepentimiento radical son necesarios".[6]

La disciplina de la iglesia es, pues, el acto amoroso y fiel del cuerpo de

---

2. El término "disciplina" se traduce del griego γυμνάζω y está tomada de la antigua literatura atlética que significa "entrenar, experimentar disciplina" (BDAG, 208). La idea de *entrenar* con un propósito particular, en este caso la piedad, expresa mejor la disciplina. Hebreos 5:14 (RVA-2015) y 12:11 (NVI) lo traduce "entrenados".
3. El antónimo para "disciplina" traducido, en forma adjetival, como "indisciplinado" en 2 Tesalonicenses 3:7, 11 es ἀτάκτως, que significa "en desafío del buen orden, *desordenadamente*… sin respeto hacia la costumbre establecida o la instrucción recibida" (BDAG, 148). Por otra parte, la disciplina sigue el buen orden, respeta la instrucción y vive de un modo ordenado.
4. Aquí, el término "disciplina" (παιδεία) expresa "el acto de proveer dirección para una vida responsable, para la educación, la formación, la instrucción" y en la literatura bíblica, "principalmente tal como se logra mediante la disciplina, la corrección" (BDAG, 748-49).
5. Schreiner, "Church Discipline", 105-6.
6. Ibíd., 106.

Cristo para discipular a sus miembros y, como parte del discipulado, cuando un miembro persiste en un pecado impenitente o una herejía doctrinal, la iglesia busca aplicar una corrección orientada al arrepentimiento. La iglesia apunta al arrepentimiento inmediato en las etapas iniciales de la disciplina de la iglesia. Si un miembro se niega a las exhortaciones de un único miembro, seguido por dos o más miembros, la situación recae en la congregación reunida en el nombre de Jesús (1 Co. 5:4) para buscar y apartar al miembro que está en el error (Mt. 18:15-20).

¿Cuándo es necesaria la disciplina de la iglesia?

Tal vez el mayor temor de una iglesia que comienza a practicar la disciplina de la iglesia se centre en saber cuándo esta será necesaria. He oído hablar de iglesias, en general dirigidas por un pastor autócrata en lugar de una pluralidad de ancianos, que usan la disciplina para deshacerse de personas contras las que alguien está resentido o que no acatan las normas sobre alguna cuestión no disciplinaria. Aunque quiera mostrar gracia y humildad en los asuntos disciplinarios, una iglesia debe ocuparse de su testimonio público del evangelio en lugar de resistirse a hacerlo debido a unos pocos malos usos de la disciplina. ¿Cuáles son los asuntos que deben ocasionar que la iglesia considere ejercer la disciplina?

- Cuando un miembro persiste en el pecado —público o privado— hasta el grado en que afecte a su testimonio cristiano, amenace la pureza de la iglesia y, de manera potencial, dañe el testimonio corporativo (1 Co. 6:9-11; Ef. 5:3-5; 2 Ti. 3:1-9; 1 P. 1:13-16; 2:11-12)[7]
- Cuando un miembro está involucrado en una conducta pública escandalosa que hasta la comunidad no creyente la señala como ofensiva (1 Co. 5:1-13)
- Cuando un miembro persiste en una conducta destructiva para la unidad y la comunión de la iglesia (1 Co. 3:16-17; Ef. 4:1-3; 2 Ts. 3:11-15; Tit. 1:9-11; 3:10-11)
- Cuando un miembro persiste en desviaciones doctrinales o herejías, y se niega a la corrección de los ancianos (1 Ti. 1:18-20; 2 Ti. 2:16-18; Tit. 1:9; 2 P. 2:1-3; 2:17-22; 2 Jn. 9-11)[8]

7. "El mayor peligro moral para la iglesia es tolerar el pecado, público o privado", declara R. Albert Mohler, "Church Discipline: The Missing Mark", en *Polity: Biblical Arguments on How to Conduct Church Life*, ed. Mark E. Dever (Washington, DC: Center for Church Reform, 2001), 55.
8. "Nadie puede explicar la explosiva dinamita, el *dunamis*, de la iglesia primitiva al margen de que practicaran dos cosas de manera simultánea: la ortodoxia de la doctrina y la ortodoxia de la comunidad en medio de la iglesia visible, una comunidad que el mundo puede ver. Por tanto, por la gracia de Dios, la iglesia debe ser conocida de manera simultánea por su pureza de la doctrina

¿Cómo se debe ejercer la disciplina de la iglesia?

Jesús presentó la instrucción fundamental para la disciplina de la iglesia. Tras la primera mención de la iglesia en el NT, con la promesa de que Jesús edificaría a su iglesia de manera que "las puertas del Hades no prevale[cieran] contra ella", Él anuncia que "las llaves del reino" le son dadas a Pedro (y por extensión a todos los creyentes) para que puedan atar y desatar (Mt. 16:18-19). Esto mismo se presenta en el contexto de la iglesia manos a la obra disciplinando a sus miembros (Mt. 18:18). "*El poder de las llaves (atar y desatar) habla tanto de entrar a la nueva comunidad como de mantener su vida*", escribe Jonathan Leeman.[9] El poder de la iglesia para declarar perdonado a un miembro arrepentido, una vez determinado el verdadero arrepentimiento, así como el poder de excluir de la comunión de la iglesia a quien se niega a arrepentirse —y así seguir en la falta de perdón— pertenece al cuerpo corporativo y no a los miembros individuales. La palabra *llaves* "enfatiza que la iglesia puede tener la seguridad de que lo que hace en la tierra representa la voluntad de Dios", explica Tom Schreiner.[10]

Jesús proveyó a las iglesias un claro modelo a seguir para los casos en que se tuviera que aplicar la disciplina. Primero, "si tu hermano peca contra ti, ve y repréndele estando tú y él solos; si te oyere, has ganado a tu hermano" (Mt. 18:15).[11] No hay intención de difundir detalles respecto a la pecaminosa acción del hermano. Con total cuidado, el hermano preocupado en el espíritu de Gálatas 6:1-2 se acerca al hermano con calma, humildad y amor para hablarle de su pecado. Podría tratarse de un pecado contra él o uno que haya podido observar. Le muestra su pecado, lo llama al arrepentimiento y, cuando esto sucede, se regocija mientras mantienen la confidencialidad del asunto con el hermano arrepentido.

Segundo, "si no te oyere, toma aún contigo a uno o dos, para que en boca de dos o tres testigos conste toda palabra" (Mt. 18:16). Siguiendo el patrón de Deuteronomio 19:15, se hace acompañar por una o más personas con el fin de

---

y la realidad de su comunidad", escribió Francis Schaeffer, "The Church Before the Watching World" en *The Church at the End of the Twentieth Century* (Wheaton, IL: Crossway, 1970), 144, citado por Mohler, "Church Discipline", 54.

9. Jonathan Leeman, *The Church and the Surprising Offense of God's Love: Reintroducing the Doctrines of Church Membership and Discipline*, 9Marks (Wheaton, IL: Crossway, 2010), 190 (cursivas originales); ver 169-227 para una cuidadosa explicación de Leeman sobre la autoridad que Cristo le ha dado a la iglesia.

10. Schreiner, "Church Discipline", 110; mis comentarios siguen la cuidadosa explicación de Schreiner. Existe la posibilidad de una iglesia o de un líder de iglesia desorientados en la disciplina (p. ej., Diótrefes en 3 Juan 9-10). Schreiner añade: "No obstante, Mateo 18 no se centra en semejante maltrato, sino que le promete a la iglesia la dirección divina".

11. El lenguaje en esta traducción usa el masculino genérico, pero la persona que peca podría ser varón o mujer.

fortalecer el llamamiento al arrepentimiento y la santidad. Los demás podrían haber observado o no el pecado en el hermano que está errando, pero se ha convencido de lo sucedido. Con la misma humildad, amor y gracia, las dos o tres personas se acercan al hermano para añadir al peso de la necesidad de arrepentimiento. Podría suceder que los otros dos escuchan al hermano que se ha equivocado y decidan que no ha cometido falta alguna. En ese caso, el primer hermano que se aproxima al que está en el error, debe someterse con humildad a su juicio, a menos que haya una causa justa para rechazarlo. Otra posibilidad es que la gravedad de dos o tres que insten al arrepentimiento conmueva el corazón del hermano descarriado para que se arrepienta con humildad.

En tercer lugar, "si se niega a hacerles caso a ellos, díselo a la iglesia" (Mt. 18:17, NVI). La tercera fase de la disciplina presenta la acusación y la prueba contra el hermano equivocado ante la congregación. Este es el llamado de la asamblea a actuar en oración, contactando al hermano con exhortaciones, y sirviéndose del testimonio corporativo como llamada al arrepentimiento. La presión que siente la persona impenitente por parte de la congregación con la que ha hecho un pacto podría despertar a aquel que está adormecido para que vea su pecado y se arrepienta. Pero, si no es así, la iglesia sigue con su responsabilidad suprema.

En cuarto lugar, "y si no oyere a la iglesia, tenle por gentil y publicano"; en otras palabras, apártenlo de la comunión de los santos y trátenlo como incrédulo. Esta acción corporativa ejerce la autoridad suprema de la iglesia mediante el voto, para atar o desatar. En el caso de un miembro en el error, que se niega a oír las súplicas y las exhortaciones de la iglesia, queda la última oportunidad antes de la excomunión de la membresía en la que el miembro expulsado no tiene privilegios en la Santa Cena ni en las responsabilidades de la iglesia.[12]

Aunque este cuádruple procedimiento debe ser la forma normal de practicar la disciplina de la iglesia, Pablo adopta un enfoque distinto en 1 Corintios 5:1-13. El pecado de un miembro fue tan indignante y tan escandaloso que convocó a la iglesia para que se reuniera en el nombre de Jesucristo y lo echaran de inmediato. Schreiner observa: "El carácter público y repugnante del pecado exigía una respuesta pública e inmediata por parte de la iglesia".[13] Sin embargo, la autoridad definitiva de eliminar a alguien de la membresía no corresponde a los ancianos, según lo que Jesús enseñó en Mateo 18, sino a la iglesia reunida que actúa.[14]

---

12. Otros pasajes que aluden a los asuntos de la disciplina incluyen Gálatas 6:1-2; 2 Tesalonicenses 3:6-15; 1 Timoteo 1:19-20; 5:17-21; Tito 3:9-11; Santiago 5:19-20.
13. Schreiner, "Church Discipline", 114. Añade: "Al parecer, el hombre estaba decidido y resuelto a proseguir con la relación [inmoral] con su madrastra".
14. Ibíd., 113-27, para un análisis más detallado de 1 Corintios 5.

¿Qué pasos debe dar un pastor para prepararse a dirigir a su iglesia en la práctica de la disciplina de la iglesia?

En primer lugar, establezca el trabajo bíblico preliminar hacia la disciplina de la iglesia. Esto no comienza hundiéndose de inmediato en Mateo 18 o 1 Corintios 5. En su lugar, empiece estableciendo el fundamento del evangelio en la iglesia. Como cuestión del evangelio, la disciplina de la iglesia tiene que ver con la pureza del cuerpo reunido de los redimidos por Cristo, por medio del evangelio. Si la congregación tiene un entendimiento débil respecto a este último, no espere que comprendan la necesidad de la disciplina. Siembre la semilla del evangelio para que empiecen a entender su naturaleza, sus efectos sobre nosotros en una conversión genuina y cómo los testimonios defectuosos ponen en peligro el testimonio de la iglesia respecto al evangelio.

En segundo lugar, busque al Señor con relación a la compresión de la iglesia respecto al evangelio. Solo Él puede producir verdaderas conversiones (Hch. 11:18). Solo Él puede ablandar los corazones que se han endurecido por falta de aplicación bíblica. Predique y ore (Hch. 6:4).

En tercer lugar, establezca un fundamento bíblico para la naturaleza de la iglesia. Esto incluirá enseñanza sobre la membresía de la iglesia regenerada y atender las responsabilidades de los miembros unos para con otros. A menos que la iglesia vea la importancia de la membresía, preferirá despedir al pastor que disciplinar a un miembro que está errando.

En cuarto lugar, esfuércese en dirigir el apoyo para las prácticas bíblicas siguientes. Esta es la obra del discipulado constante. Invierta en algunos hombres, enséñeles el evangelio y la naturaleza de la iglesia, incluyendo el sistema de gobierno, la membresía, la disciplina, etc.

En quinto lugar, busque construir una relación de discipulado con el miembro descarriado que haya provocado esta preocupación por la disciplina. Tal vez en una relación de discípulo podrá recalcarle a este miembro cuál es la naturaleza del evangelio y sus efectos. Básicamente, usted está involucrado en una extensa versión del primer paso que Jesús dio al practicar la disciplina (Mt. 18:15). Supongamos que el pecado es una inmoralidad. ¿Qué subyace a esto, sino el orgullo, la incredulidad, la arrogancia hacia la ley de Dios, la ignorancia de la Palabra y otros pecados? Apunte a estos pecados en el paciente proceso de intentar disciplinar al hermano descarriado, con el fin de establecer los cimientos para llamarle al arrepentimiento. Si se está arrepintiendo de los demás pecados, es probable que le preocupará su inmoralidad.

En sexto lugar, siga enseñando a su iglesia de forma continuada. Cuando esta muestre señales de creer y recibir la Palabra de Dios, estará avanzando hacia el momento de implementar la disciplina de la iglesia que sigue el patrón de Jesús. Los dos o más hermanos que colaboren con usted en el segundo paso de la disciplina estarán con usted para ayudar a reforzar ante la congregación la necesidad de la disciplina de la iglesia. Como le señalé a un joven pastor: "Es posible que tenga que esperar respecto a algunas cosas hasta que aumente la salud de la iglesia de forma suficiente como para aplicar la disciplina". Sin embargo, mantenga en mente que la disciplina es una práctica semanal por parte de la iglesia, a través del ministerio de la Palabra, la exhortación, el estímulo, la rendición de cuentas y el llamamiento regular a vivir una vida de arrepentimiento y fidelidad como seguidores de Cristo. La disciplina correctiva fluye de manera natural de una práctica saludable de la disciplina formativa. De este modo, construya un clima de disciplina formativa para que, cuando llegue el momento de practicar la disciplina correctiva, resulte natural para el cuerpo.

En resumen

J. L. Dagg escribió: "Se ha observado que cuando la disciplina abandona una iglesia, Cristo se va también".[15] La forma de mantener la pureza en la vida y la doctrina del cuerpo es crear una ética en la congregación de manera que la reunión habitual de la iglesia muestre a unas personas disciplinadas (formativamente). Cuando un miembro se desvíe, los demás buscarán, con toda naturalidad, instarlo al arrepentimiento. Si esto fracasa, el fundamento para la disciplina se ha establecido mediante la fiel predicación y la enseñanza por medio de la Palabra de Dios, sobre la naturaleza del evangelio y la iglesia. La humildad, la gracia y la paciencia deben marcar el lento, aunque deliberado, proceso de la disciplina de la iglesia.

Preguntas para la reflexión

1. ¿Qué es la disciplina de la iglesia?
2. ¿Qué ámbitos de pecado continuo requiere la disciplina de la iglesia?
3. ¿Cuál es el patrón de disciplina de la iglesia establecido por Jesucristo en Mateo 18?
4. ¿En qué difirió la práctica paulina de la disciplina de la iglesia en 1 Corintios 5 de la de Mateo 18?
5. ¿Cuáles son los principales asuntos a considerar antes de ejercer la disciplina de la iglesia?

15. J. L. Dagg, *Manual of Church Order* (1858; Harrisonburg, VA: Gano Books, 1990), 274.

PREGUNTA **34**

¿Cómo debe dirigir un pastor el cambio en la estructura de gobierno y liderazgo?

Es probable que, cualquier transición en una iglesia local, incomode el equilibrio de la congregación. Las prácticas familiares son como un par de jeans muy gastados: demasiado cómodos como para cambiarlos por algo nuevo. Entonces, ¿para qué molestarse? Con una razón basta: queremos seguir la enseñanza de la Palabra inerrante de Dios. Si Él nos ha dado la Palabra autoritativa que confesamos como suficiente para la vida y la práctica, debemos tomárnosla en serio. Todo lo que somos y hacemos como iglesia debe evaluarse con regularidad a la luz de las Sagradas Escrituras.

Sin embargo, analizar el sistema de gobierno de una iglesia y la estructura de liderazgo, a la luz de la Palabra, y después avanzar hacia el cambio es algo que probablemente se encontrará con resistencia. Muchas iglesias se rebelan ante el pensamiento del cambio, ya que pelea contra nuestro orgullo porque debemos reconocer la deficiencia en la creencia y la práctica. Desestabiliza nuestra comodidad, porque nos enfrentamos a una nueva estructura que redefine quiénes somos y qué nos traemos entre manos. Desafía nuestra complacencia, porque expone nuestro descuido de la examinación regular a la luz de las Escrituras. Sin embargo, si debemos ser fieles como iglesias del Señor Jesucristo, debemos procurar seguir la enseñanza de las Sagradas Escrituras.

La mayoría de las personas no prestan atención al sistema de gobierno de la iglesia. Es posible que ni siquiera sepan que existe. Sin embargo, el gobierno de una iglesia —su estructura de gobierno— afecta a la membresía, al discipulado, a la evangelización, al cuidado de los miembros, a la doctrina, al liderazgo, a las ordenanzas y a la adoración. Jonathan Leeman explica que la iglesia sin "una presencia palpable y pública" basada en su sistema de gobierno y determinado por este, "sigue siendo una idea abstracta".[1] Por tanto, no puede ser algo que se deje cómodamente a un lado como si la iglesia visible existiera sin ello. Como lo expresa Leeman: "La iglesia universal está unida en la fe. La iglesia local está

1. Jonathan Leeman, introducción a *Baptist Foundations: Church Government for an Anti-Institutional Age*, eds. Mark Dever y Jonathan Leeman (Nashville: B&H Academic, 2015), 4-5.

unida en fe y orden".[2] Lo segundo, "el orden", constituye el sistema de gobierno de la iglesia. Es lo que distingue a la iglesia local de una conglomeración de cristianos que están juntos por casualidad, pero que no tienen nada específico que los una. El sistema de gobierno a través del evangelio identifica lo que cree un grupo de cristianos respecto al mismo, lo que constituye la membresía en la iglesia, a quién se admite al bautismo y a la Santa Cena, cómo puede ser excomulgado un miembro, quién ejerce la autoridad espiritual sobre la iglesia, y lo que constituye los ministerios y la misión de la iglesia.

Si esto parece exagerado, considere lo que Leeman afirma: "El sistema de gobierno es importante porque protege el *qué* y el *quién* del evangelio, lo que es el mensaje del evangelio y quiénes son los creyentes... Separa, distingue e identifica a la iglesia ante las naciones, protegiendo y preservando el *qué* y el *quién* del evangelio de una generación a la siguiente".[3] El sistema de gobierno de la iglesia proporciona claridad a sus creencias y su práctica, de manera que, en cada generación, la centralidad del evangelio siga formando a los miembros de la congregación, a sus líderes y a su misión.

Un documento del sistema de gobierno de la iglesia (constitución y estatutos, libro de orden, manual de la iglesia, sistema de gobierno, como sea que la iglesia decida llamarlo) debe estar (1) escrito con claridad, (2) basado en el evangelio, (3) basado en una confesión doctrinal ortodoxa, (4) ser sencillo y directo, (5) estar aprobado por la iglesia, y (6) ser totalmente utilizable. Debe ser lo bastante detallado como para ayudar a que la iglesia entienda su doctrina, sus ordenanzas, su admisión a la membresía, las prácticas y las restricciones de la membresía, la disciplina, los encargados y la estructura de liderazgo, y la misión. No puede ni necesita intentar cubrir toda contingencia posible a la que se enfrente la iglesia; para eso tenemos ancianos que dirigen y congregaciones que son el árbitro final en asuntos de preguntas y disputas. En otras palabras, estoy abogando por un documento gubernamental que se entienda bien, que sea legible, que ayude a la iglesia, y que no la abrume; uno que aliente e instruya, que no le provoque sueño al lector.[4]

Una vez observada la importancia del sistema de gobierno en general, en

---

2. Ibíd., 5.
3. Ibíd., 6-7.
4. El propósito de este capítulo no consiste en proporcionar detalles sobre lo que una iglesia debe incluir en sus documentos de gobierno. En su lugar, consideramos cómo liderar a una iglesia en cambiar su sistema gubernamental respecto a las estructuras de liderazgo. Para detalles sobre los temas necesarios que se deben incluir, ver Dever y Leeman, *Baptist Foundations;* John S. Hammett, *Biblical Foundations for Baptist Churches: A Contemporary Ecclesiology,* 2.ª ed. (Grand Rapids: Kregel Academic, 2019); Bobby Jamieson, *Going Public: Why Baptism Is Required for Church Membership* (Nashville: B&H Academic, 2015); Jonathan Leeman, *The Church and the Surprising Offense of God's Love: Re-introducing the Doctrines of Church Membership and Discipline* (Wheaton, IL: Crossway, 2010); J. L. Dagg, *Manual of Church Order* (1858; Harrisonburg, VA: Gano Books,

esta pregunta quiero prestar una atención especial a cambiar la estructura pastoral de una iglesia local.[5] Como he defendido con anterioridad, a menos que una iglesia pase a una estructura pastoral plural (pastores/ancianos), será un obstáculo para su salud y su madurez, así como la longevidad de los pastores que dirigen la iglesia.[6] Tal vez esté usted convencido que el liderazgo plural ancianos/pastores tiene sus raíces firmemente plantadas en la práctica del Nuevo Testamento. Pero eso no significa que todos en su congregación sostengan la misma opinión. Por lo tanto, ¿puede una iglesia pasar de una estructura más típica dirigida por diáconos o por un comité a un liderazgo plural ancianos/pastor?[7] Consideremos cinco observaciones que recordar para esta transición.

No tome nunca las transiciones a la ligera

Usando la analogía de Jesús sobre las transiciones a las prácticas de su reino desde el tradicionalismo judío, cuesta deshacerse de los odres viejos (Mr. 2:21-22). Los patrones se arraigan con firmeza en el pensamiento de una congregación. Las personas se acomodan en una zona de confort que los ha arrullado en el menor esfuerzo de ejercer el pensamiento y realizar cambios. Entonces, de repente, un pastor insta a un sistema de gobierno completamente diferente. No solo no han considerado en absoluto semejante cambio, sino que el hecho de que el pastor lo sugiera cuestiona las decisiones anteriores establecidas desde hace tiempo. El orgullo levanta la cabeza. Los ánimos se caldean. Los estándares y las ideas inamovibles se sienten amenazados por la sustitución. Las personas que ostentan cargos y posiciones claman por mantener sus títulos.

Por tanto, no se lo tome a la ligera. Mantenga tres cosas en mente:

1. Esté convencido de que las Escrituras enseñan lo que usted está sugiriendo

En otras palabras, no se limite a leer un libro sobre sistema de gobierno o pluralidad de ancianos, o ver cómo otra iglesia realiza la transición y salta a la acción. Entienda lo que las Escrituras enseñan antes de moverse. Esto establece el fundamento bíblico para sus acciones. Es mucho más probable que una iglesia a la que de verdad le importa la autoridad de las Escrituras siga su liderazgo en el cambio *si* saben que está totalmente convencido por la Palabra de Dios de la dirección en que usted está liderando.

1990); Phil A. Newton y Matt Schmucker, *Los ancianos en la vida de la iglesia: Redescubriendo el modelo bíblico de liderazgo para la iglesia* (Grand Rapids: Editorial Portavoz, 2021).

5. Consideraremos reformar las prácticas de la membresía de una iglesia en la Pregunta 35.
6. Ver Pregunta 5.
7. Para un análisis más detallado del proceso de transición, ver Newton y Schmucker, *Los ancianos en la vida de la iglesia*, 161-215.

2. Sea sensible al tiempo y al liderazgo del Espíritu

No toda idea de transición está inmediatamente preparada para ver la luz. Establezca un firme cimiento bíblico antes de iniciar la estructura. Insistir en las cuestiones del sistema de gobierno sin asegurarse primero de que la congregación vea cómo todas las cosas en la iglesia tienen su fundamento en el evangelio resultará ser contraproducente. Por ejemplo, si una iglesia mantiene una visión baja de la membresía regenerada de la iglesia, es necesario hacer el trabajo del evangelio antes de abordar la transición a la pluralidad ancianos/pastor. De otro modo, los miembros verán poca necesidad de este tipo de liderazgo en el pastorado, el discipulado y en la corrección si carecen de un entendimiento de la membresía regenerada. Si muchos de los líderes actuales no dan pruebas de una fidelidad genuina a Cristo, enseñar sobre los Evangelios debe preceder la enseñanza a través de las Epístolas Pastorales. Es más que probable que un pastor deba servir a su iglesia durante varios años antes de intentar cambiar la estructura de liderazgo. Existen excepciones, como cuando una iglesia entiende antes de la llegada de un nuevo pastor que tiene un sistema de liderazgo que no es bíblico. Es necesario que la iglesia confíe en el pastor cuando este dirija esta transición, de manera que tiene que crear capital con ellos, pastoreándolos con fidelidad durante varios años. Además, es preciso que esté comprometido a acabar la transición en lugar de saltar a otra iglesia.[8]

3. Sea constante en la oración

Usted no solo se enfrenta a un reto educacional, sino también a una batalla espiritual cuando se efectúa la transición a la pluralidad de ancianos. Nada le gusta más al enemigo que dividir una iglesia por su enseñanza bíblica. Impregne el proceso en oración. Dependa del Espíritu Santo para que abra las mentes y entiendan la enseñanza que conduce a una transición saludable.

Muestre amor y respeto por aquellos que están en la estructura del liderazgo actual

Si está dirigiendo la iglesia y el liderazgo actual en la transición, dé honra a quien la merece (Ro. 12:10; 13:7). Otros le han precedido en el establecimiento de estructuras de liderazgo de la iglesia. Aunque pueda estar en desacuerdo con su interpretación de las Escrituras, tenga cuidado con retar su compromiso con Cristo. No se trata de presentarse como quien se involucra en una guerra de guerrillas para abrirse camino. Honre el cargo de diácono mientras realiza el trabajo bíblico preliminar hacia la transición a las funciones de diáconos y establezca el liderazgo de los ancianos.

---

8. Ver la Pregunta 12.

Ciertamente, no es tarea pequeña. Le estoy recomendando que inicie la transición instruyendo con amabilidad, pero con firmeza, a los diáconos para que vean sus funciones bíblicas como siervos destacados de la iglesia. Muchos los ven como ancianos *de facto* sin título, y con demasiada frecuencia carecen de los requisitos bíblicos (1 Ti. 3:1-7; Tit. 1:5-9). Otros se ven como un *consejo* que detenta el poder de la iglesia en sus reuniones mensuales. Sin embargo, la razón por la que han llegado a una postura no bíblica podría deberse a un sistema prolongado de gobierno del que ellos no son responsables.

Aunque todos los cristianos están llamados a servir, los diáconos establecen la norma, o deberían. *Ayúdeles a ver esta práctica bíblica para que saboreen la oportunidad de servir a la congregación.*[9] Al hacerlo, estará procurando evitar un estado de ánimo tipo "nosotros contra ellos". Son hermanos en Cristo que tal vez no han sido expuestos a la enseñanza sobre el liderazgo bíblico de la iglesia. Necesitan su dirección paciente, no sus críticas constantes, ultimátums y exigencias.

Empiece con un grupo pequeño y luego con círculos más amplios

Cuando nuestra iglesia realizó la transición a la pluralidad de ancianos, empezamos con un largo proceso de tomar a los líderes clave y trabajar en la totalidad de las Escrituras. Durante unos quince meses (¡no todas las semanas!), recorrimos lentamente cada pasaje de la Biblia y tratamos la toma de decisiones, el liderazgo, el sistema de gobierno de la iglesia y los cargos bíblicos. Recomiendo firmemente esta clase de investigación bíblica para establecer un fundamento con sus líderes clave. Solo después de este proceso incluimos a la congregación.

Del mismo modo, Mark Dever, cuando dirigía la Capitol Hill Baptist Church de Washington, DC, hacia la pluralidad de ancianos, empezó con un grupo pequeño y después fue trabajando poco a poco en círculos concéntricos de liderazgo antes de presentarlo a la congregación.[10]

En el proceso de trabajar lentamente en la Palabra de Dios, usted es ejemplo de la dependencia en la suficiencia de las Escrituras. Usted está discipulando al pequeño círculo en cómo interpretar las Escrituras con fidelidad. Usted les muestra a través de la repetición de repasar en la Palabra la consistencia de cómo funciona el sistema de gobierno bíblico y el liderazgo plural de ancianos en una congregación. Sugiero que ni siquiera empiece a introducir la historia de

---

9. Ver Benjamin L. Merkle, *Preguntas y respuestas sobre los ancianos y diáconos* (Grand Rapids: Portavoz, 2012), 233-69; Thabiti M. Anyabwile, *Finding Faithful Elders and Deacons* (Wheaton, IL: Crossway, 2012), 19-43; Hammett, *Biblical Foundations*, 22-247; Dever y Leeman, *Baptist Foundations*, 311-29.
10. Ver los útiles capítulos de Matt Schmucker que describen este proceso en Newton y Schmucker, *Los ancianos en la vida de la iglesia*, caps. 2, 4, 6 y 8.

la iglesia en la ecuación hasta que no haya analizado la Palabra.[11] Recuerdo a un hombre del grupo de siete involucrados en nuestro debate que afirmó, cuando concluimos: "Bueno, no me gusta, pero es bíblico". Con esto basta para mí.

Avance con paciencia hacia la transición en lugar de actuar como una aplanadora

En ocasiones estamos tan entusiasmados en las cosas que hemos estudiado que suponemos que unos cuantos sermones o lecciones sobre el tema convencerán a todos. He observado cómo varios pastores intentaban pasar a la pluralidad de ancianos sin esta paciente enseñanza y estratificación, y se han dado de bruces con la división y la lucha. En semejante premura podríamos descubrir que la iglesia nos señala la puerta. Tal vez, por ello, Pablo le pidió a Timoteo que predicara la Palabra, pero "con toda paciencia y doctrina" (2 Ti. 4:2). Sí, usted quiere ver producirse la transición. Mejorará su forma de apacentar a la congregación. Intensificará el ministerio de la iglesia. Se tomarán decisiones más sabias. Sin embargo, sigue sin tener una excusa para machacar con impaciencia. Dele tiempo a la congregación para que confíe en usted y en su liderazgo antes de apresurarse a un cambio en el sistema de gobierno eclesial.

Es probable que se enfrente a algunos imprevistos: algunos disienten, otros se quejan y unos cuantos abandonarán la iglesia. Esto solo es parte de cualquier transición en una iglesia típica, en particular en las que no son sanas. Es mejor trabajar en la salud de la iglesia que cambiar su sistema de gobierno con la esperanza de que cambiará su sanidad. Establezca un buen fundamento bíblico en la sana doctrina antes de insistir en la enseñanza bíblica sobre el sistema de gobierno. Priorice el evangelio sobre un sistema de gobierno.

Usted no está dividiendo el Mar Rojo en la transición a la pluralidad de ancianos, pero sí está adentrándose en el territorio bíblico que puede resultar poco familiar para la iglesia. Podría haber asociaciones negativas con ancianos (p. ej., el gobierno de ancianos de otra denominación sin una estructura congregacional). Usted debe esforzarse con paciencia en estas cosas.

Preste atención al ministerio de los diáconos orientado al servicio mientras se adopta el liderazgo de una pluralidad de ancianos

En otras palabras, recalque que *no* se está deshaciendo de los diáconos conforme la iglesia realice la transición en su sistema de gobierno, sino que los ve como vitales para el ministerio total de la iglesia. Es probable que algunos piensen que los diáconos se vuelven inexistentes cuando hay ancianos. En su lugar,

11. Ver Newton y Schmucker, *Los ancianos en la vida de la iglesia*, cap. 1, para una visión histórica sobre los ancianos en la vida bautista.

explique e ilustre tanto la voz de la congregación bajo la pluralidad de ancianos como la función de los diáconos como siervos. Muestre cómo se produciría más ministerio, un mejor pastorado, una mayor atención hacia las viudas, eficiencia en las responsabilidades de la iglesia, rendición de cuentas del personal pastoral, etc. Que no le asuste admitir que no tiene todas las respuestas para todos los problemas potenciales que podrían surgir cuando se efectúa una transición. Del mismo modo, tampoco posee todas las contestaciones en el sistema de gobierno presente. Demuestre que está comprometido en servirles y apacentarles mientras los dirige en basar la vida de la iglesia y el liderazgo en la Palabra de Dios.

El liderazgo plural de ancianos fortalece a las iglesias. Pero asegúrese tanto como le sea posible que el proceso hacia esto no divida, sino que una a la congregación en la confirmación de la enseñanza de la Palabra de Dios.

En resumen

La estructura del liderazgo, en un sistema de gobierno de la iglesia, puede ser solo un área que necesita transición en la iglesia. Decidir el momento del cambio requiere sabiduría y sensibilidad al liderazgo del Espíritu. Establezca un sistema de gobierno bíblico para seguir con el crecimiento saludable de la iglesia, conforme los miembros se toman en serio su compromiso los unos con los otros en el cuerpo de Cristo. Pasar al liderazgo plural de ancianos/pastor sienta las bases para una fidelidad constante en el pastoreo de la congregación, mientras que la pluralidad de diáconos ayuda a los ancianos sirviendo a la congregación en los ámbitos físicos. La transición necesita mostrar amor y respeto por los que están en el liderazgo, mientras se instruye con paciencia a la iglesia en el sistema de gobierno bíblico.

Preguntas para la reflexión

1. ¿Qué es el sistema de gobierno de la iglesia?
2. ¿Por qué tenemos que preocuparnos de asegurarnos tener un sistema de gobierno saludable y bíblico en la iglesia?
3. ¿Qué tres consideraciones se ofrecen para asegurar que el proceso de transición en el sistema de gobierno de la iglesia no se tome a la ligera?
4. ¿Qué recomendaciones se proporcionan para instruir a la iglesia a fin de que entienda el sistema de gobierno bíblico?
5. ¿Cómo puede evitarse la tensión entre la forma en que se considera a los ancianos y los diáconos en el sistema de gobierno?

PREGUNTA **35**

¿Por qué los pastores deben dirigir la reforma de las prácticas de la membresía de la iglesia?

En la iglesia primitiva sucedió un fenómeno extraño. Un grupo de 120 hombres y mujeres se congregaron para orar, para un debate bíblico y para tener una intensa comunión durante poco más de una semana después de la ascensión de Jesucristo. Se devanaban la cabeza con lo que habían visto y experimentado con Jesús, y con lo que Él les había enseñado (Hch. 1:12-26). Su último mandamiento, permanecer en Jerusalén hasta que fueran revestidos del poder del Espíritu para testificar, los dejó esperando su misión (Lc. 24:48-49). Harían discípulos, los bautizarían y seguirían enseñándoles los mandamientos de Cristo (Mt. 28:19-20). Por medio de su testimonio, las personas se reunirían como *aprendices* de Cristo y de su evangelio, vivirían juntos y crecerían hasta formar un pueblo maduro que manifestara, de manera visible, el poder del evangelio.[1] El término *discípulos* no solo caracterizó la relación enseñanza/aprendizaje, sino que también se convirtió en sinónimo de *iglesia.*[2] Vinculados unos a otros y rindiéndose cuentas entre sí en una relación de enseñanza, aprendizaje, madurez, servicio y centrada en la misión, estos discípulos reunidos fueron las iglesias de diversos pueblos, ciudades y aldeas donde el evangelio echó raíces.

¿Con cuánta seriedad llevó la iglesia primitiva la vida de responsabilidad juntos como discípulos de Jesús? Algunos vendieron su propiedad para ayudar a aquellos de entre ellos que estaban en necesidad (Hch. 4:32-37). Cuando el engaño de una pareja amenazó la pureza y la unidad de ese grupo, cayeron fulminados al oír las palabras de Pedro (Hch. 5:1-11). En un tiempo cuando las viudas helenistas recibían escasa atención y apoyo del grupo, "toda la

1. El término para discípulo, *mathetés* (μαθητής) significa "aprendiz", lo que indica "apego a alguien en discipulado" (*NIDNTTE,* 3:224). Esto implica relaciones conjuntas de continuo aprendizaje centrado en la vida en Cristo.
2. Ver Hechos 6:2, "la multitud de los discípulos"; Hechos 9:19, "los discípulos que estaban en Damasco"; Hechos 9:38, "los discípulos" en Lida; Hechos 11:26, "Y se congregaron allí todo un año con la iglesia, y enseñaron a mucha gente; y a los discípulos se les llamó cristianos por primera vez en Antioquía"; y Hechos 14:28: "Y se quedaron allí mucho tiempo con los discípulos", en alusión a la iglesia de Antioquía que envió a Pablo y Bernabé.

congregación" (Hch. 6:5, NBLA) confirmó la propuesta de los apóstoles de establecer a siete diáconos modelos que sirvieran a sus necesidades (Hch. 6:1-6). Cuando las noticias sobre los nuevos creyentes de Antioquía llegaron "a oídos de la iglesia que estaba en Jerusalén", la iglesia envió a Bernabé para que ayudara a esta nueva congregación a continuar con su discipulado (Hch. 11:21-22). Las epístolas del Nuevo Testamento fueron dirigidas a iglesias locales específicas, corrigiendo su práctica, reprendiendo a los miembros que erraban, reforzando la doctrina apostólica y llamando a la unidad y la pureza entre ellos.

Si pertenecer a un cuerpo específico de creyentes locales tenía tal importancia en la iglesia primitiva, entonces este mismo *pertenecer* —o membresía como lo llamamos normalmente— debe tener prioridad en el enfoque del ministerio pastoral. Sin embargo, "pertenecer" significaba mucho más que un nombre en una lista. Indicaba *vida en común* en Cristo.[3] Las prácticas saludables de una membresía refuerzan juntos la vida en Cristo. Cuando estas necesitan ser reformadas, los pastores deben mostrar el camino. ¿Cómo puede hacerse esto?

La responsabilidad bíblica

En el Nuevo Testamento no se encuentra la palabra "membresía". Sin embargo, cuando consideramos el término que expresa *pertenecer* o *formar parte de un grupo o pueblo* o *un compromiso con otros centrado en una causa común,* entonces vemos la "membresía" a lo largo del NT. La iglesia que surge en Pentecostés refuerza la idea de pertenecer. Fueron bautizados juntos, "perseveraban en la doctrina de los apóstoles, en la comunión unos con otros, en el partimiento del pan y en las oraciones". Estaban "juntos, y tenían en común todas las cosas", incluso vendiendo sus propiedades y sus bienes para darlo a los que estaban en necesidad. Perseveraron "unánimes cada día en el templo, y partiendo el pan en las casas, comían juntos con alegría y sencillez de corazón, alabando a Dios, y teniendo favor con todo el pueblo" (Hch. 2:41-47).

3. Dietrich Bonhoeffer usó la frase "vida en comunidad" para describir a la iglesia (*Life Together/ Prayer Book of the Bible,* Dietrich Bonhoeffer Works, vol. 5, ed. Geffrey B. Kelly, trad. Daniel W. Bloesch y James M. Burtness [Minneapolis: Fortress, 2005]). Dado que estaba comprometido en formar a los seminaristas, quería que entendieran a la iglesia como un cuerpo y no como una institución fría y estéril. El editor explica: "Los seminaristas tenían que vivir unos *con* otros, pero solo en el espíritu de estar *a favor* unos de otros. Su comunidad era una reunión de estudiantes teológicos cuya "unión" debía caracterizarse por un amor generoso los unos por los otros, expresado en la disposición de servirse unos a otros, y hasta que hubiera inconvenientes entre ellos, interceder unos por otros en oración, extender perdón en el nombre del Señor y partir el pan de la Santa Cena" (8, cursivas originales). Esto describe la práctica de la iglesia en el libro de Hechos.

Pertenecer podría no haber incluido una lista de membresía, pero manifestaba un claro sentido de membresía los unos con los otros.[4]

Pablo le dijo a la iglesia efesia que vivieran unos con otros de tal manera —con humildad, mansedumbre, "soportándoos con paciencia los unos a los otros en amor"— que pudieran ser "solícitos en guardar la unidad del Espíritu en el vínculo de la paz" (Ef. 4:2-3). Cuando el Espíritu residió en el cuerpo corporativo, preservaron la unidad del Espíritu *en medio de ellos como miembros los unos de los otros* (Ef. 4:21-22). Cuando Pablo elogió a la iglesia de los filipenses por su generosidad para con él, ciñó su agradecimiento a los miembros de esta comunión unidos en su preocupación por él, mediante el suplido de sus necesidades (Fil. 4:10-20).

Pedro mostró la conexión o el pertenecer experimentados por las iglesias a las que se dirigía como "piedras vivas" que "son edificadas como casa espiritual y sacerdocio santo" (2 P. 2:5). Juan escribió a congregaciones particulares, a una en particular de forma críptica como "la señora elegida y a sus hijos", y a otra bajo el liderazgo de "Gayo, el amado" (2 Jn. 1; 3 Jn. 1). Consideró las cuestiones demostrando un conocimiento personal de un grupo unido en Cristo. La identidad de las siete iglesias de Asia Menor (Ap. 1–3) muestra con claridad a los miembros definidos de las congregaciones con responsabilidades unos con otros para testimonio de la iglesia en la comunidad y la rendición de cuentas al Señor.

La membresía de la iglesia, o lo que una iglesia local pudiera denominarla, tiene un firme precedente que les da responsabilidad a los miembros los unos por los otros. Como observa Jonathan Leeman: "La iglesia *es* su membresía".[5]

Preocupación pastoral

Las diversas exhortaciones a las labores pastorales apuntan a los ancianos/pastores de congregaciones locales particulares que sirven a sus necesidades pastorales particulares (Ef. 4:11-16; 1 Ts. 5:12-13; 1 Ti. 5:17; Tit. 1:9; He. 13:17; 1 P. 5:1-4). Con la membresía de la iglesia, los ancianos reconocen los límites dentro de los cuales ejercer sus ministerios designados por Dios. Los ancianos vivirían en la frustración si tuvieran que rendir cuentas por *cada uno* que viviera en su ciudad en lugar de aquellas personas que, por razón del pacto de unión que tienen en la membresía de una iglesia en particular, Dios llama a obedecer y someterse al liderazgo de los ancianos (He. 13:17).

---

4. Benjamin L. Merkle observa: "Aunque no hay pruebas en el Nuevo Testamento de que los nombres de los nuevos conversos se anotaran en una lista, esta sería coherente con la multitud de listados recogidos en el Antiguo Testamento" ("The Biblical Basis for Church Membership", en *Those Who Must Give an Account: A Study of Church Membership and Church Discipline,* eds. John S. Hammett y Benjamin L. Merkle [Nashville: B&H Academic, 2012], 32).
5. Jonathan Leeman, *La membresía de la iglesia: Cómo sabe el mundo quién representa a Jesús,* 9Marks Edificando Iglesias Sanas (Washington, DC: 9Marks, 2013), 55.

La membresía es una identificación *local.*[6] Con frecuencia, reformar la membresía de una iglesia implica el tedioso proceso de localizar a los miembros que se han mudado o que han dejado de asistir, para eliminarlos de la lista y así restringir la responsabilidad del ministerio pastoral.

Leeman ofrece lo que denomina una "torpe definición" de la membresía de la iglesia, pero que demuestra ser útil para entender la preocupación pastoral en dicha membresía: "*La membresía de la iglesia es una relación formal entre la iglesia y el cristiano, caracterizada por la confirmación y la supervisión eclesial del discipulado del cristiano, y la sumisión del cristiano para vivir su discipulado bajo el cuidado de la iglesia*".[7] Aunque toda la iglesia trabaja conjuntamente para ayudarse los unos a los otros como miembros que viven como discípulos de Jesús, los pastores/ancianos sirven como maestros y modelos principales para la iglesia (1 Ti. 3:2; 5:17; Tit. 1:9; He. 13:7). Como pastores, protegen al rebaño de la falsa doctrina y de la herejía destructora. Como ancianos, son el modelo de la vida cristiana y dirigen con sabiduría a la iglesia para que siga con fidelidad la enseñanza de la Palabra de Dios. Como obispos, toman la iniciativa en ayudar a la iglesia a cumplir sus responsabilidades dadas por Dios. Quienes no asisten con regularidad (al margen de razones físicas) no pueden realizar esto con efectividad. Los pastores necesitan saber de quiénes son responsables. Una membresía exacta de los que siguen los requisitos de la membresía de la iglesia hace que esto sea posible. De otro modo, la iglesia tendría que abordar el proceso de definir de nuevo los requisitos de la membresía y dar pasos para eliminar a los que no deseen seguir en pacto unos con otros.

Dado que los pastores tienen este tipo de responsabilidad y rinden cuentas a Cristo por cómo han apacentado a su pueblo, no pueden ser casuales respecto a la membresía de la iglesia (Hch. 20:25-31; He. 13:17). Como líderes de la iglesia, deben procurar cultivar una atmósfera donde los miembros se cuiden y se alienten entre sí (He. 10:24-25). Esto se produce mejor cuando las prácticas de la membresía de la iglesia reflejan el precedente de la iglesia primitiva.

La vida en comunidad

La membresía de la iglesia debe limitarse a personas regeneradas[8] y comprometidas en ayudarse los unos a los otros a vivir juntos la vida cris-

6. Las excepciones son los miembros en el servicio militar en misión, en la universidad o circunstancias similares que les impide la participación local. La iglesia debe seguir sirviéndoles según se justifique.
7. Leeman, *La membresía de la iglesia,* 79 (cursivas originales).
8. Los miembros que no demuestran una vida regenerada podrían estar sujetos a la disciplina de la iglesia (Mt. 18:15-20).

tiana.[9] Los más de cuarenta pasajes neotestamentarios de "unos a otros" solo se pueden practicar cuando las personas se reúnen con regularidad y participan los unos en la vida de los otros. ¿Cómo nos amamos unos a otros (Jn. 13:34), nos sujetamos unos a otros (Ef. 5:21), nos alentamos y nos edificamos los unos a los otros (1 Ts. 5:11), nos entregamos unos a otros en amor fraternal (Ro. 12:10), somos hospitalarios unos con otros (1 P. 4:9), nos damos preferencia unos a otros en honra (Ro. 12:10), nos amonestamos unos a otros (Ro. 15:14) a ser benignos unos con otros (Ef. 4:32) cuando se está continuamente ausentes? No puede ser. Esto requiere una membresía en la iglesia que refleje a aquellos que se *identifiquen* con Cristo y su cuerpo, y los que se unen para *practicar comunidad* con el cuerpo local de Cristo.[10] Fuera de esta identidad y comunidad, la membresía neotestamentaria de la iglesia no existe. Por tanto, si la práctica de la iglesia demuestra ser de otro modo, los pastores deben dirigir en la reforma de las prácticas de la membresía de la iglesia. ¿Cómo debe producirse esta reforma?

Pulir la membresía

La mayoría de las iglesias tienen algún tipo de requisito y expectativa de membresía declarado en el documento de constitución y sistema de gobierno de la iglesia. Considere lo siguiente:

1. Si estos documentos aprobados proporcionan un buen fundamento para la membresía, entonces la implementación podría ser lo único que necesite iniciar a la hora de pulir la membresía.
2. Sin embargo, el sistema de gobierno tiene que cambiar si los requisitos de membresía carecen (a) de la necesidad de claras muestras de regeneración, (b) de clases de membresía para explicar la declaración doctrinal y el pacto de la iglesia, (c) de una entrevista con algunos de los pastores/ancianos para discernir el entendimiento del evangelio y el testimonio cristiano, (d) de una participación habitual en la vida de la iglesia, y (e) de la rendición de cuentas para vivir como fieles cristianos.
3. Si la práctica bíblica de la disciplina de la iglesia para los miembros descarriados no se incluye (y se practica cuando es necesario), entonces también debe cambiarse (Mt. 18:15-20; 1 Co. 5).

---

9. Las excepciones para vivir una vida en común sería para los miembros recluidos o con enfermedades que les impide la participación. Incluso en el caso de los recluidos, algunos continúan el ministerio en el cuerpo mediante llamadas telefónicas, enviando notas y hasta invitando a otros a sus hogares para tener comunión.
10. James G. Samra, *Being Conformed to Christ in Community: A Study of Maturity, Maturation and the Local Church in the Undisputed Pauline Epistles,* T&T Clark Biblical Studies (Londres: T&T Clark, 2006), 134.

4. Si estos documentos necesitan ser modificados, el pastor debe dirigir la forma de hacerlo, estableciendo un trabajo preliminar bíblico para entender la naturaleza de la iglesia, sus miembros, la vida en común, y lo que la iglesia primitiva valoró en sus miembros. Este proceso podría llevar varios años hasta dar fruto, pero se debe realizar con cuidado y tan pronto como sea posible.[11] Hasta que el proceso de membresía de una iglesia no siga los patrones bíblicos, será difícil mejorar su salud eclesial.

Mark Dever bosqueja doce pasos prácticos para desarrollar una membresía con sentido en la iglesia:[12]

1. Proclame con regularidad el evangelio en su predicación.
2. Tenga y use de manera congregacional la declaración de fe y el pacto de la iglesia convenidos.
3. Exija asistencia a las clases de membresía antes de admitir a los individuos en la membresía de una congregación.[13]
4. Exija una entrevista después de que cada individuo haya seguido las clases de membresía, pero antes de que hayan sido recomendados a la congregación para entrar en la membresía.
5. No bautice a bebés y tenga mucho cuidado con bautizar a niños pequeños para que entren en la membresía de la iglesia local.
6. Entienda que la admisión en la membresía de la iglesia es un acto de la congregación.
7. Publique un directorio de membresía en la que los miembros de la iglesia están representados por nombre, fotografía, dirección, correo electrónico, números de teléfono del trabajo y de casa.
8. Someta a los miembros a una supervisión pastoral activa.
9. Trabaje para crear una cultura del discipulado en la iglesia.
10. Limite algunas actividades, acontecimientos y ámbitos de servicio a los miembros.
11. Después de instituir de nuevo la membresía en la iglesia, reviva la práctica de la disciplina correctiva eclesial (incluida la excomunión o la exclusión).

---

11. Ver Hammett y Merkle, *Those Who Must Give an Account,* para un estudio útil de la membresía y la disciplina de la iglesia. Ver también en este libro, las Preguntas 32, 33, 34 y 36.
12. Mark E. Dever, "The Practical Issues of Church Membership", en Hammett y Merkle, *Those Who Must Give an Account,* 96-101.
13. Ver Mark Dever y Paul Alexander, *The Deliberate Church: Building Your Ministry on the Gospel* (Wheaton, IL: Crossway, 2005), 59-64.

12. Finalmente, recupere algo de la grandeza del plan de Dios. Recuérdele a la congregación que la historia en la que estamos involucrados es mayor que nuestra congregación local.

En resumen

Las iglesias deben estar convencidas del fundamento y de la práctica bíblica de la membresía eclesial. Sus pastores sabrán a quiénes sirven en el pastoreo y enseñanza al comprender la estructura y los límites de la membresía. En las iglesias donde se hace un pacto con los miembros, se animarán y se estimularán mutuamente para avanzar, fomentando el crecimiento en su salud y su testimonio. Refinar las prácticas de la membresía podría llevar tiempo, pero debe ser una prioridad para los pastores y para el liderazgo de la iglesia.

Preguntas para la reflexión

1. ¿Cuáles son algunas de las pruebas de membresía en la iglesia primitiva?
2. ¿Qué significa la expresión de Bonhoeffer "vida en comunidad"?
3. ¿Cómo proporcionan las epístolas del NT pruebas de la membresía de la iglesia?
4. ¿Cómo debe empezar una iglesia a refinar sus prácticas de membresía?
5. ¿Por qué son necesarias las clases para el proceso de membresía?

PREGUNTA **36**

¿Cómo pueden reconocer los pastores el ritmo correcto de la revitalización de la iglesia?

¿Ha tenido que revitalizar alguna vez la iglesia que usted plantó? Yo sí. Cinco años después de plantarla, se hizo dolorosamente evidente que necesitábamos una revitalización. Durante ese período, mi pobre comprensión teológica empezó a cambiar. Por medio de la exposición de las Escrituras me encontré frente a frente con verdades teológicas en las que nunca había trabajado hasta el final. Mi corazón se inundó de gozo y deleite ante lo que Dios me estaba enseñando. Mientras aprendía, también enseñaba con fervor a mi congregación. Algunos respondieron con el mismo tipo de gozo que yo había experimentado; otros, con escepticismo. Yo seguí predicando, enseñando y dialogando mientras apacentaba a la congregación para que aceptara la doctrina de la Palabra de Dios.

Este cambio teológico afectó naturalmente a nuestra metodología y adoración. A esas alturas, la necesidad de revitalización empezó a aflorar. A pesar del crecimiento en número (tristemente no en salud), la iglesia tuvo graves defectos en lo que se refiere a comprender la autoridad de las Escrituras, el evangelio y sus implicaciones, la eclesiología y la misión de la iglesia. Cuando rechacé mi pragmatismo anterior, algunos de los líderes clave de la iglesia no estuvieron de acuerdo. No querían una iglesia dirigida por la enseñanza de las Escrituras y centrada en el evangelio. Ingenuamente no pensé que esos "amigos" llegarían tan lejos como para oponerse a la nueva dirección, y que escucharían la enseñanza de la Palabra y la seguirían.

Al principio, lo desaprobaron en silencio, a continuación murmuraron entre ellos mismos y, al final, sus quejas se propagaron por toda la iglesia. Al mismo tiempo, las personas que me habían ayudado a iniciar la iglesia empezaron a tramar un plan para que me despidieran. La cosa alcanzó un punto crítico cuando los maestros de las dos clases más importantes de escuela dominical empezaron a reunirse con un hombre que era un líder emergente en la iglesia. Querían que se uniera a ellos para echarme. Durante el desayuno, se levantó y los confrontó bíblicamente. En ese momento, al posicionarse él, el plan de ellos comenzó a desmoronarse. Pero, antes de marcharse, infectaron tanto a la iglesia que, tras un período de tres años, un sesenta y cinco por ciento de la congregación se había ido.

Por aquel entonces nos encontrábamos en el octavo año de nuestra iglesia. La mayoría de los que prometieron pagar por el nuevo edificio en el que nos encontrábamos se habían ido. Nuestra situación económica se redujo con la congregación. Pero el Señor de la iglesia nos sostuvo en sus manos, nos sustentó durante los días difíciles y empezó a transformar a la congregación semana a semana. El sentido de la unidad en la iglesia nos asombró. Lo atesoramos como un regalo de Dios. Entendimos esta unidad centrada en Jesucristo y su evangelio. Cada aspecto de la iglesia —la predicación, la enseñanza, la capacitación, los niños, los estudiantes, la educación preescolar, la música y los oficiales de la iglesia— iban en la misma dirección, amaban el mismo evangelio, adoraban al mismo Señor Jesús, dependían del mismo Espíritu Santo y se deleitaban en el estudio de la misma Biblia. La revitalización se produjo sobre las alas de la Palabra de Dios, la oración y amarnos unos a otros en el cuerpo.

Cada iglesia en la que había servido necesitó revitalización. Según mi observación, la mayoría de las iglesias en las que mis amigos han servido han tenido la misma necesidad. Sin embargo, la revitalización no se produce con rapidez ni mediante breves pastorados. Exige la disposición de un pastor a sufrir dificultades, a resistir a la oposición, a ejercer paciencia en la enseñanza y en la predicación, a seguir apacentando incluso a aquellos que son difíciles de pastorear, y esperar en el Señor para que realice la obra transformadora y revitalizadora en la iglesia que solo Él puede hacer. ¿Cuál es el ritmo de la revitalización adecuada de la iglesia? Pensaremos en ello bajo dos categorías.

Evalúe los problemas que causan la necesidad de revitalización

Algunos asumen un nuevo pastorado con abundantes planes y programas. Las iglesias no suelen preocuparse por estos temas mientras no alteren su *statu quo* o el llamado a la obediencia radical a Jesucristo. Asocian a los nuevos pastores con nuevos programas y con unas pocas nociones a las que ajustarse. Pero planes y programas no hacen discípulos. Solo la Palabra de Dios proclamada con fidelidad en el poder el Espíritu Santo puede cambiar a una congregación en fieles seguidores de Jesucristo (1 Co. 2:1-5).

Por tanto, espere que la mayoría de las iglesias reaccionen a un pastor que expone fielmente las Escrituras. El llamamiento al arrepentimiento y a la fe en Cristo, haciendo hincapié en el evangelio y en sus implicaciones para todo en la vida, y ordenar la vida de la iglesia en torno al evangelio expone la incredulidad. A menos que una iglesia haya sido reordenada por el evangelio, las reacciones acabarán produciéndose, unas veces de inmediato o al menos en los seis meses o el año siguiente. Por consiguiente, los pastores necesitan evaluar con cuidado las cuestiones que provocan la necesidad de la revitalización en su congregación para poder tratarlas con regularidad por medio de la predicación, la enseñanza y el discipulado.

1. Punto de vista de las Escrituras

Mi denominación (SBC) libró una batalla histórica por la autoridad de las Escrituras durante muchos años y, finalmente, obtuvo la victoria; declaramos que somos el pueblo del Libro. Sin embargo, seguimos enfrentándonos al mayor problema: ¿Qué *enseña* esta Biblia inerrante en la que usted afirma creer? Una congregación *que proclama* creer en la Biblia no dice gran cosa hasta que la practican en su vida cotidiana. ¿Es la Biblia autoritativa para la salvación, la vida, la doctrina, el sistema de gobierno y el ministerio? Algunos piensan que con la membresía de la iglesia o con el bautismo basta para la salvación, al margen de la obra regeneradora del Espíritu (Jn. 3:1-8; Hch. 11:18; 1 Co. 1:26-31; Tit. 3:5-7; 1 P. 1:17-25). Cuando los que sostienen tales opiniones ascienden al liderazgo en la congregación, esa iglesia se enfrenta a tiempos peligrosos. Ignoran la instrucción de la doctrina bíblica y sus designios para el ministerio y la misión. En vez de que la Biblia regule la adoración de la iglesia leyendo las Escrituras en público, oren las Escrituras, canten las Escrituras, confiesen las Escrituras juntos y prediquen la Escrituras, quieren cultos de adoración que los haga sentir mejor respecto a su estilo de vida, creencias y elecciones.[1] Cuando vea esto, la iglesia necesita revitalización.

2. Punto de vista del evangelio

Lo que una iglesia cree sobre el evangelio de Jesucristo revelará a un pueblo redimido y entusiasmado respecto a servir a Cristo o a unas personas disfrazadas de cristianos. Se deben formular preguntas: ¿Tiene la iglesia claro el evangelio? ¿Es central el evangelio en la vida y la adoración de la iglesia? ¿Existe una conversación constante, gozosa y agradecida sobre la obra del evangelio entre los miembros? ¿Cree la iglesia en el evangelio hasta el punto de insistir en una membresía regenerada? ¿Existe reconocimiento y una profunda convicción de que solo por medio de la fe en Jesucristo revelada en el evangelio el pecador será perdonado y transformado en una nueva creación? ¿Quiere la iglesia que el pastor siga predicando y aplicando el evangelio conforme expone las Escrituras?

---

1. Brian Croft, *Biblical Church Revitalization: Solutions for Dying and Divided Churches* (Fearn, Ross-shire, UK: Christian Focus, 2016), 91-97.

3. Punto de vista de una iglesia del Nuevo Testamento

Parte integrante de aferrarse a la autoridad de las Escrituras y creer el evangelio bíblico es la opinión de una congregación respecto a aquello que el Nuevo Testamento denomina iglesia. ¿Aclaran las Escrituras o la cultura lo que es la iglesia y cómo debe conducirse? ¿Existe el humilde reconocimiento de que Jesús murió por la iglesia (Hch. 20:28) de manera que la iglesia podría ser su cuerpo y su esposa (Ef. 1:22-23; 5:23-32)? ¿Se considera a la iglesia o al individuo el enfoque de Jesús y su obra redentora (Ef. 1:3-14)? ¿Existe un entendimiento de la necesidad de la regeneración para ser verdaderamente parte del cuerpo de Cristo (Ef. 2:4-10)? ¿Existe el deseo de que la iglesia sea pura y santa (Ef. 5:27)? ¿Existe reconocimiento de que la forma en que la iglesia está organizada y gobernada no debe dejarse a la cultura o la tradición, sino a la revelación de las Sagradas Escrituras (1 Ti. 3:1-13; Tit. 1:5-9)? ¿Existe el deseo de unidad en el Espíritu en el vínculo de la paz (Ef. 4:3)? ¿Existe el entendimiento de que la sana doctrina es fundamental para una iglesia saludable (Ef. 4:11-16; Tit. 2:1)? La congregación podría no comprender por completo todo lo que la Biblia enseña sobre la iglesia. Pero ¿se está moviendo esta en una dirección bíblica? ¿Desean la congregación y sus líderes seguir lo que las Escrituras enseñan sobre la iglesia?

4. Punto de vista de la misión de la iglesia

¿Ven los miembros a la iglesia como el cuerpo de Cristo y, por tanto, se comprometen en la misión de Cristo en el mundo (1 Co. 12; Ef. 3:4-13)? ¿Creen que *solo* la iglesia constituye el pueblo de Dios y su familia redimida (Jn. 1:12-13; Ef. 2:19-22; 5:1-2; 1 P. 2:9-10; Ap. 1:5-6; 21:9-11)? ¿Creen que la iglesia debe vivir en contraste con el mundo como testimonio del poder del evangelio (1 P. 1:13-16; 2:11-12)? ¿Creen que ahora debe ser una embajada del cielo y sus miembros embajadores de Cristo (2 Co. 5:16-21; Fil. 3:20-21)?[2] ¿Creen que a la iglesia se le ha encomendado vivir el testimonio del evangelio y proclamarlo de manera local e internacional con vistas a hacer discípulos (Mt. 28:18-20; Ro. 1:16-17; 1 P. 2:11-12)? ¿Creen que los miembros de la iglesia deben amarse y servirse los unos a los otros como prueba de que Cristo vive en ellos, y como testimonio al mundo que observa (Ro. 12:3-13; 15:1-7; Ef. 4:1-3; 4:14–5:2)?

¿Por qué todas estas preguntas? Sirven para ayudar al pastor a reflexionar mientras estudia sus textos dominicales y prepara la aplicación de la Palabra a la congregación. Las oportunidades surgen la mayoría de los domingos

2. Jonathan Leeman, *Political Church: The Local Assembly as Embassy of Christ's Rule* (Downers Grove, IL: IVP Academic, 2016), 22.

para realizar una firme aplicación en uno de estos ámbitos críticos, si no en todos, que revelan el verdadero corazón de la iglesia. Como lo expresa Andy Davis con gran sabiduría: "Si quiere reformar a una iglesia, centre todos sus esfuerzos en esto: la fiel enseñanza y predicación de la Palabra de Dios".[3] Al tener una clara imagen de los problemas que causan la necesidad para la revitalización, la predicación del pastor ayudará a la iglesia a ver que Dios ha hablado respecto a su iglesia.

Establezca un ritmo de avance hacia la revitalización

Considere cinco aspectos importantes del paso hacia la revitalización.

1. Pastoree a la iglesia

Un pastor puede llegar a estar tan obsesionado con los problemas que provocan la necesidad de revitalización que olvide la necesidad más básica: apacentar al rebaño. La iglesia podría necesitar revitalización por "la progresión de pastores negligentes e infieles".[4] El pastor que tiene carga por ver a Cristo formado en la iglesia (Gá. 4:19) no debe descuidar el apacentar a la oveja herida que sufre. Tómese tiempo para visitar a los miembros, comer con ellos, escuchar sus quejas sin reaccionar, observar su respuesta a su amable cuidado, calibrar su grado de escucha a la Palabra expuesta y reflexionar sobre los sermones con ellos. Inicie un sencillo estudio bíblico o un grupo de discipulado. Céntrese en discipular a la iglesia en lugar de intentar hacer cambios durante ese primer año (o incluso más).

2. Predique de manera expositiva por todos los libros de la Biblia

Deje que la Palabra de Dios haga la obra de revitalización. Como bien afirmó Martín Lutero, sobre la Reforma en Alemania: "Sencillamente enseñé, prediqué, escribí la Palabra de Dios; aparte de esto no hice nada... La Palabra lo hizo todo".[5]

Insista en el evangelio, en la conversión genuina, las pruebas de la regeneración y las aplicaciones del evangelio en su predicación.[6] Resalte las aplicaciones en los sermones. El pastor no necesita anunciar los cambios que espera hacer. Limítese a aplicar la Palabra. Que sea ella la que realice la obra en los corazones de la iglesia. Tómese el tiempo para preguntar a los congregantes lo que están aprendiendo de la Palabra. Programe quizás tertulias el domingo por la noche o a mitad de semana sobre el sermón donde explique de forma

---

3. Andy Davis, "The Reform of First Baptist Church of Durham", *9Marks,* 27 de octubre de 2011.
4. Croft, *Revitalization,* 57.
5. Martín Lutero, citado por Davis, "Reform", 10.
6. Ver Pregunta 25 para las recomendaciones de un plan de predicación.

más amplia las doctrinas difíciles. No se acobarde ante las voces ásperas ni las amenazas, ya que, como pastor, usted rendirá cuentas a Dios por su forma de apacentar al rebaño (He. 13:17). Demuestre amor y preocupación por el cuerpo, así como el compromiso a permanecer largo tiempo —un mínimo de diez años— para pastorearlos a través de los cambios.[7]

3. No se sorprenda con el rechazo

Es probable que alguno se oponga a la predicación bíblica y el énfasis en el evangelio de Jesucristo. Ciertamente objetarán al modelo bíblico de una iglesia en el NT. Cuando esto suceda, permanezca firme. *A menos que el pastor esté dispuesto a estar firme y a proseguir con la obra de la revitalización bíblica, esa iglesia permanecerá probablemente en la esclavitud a la apatía espiritual, la frialdad y la falta de vida.* La revitalización exige pastores valientes que dependan de Cristo por amor a su iglesia. Estar en la presencia de bravucones de iglesia nunca es fácil, pero Cristo no nos ha llamado a una vida de comodidad. Como Pablo le dijo a Timoteo: "Participa de las aflicciones por el evangelio según el poder de Dios… Tú, pues, sufre penalidades como buen soldado de Jesucristo" (2 Ti. 1:8; 2:3).

4. Sea sensible al Espíritu Santo

Sea un hombre de oración. Jesucristo ha prometido que las puertas del Hades no prevalecerán contra su iglesia (Mt. 16:18). Busque, por tanto, su rostro. Confíe en sus promesas. Invoque su nombre para que obre en medio de su pueblo, aunque esto signifique que quite a algunos que no le siguen de manera genuina. Viva y camine en el Espíritu para que siga siendo sensible a los impulsos respecto a cuándo hablar y cuándo guardar silencio, a quién retar e instruir, y a quién confrontar e instar al arrepentimiento. Camine siempre en humildad con Cristo y con valentía en la verdad.

5. Sea decisivo cuando llegue el momento de actuar

Esté dispuesto a enfrentarse a la pérdida.[8] Esté dispuesto a sufrir una oposición intensa. Esté dispuesto, si es necesario, incluso a una reducción

---

7. Brian Croft, *Revitalization,* 103. Concuerdo con diez años como mínimo, pero es mejor más tiempo.
8. El testimonio de Andy Davis sobre la reforma bíblica en la First Baptist Church, Durham, mostró su disposición a perder algunas batallas con el fin de ganar la guerra; *Reform,* 1-8. Ver el periódico *9Marks* de noviembre-diciembre 2011 para más artículos sobre la revitalización: https://www.9marks.org/journal/revitalize-why-we-must-reclaim-dying-churches-and-how. Para una discusión animada sobre la revitalización, ver Mike McKinley, *Church Planting Is for Wimps: How God Uses Messed-Up People to Plan Ordinary Churches That Do Extraordinary Things* (Wheaton, IL: Crossway, 2010).

de salario para ver realizada esta obra de revitalización.[9] Si es cuestión de cambiar de sistema de gobierno y pasar a una pluralidad de ancianos, o establecer clases de membresía como requisito previo a ser miembro, o exigir que se firme un pacto de iglesia que exprese el compromiso del miembro con el cuerpo, o cambiar los documentos de gobierno de la iglesia, o modificar la adoración para reflejar la centralidad del evangelio, hágalo de manera decisiva, valiente y en humilde dependencia del Señor. El primer intento podría no llegar a buen fin. Por tanto, siga apacentando al rebaño, exponiendo la Palabra, haciendo hincapié en el evangelio, orando para que el Señor obre y siendo sensible al Espíritu. La segunda o la tercera vez que pretenda realizar cambios importantes podría ser el momento cuando cedan los que se oponen al ministerio bíblico. Cuando esto suceda, la iglesia comenzará a cambiar de manera significativa para la gloria de Dios.

En resumen

La mayoría de las iglesias que llaman a un hombre para servir como pastor necesitarán revitalización. Antes de procurar hacer modificaciones adecuadas hacia la revitalización, los pastores precisan determinar que permanecerán el tiempo suficiente para ver el final del proceso. Tienen que estar dispuestos a afrontar las dificultades exigidas para esta fiel obra de apacentar a una congregación hasta que la Palabra haga su trabajo por medio del poder del Espíritu Santo. Entonces, la dificultad y el esfuerzo merecerán la pena para ver a una iglesia que crece en salud, unidad y fidelidad al evangelio.

Preguntas para la reflexión

1. ¿Qué problemas revelan la necesidad de una revitalización de la iglesia?
2. ¿De qué forma es central el evangelio para entender la vitalidad espiritual de una iglesia?
3. ¿Cuál es el enfoque más importante que un pastor puede tener al dirigir a una iglesia hacia la reforma bíblica?
4. ¿Cómo debe manejar un pastor las objeciones a la revitalización?
5. ¿Cuándo sabe el pastor que es hora de emprender una acción decisiva hacia la revitalización?

---

9. No le estoy aconsejando que descuide las necesidades de su familia. Haga todo lo posible para cuidar de ella, sobre todo de cuidar a su esposa durante el período difícil de la revitalización. Yo acepté un recorte de salario y trabajé fuera de la iglesia para completar mis ingresos durante un tiempo. La pérdida se recuperó pronto cuando la iglesia realizó el cambio.

PREGUNTA **37**

¿Cómo deben los pastores ayudar a su congregación a afrontar el sufrimiento?

Cada libro de la Biblia considera el sufrimiento de forma explícita o implícita. Génesis muestra el principio del sufrimiento en la caída (Gn. 3). Jueces revela el sufrimiento nacional con la desobediencia que llevó a la opresión. Ester narra la amenaza de aniquilar a los judíos. Malaquías desafía al pueblo posexílico a experimentar la pérdida a través del descuido espiritual. El Antiguo Testamento considera cada ángulo del sufrimiento en un mundo caído.

El Nuevo Testamento hace lo mismo. Juan advierte de la tribulación en el mundo (Jn. 16:33). Hechos muestra a la iglesia enfrentándose a la persecución (Hch. 3–28). Romanos vincula la gloria con el sufrimiento (Ro. 8). En 1 Timoteo se identifica el sufrimiento a través de la falsa enseñanza (1 Ti. 1:3-7; 4:1-5; 6:3-5). En 3 Juan se expone el sufrimiento por medio de un líder autoritario (3 Jn. 9-10). Apocalipsis describe el sufrimiento como preludio del regreso de Cristo.

A lo largo de las Escrituras, la esperanza en Cristo brilla resplandeciente contra este telón de fondo del sufrimiento.

El sufrimiento acompaña a la humanidad. Las generaciones anteriores, donde la deprimente expectativa de vida y la mortalidad infantil los confrontaba a diario, comprendieron la normalidad del sufrimiento.[1] Nuestra generación —al menos en Occidente, con tantos derechos percibidos— parece a menudo sorprendida ante el padecimiento. Sin embargo, la mayor parte del mundo vive en la pobreza, en la opresión desenfrenada, en la enfermedad, en el conflicto civil, la inflación en espiral, el cuidado sanitario limitado, los desastres naturales, crueles dictadores, leyes desiguales, la persecución contra los cristianos y un sinfín de otras formas de sufrimiento.

El sufrimiento no conoce fronteras. Podría adoptar formas diferentes en Occidente, pero sus efectos demuestran ser tan duros y asoladores como aquellos a los que otros se enfrentan. La enfermedad debilitadora, la muerte de un cónyuge joven, la incapacidad de concebir, desigualdades en el lugar

1. Matthew McCullough, *Remember Death: The Surprising Path to Living Hope* (Wheaton, IL: Crossway, 2018), 31-56.

de trabajo, el suicidio, el racismo, el abuso sexual, la pobreza, la pérdida de empleo, el rechazo, niños caprichosos, adicciones, enfermedades terminales, desunión en la iglesia, falsa doctrina, hábitos pecaminosos, la enfermedad mental, la opresión social y muchas cosas más suceden en la vida de aquellos a los que Dios nos llama a apacentar. Sin embargo, el evangelio cambia la forma de enfrentarnos al sufrimiento. Los pastores viven con el reto de caminar junto a sus miembros cuando estos sufren. Pero, antes de que suceda en sus muchas facetas, los pastores deben ayudar a sus congregaciones a afrontar el sufrimiento con confianza en la fidelidad de Dios para con sus hijos. ¿Cómo pueden los pastores, a lo largo de sus constantes ministerios, preparar a su pueblo para que se enfrente al sufrimiento? Consideremos cinco formas de preparar a nuestras congregaciones para el padecimiento:

1. Viva de verdad con su rebaño

El pastorado exige un estrecho contacto con las ovejas. Del mismo modo, un ministerio pastoral eficaz implica involucramiento con nuestro pueblo. Predicamos y enseñamos la Palabra de Dios, mientras aplicamos la verdad en nuestras interacciones normales y corrientes. Vivimos los unos entre los otros, compartimos comidas, oramos unos por otros, reímos y lloramos juntos. De estas relaciones aprendemos a amarnos unos a otros con profundo cuidado, compasión, interés y servicio que surge de la relación con Cristo. Amándonos unos a otros, unimos nuestras manos y nuestros corazones cuando llega el sufrimiento (1 Co. 12:26). En ese momento, la forma en que hayamos amado, servido y escuchado a lo largo de un período de años produce el resultado esperado cuando caminamos junto a los hermanos y hermanas que sufren. Procuramos llevar la carga con ellos en nuestras oraciones, nuestras lágrimas y nuestros actos de apoyo y cuidado.

Si los pastores descuidan vivir y construir relaciones con el cuerpo, su voz pastoral se debilitará cuando el sufrimiento golpee a sus miembros. El ministerio pastoral en la vida cotidiana de la congregación establece el escenario para servir en tiempos difíciles.

2. Reflexione en la enseñanza de la Biblia sobre el sufrimiento

Me asombra ver que cada libro de la Biblia presenta alguna noción de sufrimiento. Incluso en el romántico Cantar de los Cantares de Salomón, la esposa indica que experimentó un trato duro a manos de sus hermanos (Cnt. 1:6). Con frecuencia, las realidades del pecado acarrean padecimiento a través de la culpa, el desánimo, el quebranto, la destrucción de la familia y las calamidades nacionales (p. ej., 2 S. 11–20; Jue. 6). Muchos de los profetas revelan el sufrimiento del juicio divino por el pecado (p. ej., Amós, Nahúm).

Sin embargo, otros padecen con desesperación (Sal. 42), la muerte de un hijo (Lc. 8:40-42, 49-56), el fallecimiento de un cónyuge (Rt. 1:1-21), la persecución por proclamar la verdad (Jer. 32), una enfermedad debilitante (Lc. 8:43-48), una calamidad nacional (Lm.) o una discapacidad no especificada (2 Co. 12:7). Los Salmos, Lamentaciones, Job y Apocalipsis, en particular, nos enseñan cómo lamentarnos cuando nos encontramos con el sufrimiento.[2]

Exponemos nuestras congregaciones a las realidades del sufrimiento cuando predicamos con regularidad la Palabra de Dios. Mostramos que llega bajo todas las formas y dimensiones, y no se excluye a nadie de sufrir. Necesitan ver y escuchar la descripción que las Escrituras hacen de la fuerza contundente del sufrimiento con el fin de prepararlos para afrontar el padecimiento en el presente. Pero más aún, les enseñamos cómo vivir en el sufrimiento cuando esas mismas exposiciones dejan claro el poder y el efecto del evangelio de Cristo. Aquí les enseñamos a vivir con la radiante esperanza en el evangelio. La muerte y la resurrección de Cristo, así como las promesas del evangelio, apoyan a su pueblo en los momentos más difíciles. Les enseñamos cómo el sufrimiento nos despega de aferrarnos al mundo como algo supremo de manera que descansemos en las manos del Supremo.

3. Construya un marco teológico para enseñar sobre el sufrimiento

Una buena teología nos ata a la verdad que funciona en el crisol de la vida. Una exposición rica en doctrina expresa la teología desde sus raíces en el texto bíblico, de manera que los miembros aprenden a aplicar la Palabra que están leyendo y oyendo. Al margen de la salvación, podría no haber un ámbito en la vida que más necesite una estructura teológica que viajar a través del sufrimiento. Los creyentes agobiados por la amarga fuerza del sufrimiento necesitan ver el designio de Dios para seguir perseverando durante el padecimiento.

Durante dos períodos sabáticos dediqué tiempo a estudiar la enseñanza bíblica sobre la esperanza. A continuación, en julio del 2018 se me diagnosticó un extraño linfoma no-Hodgkins que me llevó a aferrarme a lo que había estudiado. El marco teológico que consideraba la naturaleza de Dios, la soteriología, la antropología, la providencia, la escatología y la cristología me alentó en la gravedad a la que me enfrentaba. Habiendo enseñado sobre estas verdades teológicas en mi ministerio expositivo con regularidad, no solo me preparó para experimentar este sufrimiento físico y mental constante, sino que también les sirvió a mi esposa, mis hijos y mi congregación.

---

2. Ver Mark Vroegop, *Nubes oscuras, misericordia profunda: Descubre la gracia de Dios en el lamento* (Grand Rapids: Portavoz, 2021), quien demuestra con claridad el lugar del lamento en la vida cristiana y de adoración.

Viví de primera mano que un marco teológico bien fundamentado provee a los miembros sufrientes una torre fuerte de refugio en la fidelidad del Señor para con su pueblo.[3]

4. Acompañe a sus miembros en el sufrimiento

Poco después de un año de tratamiento para el linfoma de células de manto, mi esposa y yo reflexionamos una noche sobre lo difíciles que habían sido los meses pasados, sobre todo cuando el tratamiento se intensificó y fue necesario el ingreso hospitalario. Sentía una debilidad nunca imaginada. En la oscuridad de la noche, conectado a un portasueros desde el que goteaba un producto químico venenoso que entraba en mis venas, sentí que la muerte me había envuelto. Sin embargo, el cuerpo de Cristo oraba. Familiares y amigos me visitaban, me enviaban mensajes de texto, me escribían correos electrónicos y me llamaban. En el momento más adecuado alguien ofrecía una palabra de aliento, una tarjeta que elevaba mi espíritu o me proporcionaba la energía de llevar mi carga. Aquella noche empecé a llorar de forma descontrolable. Mi esposa no dejaba de preguntar qué me sucedía. Pero yo no era capaz de detenerme el tiempo suficiente para explicárselo. Por fin, cuando me hice con el control de mis emociones, le señalé que acababa de entender lo que había estado haciendo, tras centenares de veces durante más de cuarenta años de ministerio pastoral. Había acompañado a miembros de la iglesia en su sufrimiento, había procurado arrimar el hombro para llevar su carga, había leído la Palabra de Dios, había explicado la verdad sobre su fidelidad y había orado por ellos en su necesidad. Ahora que me encontraba del lado receptor, y eran otros los que me ministraban, entendí cuán vital es el ministerio pastoral para los que sufren.[4]

Visité a un hombre al que le habían practicado recientemente una cirugía y está luchando por recuperarse. Le leí el Salmo 121 y no dejé de mostrar cómo enfatizaba el salmista el poder cuidador del Señor. ¡Es su fidelidad! A continuación cité 1 Pedro 1:5: somos "guardados por el poder de Dios mediante la fe, para alcanzar la salvación que está preparada para ser manifestada en el tiempo postrero". Oré por él y apliqué el texto en oración. Cuando acabamos, alcé la mirada y vi lágrimas en sus ojos. Sabía que, mientras él sufría, el Señor me había permitido llevar un poco de su carga hablando la Palabra de Dios en su vida.

---

3. Un ejemplo de cómo funciona esto de un modo muy personal es considerar la charla siguiente que impartí a mi congregación en el 2019, justo dos meses después de mi último tratamiento de quimio: http://www.southwoodsbc.org/sermons/reflections-on-romans-8-and-r-hyper-cvad.
4. Para un ejemplo de cómo servir a los enfermos terminales, en mi artículo "Seven Ways to Shepherd the Terminally Ill", *Gospel Coalition,* 11 de junio de 2019, https://www.thegospelcoalition.org/article/7-ways-shepherd-terminally-ill.

Mediante las visitas, las oraciones pastorales, las notas escritas a mano, las llamadas y los mensajes de texto, únase a llevar la carga de los que soportan sufrimiento. Oriéntelos a la suficiencia de Cristo en todas las cosas y en todos los tiempos.

5. Ayude a sus miembros a ver el propósito de Dios en el sufrimiento

La lucha visceral contra el sufrimiento no desaparece en las páginas de las Escrituras. David oró: "¿Hasta cuándo, oh SEÑOR? ¿Me olvidarás para siempre? ¿Hasta cuándo esconderás de mí tu rostro?" (Sal. 13:1, NBLA). "Oh Dios, tú nos has desechado, nos quebrantaste; te has airado; ¡vuélvete a nosotros! Hiciste temblar la tierra, la has hendido; sana sus roturas, porque titubea" (Sal. 60:1-2). David oró con la consciencia de que la providencia de Dios acarreó sufrimiento para humillarlo, para que pudiera hallar descanso en la presencia divina, en sus promesas y en el poder que obra en su necesidad. Entendió, como Elisabeth Elliot escribió, "El sufrimiento nunca es por nada".[5]

Unas cuantas reflexiones sobre el propósito de Dios en el sufrimiento ayudará a los pastores a hablar de forma cuidadosa y fiel a las vidas de su pueblo mientras les enseña a vivir como cristianos en el sufrimiento:

- El sufrimiento es normal en un mundo caído (2 Ti. 2:3).
- El sufrimiento está asegurado por la oposición a Cristo y al evangelio (2 Ti. 3:12).
- El sufrimiento edifica la esperanza en el creyente para ver a Cristo (2 Co. 4:16–5:5).
- El sufrimiento es un instrumento para la madurez, la pureza y la gloria (1 P. 1:6-9).
- El sufrimiento despoja de lo irrelevante y de lo que no es importante (2 Co. 12:7-10).
- El sufrimiento agudiza nuestros sentidos e intensifica nuestro enfoque en las cosas eternas (Sal. 42).
- El sufrimiento nos hace conscientes de nuestra pecaminosidad y nuestra debilidad (Sal. 38).
- El sufrimiento nos enseña la importancia del lamento (Sal. 13).
- El sufrimiento aumenta nuestra vida de oración (Sal. 55).
- El sufrimiento abre nuevas percepciones en la Palabra de Dios (Sal. 119:71).
- El sufrimiento nos despega del mundo (Fil. 1:12-26).

---

5. Elisabeth Elliot, *Sufrir nunca es en vano* (Nashville: B&H Español, 2020).

- El sufrimiento une a la iglesia en dependencia de Cristo (Hch. 4:1-32).
- El sufrimiento nos recuerda la brevedad de la vida y la gloria futura (Ro. 8:18-39).
- El sufrimiento nos lleva a las aflicciones de Cristo (Col. 1:24).

Un buen fundamento teológico establecido en el ministerio regular pone el foco en estas verdades durante el sufrimiento de los miembros. Sirven a la iglesia para que persevere en la confianza de que "el sufrimiento nunca es en vano".

En resumen

Las relaciones entre pastores y congregaciones construidas en torno al evangelio ponen los cimientos para servirse unos a otros en tiempos de sufrimiento. Impregnados de la riqueza bíblica de cómo obra Dios en el sufrimiento, los pastores pueden acompañar a su pueblo y ayudarles caminando en esperanza y gozo. Los pastores sirven al rebaño mientras ministran la Palabra, toman un contacto personal y proporcionan apoyo constante durante los tiempos difíciles. Cuando los pastores reflexionan en el sufrimiento pueden servir mejor a sus congregaciones cuando viajan por sus días oscuros.[6]

Preguntas para la reflexión

1. ¿En qué grado está presente el tema del sufrimiento en las Escrituras?
2. ¿Qué tipo de temas teológicos ayudan a construir un marco para afrontar el sufrimiento?
3. ¿Cuáles son algunos ejemplos bíblicos de sufrimiento que revelan la fidelidad de Dios detrás del sufrimiento?
4. ¿De qué formas tangibles pueden servir los pastores a sus miembros durante tiempos de sufrimiento?
5. ¿Cómo ayuda a los pastores la comprensión de los diversos propósitos de Dios en el sufrimiento para que puedan servir a los miembros de la iglesia en los días difíciles?

---

6. Considere los recursos siguientes: Sinclair B. Ferguson, *Deserted by God? Understanding the Ways of God through the Experience of the Psalmists* (Edimburgo: Banner of Truth Trust, 1993); John Flavel, *The Mystery of Providence* (1678; Edimburgo: Banner of Truth Trust, 1963); David Powlison, *God's Grace in Your Suffering* (Wheaton, IL: Crossway, 2018).

PREGUNTA **38**

¿Cómo deben los pastores dirigir a la iglesia para que se comprometa en las misiones internacionales?

Hace unos cuantos años, con el respaldo de mi congregación, viajé a un país donde los obreros cristianos no eran bienvenidos. Mi misión consistía en servir a los pastores y ancianos nacionales mediante la enseñanza, respondiendo a preguntas del ministerio, entablando diálogo y observando de primera mano el ministerio de la iglesia local en un entorno de persecución. Sabiendo que el gobierno local espiaba las reuniones de la iglesia hizo que me cuestionara la seguridad de esos creyentes. Sin embargo, parecían no darse cuenta de la amenaza y, en vez de ello, se centraban en aprender cómo dirigir a sus congregaciones con mayor fidelidad. Me enseñaron a confiar en el Señor y a seguir adelante. Mi gozo aumentó a lo largo de la semana conforme fui testigo de cómo obraba la gracia de Dios en medio de ellos, a través del poder del evangelio.

En sus más de treinta y tres años de existencia, la iglesia a la que sirvo ha enviado a docenas de equipos misioneros para llevar a cabo la evangelización, la capacitación pastoral, la obra entre los niños, el apoyo a los obreros de campo, la construcción, los retiros, la enseñanza y la predicación. A lo largo de los años se desarrolló una ética de misiones, de manera que estar comprometidos en la oración, ofrendas, ir y enviar se ha convertido en algo normal para nuestra iglesia. Pero no sucedió de inmediato. Nuestros pastores desarrollaron prácticas que nos ayudaron a comprometernos en la misión internacional. Lo que sigue son algunas de las cosas que hemos aprendido sobre liderar a una iglesia en su compromiso en las misiones internacionales.

Fomente el pensar en las misiones

Bajo el liderazgo de Pablo y Bernabé, la iglesia de Antioquía empezó a pensar más allá de su congregación respecto a la necesidad de la obra del evangelio. Cuando el Espíritu Santo dio instrucciones a los líderes de la iglesia de apartar a estos dos hombres para el llamado misionero, estos respondieron sin dudarlo y continuaron su involucramiento con ellos a lo largo de sus viajes misioneros (Hch. 13:1-3; 14:26-28; 15:36-41; 18:22-23). Fueron el modelo de lo que toda iglesia puede hacer orando, ofrendando, yendo y enviando por el bien de las misiones. Dos mil años después, ¿cómo podemos fomentar ese tipo de espíritu de misión en la iglesia local?

1. Incluya a una Etnia No Alcanzada (ENA) en la vida de la iglesia

Una Etnia No Alcanzada (ENA) es un pueblo etnolingüístico distinto que reside en uno o más países con menos de un 0,1% que sigue a Cristo. De los 17.070 grupos de personas en el mundo, según el Proyecto Josué, 7.098 grupos (3,15 mil millones de personas) siguen sin ser alcanzados por el evangelio.[1] Estos grupos tienen poco o ningún testimonio del evangelio entre ellos. Algunos de ellos viven entre otros grupos de personas, como por ejemplo los afganos que habitan Memphis. Otros viven en lugares de acceso difícil o imposible, por ejemplo, el pueblo del Daguestán, en la región norte del Cáucaso, en Rusia, o los sivandi en Irán. La atención a las Etnias No Alcanzadas mediante la oración, ofrendas, obreros de apoyo en medio de ellos y enviar a equipos a corto plazo reorienta los objetivos misioneros de la iglesia.

2. Ore semanalmente por las Etnias No Alcanzadas y los obreros internacionales

Para alertar a nuestra congregación de los millares de ENA resaltamos uno o dos cada semana en nuestra carpeta de adoración dominical y los incluimos en la oración pastoral. Con ello buscamos llamar la atención de la congregación al pueblo único que solo puede ser alcanzado cuando cruzamos intencionalmente las barreras étnicas y lingüísticas que les impide escuchar el evangelio. Cada semana oramos de manera corporativa por los misioneros u obreros nacionales con los que estamos involucrados. Esto mantiene tanto a las ENA como a los obreros cristianos internacionales ante nuestra congregación. Intentamos ser conscientes de la seguridad en las oraciones públicas o en los debates sobre los que sirven en zonas perseguidas.

3. Construya relaciones con misioneros y obreros nacionales

Hace unos cuantos años, puse a un amigo pastor en contacto con un misionero que trabajaba con una ENA. Siguieron manteniendo correspondencia y hablando. Esa relación se desarrolló y el pastor dirigió a su congregación a enviar equipos a esta ENA. Todo puede comenzar con una visita, una carta, asistir a una conferencia de misiones, conocer a obreros nacionales visitadores, y al pedir al personal misionero que le ponga en contacto con otros misioneros

1. Ver la página web del Proyecto Josué: https://legacy.joshuaproject.net/international/es/global-countries.php. Allí se proporciona la investigación más actualizada sobre ENA; además, provee alertas diarias de oración para distintas ENA a las que uno se puede suscribir.

o trabajadores nacionales. Estas relaciones llegan a ser una fuerte red de apoyo para el involucramiento en la misión.

4. Reciba de buen grado los testimonios misioneros

Reciba de buen grado a las personas que den testimonio en su iglesia, tanto los miembros de su congregación que sirven internacionalmente como otros obreros. Con frecuencia entrevisto a misioneros visitadores para poder adaptar sus experiencias con el fin de ayudar mejor a que nuestra congregación sepa cómo servirles.

5. Entrene y dirija breves viajes de exposición misionera

Los viajes breves no sustituyen a los obreros nacionales o misioneros, pero ayudan a que la iglesia local sepa servirlos mejor; además, ayudan a aclarar el llamado misionero entre sus miembros. Los nuestros sirven en el ámbito internacional participando primero en un corto viaje antes de expresar en público su llamamiento a servir en misiones a largo plazo.

6. Fomente el ofrendar para las misiones

Apoyamos la financiación de la misión internacional de nuestra denominación. Pero también identificamos a un misionero u organización misionera diferente para resaltar y dar ofrendas especiales cada mes con el fin de ayudar a su obra. Esto ha aumentado nuestras ofrendas a las misiones y la exposición de la congregación a una obra misionera diferente.

Comprométase en misiones internacionales *locales*

Durante una visita a un "país cerrado",[2] cené con una maravillosa pareja cristiana. Ambos eran profesionales y altamente educados en su país. Su gobierno los había enviado a una gran ciudad occidental para adquirir educación adicional y para que participaran en una beca de investigación en su campo de estudio. Una vez allí, los creyentes *locales* se interesaron en ellos. Comieron con ellos, realizaron juntos actividades y los ayudaron a desplazarse por el área metropolitana. También los invitaron a asistir a su iglesia. Aunque ambos eran ateos, decidieron acudir a los cultos. Fueron testigos de cómo en el cuerpo corporativo se amaban y se servían unos a otros. Escucharon la proclamación del evangelio y vieron el evangelio en acción. Ambos vinieron a la fe en Cristo. Las misiones internacionales *locales* demostraron ser productivas.

Cuando regresaron a su país natal, tras dos años de "discipular" mientras hacían su trabajo de investigación, dieron un valiente testimonio a sus

2. Un amigo misionero me recordó que no existen "países cerrados", solo de acceso un poco más difícil.

familias. Buscaron una congregación cristiana en su ciudad y empezaron a adorar y a tener comunión con esta iglesia "subterránea". Yo participé en que este hombre fuera designado como anciano por la misma congregación.

Las misiones no son monolíticas. No siempre implican un viaje en avión y un visado, o incluso otro idioma. Las misiones interculturales han llegado al umbral de nuestras comunidades a través de los estudiantes internacionales de nuestras universidades, hombres de negocios que se unen a compañías locales, obreros técnicos que reciben formación en los Estados Unidos, y el flujo de turistas.

Durante un vuelo internacional me senté junto a un joven de Arabia Saudita. Había pasado varios años asistiendo a una universidad estadounidense. Aunque yo no podía ir a su país con intenciones misioneras, él vino al mío. Yo tuve la oportunidad de involucrarle en un debate sobre el evangelio y le entregué un e-book sobre este. Su deseo de seguir aprendiendo inglés lo motivaría probablemente a leerlo. Tal vez el Señor lo trajo a nuestro país con el propósito de descargar un libro del evangelio en su teléfono, leerlo y conocer la buena nueva mientras el Espíritu Santo abría su corazón.

¿Dónde encontramos a esos internacionales que podrían estar ahí durante uno o más años? Visite las universidades locales. Invite a los internacionales a unirse a su familia para Navidad o durante las vacaciones de Acción de Gracias. Esté alerta a las principales compañías de su comunidad que tienen a múltiples internacionales. Busque oportunidades de invitarlos a una comida o a visitar la ciudad. Implíquese con los refugiados, sobre todo los que proceden de partes del mundo difíciles de alcanzar. Ellos acogen con gusto a cualquiera que muestre interés por ellos, los ayude a navegar por la ciudad, les recomiende médicos o dentistas o los ayuden a matricular a sus hijos en una escuela local. Una familia refugiada, alcanzada por miembros de nuestra iglesia, asistió a nuestro culto de Viernes Santo donde oyeron la proclamación del evangelio. Busque pequeñas tiendas o restaurantes dirigidos por ENA que intentan formar parte de la comunidad. Visítelos y conózcalos. Por ejemplo, una gran comunidad curda vive en Nashville, Tennessee. Varias iglesias locales han asumido el reto de alcanzarlos para servirles, amarlos y llevarles las buenas nuevas. No se necesitó gastos para viajes internacionales ni hoteles, solo tiempo para visitar y captar la atención de los internacionales.

Cultive a misioneros por medio de la iglesia local

El llamamiento misionero es doble. En primer lugar, se produce un llamado interno, cuando el creyente tiene la creciente sensación y el deseo de proclamar a Cristo e involucrarse en la obra multicultural del evangelio. Su consciencia de la condición perdida de la humanidad y la creciente carga por unas personas en particular intensifica este llamado interno. En segundo lugar, existe un llamamiento externo, cuando la iglesia local donde él o ella tiene un pacto reconoce esta carga por las misiones internacionales y las ofrendas para la evangelización transcultural. Esto suele suceder cuando la iglesia ha observado tanto la fidelidad del creyente al comprometer a las personas de forma local con el evangelio y un verdadero amor por los internacionales. Podría estimularse por la forma de responder del creyente a un viaje misionero internacional con entusiasmo por continuar la obra como llamado.

¿De qué modo dirige el pastor a la iglesia para cultivar a sus miembros para la obra internacional del evangelio?

1. Ruegue, pues, al Señor de la mies, que envíe obreros a su mies (Mt. 9:36-38)

En lugar de orar de forma genérica en la adoración corporativa, ore por las ENA por su nombre, tal como se ha mencionado con anterioridad. Ruegue para que los nuevos obreros les lleven el evangelio. Algunas organizaciones misioneras proveen detalles sobre las ENA que se pueden incorporar a la oración regular de la iglesia.[3]

2. Predique sobre textos misioneros de la totalidad de las Escrituras

En la exposición normal sobre los libros he descubierto textos misioneros, así como textos con aplicación misionera. Ayude a la congregación a entender las misiones como obra normal de las iglesias locales en lugar de que sea una tarea que pertenece a grupos paraeclesiales.

3. Invite a misioneros para que hablen a su iglesia

Pida a las familias locales que los inviten a comer o a pasar la noche en sus casas. Dirija entrevistas con los misioneros o permita un tiempo de preguntas y respuestas. Apunte a que su iglesia se familiarice lo suficiente con los misioneros de tal manera que no solo reconozcan sus nombres cuando se les mencione, sino que también procuren comunicarse con ellos como compañeros de oración.

4. Utilice historias misioneras como ilustraciones en la predicación y la enseñanza

Las biografías misioneras, las historias en las páginas web sobre misiones y la correspondencia y conversación personales proporcionan grandes fuentes

---

3. Por ejemplo, ver la página web de Southern Baptist Convention's International Mission Board en www.imb.org, o la página de YWAM sobre las ENA en el sur de Asia en www.ywamfrontier-missions.com.

para una consciencia creciente de las misiones. Mantenga el anonimato de cualquier historia sobre quienes sirven en zonas de alta seguridad.

5. Mantenga a la iglesia involucrada con regularidad en ofrendar para las misiones

Una porción relevante del presupuesto de la iglesia debe dedicarse a las misiones, así como las ofrendas que se aportan para respaldar necesidades especiales o proyectos.

6. Dirija a los miembros de la congregación a la exposición de breves viajes misioneros

El ejemplo y el involucramiento del pastor en breves viajes misioneros ayudarán a los miembros a viajar de buen grado fuera de su zona de confort. La participación permite que los miembros vean de primera mano lo que sucede en los entornos globales cuando los misioneros construyen relaciones, enseñan el evangelio y plantan iglesias. Además, le proporcionan la oportunidad al pastor de observar a miembros con dones interculturales.

7. Reconozca a los misioneros potenciales de la congregación

Cuando los ancianos reconozcan el interés de alguien en las misiones, prosigan con la conversación: lean juntos libros misioneros, oren juntos por los misioneros y las ENA, observe las inclinaciones interculturales, visiten a internacionales locales, enrolen a la persona para que le ayude a dirigir un estudio sobre las misiones y aliéntelo/a a visitar un entorno de misión cuyo esfuerzo sea respaldado por la iglesia. Ore para que el Señor le conceda a la congregación el discernimiento sobre esa persona que sirve internacionalmente. La iglesia local que vive con la consciencia de misiones globales estará deseosa de reconocer cuando la mano del Señor parece estar en un miembro para el servicio misionero. Entonces, la iglesia confirma el llamado interno mediante su corroboración externa.

En resumen

Las iglesias locales tienen la responsabilidad de involucrar a las naciones en las buenas nuevas de Jesucristo. El pastor debe marcar la pauta alimentando el pensamiento respecto a las misiones en su congregación. Además, podría ampliarlo llevando a la iglesia a involucrar a internacionales *locales*. Esto ayuda a saltar las barreras culturales y del lenguaje para llevar las buenas nuevas a aquellos a los que el Señor ha acercado. Un ambiente que acoge la obra misionera podría dirigir a nuevos voluntarios de la congregación para ser enviados por la iglesia para el servicio cristiano.

Preguntas para la reflexión

1. ¿Cuáles son algunas de las formas en que el pastor puede alimentar a su iglesia con un pensamiento por las misiones?
2. ¿Qué son las Etnias No Alcanzadas?
3. ¿Por qué debe existir un énfasis congregacional sobre las Etnias No Alcanzadas?
4. ¿Cuáles son los efectos potenciales de los viajes misioneros breves?
5. ¿Cómo podría un pastor cultivar a los miembros de su iglesia para la obra misionera?

PREGUNTA 39

¿Cómo sabe un pastor cuándo poner fin a un ministerio y efectuar la transición a otro?

Cuando pensamos en la transición del ministerio, ningún patrón bíblico encaja en nuestro escenario. La iglesia primitiva no operaba con currículos, con candidatos pastorales y con llamamientos de la iglesia. La iglesia de Jerusalén envío representantes para ayudar a otras iglesias (Hch. 8:14; 11:22). El primer viaje misionero estableció la pluralidad de ancianos en las nuevas congregaciones (Hch. 14:23). Pablo dejó a Silas y Timoteo en Berea (Hch. 17:15); es bastante posible que a Lucas, en Filipos.[1] Asignó a sus aprendices a servir como delegados apostólicos en Éfeso (Timoteo y Tíquico) y en Creta (Tito y Artemas). Esas iglesias operaban bajo la sabiduría y la autoridad de los apóstoles.

En conjunto, la iglesia primitiva funcionó en una región geográfica más pequeña, con viajes misioneros que ampliaron ese radio de acción. Desarrollaron líderes de entre ellos o mediante nombramiento apostólico. Vivimos en una época diferente con circunstancias diversas en los ministerios locales y muchas más iglesias que servir. Sin embargo, todavía tenemos hombres llamados por el Espíritu y confirmados para el ministerio del evangelio por las iglesias locales. Con la formación y la mentoría, como en la iglesia primitiva, desean servir a las iglesias de Cristo. Estas circunstancias instan a las iglesias a conectar con los candidatos pastorales para ser considerados como sus pastores. Una vez llamados, un pastor podría pasar toda su vida con una sola congregación, pero es probable que la mayoría no lo hagan. De modo que, ¿cómo resuelve el pastor la posibilidad de realizar la transición a otro pastorado?[2] Partiendo de la suposición de que un pastor sirva en la actualidad a una congregación y sienta la posibilidad de pasar a otro pastorado, plantar una iglesia o la obra misionera, consideraremos algunas preguntas que ayudarán a trabajar en este importante reto en el ministerio pastoral.

1. Los llamados "pasajes de nos" en Hechos 16 (p. ej., vv. 10, 13, 16) cambian a "ellos" después de Filipos (Hch. 17:1), y se retoman en Hechos 20:6, indicando que Pablo podría haber dejado a Lucas para que prosiguiera con la obra pastoral en Filipos.
2. Harry L. Reeder, "When to Accept a Call or Leave My Church", en *Fifteen Things Seminary Couldn't Teach Me,* eds. Collin Hansen y Jeff Robinson (Wheaton, IL: Crossway, 2018), 85-92.

Preguntas para considerar *antes* de buscar la transición pastoral

Considere estas preguntas antes de iniciar un proceso de transición. Permita que le ayuden a pensar y a conversar con su esposa y/o confidentes sobre la sabiduría de realizar la transición a otro ministerio pastoral.

1. ¿Necesita unas buenas vacaciones o un tiempo sabático en lugar de una transición pastoral?

Un pastor puede llegar a un punto en el que solo cree poder sobrevivir en el ministerio mediante un nuevo pastorado. Sin embargo, tomarse un tiempo podría revigorizarlo en su ministerio presente. Asegúrese de programar un día libre a la semana y vacaciones anuales. Esfuércese en integrar un tiempo sabático en el ritmo pastoral. Un mes sabático cada cinco o siete años renovará el ministerio de un pastor. Discierna en oración si solo necesita un buen receso en lugar de un nuevo pastorado.

2. ¿Está centrado en sus responsabilidades pastorales?

Podemos absorbernos tanto en los asuntos y los problemas de las personas que perdamos de vista la predicación, el discipulado y el pastorado. Compruebe sus disciplinas espirituales. ¿Está caminando fielmente con el Señor? Un nuevo púlpito no le cambiará cuando no está nutriendo su vida espiritual. Considere las formas en que podría mejorar su manera de vivir para enfocarse de nuevo en su obra pastoral antes de perseguir la transición.

3. ¿Es su motivación abandonar para evitar a algunas personas de su iglesia?

Si no ha estado dispuesto a tratar con la amargura, el enojo y el resentimiento hacia algunos miembros, no crea que una transición eliminará su responsabilidad como cristiano (Ef. 4:32; Lc. 17:1-4). Los patrones de pecado tienden a seguirnos dondequiera que vayamos. Abandonar para evitar la aplicación del evangelio no es una razón legítima para la transición.

4. ¿Ha descuidado la iglesia el preocuparse por usted y por su familia?

Una humilde decisión de los líderes de la iglesia podría ser el primer paso en lugar de actualizar su currículo. ¿Demuestran cuidado por las necesidades espirituales de su familia? En ocasiones, el liderazgo de la iglesia no se da cuenta de que el paquete salarial no ha estado a la altura de sus necesidades. Si pueden hacer algo, pero no están dispuestos a suplir sus necesidades del modo adecuado, podría ser una señal de que debe producirse un movimiento

(1 Ts. 5:12-13; 1 Ti. 5:17). No todas las iglesias pueden compensar de la forma apropiada a un pastor cuando su familia crece. Si administran sus recursos con sabiduría, pero siguen sin llegar a fin de mes y la iglesia no tiene intención de ayudar, tendrá que encontrar un trabajo a media jornada para ayudar con las necesidades o buscar al Señor con fervor respecto a la transición. Es posible que baste con aguantar un poco de tiempo y apretarse el cinturón; de otro modo, las pruebas de que se debe cambiar de lugar serán claras.

5. ¿Es la oposición a su ministerio la motivación para buscar la transición?

Si la oposición le está motivando, entienda que es probable que el siguiente pastorado no sea diferente. Cada pastor que sirve durante unos años en el ministerio se enfrenta a la oposición. La naturaleza de la predicación del evangelio hace aflorar a los oponentes. Los fallos en nuestro cuidado y nuestra obra pastorales pueden también provocar oponentes. En vez de hacer una transición, considere si quedarse o trabajar afrontando la oposición sería lo mejor para usted y para la iglesia.

6. ¿Se ha estrellado contra un muro en el ministerio y, en secreto, desea un camino más fácil?

A veces pensamos que ya no podemos más, y que debemos abandonar. Decidimos que reciclaremos viejos mensajes para salir del paso durante unos años y, a continuación, nos iremos a otra iglesia. Pero esos pensamientos exponen la falta de disposición a sufrir "penalidades como buen soldado de Jesucristo" (2 Ti. 2:3). Compruebe sus motivos. Podrían ser buenos y correctos; o podrían estar sesgados por la pereza y la falta de disciplina. Discierna la diferencia.

7. ¿Le motiva, para hacer la transición, pasar a una iglesia más grande o más conocida?

No hay nada de malo en pastorear una iglesia mayor. Sin embargo, al hacerlo, el pastor responderá a Dios por apacentar más de su rebaño. Cuidado con pensar precipitadamente que merece un rebaño más numeroso. Este podría ser el plan del Señor, pero, antes de moverse en esa dirección, asegúrese de estar pastoreando fielmente a aquellos que en la actualidad están bajo su cargo.

8. ¿Está convencido de que la transición contribuye a un ministerio mejor?

Aunque su ministerio actual puede ser difícil, usted desconoce aquello a lo que se enfrentará en un nuevo pastorado. Recuerdo haber pensado, cuando pasé a otro pastorado, que todo sería mucho mejor. Mi pensamiento resultó ser totalmente incorrecto. Vigile sus motivos. El cambio de ministerio no garantiza un mejor pastorado.

9. ¿Ha llevado a la iglesia tan lejos como estaba dispuesta a llegar, para pensar que ya no le es útil?

Es posible que haya llegado a un punto en el que sus dones y sus capacidades ya no encajen en esa iglesia en particular. En tal caso, ellos no muestran interés en la predicación bíblica ni en la enseñanza, no hay deseo de madurar ni disposición para que las Escrituras moldeen el sistema de gobierno, no hay preocupación por el alcance del evangelio ni por las misiones. Si ha dedicado varios años a pastorear con paciencia y ellos siguen sin mostrar interés, podría ser el momento de la transición. Los años que ha pasado con ellos podrían ser la preparación divina para otro pastorado.

Preguntas para considerar cuando se busca la transición pastoral

Si las preguntas anteriores confirman que ha de pasar a otra iglesia, use las siguientes para que le ayuden a tomar la decisión:

1. ¿Ha orado hasta que la paz de Dios ha llenado su corazón respecto a realizar la transición?

Pablo, Silas y su equipo misionero procuraron ir a Asia Menor y, a continuación, a Bitinia, pero tras orar y ser sensibles al Espíritu, no tuvieron paz respecto a estas intenciones (Hch. 16:6-7). Este ejemplo nos instruye. En lugar de sentir angustia por el traslado, debemos buscar al Señor hasta que la paz de Dios guarde nuestros corazones (Fil. 4:6-7).

2. ¿Siente que Dios le ha liberado de su pastorado actual?

Obviamente, la naturaleza subjetiva de esta pregunta requiere mucha oración, escudriñar el alma, evaluar los motivos y ser sensible a la dirección del Espíritu Santo. Llevaba cuatro años y medio sirviendo en una iglesia, y sentí carga por plantar una iglesia en un área metropolitana. Habíamos avanzado mucho en la iglesia y así podría haber seguido. Sin embargo, no conseguía provocar en ellos la carga de plantar iglesias. No actué de inmediato, sino que dediqué tiempo a orar, estudiar la plantación de la iglesia, investigar un posible campo y debatí la idea con mi esposa y mis amigos cercanos. Tras meses de pasar por este proceso, sentí liberación de mi pastorado y, por tanto, seguí adelante. Esto no significa que no me enfrentara a temores o incertidumbres, ya que nunca había plantado una iglesia, pero una paz completa llenó mi corazón respecto a la transición.

3. ¿Le está buscando otra iglesia, o sencillamente está probando las aguas?

Durante otro período, una iglesia envió a su comité de búsqueda pastoral en distintos momentos para que me escuchara predicar donde yo servía. Muchas cosas de la iglesia atrajeron mi atención. Sin embargo, jamás me contactaron de manera oficial. Sus visitas despertaron mi interés, pero sin contacto oficial, entendí que tenía que reprimir mis pensamientos. Ellos fueron en una dirección distinta y, mirando en retrospectiva, vi cómo obró la providencia de Dios para fortalecerme allí donde estaba sirviendo. Sin que una iglesia en particular busque a un pastor, este puede utilizar contactos para probar sus oportunidades, aunque al hacerlo debe mantener su enfoque en apacentar al rebaño que *todavía* tiene encomendado.

4. Si está casado, ¿está su esposa de acuerdo con pasar a un nuevo pastorado?

La unidad del uno con el otro en una decisión semejante es fundamental. Provocar resentimiento por una decisión apresurada, poco debatida, de esta importancia puede hacer que un matrimonio se desmorone y que se desestabilice un ministerio. ¿Consideran usted y su esposa que su familia podría encajar en el ritmo ministerial de una nueva iglesia? ¿Están dispuestos a esforzarse juntos y con paciencia en los ajustes?

5. ¿Concuerdan sus confidentes más cercanos con la decisión de la transición?

En ocasiones, los amigos cercanos pueden discernir motivos que nosotros no podemos ver. Su franqueza podría atenuar la idea del traslado, o tal vez le alentaría a seguir adelante. En una iglesia saludable, sus colegas ancianos, que son los que mejor le conocen a usted y a la iglesia, pueden ofrecer un sabio consejo.

6. ¿Siente carga de apacentar a la iglesia que le busca?

La pregunta no es "¿Está buscando un nuevo púlpito, mejores instalaciones, un salario mejor o más personal?", sino "¿Siente amor y deseo de apacentarlos con la Palabra, el cuidado pastoral, el consejo y el liderazgo?".

7. ¿Ha hablado de sus creencias y convicciones doctrinales, eclesiológicas y pastorales con la nueva iglesia?

Tal vez no haya ultimado todos los detalles con la nueva iglesia, pero debe existir el acuerdo suficiente o receptividad a su enseñanza para no iniciar la obra con una disyuntiva teológica. Esto no significa que no se enfrentará a preguntas o incluso desafíos a sus posturas doctrinales mientras expone las Escrituras. Lo que usted quiere discernir, pues, será el espíritu enseñable de la iglesia, lo que enseñaron los pastores precedentes y el deseo de ser moldeados por la Palabra de Dios.[3]

En resumen

Estas preguntas sirven para ayudarle a buscar la ayuda de Dios con entendimiento al considerar un traslado pastoral. En última instancia, tras sopesar sus respuestas a estas preguntas, es necesario que la paz de Dios le dirija en la decisión final. Si realiza la transición, procure hacerla con gentileza hacia la iglesia que abandona y fidelidad a la nueva a la que sirve. Si se queda, entonces aprenda a sondear y cuestionar lo que ha hecho para ser un pastor más eficiente. No mire nunca atrás y se pregunte: "¿Y si me hubiera ido?". No lo hizo, de modo que céntrese en servir a su congregación. Dios cuidará de las necesidades de esa otra iglesia sin que usted sueñe con el *¿y si?*

Preguntas para la reflexión

1. ¿De qué forma difiere nuestro actual proceso de transición pastoral de la iglesia primitiva?
2. ¿Por qué debe un pastor hacerse preguntas y reflexionar antes de considerar una transición?
3. ¿Qué motivos fuera de lugar podrían proporcionar una falsa lectura sobre la transición?
4. ¿Cómo podría discernir un pastor si Dios le ha liberado de su pastorado actual?
5. ¿Por qué debe el pastor hablar de sus convicciones doctrinales, eclesiológicas y pastorales al considerar a otra iglesia?

3. Sobre la importancia de mantenerse firme en sus convicciones, ver H. B. Charles, *On Pastoring: A Short Guide to Living, Leading, and Ministering as a Pastor* (Chicago: Moody, 2016), 59-63.

PREGUNTA 40

¿Por qué deben los pastores aspirar a un pastorado largo?[1]

Mi generación aprendió mucho sobre escaleras y subir posiciones, pero poco sobre echar raíces. Hablar en mi asociación ministerial universitaria y la comunidad del seminario tenía muy poco que decir de echar raíces en una iglesia y de durar a pesar de los problemas. Hablamos de escalar posiciones, no de estar por larga duración.

Veinticinco años después de esos días académicos, y cuando ya llevaba quince años en mi pastorado actual, alguien preguntó: "¿Cuánto tiempo piensa quedarse en South Woods?". Era algo que no me había preguntado. Solté abruptamente: "Imagino que el resto de mi ministerio". Mi mente se agitó con ese comentario apresurado. Estar a favor de la duración iba en contra de la ingenuidad de la juventud. Pero, a esas alturas, me pareció profundamente satisfactorio. Sin embargo, sabía que permanecer hasta entregarle las riendas a otro no sucedería de manera automática, sino que exigiría una labor saturada de oración. Desde entonces, el proceso y el horizonte que tengo por delante me han proporcionado un gozo inconmensurable en los más de treinta años que llevo sirviendo a mi congregación. A lo largo del tiempo, he aprendido unas cuantas lecciones sobre el gozo de echar raíces duraderas.

Un caso de echar raíces

Aceptar el llamado de una iglesia para ser pastor no garantiza la longevidad. Algunas iglesias y congregaciones se acoplan bien. Otras no. Podría deberse a la falta de madurez del pastor, a unos dones particulares, a la dinámica familiar, a su personalidad, a su trasfondo cultural u otras distinciones. O tal vez sería por la mentalidad de la congregación, su impaciencia con las debilidades del pastor, su descuido económico, su visión mediocre de la iglesia local, su carencia de preocupación por el crecimiento en la gracia y otros asuntos. Sin embargo, en un entorno así donde el joven pastor tiene pocas oportunidades de durabilidad, podría luchar con la culpa por pensar en marcharse.

1. Este capítulo está adaptado de Phil A. Newton, "The Joy I Can Know over a Long Tenure", en *Fifteen Things Seminary Couldn't Teach Me,* eds. Collin Hansen y Jeff Robinson (Wheaton, IL: Crossway, 2018), 129-37 (usado con permiso).

En una ocasión, un talentoso joven pastor necesitaba trasladarse donde pudiera echar profundas raíces. La culpa lo paralizó en el idealismo pastoral, pero esta no cultiva el gozo, obstaculiza las raíces pastorales y ofrece un razonamiento escasamente válido para una larga permanencia. Le insté a considerar otro ministerio donde pudiera usar mejor sus dones. Su traslado ha demostrado ser fructífero a medida que sus raíces siguen haciéndose más profundas.

Con esto no quiero decir que todo cambio sea siempre lo mejor. Una pausa saludable para inspeccionar el campo del ministerio podría moderar el síndrome de prados más verdes. Los pastorados breves siguen mirando del otro lado de la valla para encontrar un pasto un poco mejor. Prestan escasa atención al potencial del ministerio sostenido que soporta las estaciones y las presiones que, en última instancia, conducen al gozo.

Yo experimenté un tiempo así entre mi sexto y octavo año en mi pastorado actual. Los domingos eran difíciles. Las murmuraciones y la disensión desafiaban mi enfoque, pero el Señor me sustentó y obró en la congregación en ese período de lucha y debilidad. La congregación y yo necesitamos aprender juntos sobre la gracia, la perseverancia, el ministerio pastoral y el verdadero gozo que solo podían descubrirse en el fuego de las luchas.

Algunos se marcharon, las finanzas se hundieron, pero el don de la unidad en el cuerpo creció de forma inesperada. Me habría perdido el gozo desbocado de la unidad en Cristo, que el fuego refina y pule, si hubiera mirado demasiado tiempo por encima de la valla y me hubiera escapado a otro pasto. Algunos gozos solo se pueden experimentar en la gracia de la perseverancia.

Los baches durante el viaje

La durabilidad pastoral se encontrará con baches en su viaje. En el seminario se sueña con una navegación pastoral suave, pero esto no es más que un espejismo. El pastorado implica tratar con las ovejas. Estas son desordenadas. Y el pastor tampoco es la persona que mejor huele en la montaña. El choque de personalidades, la guerra espiritual, los miembros no regenerados de la iglesia, los señores del pasto, el acaparamiento de poder, los fallos de comunicación, los malentendidos, los cambios de liderazgo, la predicación expositiva, la claridad teológica, la inmadurez y la inexperiencia, todo se combina para crear baches y, a veces, son muy grandes. Sin embargo, así es el viaje pastoral. Si un pastor quiere llegar más allá de los tres o cuatro años típicos, seguidos por una interrupción del viaje y hacer mejores cosas, tendrá que aprender a perseverar a pesar de los baches.

Solo en un ministerio perseverante, que sigue adelante a pesar de las dificultades, el pastor conocerá los gozos del triunfo en la guerra espiritual, la unidad de personalidades que una vez fueron contradictorias y la reordenación de las estructuras del sistema de gobierno para practicar el liderazgo de siervo. En dos ocasiones, seis a ocho años después de apartar a algunos miembros en la disciplina de la iglesia, he tenido el gozo de pedirle a la congregación que los restaure a la comunión. Un pastor *viajero* se habría perdido probablemente la experiencia de ver cómo funciona la disciplina redentora de la iglesia.

De manera realista, el terreno de una iglesia en particular podría no ser adecuado para las raíces de un pastor. No obstante, debe ponerlo a prueba mediante la fidelidad en la vida, la devoción a Cristo, el pastorado humilde y la perseverancia tenaz para ver si la iglesia a la que sirve es precisamente donde le complace al Señor plantarlo. ¿Qué se necesita para este tipo de resistencia?

1. Pasión por la congregación

Un pastor puede considerar sus deberes tan solo como un medio de compensación, y seguir hasta que surja algo mejor. Sin embargo, el Señor de la iglesia nos llama a pastorear con humildad y servir a una porción de su rebaño, predicar la Palabra, consolar en la necesidad, corregir el error, alentar hacia la perseverancia y ser ejemplo de fidelidad hacia Cristo (ver Hch. 20:28; 1 P. 5:1-4; 1 Ti. 4:11-16; 6:17-21; 2 Ti. 2:1-26; 3:10–4:5; He. 13:17). El fruto en esta clase de ministerio podría tardar en llegar, pero es más seguro cuando el pastor permanece con el rebaño.

La pasión por el rebaño crece cuando pasamos tiempo con el rebaño, escuchando, sirviendo y orando por él. No lo comprendí bien en los primeros pastorados. Me gustaba servir e incluso pasar tiempo con *algunos* de ellos, pero orar con regularidad por ellos y escucharlos no encajaba del todo en mi ajetreada rutina. Quedaban años por delante antes de que desarrollara la pasión por una congregación con la que podría pasar mi vida en el ministerio.

2. Disposición a perseverar

La perseverancia es todo un reto. Sin perseverancia, una reunión de ancianos irritables, la peor parte de un rumor, el desacuerdo con el personal o un altercado con miembros intratables conducen a la actualización del currículo. Los pastorados largos *siempre* son pastorados probados. La perseverancia se convierte en las sendas llenas de gracia en las que duran los largos pastorados.

3. Disciplina a largo plazo

Los largos cargos exigen que se desarrollen patrones sostenibles para el estudio, la consejería, la evolución del liderazgo, la oración, la administración y la comunicación. No suceden de forma automática. Los pastores los nutren para que sean más eficaces mediante disciplinas formadas a través de la longevidad.

La permanencia exige establecer límites en su programa. Usted no puede hacerlo todo, de modo que venza su complejo de Supermán. Esté dispuesto a delegar en otros mientras presta atención a lo que usted hace mejor. Esto no significa que nunca tenga reparos o se niegue a ensuciarse las manos con un inodoro atascado u otros asuntos rutinarios. Usted es un siervo, de modo que sirva de buen grado. Pero también es un siervo que ministra la Palabra y que apacienta al rebaño, de modo que priorice su programa mientras lo hace con gracia y amabilidad hacia los demás (Hch. 6).

4. Desarrollo de ancianos laicos y ancianos contratados (líderes)

Usted no forma parte de un espectáculo individual. Es *el líder* del equipo que sirve a una congregación. Estudie el ministerio de Pablo. Excedía las capacidades normales de las personas y, sin embargo, trabajaba rodeado de un equipo. Instruyó a otros para que sirvieran con él y en las iglesias que él plantó.[2]

Como le indicó a Timoteo: "Lo que has oído de mí ante muchos testigos, esto encarga a hombres fieles que sean idóneos para enseñar también a otros" (2 Ti. 2:2). Timoteo era la prueba de que Pablo hizo lo que le pidió a Timoteo. Usted no puede sostener las exigencias de un extenso ministerio con una mente y un corazón saludables al margen de desarrollar a líderes a su alrededor que se unan a la obra. Además, no puede instruir a la siguiente generación de líderes espirituales saltando de una iglesia a otra. Unos de mis mayores gozos ha sido el *lento proceso* de formar a futuros ancianos, pastores, misioneros y líderes. Esto no sucede en un breve pastorado.

Las relaciones conducen a la durabilidad

Usted no apacentará a quienes no estén dispuestos a acercarse a usted. Sin duda no perseverará en el ministerio pastoral si mantiene distancias con la congregación. Necesita relaciones estrechas que resistan al paso de los años para que también le ayuden a formarse. ¿Cómo se lleva a cabo?

1. Invierta

Un colega anciano y yo viajábamos con un misionero en su comunidad cuando nos dijo que necesitaba detenerse en una casa e *invertir* en alguien. Nos preguntamos qué quería decir. Mientras pensábamos en el término financiero, entendimos que describía del modo adecuado las relaciones pastorales. Usted

2. Ver Phil A. Newton, *La iglesia mentora* (Grand Rapids: Portavoz, 2021), 162-80.

invierte en lo que es valioso para usted para ampliar su valor. Como pastores, invertimos tiempo, pensamiento, energía, amor y servicio en aquellos que deseamos que vivan en fidelidad a Cristo. Los largos pastorados le permiten el gozo de ver los rendimientos de su *inversión*.

2. Ore

Como joven pastor escuché decir a otro pastor cuánto oraba cada semana por cada miembro de su iglesia. Su comentario fue un reproche para mí. Cambió mis relaciones pastorales. Usted construirá largas relaciones con aquellos a los que lleva con regularidad ante el trono de la gracia. Cuando trabaja en la oración por ellos, usted crece en amor, pasión y anhelo por el rebaño. Descubre que, a pesar de sus muchas idiosincrasias, usted quiere permanecer con ellos. Llamarlos *familia* no es una larga bravata ministerial. Los años demuestran que es algo que usted siente de corazón.

3. Escuche

Las relaciones implican comunicación. El lado más importante de la comunicación es escuchar. Como personas acostumbradas a hablar, a veces nos resulta difícil escuchar. Queremos repartir discursos bien enmarcados y, después, apresurarnos a lo siguiente que aparece en nuestra lista. Pero las relaciones requieren paciencia, amabilidad y ternura. Cuando pasa tiempo escuchando, halla satisfacción al servir a un hermano o hermana. En el proceso, sus raíces profundizan más en la tierra de la congregación. El gozo de la vida conjunta en el cuerpo recompensa los años de fiel ministerio.

4. Participe

Participe en los gozos y en las tristezas de su congregación. Como pastor, es probable que se le llame si se produce una muerte o una tragedia. Esté allí de corazón y alma. Pero únase al conocer sus gozos y regocíjese también con ellos.

Tras pasar más de treinta años con la misma congregación, he escuchado problemas, me he regocijado ante los éxitos, he compartido cargas, he llorado pérdidas y me he reído en los gozos. Esto construye relaciones que resisten en los días difíciles, dejan espacio para aceptar mis defectos y debilidades, y cimentar una confianza que permita que los demás presten oído a mi enseñanza y mi consejo.

5. Pastoree

Pastoree al rebaño en lugar de dar*le* un sermón. Visualice a la congregación mientras se prepara para ponerse delante de ella con la Palabra de Dios. Ore a lo largo de su sermón teniéndolos en su corazón. Mírelos mientras predica.

Sienta los clamores, las cargas y las necesidades de sus corazones mientras aplica la Palabra. Con todos los defectos del rebaño (y los suyos), el Señor de la iglesia se lo confió a usted. Por tanto, permita que las raíces profundicen en sus vidas. El largo viaje con ellos enriquece su predicación con tierna compasión, cuidadosa aplicación y esperanza confiada en Cristo. Su predicación será más transparente cuando usted, con todas sus debilidades, confíe en Cristo para apacentar su rebaño.

6. Valore

Valore la diversidad de la iglesia ya que manifiesta la belleza y el poder del evangelio. Si todo el mundo fuera como usted o como yo, la congregación sería totalmente aburrida. Agradezca que el Señor haya puesto distintos trasfondos, etnias, personalidades e intereses en el rebaño que usted fue llamado a servir. En lugar de quejarse de sus tics, dé gracias de que Cristo se complazca en presentar su gloria entre las personas a las que usted sirve. La transformación pastoral que resulta de valorar al rebaño le produce un gozo indecible en su llamado.

En resumen

Las escaleras funcionan bien para escalar estructuras inmóviles, pero pierden a sus pasajeros cuando los vientos soplan y las estructuras se agitan. Por otra parte, las raíces fuertes resisten al viento y a las tormentas, y proporcionan firmeza y constancia. El ministerio pastoral navega en las tormentas. Por la gracia de Dios, los pastores solo pueden experimentar el gozo inconmensurable que se halla en un ministerio largo, cuando tienen firmes raíces en la congregación.

Preguntas para la reflexión

1. ¿Qué circunstancias y qué dinámicas desafían la durabilidad pastoral?
2. ¿Qué tipo de fruto produce la perseverancia en el ministerio pastoral?
3. ¿Qué es necesario para la longevidad pastoral?
4. ¿Cómo perduran las relaciones en un pastorado extenso?
5. ¿Qué significa “invertir” en la congregación?

Bibliografía

Alexander, J. W. *Thoughts on Preaching*. 1864. Edimburgo: Banner of Truth Trust, 1988.

Allen, Lewis. *The Preacher's Catechism*. Wheaton, IL: Crossway, 2018.

Avis, Paul D. L. *The Church in the Theology of the Reformers*. Eugene, OR: Wipf & Stock, 2002.

Bridges, Charles. *The Christian Ministry with an Inquiry into the Causes of its Inefficiency*. 1830. Edimburgo: Banner of Truth Trust, 1967.

Brooks, Thomas. *Remedios preciosos contra las artimañas de Satanás*. El Estandarte de la verdad, 2009. Puritano (1652).

Bucer, Martin. *Concerning the True Care of Souls*. 1538. Traducido por Peter Beale. Edimburgo: Banner of Truth Trust, 2009.

Calvino, Juan. *La necesidad de reformar la Iglesia*. 1844. Traducido por Joel Chairez. Edmonton: Landmark Project Press, 1995.

Charles, H. B., Jr. *On Pastoring: A Short Guide to Living, Leading, and Ministering as a Pastor*. Chicago: Moody, 2016.

Dever, Mark. *Las nueve marcas de la iglesia sana*. Graham, NC: Publicaciones Faro de Gracia, 2021.

Dever, Mark y Paul Alexander. *La iglesia deliberante: Edificando su ministerio en el evangelio*. Graham, NC: Publicaciones Faro de Gracia, 2019.

Greidanus, Sidney. *The Modern Preacher and the Ancient Text: Interpreting and Preaching Biblical Literature*. Grand Rapids: Eerdmans, 1988.

Hammett, John S. y Benjamin L. Merkle, eds. *Those Who Must Give an Account: A Study of Church Membership and Church Discipline*. Nashville: B&H Academic, 2012.

Hansen, Collin y Jeff Robinson, eds. *Fifteen Things Seminary Couldn't Teach Me*. The Gospel Coalition. Wheaton, IL: Crossway, 2018.

Hellerman, Joseph E. *When the Church Was a Family: Recapturing Jesus' Vision for Authentic Community*. Nashville: B&H Academic, 2009.

Helm, David. *La predicación expositiva: Cómo proclamar la Palabra de Dios hoy*. 9Marcas: Edificando Iglesias Sanas, Poiema Publicaciones, 2018.

Johnson, Dennis E. *Him We Proclaim: Preaching Christ from All the Scripture*. Phillipsburg, NJ: P&R, 2007.

Kimble, Jeremy M. *40 Questions About Church Membership and Discipline*. Grand Rapids: Kregel Academic, 2017.

Laniak, Timothy. *Shepherds after My Own Heart: Pastoral Traditions and Leadership in the Bible*. New Studies in Biblical Theology 20. Editado por D. A. Carson. Downers Grove, IL: IVP Academic, 2006.

Leeman, Jonathan. *La disciplina en la Iglesia: Cómo protege la Iglesia el nombre de Jesús*. 9Marcas: Edificando Iglesias Sanas; Poiema Publicaciones, 2018.

Lloyd-Jones, D. Martyn. *La predicación y los predicadores*. Editorial Peregrino, 2003.

Merkle, Benjamin L. *Preguntas y respuestas sobre ancianos y diáconos*. Grand Rapids: Portavoz, 2012.

Newton, Phil A. *La iglesia mentora: Cómo los pastores y las congregaciones cultivan líderes*. Grand Rapids: Portavoz, 2021.

Newton, Phil A. y Matt Schmucker. *Los ancianos en la vida de la iglesia: Redescubriendo el modelo bíblico de liderazgo para la iglesia*. Grand Rapids: Portavoz, 2021.

Piper, John. *Exultación expositiva: La predicación cristiana como adoración*. Grand Rapids: Portavoz, 2019.

_________. *La supremacía de Dios en la predicación*. Graham, NC: Publicaciones Faro de Gracia, 2020.

Ryken, Philip Graham, Derek W. H. Thomas, y J. Ligon Duncan III, eds. *Give Praise to God: A Vision for Reforming Worship*. Phillipsburg, NJ: P&R, 2003.

Sibbes, Richard. *La caña cascada.*. Graham, NC: Publicaciones Faro de Gracia, 2021.

Spurgeon, Charles H. *Discursos a mis estudiantes*. El Paso, TX: Casa Bautista de Publicaciones, 2003.

Tidball, Derek. *Ministry by the Book: New Testament Patterns for Pastoral Leadership*. Downers Grove, IL: IVP Academic, 2008.

Watson, Thomas. *The Godly Man's Picture*. 1666. Puritan Paperbacks. Edimburgo: Banner of Truth Trust, 1992.

Índice de las Escrituras

2 CORINTIOS

GÁLATAS

EFESIOS

FILIPENSES

COLOSENSES

Coalición por el Evangelio es un grupo de pastores, iglesias, y líderes comprometidos con la centralidad del evangelio para toda la vida y el ministerio. Logramos este propósito mediante diversas iniciativas, incluyendo nuestra página web, eventos, y publicaciones. Además, hemos unido esfuerzos con diferentes casas editoriales para producir recursos que enfocan nuestra fe en Jesucristo, y moldean nuestras prácticas conforme a las Escrituras.

Cuando un libro lleva el logotipo de Coalición por el Evangelio, usted puede confiar que fue escrito, editado, y publicado con el firme propósito de exaltar la verdad de Dios y el mensaje del evangelio.

TGC COALICIÓN POR EL EVANGELIO

www.coalicionporelevangelio.org